Selbstüberprüfung am Ende jedes Kapitels

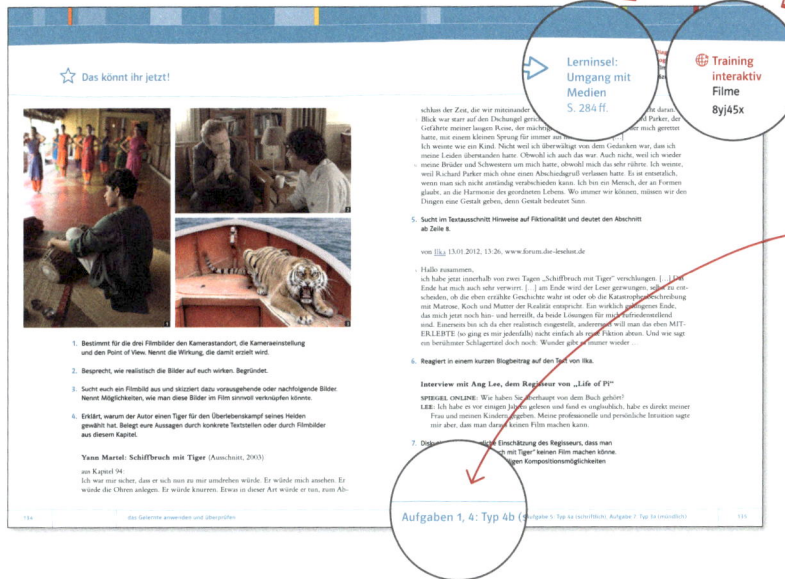

Hinweise auf die Nachschlageseiten in den **Lerninseln** und auf **Online-Übungsmaterial**

Hier steht für eure Lehrerinnen und Lehrer die Information, welche Überprüfungsaufgaben welchen **Aufgabentypen** entsprechen.

Lösungen zu den Aufgaben dieser Seiten findet ihr auf den Seiten 300–303.

Diese Abschlussseiten helfen euch auch bei der Vorbereitung auf Klassenarbeiten.

Lerninseln geben den Überblick über ein Thema

Der **Vorspann** erklärt, wobei euch diese Lerninsel hilft.

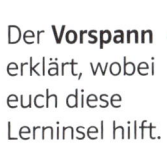

Die **Übersicht** stellt alle Inhalte der Lerninsel mit Seitenzahlen dar.

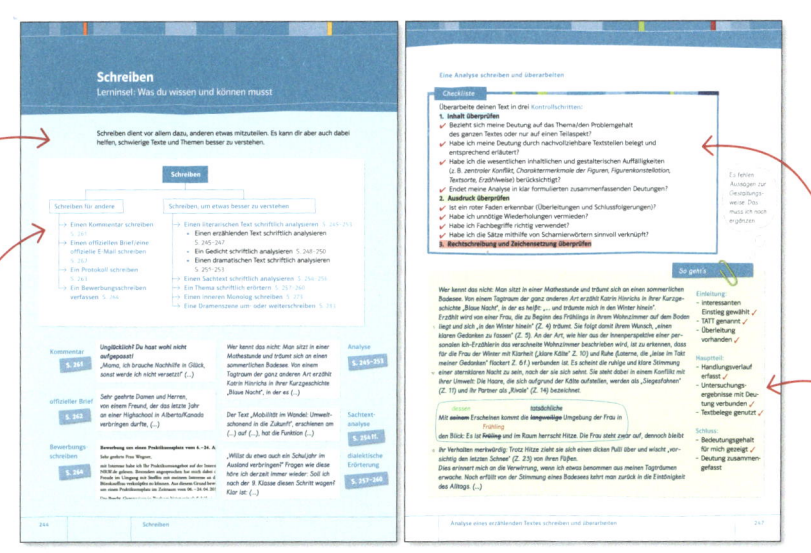

Die **Checkliste** hilft euch eure Ergebnisse zu überprüfen.

So geht's
Die Beispiele zeigen euch, wie ihr euer Wissen und Können anwenden könnt.

Die Lerninseln am Ende des Buches fassen zusammen, was ihr zu den einzelnen Gebieten wissen und können müsst.

deutsch.kompetent 9

Herausgegeben von:
Andreas Zdrallek, Leverkusen

Erarbeitet von:
Christoph Birken, Würselen
Maja Bitterer, Osnabrück
Martina Blatt, Frankfurt a. M.
Susanne Büttner, Bonn
Joachim Dreessen, Hamburg
Heike Henniger, Jahnsdorf
Susanne Jugl-Sperhake, Lippersdorf
Janina Kiehl, Hannover
Thomas Labusch, Münster
Rosemarie Lange, Ruttersdorf
Konrad Notzon, Bramsche
Christina Rutsch, Hürth
Angelika Schmitt-Kaufhold, Gerlingen
Anja Seiffert, Leipzig
Andreas Zdrallek, Leverkusen

Ernst Klett Verlag
Stuttgart · Leipzig

Inhalt

DIFFERENZIEREN
■ ■ ■ ■
S. 61

Bewerbung kommt von Werbung
Sich für ein Praktikum bewerben

DIFFERENZIEREN
■ ■ ■ ■
S. 73, 79, 88, 93, 95, 97

Zerplatzte Träume
Zu literarischen Texten schreiben

Vorurteil und Toleranz
Dramatische Texte untersuchen und deuten

DIFFERENZIEREN
■ ■ ■ ■
S. 155, 158, 164

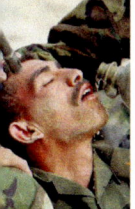

Meinungsmache?
Medien untersuchen

KOMPETENZBOX

Europa. Einheit und Vielfalt
Sprache betrachten

DIFFERENZIEREN
S. 199, 203, 207

Verbrechen mit „Stil"
Zusammenhänge zwischen Grammatik und Stil erkennen

DIFFERENZIEREN
S. 214, 218

Aushängeschilder
Regeln und Verfahren der Rechtschreibung anwenden

Lerninseln

KOMPETENZBOX

Palmen an der Nordsee?
Sich und andere informieren

Das könnt ihr schon!

· Funktionen von Sachtexten erkennen
· eine schriftliche Sachtextanalyse verfassen
· ein Referat vorbereiten und durch
  den Einsatz eines Handouts unterstützen

1. Erklärt das Bild mithilfe des Textes.

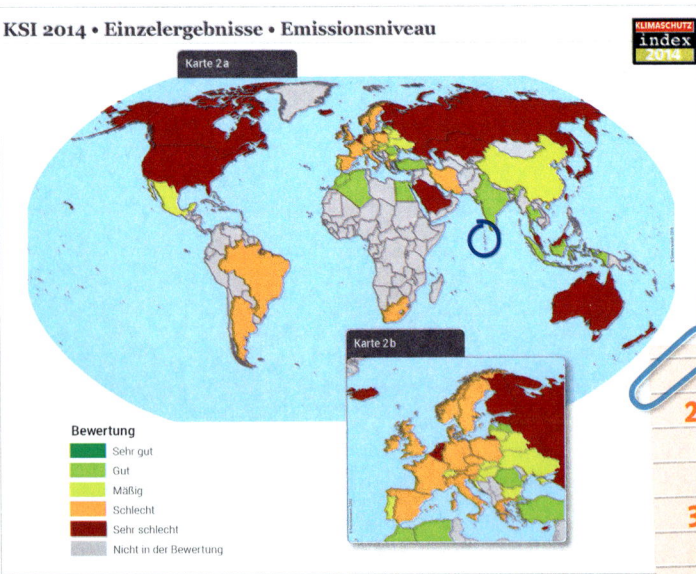

KSI 2014 · Einzelergebnisse · Emissionsniveau

KSI: Klimaschutzindex

„Meine Kinder sollen nicht im Flüchtlingslager aufwachsen" (2010)

Mohamed Nasheed hat Schlagzeilen gemacht. Vor einigen Monaten tauchte der maledivische Präsident mit seinen Ministern ab, um an der weltweit ersten Kabinettssitzung auf dem Meeresgrund teilzunehmen. In Taucheranzügen unterzeichneten die Regierungsmitglieder einen Aufruf an die internationale Gemeinschaft, den CO_2-Ausstoß weiter zu reduzieren. Denn die im Indischen Ozean beheimateten Malediven sind das am niedrigsten gelegene Land der Welt und wegen des stetig steigenden Meeresspiegels vom Untergang bedroht. […] Viel Zeit bleibe nicht mehr zum Handeln, warnte Nasheed: „Wir haben noch zehn bis zwölf Jahre, um unser Land zu retten." Beispielsweise durch die künstliche Erweiterung der Malediven oder die Errichtung künstlicher Riffe. Für viele Malediver seien die kleinen Inseln seit ungezählten Generationen die Heimat. Aus diesem Grund werde er alles dafür tun, um sein Land zu retten, sagte Nasheed: „Meine Kinder sollen nicht im Flüchtlingslager aufwachsen."

2. Wertet die Karte aus und benennt die Hauptverursacher des CO_2-Ausstoßes.

3. Erläutert den Zusammenhang zwischen den Aussagen der Karte und der Aktion des Präsidenten der Malediven. Diskutiert den Sinn einer solchen Aktion.

Lerninseln:
Lesestrategien
und Lese-
techniken
S. 237 ff.

Sich und
andere
informieren
S. 241 ff.

Schreiben
S. 254 ff.

⊕ Eingangstest
Informieren
2xz3f5

Klimakonferenz: Entwicklungsländer fordern Entschädigung für künftige Katastrophen (2013)

Die Entwicklungsländer scheinen nach 20 Jahren weitgehend ergebnisloser Klimaverhandlungen zu dem Schluss gekommen zu sein, dass Erfolge bei der Senkung der
5 Treibhausgasemissionen für viele Staaten zu spät kommen werden. Mehr verheerende Stürme, steigende Meeresspiegel und Dürren, so das Argument der G77, sind schon jetzt nicht mehr zu verhindern – selbst wenn
10 die Kohlendioxidemissionen rasch sinken sollten, worauf aber derzeit nichts hindeutet.

Die Verhandlungen über „Verluste und Schäden", im UNO-Jargon „Loss and Damage" (L&D), stehen deshalb ganz oben auf
15 der Prioritätenliste der Entwicklungsländer. Sie fordern den Aufbau einer neuen Organisation, die sich nur darum kümmert, bei künftigen klimabedingten Katastrophen Hilfen von den Industriestaaten einzusam-
20 meln. Und das möglichst zusätzlich zu den schon laufenden Programmen wie etwa dem geplanten „Grünen Klimafonds", für die die Industrieländer ab 2014 jährlich viele Milliarden zahlen wollen. Allein Deutschland stellt ab 2020 die Zahlung von rund drei 25 Milliarden Euro pro Jahr in Aussicht. […]

Zwar geht es bei „Loss and Damage" nicht nur um finanzielle Entschädigungen. Doch der Streit ums Geld überlagert alles andere. Die Industrieländer befürchten, dass 30 sie durch ein solches Abkommen gezwungen sein könnten, im Fall von Naturkatastrophen gigantische Summen zahlen zu müssen. Um welche Größenordnungen es geht, hat ein am Dienstag veröffentlichter 35 Bericht der Weltbank verdeutlicht: In den vergangenen 30 Jahren hätten Wetterkatastrophen zum Tod von 2,5 Millionen Menschen und zu Schäden von insgesamt vier Billionen Dollar geführt. Die wirtschaftli- 40 chen Verluste hätten sich zwischen 1980 und 2012 von 50 auf 200 Milliarden Dollar pro Jahr vervierfacht.

G77:
Zusammenschluss von 130 Staaten, v.a. Entwicklungsländern, zur Vertretung wirtschaftlicher Interessen

Treibhausgasemissionen:
in die Luft ausgestoßene Gase (vor allem CO_2), die für den Treibhauseffekt (Erwärmung der Erde) verantwortlich gemacht werden

Kenia, 2009

4. Untersucht den Text über die Klimakonferenz.
  – Fasst den Inhalt zusammen.
  – Erklärt, was unter „Loss and Damage" (Z. 13 f.) zu verstehen ist.
  – Ordnet den Text einer Funktion zu (informierend, appellierend, argumentierend) und begründet.

5. Vergleicht die Forderungen auf der Klimakonferenz von 2013 mit den Forderungen des Präsidenten der Malediven von 2010.

Das lernt ihr jetzt! ☆

· kontinuierliche Sachtexte auswerten und ein Referat dazu halten
· diskontinuierliche Sachtexte auswerten und präsentieren
· eine schriftliche Sachtextanalyse eines komplexen Textes verfassen

Lerninsel:
kontinuierliche und diskontinuierliche Sachtexte
S. 237

Küstenort Köln
Materialien auswählen, auswerten und präsentieren

Kontinuierliche Sachtexte auswählen und auswerten

1. Beschreibt die Abbildung und erläutert die Folgen des Meeresspiegelanstiegs für eure Region und Norddeutschland.

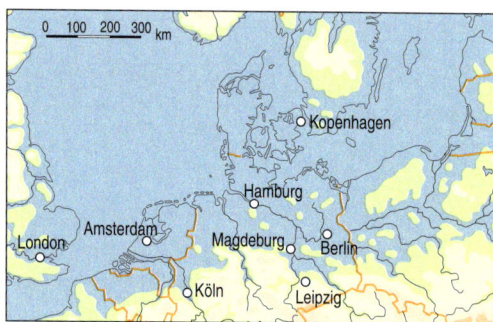

2. Für ein Referat zum Thema „Auswirkungen des Meeresspiegelanstiegs" wurden die folgenden vier Texte recherchiert.
- Prüft durch orientierendes Lesen, welche Texte man für dieses Thema nutzen kann.
- Achtet dabei auf den Themenbezug, den Informationsgehalt und die Verständlichkeit der Texte.

Lerninsel:
orientierendes
Lesen
S. 238

Wenn das Grönlandeis, alle Gletscher und ein Teil des antarktischen Festlandeises ins Meer rutschen würden, dann könnte der Meeresspiegel so ansteigen.

1 **Wegziehen oder Aufschütten? Malediven kämpfen gegen den Untergang**
(Zeitungsartikel, 2014)

Malé:
Hauptstadt der Malediven auf der gleichnamigen Insel

Flüchtlings-konvention:
Abkommen über die Anerkennung und die Rechte von Flüchtlingen

[…] **Malé (dpa)** – Berge gibt es auf den Malediven nicht. Auch keine Hügel. Nicht einmal Dünen. Die höchste natürliche Erhebung – rechnet man die Palmen nicht mit
5 – liegt auf 2,4 Metern über dem Meeresspiegel. Steigt dieser um einen Meter an, verschwinden 80 Prozent des Inselparadieses im Indischen Meer. „Ich sehe jetzt schon, wie es den Sand hier an den Palmen weg-
10 spült", sagt die Schweizer Urlauberin Doris Friedrich.
　Die Regierung des Landes mit den derzeit noch rund 1200 Koralleninseln sucht händeringend nach Möglichkeiten, den
15 Untergang zu verhindern. Ex-Präsident Mohamed Nasheed hatte einst die Idee, einen Teil der Touristen-Milliarden abzuzweigen, um eine neue Heimat woanders zu kaufen. Indien oder Sri Lanka schwebten
20 ihm vor, vielleicht auch Australien – das sei eh nicht so bewohnt.
　Allerdings: Ein Mann aus dem ebenfalls durch den Klimawandel bedrohten Pazifikstaat Kiribati wollte im vergangenen Jahr der
25 erste Klimaflüchtling nach den Vorgaben

der UN-Flüchtlingskonvention werden. Doch sein Asylantrag in Neuseeland wurde abgelehnt. Auch deswegen verfolgen die Malediven derzeit lieber andere Strategien. Sie vergrößern etwa ihre Inseln, indem sie 30 Sand vom Meeresboden holen und sie damit aufschütten. Fotos aus der Luft zeigen, dass beispielsweise die Fläche der Hauptinsel fast verdoppelt wurde. […] Viele andere künstliche Inseln sollen die Wohnungsnot lösen 35 – denn die gesamte Landesfläche entspricht mit 298 Quadratkilometern nur etwa drei Viertel der Größe von Köln. Das größte und ambitionierteste Projekt ist Hulumalé, eine fast quadratische Insel, die mit einem Reiß- 40 brett in Wohn-, Industrie-, Gemeinschafts- und Wissenschaftsviertel eingeteilt wurde.
　Häuserkomplex schießt nun neben Häuserkomplex empor, wo vor wenigen Jahren noch eine türkisblaue Lagune war. Doch es 45 gibt auch schneeweiße Strände und bereits große Palmen. „Stellenweise sieht Hulumalé natürlicher aus als Malé", findet der Umweltaktivist Ali Rilwan. Nach etwa fünf Jahren bilde sich in den neu geschaffenen 50

Inseln durch das Regenwasser sogar trinkbares Grundwasser.

Auf Hulumalé sollen nach offiziellen Angaben bis zu 60 000 Menschen wohnen können – das wäre etwa ein Sechstel der derzeitigen Einwohner. Die Regierung rechnet damit, dass zunehmende Stürme, Starkregen und Trockenperioden dazu führen, dass mehr Menschen sich von den kleineren auf die größeren Inseln retten wollen. Nach dem Tsunami 2004 standen manche Inseln unter Wasser – das noch einmal zurückging. Doch Tausende Menschen migrierten nach Malé und in andere Zentren.

Bis Ende des Jahrhunderts, heißt es im ersten Teil des neuen Klimaberichts, wird der Meeresspiegel um 26 bis 82 Zentimeter steigen. Erneut wird der Klimarat Vorschläge machen, wie der Klimawandel gestoppt werden könnte – zu dem die Malediven fast nichts beitragen, von dem sie aber mit am stärksten betroffen sind.

Tsunami (jap.): hohe Wasserwellen, die an flachen Stränden weit ins Küstengebiet vordringen; ausgelöst meist durch Erdbeben im Ozean

migrieren: aus- oder einwandern

2 **Vorbereitet sein** (Ausschnitt aus einem Sachbuch, 2013)

Unsere schwachen Reaktionen angesichts des Treibhauseffekts lassen einen Anstieg der Meeresspiegel unvermeidbar werden. Die physikalischen Eigenschaften der Meere – ihre hohe thermische Trägheit – sorgen zudem dafür, dass die Meeresspiegel selbst bei schnellem Handeln noch Jahrzehnte ansteigen würden.

Wenn man die Treibhausgasemissionen nun nicht aktiv verringern kann, muss man sich wenigstens auf die Folgen des Klimawandels vorbereiten, sich anpassen. Wir müssen vorausschauend agieren. Je früher wir handeln, desto weniger Geld und Anstrengung wird es kosten. Generell gibt es angesichts des steigenden Meeresspiegels drei Möglichkeiten: die Position halten, sich anpassen oder den Rückzug antreten. Tatsächlich wird man oft alle drei Lösungsansätze zugleich verfolgen müssen, das heißt Deiche und Dämme errichten und erhöhen, Gebäude ins Innere der Küstengebiete verlegen, Feuchtgebiete sanieren. Aber die Anpassung zielt auch darauf, die Auswirkungen des Meeresanstiegs zu mindern, indem man Hochwasserzonen schafft, Absicherungen vorsieht und die Versorgung mit Trinkwasser gewährleistet.

Doch all diese Maßnahmen werden nur begrenzten Erfolg haben, wenn der Meeresspiegel zu stark ansteigt – das heißt, wenn wir nicht in der Lage sind, die Ursachen des Problems anzugreifen, nämlich unsere Treibhausgasemissionen.

thermisch: die Wärme betreffend

3 **Ausbau von Häfen** (Online-Artikel, zeit.de, 2011)

[Uwe von Bargen] ist Umweltdirektor von bremenports; das städtische Unternehmen ist für Bau und Betrieb der Häfen im kleinsten Bundesland verantwortlich.

500 Millionen Euro hat die jüngste Erweiterung des Bremerhavener Containerterminals gekostet. Auch in 60 Jahren sollte keine Sturmflut den Kai überspülen können. Bei den Berechnungen wurde ein Meeresspiegelanstieg von 50 Zentimetern fest eingeplant, zusätzlich sorgt eine Kammer unter der Kaikante für die Abpufferung hoher Wellen.

Kai: befestigtes Hafenufer

4 **Klimaschutz jetzt!** (Positionspapier der Klima-Allianz, 2007)

Wir brauchen eine breite gesellschaftliche Bewegung für konsequenten Klimaschutz.

Immer wieder wird Klimapolitik von kurzsichtigen Interessen blockiert. Diese Blockaden wollen wir überwinden. Die Klima-Allianz ruft die Bundesregierung, die Landesregierungen, die Unternehmen, die Gewerkschaften, die Verbände, Städte und Gemeinden und alle Bürgerinnen und Bürger dazu auf, mit dem Klimaschutz ernst zu machen: in der Politik wie auch im persönlichen Einflussbereich.

Ressourcen:
natürliche
Grundlagen, z.B.
Ölvorkommen

**indigene
Völker:**
eingeborene
Völker

Almosen:
kleine Gabe

Die Zeit drängt. Der Klimawandel hat bereits eingesetzt. Eine neue Klima- und
15 Energiepolitik duldet keinen weiteren Aufschub. Die Zeit ist reif für einen gesellschaftlichen Aufbruch. Klimawandel und globale Gerechtigkeit – Herausforderungen für das 21. Jahrhundert. Der Klimawandel
20 trifft Mensch und Natur weltweit in einem Ausmaß, das historisch ohne Beispiel ist. Die Lebensgrundlagen und das Wohlergehen von Millionen Menschen, besonders in den Entwicklungsländern, sind extrem gefähr-
25 det. Der Klimawandel ist kein Schicksal; er ist Folge eines Mangels an Verantwortung, eines Mangels an Gerechtigkeit gegenüber den besonders betroffenen Menschen in Entwicklungsländern, den indigenen Völ-
30 kern, nachfolgenden Generationen und der Schöpfung. Die Bekämpfung des Klimawandels ist der zentrale Prüfstein für eine solidarische Weltgesellschaft; eine Weltge-

sellschaft, die lernen muss, mit den allen Menschen zur Verfügung stehenden Ge-
35 meinschaftsgütern verantwortungsbewusst und gerecht umzugehen. Die Industrieländer sind die Hauptverantwortlichen für eine Entwicklung, bei der im Interesse kurzfristiger materieller Gewinne und einer res-
40 sourcenintensiven Lebensweise die ökologischen Begrenzungen missachtet wurden. Daher müssen nach dem Verursacherprinzip die für den Klimawandel verantwortlichen Länder, Unternehmen und Konsumenten
45 für die Klimaschäden und die Kosten der Anpassung in den besonders betroffenen Entwicklungsländern aufkommen. Diese haben zudem – ergänzend zu ihren eigenen Anstrengungen – Anspruch auf Unterstüt-
50 zung beim Aufbau einer klimaverträglichen Energieversorgung. Dabei geht es nicht um Almosen, sondern um Gerechtigkeit.

3. Lest die Texte oder Textabschnitte (S. 10 ff.) genauer, die für das Thema
„Auswirkungen des Meeresspiegelanstiegs" geeignet sind.
  – Notiert Stichpunkte zu den wesentlichen Informationen der einzelnen Texte.
  – Fasst anschließend alle Informationen in einem Exzerpt zusammen.

**Lerninsel:
Exzerpt
S. 242**

4. Bestimmt die Funktion der geeigneten Texte (S. 10 ff.) und erläutert,
welche Absicht sie haben.
  – Achtet darauf, wo die Texte veröffentlicht worden sind.
  – Begründet eure Zuordnung, indem ihr auf die sprachliche Gestaltung eingeht.
  – Ergänzt euer Exzerpt (Aufgabe 3).

Informationen aus kontinuierlichen Sachtexten präsentieren

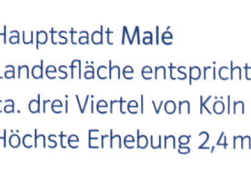

Malediven

Hauptstadt **Malé**
Landesfläche entspricht
ca. drei Viertel von Köln
Höchste Erhebung 2,4 m

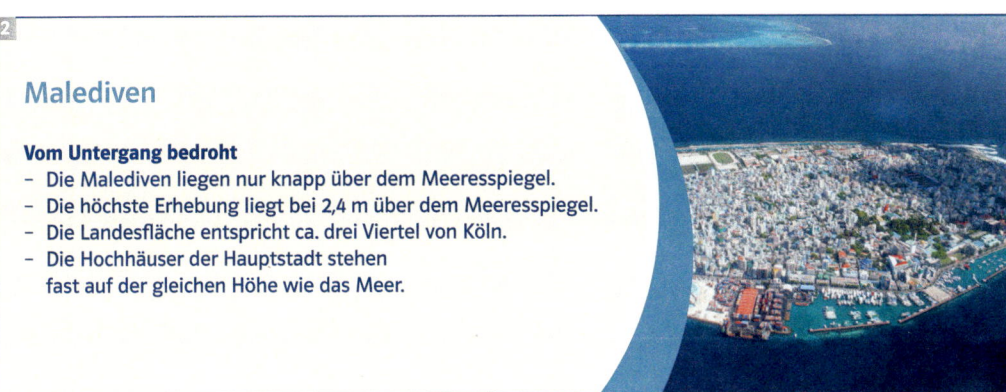

2

Malediven

Vom Untergang bedroht
- Die Malediven liegen nur knapp über dem Meeresspiegel.
- Die höchste Erhebung liegt bei 2,4 m über dem Meeresspiegel.
- Die Landesfläche entspricht ca. drei Viertel von Köln.
- Die Hochhäuser der Hauptstadt stehen
  fast auf der gleichen Höhe wie das Meer.

1. Vergleicht und beurteilt die beiden Präsentationsfolien (S. 12 f.) zum Gliederungspunkt „Auswirkungen des Meeresspiegelanstiegs am Beispiel der Malediven".

⊕ **Vorlage**
Checkliste Präsentations-folien bewerten
ky5qh7

2. Untersucht, aus welchen Texten (S. 8 f., S. 10 ff.) Informationen für die folgende Folie entnommen und wie diese verknüpft wurden. Beurteilt die Gestaltung dieser Folie.

3

„Meine Kinder sollen nicht im Flüchtlingslager aufwachsen"
(Nasheed, ehem. Präsident der Malediven)

Wie können die Malediver vor den Auswirkungen des Meeresspiegelanstiegs geschützt werden?
  Möglichkeit A:
  Bau von Dämmen
  Errichtung von künstlichen Riffen
  Aufschütten der Inseln durch Sand vom Meeresboden
  Gebäude ins Innere der Küstengebiete verlegen
  Möglichkeit B:
  Heimat / Boden in anderem Land erwerben
  evtl. einen Asylantrag stellen?

Wer kommt dabei für die Kosten auf?
  „Nach dem Verursacherprinzip sollten die für den Klimawandel verantwortlichen Länder, Unternehmen und Konsumenten für die Klimaschäden und Kosten der Anpassung in besonders betroffenen Entwicklungsländern aufkommen."
  (Klima-Allianz)

3. Nennt Kriterien für die Gestaltung von Präsentationsfolien und für die Präsentation der Folien im Referat. Geht dabei auf folgende Aspekte ein:
- inhaltliche und formale Gestaltung der Folien, zum Beispiel Farbwahl, Schriftgröße, Textmenge, Einsatz und Größe von Bildern, Grafiken, Verknüpfung von Inhalten.
- Präsentation mit Folien, zum Beispiel Abstimmung von Sprechen und Projizieren.

Lerninsel:
Präsenta-tionsfolien gestalten
S. 243

4. Fertigt zu zwei Folien (S. 12 f.) einen Stichwortzettel für eine Präsentation an. Ihr könnt euer Exzerpt (S. 12, Aufgaben 3 und 4) nutzen.
- Haltet den Vortrag zu den Folien vor der Klasse.
- Beurteilt, ob eure Kriterien aus Aufgabe 3 (s. oben) erfüllt sind.

⊕ **Vorlage**
Präsentations-folien gestalten
mi62d9

5. Verfasst zu dem Gliederungspunkt „Maßnahmen zum Schutz von Häfen" den entsprechenden Abschnitt für ein Handout, das ihr nach dem Referat austeilt. Erstellt außerdem eine Präsentationsfolie.
- Vergleicht den Inhalt und die Gestaltung von Handout und Präsentationsfolie.
- Besprecht die Funktion von Handout und Präsentationsfolie im Vortrag.
- Formuliert zusammenfassend Kriterien für die Erstellung eines Handouts.

Lerninsel:
Handout erstellen
S. 242 f.

Diskontinuierliche Sachtexte auswerten und beurteilen

Für ein Referat zum Thema „Mögliche Ursachen des Meeresspiegelanstiegs" wurden folgende Statistiken recherchiert, deren Eignung für die Verwendung im Referat überprüft werden soll.

CO$_2$-Emissionen

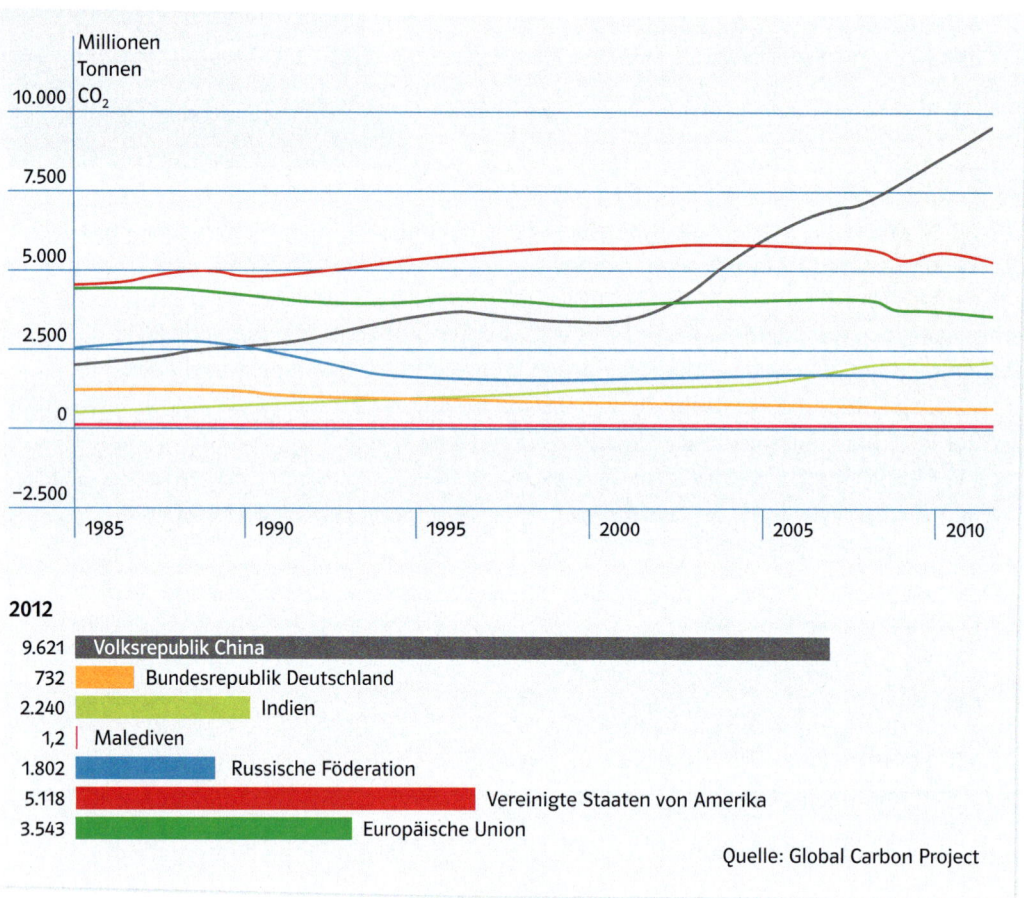

Quelle: Global Carbon Project

**Lerninsel:
Ein Diagramm
auswerten
S. 239**

1. Wertet das Diagramm aus und notiert Stichpunkte. Geht so vor:
   – Benennt das Thema und die Quelle.
   – Untersucht einzelne Informationen genauer, zum Beispiel:
     · das CO$_2$-Emissionsvolumen verschiedener Länder im Vergleich,
     · die Entwicklung der CO$_2$-Emissionen im Ländervergleich.
   – Fasst die wesentlichen Ergebnisse der Auswertung in einem Fazit zusammen.

2. Erläutert, wie ihr bei der Auswertung des Diagramms vorgegangen seid.

3. Besprecht, welche Fragen das Diagramm eurer Meinung nach offen lässt.

4. Bewertet den Aufbau, die Übersichtlichkeit und die Aussagekraft des Diagramms. Begründet.

Klimaschutzindex (KSI) 2014

Im Klimaschutzindex werden die Klimaschutzleistungen von 58 Ländern bewertet, welche für über 90 Prozent der globalen energiebedingten CO_2-Emissionen verantwortlich sind.

Die Kerndaten der zehn größten CO_2-Emittenten

Land	Index-Platzierung 2014	Index-Platzierung 2013	Anteil am weltweiten Bruttoinlandsprodukt	Anteil an der Erdbevölkerung	Anteil an den weltweiten CO_2-Emissionen*	Anteil am weltweiten Primärenergieverbrauch
Deutschland	19	8	4,02%	1,18%	2,23%	2,38%
Indien	30	24	5,66%	17,84%	5,14%	5,72%
Indonesien	34	36	1,41%	3,48%	2,30%	1,59%
Brasilien	36	34	2,87%	2,83%	4,12%	2,06%
USA	43	43	18,81%	4,48%	15,50%	16,71%
China	46	48	14,63%	19,42%	22,95%	20,91%
Japan	50	44	5,59%	1,84%	3,54%	3,52%
Südkorea	53	50	1,95%	0,72%	1,76%	1,99%
Russland	56	55	2,99%	2,04%	4,90%	5,57%
Kanada	58	58	1,75%	0,50%	1,58%	1,92%
Gesamt			59,69%	54,32%	64,03%	62,37%

* energiebedingt und Emissionen aus Entwaldung

© Germanwatch 2013

Bewertung

- ■ Sehr gut
- ■ Gut
- ■ Mäßig
- ■ Schlecht
- ■ Sehr schlecht

Quelle: Germanwatch 2013

Bruttoinlandsprodukt:
Gesamtwert aller Dienstleistungen und Waren, die innerhalb eines Landes in einem Jahr hergestellt werden

Primärenergieverbrauch:
Verbrauch der natürlich vorkommenden Energierohstoffe (z.B. Kohle, Erdöl, Erdgas) und Energieträger (z.B. Wind, Sonne)

5. Wertet den Klimaschutzindex aus und beurteilt die folgenden Notizen eines Schülers.
   – Achtet auf Vollständigkeit, Verständlichkeit und inhaltliche Richtigkeit.
   – Erweitert den begonnenen Stichwortzettel.

**Lerninsel:
Eine Tabelle auswerten
S. 239 f.**

Emittenten:
Emissionsverursacher

Thema, Diagrammart, Aufbau:
– *Klimaschutzleistungen von 58 Ländern im Vergleich, hier die 10 größten Emittenten*
– *Tabelle mit 10 Zeilen und 7 Spalten*
   Zeilenebene: Länder in absteigender Platzierung
   Spaltenebene: ... (⟶ Fremdwörter klären!)

Wichtige Ergebnisse, Auffälligkeiten:
– *Kanada ist auf letztem Platz, weil ...*
– *Auffälligkeit im Vergleich von China und USA! ...*
– *Sind Zusammenhänge zwischen Anteil an Weltbevölkerung, Primärenergieverbrauch, Emissionsmenge und Bruttoinlandsprodukt zu beobachten?*
– *Deutschland im Vergleich zu USA ziemlich gut platziert, aber schlechter geworden*

Offene Fragen:
– *Platzierung Deutschlands in einem Jahr 11 Plätze schlechter ⟶ Warum? ⟶ Recherche!*

6. Vergleicht die Ergebnisse der Auswertung des Diagramms (S. 14) und der Tabelle. Beurteilt abschließend, welche statistische Darstellung sich für das Referat „Mögliche Ursachen des Meeresspiegelanstiegs" eignet. Bezieht euch dabei auf den Informationsgehalt, die Verständlichkeit und die Übersichtlichkeit.

Diskontinuierliche Texte präsentieren

1. Während eines Referats zum Thema „Ursachen des Meeresspiegelanstiegs"
soll unter anderem der Klimaschutzindex (S. 15) präsentiert werden. Beurteilt
die folgende Einleitung für die Präsentation der Tabelle und überarbeitet sie.

> *Die Tabelle „Die Kerndaten der zehn größten CO_2-Emittenten" im Germanwatch Klimaschutzindex
> von 2014 zeigt, welche von insgesamt 58 Ländern eine gute, welche noch eine schlechte Klimaschutz-
> politik betreiben. Deutschland schneidet in dieser Statistik im Vergleich zu anderen Ländern gut ab.*

2. Besprecht, wie ihr während eines Referats den Aufbau der Tabelle (S. 15)
geordnet erläutern könnt.

3. Beurteilt die folgende Zusammenfassung am Schluss der Präsentation und
überarbeitet sie. Nutzt den Sprachtipp.

> *Die Tabelle vermittelt einen guten Überblick über die größten CO_2-Sünder auf der Erde. Hilf-
> reich ist dabei, dass der Anteil an der Erdbevölkerung in Beziehung zum Anteil an den welt-
> weiten Emissionen gesetzt wird. Dadurch fällt eine Unstimmigkeit auf, die durch die Platzierung
> vermittelt wird. Nicht deutlich wird, wodurch die CO_2-Belastung besonders entsteht.*

Sprachtipp

Statistische Darstellungen präsentieren

Einleitung: Die Tabelle zeigt …; Das Balkendiagramm thematisiert …; Die Angaben werden
in Prozent dargestellt …; Veröffentlicht wurden die Daten von …
Hauptteil: Auf der x-Achse ist in Prozentzahlen dargestellt …; Die insgesamt fünf Spalten
informieren über …; Allgemein zeigt sich folgende Entwicklung …; Besonders hervorzuheben sind folgende Daten …; Da hier deutlich wird, dass …
Schluss: Zusammenfassend gesagt, zeigt die …; Nicht beantwortet wird in der Tabelle die
Frage, ob …; Man müsste untersuchen, ob …; Die tabellarische Darstellung informiert diffe-
renziert darüber, dass … ; Der Herausgeber/Die Herausgeberin des Diagramms beabsichtigt
vermutlich …

4. Besprecht, wie die Präsentation der Tabelle sinnvoll in das Referat
integriert werden kann.

5. Präsentiert die wichtigsten Ergebnisse der Tabellenauswertung (S. 15)
vor der Klasse. Geht so vor:
  – Nehmt eure Ergebnisse aus Aufgabe 5 (S. 15) zu Hilfe.
  – Orientiert euch an dem Sprachtipp und der blauen Box (S. 17).
  – Überlegt, welche Markierungen in der Tabelle zur Veranschaulichung sinnvoll wären.
  – Haltet den Vortrag und gebt euch ein Feedback.

Materialien auswählen, auswerten und präsentieren

Kontinuierliche Sachtexte	Diskontinuierliche Sachtexte
1. Auswählen und auswerten	
– TATT und Sachtextfunktion klären – geeignete Texte auswählen (z. B. *Verständlichkeit, Informationsgehalt, Veröffentlichungsort beachten*) – geeignete Texte auswerten	– Thema, Quelle, Darstellungsart klären – Aufbau analysieren – Auffälligkeiten, Zusammenhänge und Entwicklungen herausarbeiten – geeignete Darstellungen auswählen
2. Präsentationsfolie(n) vorbereiten	
– Informationen verschiedener Texte auf den Folien zusammenfassen – Folien sollen visualisieren, nicht aber das Reden ersetzen (Kernaussagen formulieren) – Folien überprüfen (z. B. auf *Übersichtlichkeit, Vollständigkeit, Verständlichkeit, Strukturiertheit*)	– wichtige Informationen/Aspekte der statistischen Darstellung auf der Folie so markieren, dass die Markierungen während des Vortrags schrittweise eingeblendet werden können – besondere Auffälligkeiten hervorheben, z. B. durch eine Detailaufnahme der Statistik auf gesonderter Folie
3. Präsentationsfolien verwenden	
– Textbausteine oder Bilder auf den Folien einblenden, wenn dazu gesprochen wird – gezeigte Bilder erläutern – nicht nur Texte auf der Folie vorlesen, sondern durch Vortrag Stichpunkte auf der Folie erklären – beim Sprechen Zuhörer/Zuhörerinnen ansehen, nicht Folien	– Überblick über Thema und Aufbau der Statistik geben – Statistik schrittweise erklären – Markierungen einblenden oder Detailaufnahmen zeigen, um daran wichtige Einzelaussagen, Zusammenhänge, Auffälligkeiten oder Entwicklungen zu erläutern – Schlussfolgerungen ziehen – offene Fragen hervorheben

TATT:
Textsorte,
Autor/Autorin,
Titel, Thema

**Lerninsel:
Ein Diagramm auswerten**
S. 239
Eine Tabelle auswerten
S. 239 f.

**Lerninsel:
Präsentationsfolien gestalten**
S. 243

6. Zum Differenzieren ■ ■ ■ ■

A Wertet das Diagramm (S. 52) aus, notiert euch Stichpunkte und stellt es der Klasse vor.

B Wertet das Diagramm rechts aus, notiert euch Stichpunkte und stellt es der Klasse vor.

C Erstellt zwei Präsentationsfolien für ein Referat zum Thema „Auswirkungen von Dürren". Stellt die Folien der Klasse vor und sprecht dazu.

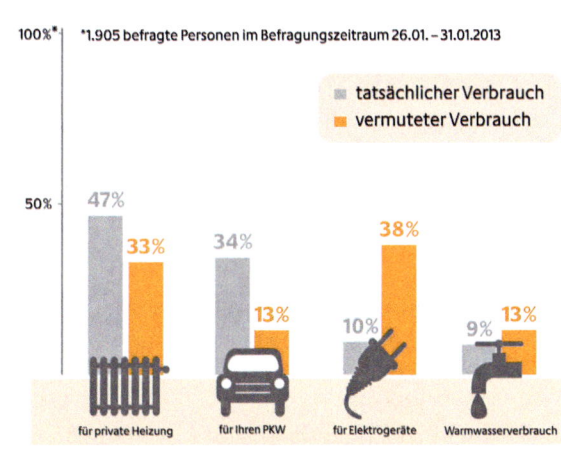

Differenzieren
Diskontinuierliche Texte auswerten

6378ya

Gefragt wurde: Wie hoch ist Ihrer Meinung nach der Anteil der folgenden Dinge am Energieverbrauch eines Haushalts?

Quelle: dena, Deutsche Energie-Agentur

Kein Grund zur Sorge?
Sachtexte schriftlich analysieren

Eine Sachtextanalyse vorbereiten

Hörverstehen
Globale
Erwärmung
8my3uy

1. Lest die Überschrift sowie den Vorspann und besprecht, was ihr von dem Text erwartet.

Politik	Wirtschaft	Gesellschaft	Kultur	Wissen	Sport	Reisen

Globale Erwärmung: Die CO_2-Lüge
(Online-Artikel, bild.de, 2012)

Renommiertes Forscher-Team behauptet: Die Klima-Katastrophe ist Panik-Mache der Politik
Von Prof. Werner Weber (TU Dortmund)

Steht die Menschheit vor einer selbstgemachten Klima-Katastrophe? Oder ist die globale Erwärmung nur eine große CO_2-Lüge hysterischer Wissenschaftler? Ein Autorenteam um Hamburgs Ex-Umweltsenator Fritz Vahrenholt gibt Entwarnung!
Die Klima-Katastrophe sei die Erfindung von Politikern und UN-Wetterforschern! In Wahrheit
5 sei die Sonne mindestens genauso verantwortlich für die Temperaturschwankungen der Erde wie CO_2! Exklusiv für BILD haben die Autoren ihre Thesen zusammengefasst.
Klimahorror-Warnungen prasseln auf uns hernieder: Hitzewellen, Wirbelstürme, biblische Fluten sollen den Planeten bald heimsuchen. Endzeitstimmung! Schon in der Schule bekommen Kinder eingetrichtert: Das alles haben wir uns selbst eingebrockt. Ab 2020 sollen wir
10 Industrieländer daher jedes Jahr 100 Mrd. US-Dollar an die Entwicklungsländer zahlen zur Wiedergutmachung angeblicher Klimaschäden.
Fest steht: In den letzten 150 Jahren ist es auf unserem Globus um überschaubare 0,8 °C wärmer geworden. Der allwissende Weltklimarat der Vereinten Nationen erklärt uns, dass die Erwärmung fast vollständig durch das böse CO_2 entstanden sei. Und wenn unsere Abgase
15 schon bisher fast ein Grad Erderwärmung verschuldet hätten, dann würden bis Ende des Jahrhunderts schnell ein paar weitere Grade dazukommen.
Was wäre, wenn sich die UN-Organisation irrt? Können wir diesen Experten wirklich blind vertrauen, sind sie tatsächlich unabhängig?
Wer die Fakten genau prüft, kommt zu einem anderen Ergebnis: Weniger als die Hälfte der
20 bisherigen Erwärmung von 0,8 °C geht wohl auf das Konto des Menschen. Mit der anderen Hälfte haben wir rein gar nichts zu tun! Denn der Hauptschuldige an den Klimaschwankungen ist unsere liebe Sonne! Zwar strahlt das Sonnenlicht sehr gleichmäßig. Zu gleichmäßig, um bei uns größere Klimaschwankungen zu erzeugen. Aber die Sonne hat auch Sonnenflecken. Mal ist sie sehr aktiv, hat viele und große Flecken, von denen starke Magnetfelder
25 ausgehen. Mal hat sie wenige und sehr kleine. Dies geschieht in Zyklen von 11 Jahren. Es gibt weitere Zyklen, einige dauern Jahrhunderte, andere dauern Jahrtausende.
Auf der Erde hinterlässt die Sonne Spuren dieser Aktivität. Dadurch, dass die aktive Sonne mit ihren Magnetfeldern die aus dem Weltall einfallende kosmische Strahlung deutlich abschwächt. Diese Spuren kann man durch Analysen von Erdschichten über viele Jahrtausende
30 zurückverfolgen. Und sie haben das Erdklima nachweisbar verändert: Wenn die Sonne nur schwach aktiv war, blieb unser Planet kühl. Und immer wenn die Sonne ihre Aktivität „aufdrehte", erwärmte sich auch die Erde – lange bevor der Mensch den CO_2-Gehalt der Atmosphäre emporschnellen ließ.

Vor 1000 Jahren etwa war die Sonnenaktivität für einige Jahrhunderte deutlich stärker als zu-
35 vor. Während dieser „mittelalterlichen Warmphase" war es so warm, dass die Wikinger Grönland („Grünland") besiedeln, dort Ackerbau betreiben konnten. Aber ein paar Hundert Jahre
später schaltete die Sonne während der „Kleinen Eiszeit" ein paar Gänge runter. Auf der Erde
machte sich eisige Kälte breit. Die Wikinger-Siedlungen in Grönland gingen elend zugrunde.
In Europa gab es massive Ernteausfälle. Hunger und Krankheiten machten sich breit. Die
40 Themse war viele Winter über zugefroren.

Die Frage ist: Wie viel hat die Sonne zur Klimaerwärmung der letzten Jahrhunderte bei-
gesteuert? Nachweisbar ist: Ihre Aktivität hat seit dem Jahr 1700 kräftig zugenommen, erreichte in den zwei Zyklen vor 1995 sogar die höchsten Werte seit 400 Jahren!

Alles nur Zufall, behaupten die Klimaexperten von der UNO. Kurzerhand ignorierten sie die
45 Sonnenaktivität in ihren Klimarechnungen. Und ignorierten damit zum Beispiel die Erkennt-
nisse des dänischen Physikers und Klimaforschers Prof. Henrik Svensmark. Der fand starke
Hinweise dafür, dass die Wolken auf der Erde im Takt der Sonnenaktivität abnehmen und
quasi einen von der Sonne ferngesteuerten Strahlenschirm bilden. In meinen eigenen Arbeiten, die von Svensmark motiviert waren, fand ich weitere Beweise für die Klima-Relevanz
50 der Sonnenaktivität.

Und es kommt noch dicker: Führende Sonnenphysiker haben herausgefunden, dass die Aktivität unseres Muttergestirns seit etwa 15 Jahren rapide abnimmt – und bis mindestens 2030
weiter abnehmen wird. Wir schlittern also in eine jahrzehntelange SonnenFLAUTE hinein.
Und die kommt uns wie gerufen! Denn sie wird die CO_2-Erwärmung eine ganze Weile lang
55 neutralisieren und unserem Globus vermutlich eine Abkühlungsphase bescheren. Erst ab 2040
könnte es wieder wärmer werden. Und bis 2100 steigen dann die Temperaturen womöglich
um ein halbes bis ein Grad an.

Klar ist: Dagegen sollten wir etwas tun. Der Weg weg von Öl/Gas/Kohle hin zu mehr
erneuerbarer Energie ist richtig!
60 Aber die maßlosen Hitze-Prognosen des Weltklimarats sind reine Angstmache!

2. Besprecht eure Leseeindrücke.
   – Stellt Vermutungen zur Absicht des Autors und zur Zielgruppe an.
   – Geht auf die Überzeugungskraft und die sprachliche Gestaltung des Textes ein.

3. Formuliert die Kernaussage des Textes. Vergleicht diese mit euren Erwartungen
aus Aufgabe 1 (S. 18).

4. Klärt, wie der Autor seine Argumentation aufbaut.
Verdeutlicht mithilfe eines Flussdiagramms die gedankliche Struktur.

5. Untersucht anhand der folgenden Beispiele, wie die Position gestützt wird
(nur das erste Beispiel stammt aus dem Text). Ordnet sie den verschiedenen
Argumentarten zu. Sucht nach weiteren Beispielen im Text.

„Führende Sonnenphysiker haben herausgefunden, dass die Aktivität unseres Muttergestirns seit etwa 15 Jahren rapide abnimmt ..." (Z. 51f.)	„Schon in den 50er Jahren gab es einen sehr heißen Sommer ..."
„Natürlich muss die Umwelt geschützt werden ..."	„In einer Studie von 2013 wird nachgewiesen, dass ..."

normatives Argument:
Berufung auf allgemeine Werte

Autoritäts-argument:
Berufung auf Experten

Tatsachen-argument:
Berufung auf Fakten

analoges Argument:
Berufung auf ähnliche Sachverhalte

6. Untersucht in den folgenden Beispielen jeweils die Unterschiede in der sprachlichen Gestaltung und deren Wirkung. Erläutert die Funktionen der Formulierungen des Autors.

„Klimaforscher rechnen mit einer Zunahme von starken Wirbelstürmen und großen Fluten auf der gesamten Erde." → „Klimahorror-Warnungen prasseln auf uns hernieder: Hitzewellen, Wirbelstürme, biblische Fluten […]" (S. 18, Z. 7 f.)
„In der Schule wird Kindern beigebracht …" → „Schon in der Schule bekommen Kinder eingetrichtert […]" (S. 18, Z. 8 f.)

7. Analysiert im Text (S. 18 f.) die sprachlichen Mittel und den Satzbau. Erläutert deren Funktion.

8. Beurteilt den Text auf Seite 18 f. Berücksichtigt dabei Argumentationsweise, sprachliche Gestaltung, Absicht und Zielgruppe.

9. Ordnet eure Ergebnisse aus den Aufgaben 2–8 (S. 19 f.) und erstellt einen Schreibplan für eine Sachtextanalyse.

Wissen und Können

Lerninsel:
Eine Sachtext-
analyse
vorbereiten
S. 254 f.

Lerninsel:
Anapher,
Alliteration
S. 277

Personifikation
S. 276

Sprachliche Mittel und deren Funktion in Sachtexten analysieren

Durch den Einsatz von sprachlichen Mitteln kann ein Autor/eine Autorin **die Leserschaft beeinflussen**. Er/sie kann z. B die Leserinnen und Leser für sich einnehmen, ironische Distanz wahren, übertreiben, dramatisieren, veranschaulichen oder gedanklich lenken. Die Auswahl der sprachlichen Mittel und die Funktion des Textes hängen also eng miteinander zusammen. Neben **Anaphern, Alliterationen, Personifikationen, rhetorischen Fragen** oder **Vergleichen** können auch weitere sprachliche Mittel verwendet werden, zum Beispiel:

Abwertung	durch negative Wortwahl wird die Gegenposition schlecht dargestellt	„Klimahorror-Warnungen prasseln […] hernieder" (S. 18, Z. 7 f.)
Aufwertung	durch positive Wortwahl wird die eigene Position gestützt	„Führende Sonnenphysiker haben herausgefunden" (S. 19, Z. 51)
Akkumu-lation	Reihung von Begriffen zu einem Oberbegriff	„Wirbelstürme, Meeres-spiegelanstieg, Sturmfluten"
Ellipse	unvollständiger Satz, Auslassung notwendiger Satzglieder oder Wörter	„Zu gleichmäßig, um bei uns größere Klimaschwankungen zu erzeugen." (S. 18, Z. 22 f.)
Euphemis-mus	beschönigende Umschreibung	„sommerliche Temperaturen" statt „unerträglich heiß"
Hyperbel	starke Übertreibung	„sintflutartige Regenfälle" statt „starker Regen"
Leser-ansprache	Leser wird durch Pronomina direkt oder indirekt mit einbezogen	„Wir sind alle betroffen." „Auch du musst handeln."

Eine Sachtextanalyse schreiben und überarbeiten

1. Verfasst eine Einleitung für die schriftliche Analyse des Sachtextes von Seite 18 f.

Einleitung
S. 22

2. Untersucht im folgenden Ausschnitt aus der Sachtextanalyse eines Schülers,
- wie die Analyseergebnisse mit den Aussagen zu Wirkung und Absicht verknüpft werden,
- wie Tempus und Modus verwendet werden.

> *Insbesondere durch eine abwertende Wortwahl distanziert sich der Autor bereits im ersten Abschnitt des Hauptteils (Z. 7–11) von der Gegenposition. Benutzt wird zum Beispiel die negativ wirkende Wendung „bekommen ... eingetrichtert" (Z. 8 f.) statt des Verbs „lernen", wodurch verdeutlicht wird, dass bereits Kinder in der Schule keine Chance haben, sich*
> 5 *der Aussage zu entziehen, dass der Mensch an der Klimaerwärmung Schuld habe. Auch Erwachsene können sich, so der Autor, dieser Aussage nicht entziehen, was durch die Verwendung des abwertenden Ausdrucks „prasseln hernieder" (Z. 7) hervorgehoben wird. Unterstützt wird die Distanzierung von der Position des menschlich verschuldeten Klimawandels durch den Einsatz düsterer Metaphern wie „biblische Fluten" (Z. 7 f.) oder „End-*
> 10 *zeitstimmung" (Z. 8). Diese Metaphern in Verbindung mit den Ellipsen (z. B. „Endzeitstimmung!" Z. 8) sind so übertrieben, dass die Gegenposition lächerlich wirkt. Die Gegenseite erscheint auch weniger wissenschaftlich, indem der Autor hier erstens keine Forschungsergebnisse nennt und zweitens eine eher umgangssprachliche Wortwahl verwendet (z. B. „eingebrockt", Z. 9).*
> 15 *Der Autor stellt sich mit dem Leser durch das Pronomen „uns" auf dieselbe Seite und vermittelt so ein Gemeinschaftsgefühl. Durch den Bezug auf die genannten Fakten („100 Mrd. US-Dollar ...", Z. 10) wird der Leser abgeschreckt, da es sich hier um viel Geld handelt.*

3. Verfasst die Analyse eines weiteren Textabschnitts (S. 18, Z. 12–21).
Stellt dabei die Argumentation, die Verwendung der sprachlichen Mittel sowie deren Funktion und Wirkung dar.

Satzverknüpfungen
S. 213

4. Beurteilt den folgenden Schlussteil. Achtet auf Inhalt und sprachliche Gestaltung. Ergänzt fehlende Aspekte und verfasst einen eigenen Schluss für eine Sachtextanalyse.

> *Der Autor will den Leser durch viele Wir-Formen von seiner Meinung überzeugen, dass der Mensch nicht an der Klimaerwärmung schuld ist. Zudem verwendet er auch immer wieder Autoritätsargumente, um zu zeigen, dass seine Position richtig ist. Als sprachliche Mittel helfen ihm dabei auch rhetorische Fragen und Abwertungen.*

So geht's interaktiv
Sachtextanalyse
gy3r4i

Beispiellösung
Aufgabe 5
86w2kz

5. Verfasst auf der Grundlage eures Schreibplans (S. 20, Aufgabe 9) eine vollständige Sachtextanalyse zum Text „Globale Erwärmung: Die CO_2-Lüge" (S. 18 f.).
Nutzt dabei auch eure Ergebnisse aus den Aufgaben 1–4.

Vorlage
Checkliste
Sachtextanalyse
ct72ch

6. Bildet kleine Gruppen und überarbeitet eure Textanalysen.

Wissen und Können

Eine Sachtext-
analyse
vorbereiten,
schreiben,
überarbeiten
S. 254 ff.

Sachtexte schriftlich analysieren

In einer Sachtextanalyse stehen folgende Aspekte im Mittelpunkt: **wesentliche Aussagen**, **gedankliche Struktur**, **Absichten**, **sprachliche Gestaltung** sowie deren **Funktion** und **Wirkung**.

1. Die Sachtextanalyse vorbereiten

- Den Sachtext untersuchen
  - den **Inhalt verstehen** (Text inhaltlich erschließen, gedankliche Struktur skizzieren, Kernaussage zusammenfassen)
  - **Ziele** und **Absichten** des Sachtextes **entschlüsseln** (Funktion und Absicht des Textes untersuchen, Zielgruppe klären)
  - **sprachliche Gestaltung** und ihre Wirkung **untersuchen**
- Den Schreibplan erstellen

TATT:
Textsorte, Autor/
Autorin, Titel,
Thema

2. Die Sachtextanalyse schreiben

Inhalt und Aufbau:
- **Einleitung:** Textsorte, Autor/Autorin, Titel, Thema, Quelle, Funktion und Kernaussage des Textes benennen
- **Hauptteil:**
  - den Inhalt des Sachtextes absatzweise zusammenfassen
  - den thematischen, gedanklichen oder argumentativen Aufbau des Textes darlegen
  - für jeden Absatz darstellen, welche Absicht der Autor/die Autorin verfolgt und wie diese Absicht durch sprachliche Mittel unterstützt wird
- **Schluss:** ein Fazit ziehen, z. B. die vermutete Absicht und Zielgruppe benennen; zusammenfassend formulieren, wie der Autor/die Autorin diese Absicht durch den Inhalt, den Aufbau und die sprachliche Gestaltung umsetzt

Sprachliche Gestaltung:
- Tempusform Präsens verwenden, sachlich schreiben (keine persönliche Wertung)
- für die Wiedergabe der Position des Autors/der Autorin Konjunktiv verwenden
- Zusammenhänge durch geeignete Verben und Satzverknüpfungen verdeutlichen

3. Die Sachtextanalyse überarbeiten

- Arbeitstechniken der Schreibkonferenz, Textlupe nutzen, Checkliste verwenden
- Rechtschreibung und Zeichensetzung mit dem Wörterbuch oder am PC prüfen

Differenzieren
Sachtext-
analyse
xy8wj5

7. Zum Differenzieren ▪ ▪ ▪ ▪

A Bereitet eine Sachtextanalyse für den Text auf Seite 23 vor:
- Formuliert die Kernaussage und die mögliche Absicht des Textes.
- Untersucht die sprachliche Gestaltung im Hinblick auf die Funktion des Textes.
- Erstellt einen Schreibplan mithilfe von Stichpunkten.
- Formuliert die Einleitung und den Schluss in ganzen Sätzen.

B Schreibt eine Sachtextanalyse zu folgendem Text.

Verursacht der Mensch die Erderwärmung? (Homepage Greenpeace, 2014)

Wenn im Laufe der Erdgeschichte das Klima schwankte, dann dauerte dies Jahrtausende. Tiere und Pflanzen hatten Zeit, sich anzupassen. Die letzte Eiszeit begann vor rund 2,5 Millionen Jahren. Elf Prozent der Erde waren mit Eis bedeckt, es war bis zu zwölf Grad kälter als heute. Vor 12.000 Jahren endete dieses Eiszeitalter. Seitdem befinden wir uns in einer Art Zwischeneiszeit (geologisch: Interglazial) mit relativ stabilen klimatischen Bedingungen.

In den letzten hundert Jahren hat die Konzentration von Treibhausgasen in der Erdatmosphäre rapide zugenommen. Gleichzeitig stieg die globale Temperatur. Heute steht das gesamte Klimasystem der Erde auf der Kippe.

Der UN-Klimarat (IPCC) bestätigt in seinem Bericht von 2007, dass natürliche Faktoren bei der derzeitigen Klimaerwärmung kaum eine Rolle spielen. Mit der Intensität der Sonnenaktivität lässt sich die gemessene Erwärmung nicht erklären. Die Klimaforscher stellen fest, dass mit mehr als 90-prozentiger Wahrscheinlichkeit menschliche Aktivitäten die Hauptursache des Temperaturanstieges sind.

Mitte des achtzehnten Jahrhunderts begann das Zeitalter der Industrialisierung. Seitdem hat sich die Lebensweise der Menschen in den westlichen Industrienationen radikal verändert. Für unsere Maschinen, Fabriken, Dampflokomotiven, Autos, Flugzeuge, *Computer* und *Handys* fördern wir Bodenschätze zutage, die in hunderten Millionen Jahren entstanden sind. Wir verbrennen Kohle, Öl und Gas in großen Mengen und setzen damit das Klimagas Kohlendioxid (CO_2) frei. Dieses gelangt in die Atmosphäre und verstärkt den natürlichen Treibhauseffekt.

Unser hoher Energieverbrauch ist aber nicht das einzige Problem. Auch die moderne Landwirtschaft mit Massentierhaltung und hohem Einsatz von Kunstdünger belastet das Klima. Die Abholzung von Urwäldern zerstört natürliche CO_2-Speicher. Und auch unsere so hoch geschätzte Mobilität trägt ihren Teil bei. In Europa sind 20 Prozent des CO_2-Ausstoßes auf den Verkehr zurückzuführen.

Die Industriestaaten haben eine historische Verantwortung für den Klimaschutz, denn sie sind für den größten Teil des Problems verantwortlich. Sie sind auch diejenigen, die dank ihrer wirtschaftlichen Stärke finanziell in der Lage sind zu handeln.

Alle Menschen haben die gleichen Rechte, auch auf die Nutzung von Energie. Zugleich dürfen die Emissionen nicht unendlich weiter wachsen. Eine global gerechte Reduktion von Treibhausgasen muss sich nach Ansicht von Greenpeace an der Pro-Kopf-Emission für jeden Weltbürger orientieren. Diese liegt durchschnittlich bei etwa 4,5 Tonnen pro Jahr. Wollen wir das Klima retten, müssen wir diesen Wert bis 2050 auf knapp zwei Tonnen senken.

Für die Industrieländer bedeutet das starke Verringerungen. Deutschland hat eine durchschnittliche CO_2-Emission von rund zehn, die USA von 17 Tonnen pro Kopf. Diese Länder müssen ihre Energiepolitik sofort umstellen und die Energiewende sowohl im eigenen Land als auch im internationalen Rahmen vorantreiben.

Das könnt ihr jetzt!

Windenergie (Online-Artikel, welt.de, 2014)

Investitions-kosten:
Kosten für die Errichtung

amortisieren:
Durch den Ertrag werden die Anschaffungskosten eingebracht.

offshore:
in einiger Entfernung von der Küste

forcieren:
mit Nachdruck vorantreiben

Wind ist ein billiger, massenhaft vorhandener, sauberer und erneuerbarer Rohstoff, der für die Zukunft immer mehr an Bedeutung gewinnt. [...]

5 Die Vorzüge der Nutzung von Windenergie, der klaren Nummer eins unter den erneuerbaren Energien, liegen eigentlich auf der Hand. Wind, ein Geschenk der Natur wie die Sonne, ist kostenlos, reichlich und

10 dauerhaft zu haben. Für relativ rohstoffarme Länder wie Deutschland bedeutet das zusätzlichen Verzicht auf Importe.

Betrachtet man die Nachteile und Vorteile von Windenergie genauer, wird deutlich,
15 dass keine Form der Energiegewinnung so

wenig Platz benötigt. Die tatsächlich verbrauchte Fläche durch Windkraftanlagen ist minimal, die Investitionskosten amortisieren sich schnell.

20 Außerdem erfolgt kein Ausstoß von Schadstoffen wie Kohlendioxid, Stickoxid und Schwefeldioxid wie bei der konventionellen Stromerzeugung in Kraftwerken. [...]

25 Gerade bei der Errichtung von Offshore-Windparks auf dem Meer gibt es noch viele potenzielle Flächen, die genutzt werden können. Für die Herstellung, Wartung und Weiterentwicklung von Windkraftanlagen bedarf es vieler Arbeitskräfte.

Sündenfall im Meer (Online-Artikel, spiegel.de, 2014)

Bei guter Sicht wäre der Windpark von Sylt aus am Horizont zu erkennen. 80 Windräder sollen 32 Kilometer vor der Küste errichtet werden, Stromgiganten mit 120 Me-
5 ter messenden Rotoren und einer Leistung von jeweils 3,6 Megawatt. Die Investitionen für den Windpark „Butendiek" liegen bei 1,3 Milliarden Euro. Im April sollen die ersten Fundamente der Offshore-Anlage mit
10 Getöse in den Meeresgrund des Seegebiets „Sylter Außenriff" gerammt werden.

Doch wird es so weit kommen? Ein Gutachten des Instituts für Naturschutz und Naturschutzrecht Tübingen stellt jetzt die
15 Rechtmäßigkeit des Windparks in Frage. „Butendiek" hätte aus naturschutzrechtlichen Gründen „nicht genehmigt werden dürfen", befinden die Juristen. [...]

„„Butendiek' ist ein Sündenfall der Off-
20 shore-Windkraft", kritisiert Kim Detloff vom Naturschutzbund Deutschland (Nabu), der das Rechtsgutachten in Auftrag gegeben

hat. Das Areal liegt direkt im EU-Vogelschutzgebiet „Östliche Deutsche Bucht" sowie im „Sylter Außenriff", einem nach
25 der europäischen Fauna-Flora-Habitat-

| Lerninseln: Lesestrategien und Lesetechniken S. 237 ff. | Sich und andere informieren S. 241 ff. | Schreiben S. 254 ff. | ⊕ Diagnose- bogen Informieren t7k92d | ⊕ Training interaktiv Informieren xg7j8q |

Richtlinie geschützten Gebiet. Die Natur- schützer befürchten „eklatante Risiken für die Meeresumwelt". Wenige Wochen vor
30 Baubeginn wollen sie das Projekt deshalb noch stoppen – oder zumindest strengere Auflagen durchsetzen. „Auch wir sind für den naturverträglichen Ausbau der Wind- kraft auf See", sagt Detloff. Besonders kriti-
35 sche Vorhaben müssten jedoch auf den Prüf- stand. „Wenn es hart auf hart kommt, sind wir bereit, gegen ‚Butendiek' zu klagen", kündigt der Naturschützer an.

„Butendiek" ist eine Art Altlast der
40 Windenergiebranche. Schon 2002 geneh- migte das für die Zulassung und Überwa- chung von Offshore-Windparks zuständige Bundesamt für Seeschifffahrt und Hydro- grafie (BSH) die Anlage. Naturschützer
45 waren von Anfang an dagegen. Doch der damalige grüne Bundesumweltminister Jürgen Trittin drückte die Genehmigung für das Prestigeprojekt durch.

Nun zeigen sich die Mängel des Vorha-
50 bens. Einwände des Bundesamts für Natur- schutz etwa seien nur dann berücksichtigt worden, wenn diese dem Bau des Wind- parks nicht entgegenstünden, kritisieren die Gutachter. Zudem seien bestehende Wis- senslücken stets zugunsten des Windpark- baus ausgelegt worden – ein Verstoß gegen
55 EU-Naturschutzrecht.

Noch nicht geklärt war bei der Ge- nehmigung beispielsweise, wie stark die Rammarbeiten in 20 Meter Wassertiefe die Kommunikation der Schweinswale stö-
60 ren. Das BSH schreibt vor, dass der Lärm in 750 Meter Entfernung von der Baustelle höchstens 160 Dezibel betragen darf. Biolo- gen haben inzwischen herausgefunden, dass die empfindlichen Sinnesorgane der Klein-
65 wale bei diesem Schalldruck bereits Schaden nehmen. Schon bei Lärm über 136 Dezibel ergreifen die Tiere die Flucht. […]

Das BSH und die „Butendiek"-Betrei- bergesellschaft WPD weisen die Vorwür-
70 fe zurück. Um den Lärm zu minimieren, würden die Windparkbauer doppelwandige Stahlrohre mit eingeschlossenen Luftbläs- chen verwenden; dieser „Blasenschleier" reduziere den Lärm. Zudem sollen unter
75 Wasser Speziallautsprecher aufgestellt wer- den, die regelmäßig akustische Signale aus- senden, um Schweinswale und Robben auf Abstand zu halten. […]

Hydrografie: Vermessung und Beschreibung von Gewässern

1. Erklärt, welche Bedeutung die Windenergie in Deutschland hat, indem ihr die wichtigsten Informationen aus den beiden Texten in einem informativen Text zusammenfasst.

2. Bei einem Referat zum Thema „Nutzung der Windenergie in Deutschland" soll das Diagramm einbezogen werden.
   - Wertet das Diagramm (S. 24) dafür aus. Notiert Stichpunkte.
   - Stellt das Diagramm als einen Baustein des Referats in der Klasse vor.
   - Gebt euch Rückmeldungen zur Auswertung und Vorstellung des Diagramms.

3. Entwickelt auf der Grundlage der Materialien zwei Präsentationsfolien.

4. Analysiert schriftlich den Text „Sündenfall im Meer" (S. 24 f.).

Kommunikation ist alles
Sprachlicher Umgang mit anderen

 Das könnt ihr schon!

- Kommunikationsstörungen erkennen und möglichst vermeiden
- überzeugend argumentieren und appellieren
- in einer Diskussion/einer Debatte Stellung beziehen

Cartoonist: Ralf Fieseler

Cartoonist: Ralf Fieseler

1. Wählt einen der beiden Cartoons aus und besprecht, was er zum Ausdruck bringt.

Es ist gleich elf Uhr.

Ja, Papa.

2. Notiert in einer Gedankenblase, was dem Sohn bei der Äußerung seines Vaters durch den Kopf gehen könnte.

3. Formuliert verschiedene Möglichkeiten, wie die Aussage des Vaters gemeint sein könnte.

Lerninsel:
Sprachlicher
Umgang
mit anderen
S. 265 ff.

🌐 Eingangstest
Sprachlicher
Umgang
mit anderen
65ha4y

Paul Watzlawick: Anleitung zum Unglücklichsein (Ausschnitt, 2000)

DIE GESCHICHTE MIT DEM HAMMER

Ein Mann will ein Bild aufhängen. Den Nagel hat er, nicht aber den Hammer.
Der Nachbar hat einen. Also beschließt unser Mann, hinüberzugehen und ihn auszu-
borgen. Doch da kommt ihm ein Zweifel: Was, wenn der Nachbar mir den Hammer
nicht leihen will? Gestern schon grüßte er mich nur so flüchtig. Vielleicht war er in
Eile. Aber vielleicht war die Eile nur vorgeschützt, und er hat etwas gegen mich.
Und was? Ich habe ihm nichts angetan; der bildet sich da etwas ein. Wenn jemand
von mir ein Werkzeug borgen wollte, ich gäbe es ihm sofort. Und warum er nicht?
Wie kann man einem Mitmenschen einen so einfachen Gefallen abschlagen? Leute
wie dieser Kerl vergiften einem das Leben. Und dann bildet er sich noch ein, ich sei
auf ihn angewiesen. Bloß weil er einen Hammer hat. Jetzt reicht's mir wirklich. –
Und so stürmt er hinüber, läutet, der Nachbar öffnet, doch noch bevor er „Guten Tag"
sagen kann, schreit ihn unser Mann an: „Behalten Sie Ihren Hammer, Sie Rüpel!"

Filmbild aus
„Russendisko", 2012

4. Beschreibt die Gesprächssituation in dem Text und erklärt, wie sie entstanden ist.

5. Stellt die Gründe für das Scheitern der Kommunikation zwischen den Nachbarn dar.

6. Von dem Kommunikationswissenschaftler Paul Watzlawick stammt die Grundannahme „Man kann nicht nicht kommunizieren". Erklärt die Bedeutung mithilfe des Filmbilds.

7. Plant eine kurze Szene ohne Worte, die Watzlawicks Grundannahme (Aufgabe 6) verdeutlicht, und spielt sie in eurer Klasse vor.

Das lernt ihr jetzt! ☆

· den rhetorischen Fünfsatz
  für Diskussionsbeiträge nutzen
· Kommunikationssituationen
  untersuchen und deuten

Auf den Punkt kommen
Mit dem rhetorischen Fünfsatz einen Standpunkt vertreten

Diskussionsrunde (Ausschnitt)

In der 9. Klasse wird diskutiert, ob Auslandsfahrten bereits in dieser Klassenstufe durchgeführt werden sollen.

AMIRA: Wieso sollen wir unsere Klassenfahrten denn erst in der Oberstufe ins Ausland machen dürfen? Schaut euch doch mal an anderen Schulen um, meine Freundin war in der Neunten letztes Jahr in Rom.

LEON: Rom würde mir auch gefallen. Oder lieber nicht, sonst werden wir von einer Ruine zur nächsten geschleppt.

PAUL: Alle sprechen von Europa, dass Europa zusammenwachsen soll und so weiter. Aber wir sollen unsere Klassenfahrten nur in Deutschland machen dürfen. Das macht doch keinen Sinn.

TIM: Fahrten ins Ausland sind ziemlich teuer.

HANNA: Naja, es gibt inzwischen auch Billigflüge nach Paris, Barcelona und was weiß ich wohin.

AMIRA: Genau! Wozu lernen wir denn zwei oder drei Fremdsprachen, wenn wir dann doch nur in Deutschland bleiben?

LEON: Wer hat denn eigentlich Spanisch als zweite Fremdsprache gewählt?

BRITTA: Wir haben an unserer Schule ein richtig gutes Austauschprogramm. Wer will, der kann auch jetzt schon ins Ausland.

TIM: Stopp, so geht das nicht. Wir brauchen einen konkreten Vorschlag.

1. Nehmt Stellung zu der Frage, ob Auslandsfahrten in der 9. Klasse sinnvoll sind.

2. Sammelt Vorschläge, wie die Schüler vorgehen sollten, damit die Diskussion strukturierter und effizient abläuft.

3. Erläutert, welche Funktion die beiden Teile des folgenden Redebeitrags haben.

> „Klassenfahrten werden in der 9. Klasse ausschließlich innerhalb Deutschlands durchgeführt", so steht es in unserem Schulprogramm. Diese Regelung ist zehn Jahre alt und viele Schülerinnen und Schüler halten sie für nicht mehr zeitgemäß.

> Daraus ergibt sich, dass Auslandsfahrten bereits in der 9. Klasse möglich sein sollten und dies im Schulprogramm entsprechend geändert wird.

4. Notiert Stichpunkte zu drei starken Argumenten für Auslandsfahrten in der 9. Klasse, um den Redebeitrag zu vervollständigen und ihm Überzeugungskraft zu geben. Ihr könnt Argumente aus der Diskussionsrunde nutzen.

5. Tragt euren Redebeitrag vor und gebt euch ein Feedback.

Mit dem rhetorischen Fünfsatz einen Standpunkt vertreten

Der rhetorische Fünfsatz ist eine Möglichkeit, in Gesprächen und Diskussionen **Argumente kurz** und **nachvollziehbar darzulegen**. Ziel ist es, andere von der eigenen Position, Absicht oder Forderung zu überzeugen.

Wissen und Können

Lerninsel: rhetorischer Fünfsatz
S. 266

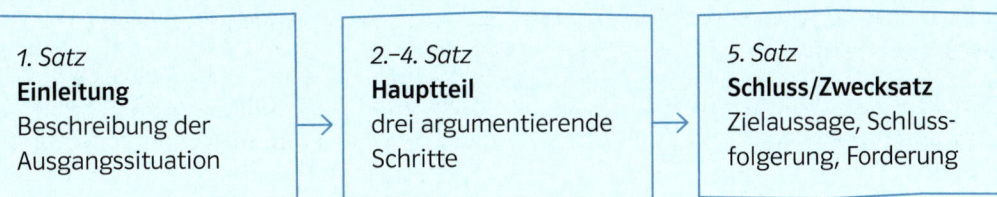

1. Satz	2.–4. Satz	5. Satz
Einleitung Beschreibung der Ausgangssituation	**Hauptteil** drei argumentierende Schritte	**Schluss/Zwecksatz** Zielaussage, Schluss-folgerung, Forderung

Dabei ist *Satz* nicht wörtlich, sondern als gedankliche Einheit gemeint, die auch mehrere Sätze enthalten kann.

So könnt ihr vorgehen:
– eigene Position (Zwecksatz) genau bestimmen
– Argumente für den **Hauptteil** sammeln und ordnen, zum Beispiel als
  · **Kette:**
    argumentative Schritte, die in einem logischen oder chronologischen Zusammenhang stehen
    Es ist nicht von der Hand zu weisen, dass …; Dies führt zu …; Daraus wird klar …
  · **Ausklammerung:**
    Der erste argumentative Schritt nennt die gegnerische Meinung, der zweite entkräftet diese und stellt eine andere Sicht entgegen, der dritte verstärkt diese Position.
    Man könnte die Ansicht vertreten …; Dabei sollte man jedoch berücksichtigen …; Beachtet man …, wird deutlich …
  · **Kompromiss:**
    Der zweite und der dritte Schritt stellen gegensätzliche Positionen dar, der vierte verweist auf die Gemeinsamkeiten der beiden Positionen.
    Die einen … – Die anderen …; Beiden Positionen gemeinsam ist …
– Stichpunkte für die Einleitung formulieren:
    interessanter Einstieg (z. B. Zitat), prägnante Beschreibung des Ist-Zustandes, …

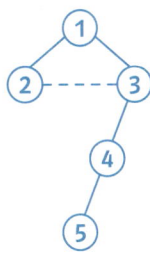

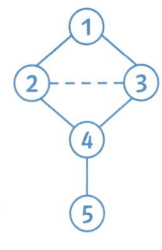

6. Zum Differenzieren ■ ■ ■ ■

A Formuliert mithilfe des rhetorischen Fünfsatzes einen Redebeitrag zur Debattenfrage „Auslandsfahrten in der 9. Klasse"? Entscheidet zunächst, ob ihr euren Beitrag nach dem Modell „Kette", „Ausklammerung" oder „Kompromiss" gestaltet.

B Formuliert euren Standpunkt mithilfe des rhetorischen Fünfsatzes zu einer der folgenden Debattenfragen:
– Soll an unserer Schule ein handyfreier Tag eingerichtet werden?
– Soll eine Skifahrt in der Jahrgangsstufe 6 verbindlich sein?
– Soll sich unsere Schule für die Kampagne *Umweltschule in Europa* bewerben?

⊕
Differenzieren
rhetorischer Fünfsatz
34ny2s

Sieben Tage „ohne"
S. 54

„Das mein' ich doch gar nicht."
Kommunikationssituationen untersuchen und deuten

Sven Regener

wegen der Bundeswehr

hier:
Aufgrund des entmilitarisierten Status West-Berlins existierte dort keine Wehrpflicht.

Sven Regener: Herr Lehmann (Ausschnitt, 2003)

Frank Lehmann, der von seinen Freunden Herr Lehmann genannt wird, sitzt in einem Lokal und unterhält sich mit Katrin, der Köchin. Er fragt:

„Wie lange bist du schon in Berlin?"

„Was geht's dich an?"

„Nur so …"

„Wenn du's genau wissen willst: seit einem Monat."

5 „Seit einem Monat?"

„Na und? Irgendwas dabei?"

„Nein, nein, schon gut. War nicht so gemeint. Ich bin seit 1980 in Berlin, das sind jetzt schon neun Jahre."

10 „Na und? Und da soll ich jetzt Beifall klatschen, oder was?"

„So war das nicht gemeint."

„Da ist man wohl ein ganz toller Hecht, wenn man hier schon neun Jahre wohnt, oder was? Ist mir schon aufgefallen, dass da einige ganz stolz drauf sind, wie lange sie schon in Berlin wohnen. Ist ja auch eine ganz tolle Leistung, hier zu wohnen. Tun ja bloß zwei Millionen Leute, hier wohnen. Ganz große Sache. Supertoll."

15

20

„Das mein ich doch gar nicht."

„Ach nein, er meint das nicht so, ganz klasse. Ich wohn seit 1980 hier", äffte sie ihn nach. „Gibt's dafür auch irgendwie

25

Schulterklappen oder so? Ihr Typen seid doch sowieso nur alle wegen der Bundeswehr hier."

„Hallo, hallo, ich habe gesagt, ich hab das nicht so gemeint." Warum, dachte Herr Lehmann, sind die Frauen, in die ich mich verliebe, immer so empfindlich?

30

„Wie denn sonst?"

„Naja, irgendwie … nur so eben, ich meine, ich wollte … jedenfalls wohne ich schon lange nicht mehr in Bremen, hätte ja sonst sein können …"

35

„Was?"

„Nix."

„Dann ist ja gut."

40

„Ja."

„Genau."

„Außerdem bin ich nicht wegen der Bundeswehr nach Berlin gekommen."

„Soso, toll."

45

„So schlau war ich nicht."

„Hätt ich auch nicht vermutet."

„Dann ist ja gut."

„Genau."

„Ja."

50

1. Beschreibt, wie die Unterhaltung zwischen Herrn Lehmann und Katrin auf euch wirkt, und erläutert, was das Gesprächsverhalten über die Beziehung der beiden verrät.

2. Herr Lehmann sagt: „So schlau war ich nicht." (Z. 46)
- Probiert verschiedene Sprechweisen aus und variiert Körperhaltung, Gestik und Mimik.
- Vergleicht eure Varianten.
- Überlegt, welche Sprechweise am besten zu der erzählten Situation passt. Begründet.

3. Stellt euch vor, Herr Lehmann und Katrin sitzen nach dieser Szene schweigend an ihren Tischen. Diskutiert, ob das Schweigen eine Form der Kommunikation ist.

4. Erzählt von einer Situation, in der ihr geschwiegen und trotzdem viel „gesagt" habt.

Der Sprachwissenschaftler Paul Watzlawick hat folgende Grundannahmen über Kommunikation getroffen:

Grundannahme A:
Man kann nicht nicht kommunizieren.

Egal, ob wir reden oder schweigen, ob wir etwas tun oder bloß in die Luft starren: Wir teilen unserem Gegenüber dadurch etwas mit. Wie auch immer wir uns verhalten: Wir kommunizieren. Es ist unmöglich, sich nicht mitzuteilen.

Grundannahme B:
Jede Kommunikation hat einen Inhalts- und einen Beziehungsaspekt.

Jede Mitteilung enthält eine Information; sie ist der Inhaltsaspekt der Kommunikation. Jede Äußerung sagt zugleich auch etwas über die Beziehung zum Gesprächspartner aus. Sie ist damit immer eine Stellungnahme zum anderen (z. B. Ausdruck von Vertrauen). Oft ist der Beziehungsaspekt weniger augenfällig als der Inhaltsaspekt, aber er ist genauso wichtig.

Grundannahme C:
Kommunikation kann entweder symmetrisch oder komplementär verlaufen.

Bei einer symmetrischen Kommunikation sind die Gesprächspartner gleichberechtigt. Dieser Zustand der Gleichheit wird im Gespräch noch gefördert: Die Gesprächspartner begegnen sich auf Augenhöhe.
In einer komplementären Gesprächssituation haben die Partner unterschiedliche Rollen. Sie erkennen eine Über- bzw. Unterordnung an und ergänzen sich gegenseitig in ihrem Verhalten. Das klassische Beispiel dafür ist die Gesprächssituation zwischen Arzt und Patient.

komplementär:
einander
ergänzend

5. Sucht für jede der drei Grundannahmen ein passendes Alltagsbeispiel. Erläutert eure Beispiele.

6. Wendet Watzlawicks Grundannahmen auf das Gespräch zwischen Herrn Lehmann und Katrin (S. 30) an.

Mutter (schimpfend): „Bei jedem Abendessen bekommst du kein Wort raus und schielst stattdessen immer wieder auf dein Smartphone."
Sohn zuckt mit den Schultern und sagt nichts.

7. Untersucht die Gesprächssituation zwischen Mutter und Sohn.
- Schreibt auf, was dem Sohn durch den Kopf gehen könnte, wenn er mit den Schultern zuckt.
- Beschreibt die gestörte Kommunikation mit eigenen Worten.
- Überlegt, mit welcher der drei Grundannahmen von Watzlawick ihr die Situation am besten erklären könnt.

8. Erläutert die dargestellte Kommunikationssituation mithilfe der Grundannahme C nach Watzlawick. Überlegt, warum die Beziehung zwischen Chef und Angestelltem grundsätzlich anfällig für Kommunikationsstörungen ist.

Lerninsel:
Aspekte von
Kommunika-
tion
S. 265

9. Untersucht unterschiedliche Ebenen der Antwort des Chefs gegenüber seinem Angestellten:
- Welche Information enthält die Aussage? (Inhalt)
- Was sagt die Aussage über die Beziehung zwischen Sprecher und Angesprochenem aus? (Beziehung)
- Was soll der Angesprochene aufgrund der Aussage denken, fühlen oder tun? (Appell)

10. Sammelt weitere Beispiele für komplementäre Gesprächssituationen. Diskutiert, wovon es jeweils abhängt, ob die Kommunikation in euren Beispielen gelingen kann.

Kommunikationssituationen untersuchen

Wissen und Können

Lerninsel:
Ursachen für
Kommunika-
tionsstörungen
erkennen
S. 267

Aspekte von Kommunikation

NACHRICHT

Inhalt
Beziehung
Appell

Sender und Empfänger tauschen
permanent die Rollen.

SENDER	EMPFÄNGER
– eine Idee wird ausgedrückt und gesendet – jede Nachricht ist von subjektiven Annahmen geprägt – eine Nachricht wird mit verbalen (z.B. *Wortwahl, Betonung*) und nonverbalen Mitteln (z.B. *Körperhaltung, Gestik, Mimik*) übermittelt	– die Nachricht wird empfangen, übersetzt und (meist) verstanden – wie die Nachricht vom Empfänger übersetzt und verstanden wird, ist von subjektiven Annahmen abhängig – die subjektiven Annahmen beeinflussen die Reaktion

Mögliche Ursachen für Kommunikationsstörungen:
– sehr unterschiedliche Erfahrungen, Prägungen und Wertvorstellungen
– Unvollständigkeit der Nachricht oder mangelnde Eindeutigkeit
– einseitige Interpretationen
– mangelnde Hörbereitschaft
– negative Sozialbeziehungen (z.B. *Dominanz, Rivalität*)
– unterschiedliches Sprachverhalten (z.B. *Fachsprache, Dialekt, Fremdsprache*)

11. Extra

Entwerft Rollenspiele, die jeweils eine bestimmte Kommunikationsstörung darstellen.
Spielt sie der Klasse vor und analysiert sie mithilfe der blauen Box.

12. Extra

Präsentiert euren Mitschülerinnen und Mitschülern kurze Dialogszenen aus
selbst gewählten Spielfilmen. Schaltet den Ton dabei stumm. Lasst sie vermuten
und begründen, worum es in den dargestellten Situationen jeweils geht.
Schaut die Szenen anschließend mit Ton und vergleicht.

Hörverstehen
Herr Lehmann
59p2eh

Sven Regener: Herr Lehmann (Ausschnitt, 2003)

Herr Lehmann bekommt von seinen Eltern Besuch und verabredet sich mit ihnen in einem Lokal. Dort erwecken er und das Personal bei seinen Eltern den Anschein, er sei der Geschäftsführer der Gaststätte.

Mauer:
Der Roman spielt in West-Berlin in den Wochen und Monaten vor dem Fall der Berliner Mauer am 9. November 1989.

Als Herr Lehmann um Punkt acht Uhr die Markthallenkneipe betrat, waren seine Eltern schon da. Sie saßen an einem guten Tisch, nicht zu nah an der Küche, nicht zu
5 nah am Klo und nicht zu nah am Eingang, und sie redeten eifrig mit seinem besten Freund Karl, der sich extra feingemacht zu haben schien: Er trug einen selbst für ihn noch zu weiten, schwarzen Anzug aus
10 zweiter oder dritter Hand, den Herr Lehmann noch nie zuvor gesehen hatte, dazu ein weißes Hemd und eine Fliege. Er sah grotesk aus, wie ein Monsterpinguin nach dem Schleuderwaschgang. Herr Lehmann
15 wäre am liebsten gleich wieder umgekehrt.

„Da ist er ja", sagte seine Mutter, als er an den Tisch kam.

„Hallo Boss", sagte sein bester Freund Karl und reichte ihm die Hand.
20 „Keine Faxen", sagte Herr Lehmann säuerlich und setzte sich.

„Wir haben uns schon gewundert, wo du bleibst", sagte seine Mutter.

„Es ist Punkt acht Uhr", sagte Herr Leh-
25 mann. „Ihr wart zu früh."

„Das Taxi fuhr so schnell."

Filmbild aus „Herr Lehmann", 2003

„Wie war die Stadtrundfahrt?"

„Anstrengend", sagte sein Vater.

„Also, das mit der Mauer …", sagte seine Mutter und schüttelte sorgenvoll den Kopf. 30

„Hier ist die Karte, Boss", unterbrach Karl und reichte ihm die Karte. Seine Eltern hatten sie schon. Dann zündete Karl eine Kerze an. Es war die einzige Kerze im ganzen Lokal. Herrn Lehmann fiel auf, dass Karl 35 schmutzige Fingernägel hatte, und er fragte sich, ob ihm das nur jetzt, in seiner Eigenschaft als Pseudo-Geschäftsführer, auffiel, oder ob sein bester Freund etwas abbaute.

„Du brauchst nicht Boss zu sagen", sagte 40 Herr Lehmann.

„Das sind übrigens meine Eltern, und das ist Karl Schmidt."

„Wissen wir doch alles", sagte seine Mutter. „Wir haben uns doch schon unterhal- 45 ten."

„Das ist schön", sagte Herr Lehmann und schaute in die Karte. „Was wollt ihr trinken?"

„Haben wir alles schon bestellt", sagte 50 seine Mutter. „Herr Schmidt hat uns etwas empfohlen."

Herr Lehmann schaute fragend zu seinem besten Freund Karl hoch, der direkt hinter ihm stand und dessen Körper einen mäch- 55 tigen Schatten warf. Karl grinste. „Ich habe den guten empfohlen, Boss."

„Den guten was?" Herr Lehmann wurde langsam ärgerlich. Er hatte nichts gegen ein bisschen Spaß, aber das hier war nicht mehr 60 subtil, das war der Vorschlaghammer.

„Den Roten." Karl zwinkerte heftig mit dem rechten Auge. „Von dem kaum noch was da ist. Den 85er."

„Ach den …", sagte Herr Lehmann. 65 „Dann bring auch noch Mineralwasser für alle. Wisst ihr schon, was ihr essen wollt?", fragte er seine Eltern.

„Nein", sagte sein Vater irritiert. „Das geht jetzt alles etwas schnell."

„Ich geh dann mal den Wein dekantieren", sagte Karl und verschwand.

„Netter junger Mann", sagte seine Mutter. „Was würdest du uns denn empfehlen?"

„Der Schweinebraten ist gut."

„Schweinebraten", sagte seine Mutter. „Schweinebraten, das kann ich auch selber kochen. Gibt's denn hier nichts Aufregenderes?"

„Dieses Restaurant ist berühmt für seinen Schweinebraten", sagte Herr Lehmann streng. „Die Leute kommen aus der ganzen Stadt, um hier den Schweinebraten zu essen. Manche morgens schon. Nirgendwo sonst bekommt man so einen guten Schweinebraten."

„Naja, aber Schweinebraten …" Seine Mutter lachte. „Da können sie auch zu mir kommen."

„Der Schweinebraten ist hier 1a. Sonst nimm doch Fisch", versuchte Herr Lehmann Land zu gewinnen. „Da!" Er langte über den Tisch und zeigte auf das Fischkapitel in der Speisekarte seiner Mutter. „Forelle, Dorsch, Dorade, das ganze Programm. Oder", fügte er bösartig hinzu, „nimm doch was Vegetarisches, Mutter."

„Ich glaube, ich nehme den Schweinebraten", sagte sein Vater.

„Ich auch", sagte Herr Lehmann.

„Dann nehme ich den auch", sagte seine Mutter. „Glaube ich. Also vegetarisch, da weiß ich ja überhaupt nicht …"

„Vielleicht einen Grünkernbratling mit Currysoße", schlug Herr Lehmann vor.

„Nein, nein, wenn du sagst, dass der Schweinebraten …"

„So", platzte Karl dazwischen. Er beugte sich von hinten über Herrn Lehmann, bis seine offene Anzugjacke um dessen Gesicht schlabberte, und stellte eine Flasche Rotwein auf den Tisch. „Das ist ein ganz, ganz feines Stöffchen."

„Gläser, Wasser", sagte Herr Lehmann.

„Alles klar, Boss", sagte sein bester Freund Karl und verschwand wieder.

„Also dekantieren geht anders", warf sein Vater ein und studierte die Flasche. „Und von 85 ist der auch nicht."

dekantieren: eine Flüssigkeit vom Bodensatz abgießen

13. Charakterisiert anhand des Gesprächs das Verhältnis zwischen Herrn Lehmann und seinen Eltern.
- Untersucht, wie dieses Verhältnis die Kommunikationssituation beeinflusst.
- Belegt eure Ergebnisse mit Äußerungen der Gesprächspartner.

14. Zum Differenzieren ■ ■ ■ ■

A Untersucht den Gesprächsabschnitt über die Essensauswahl (Z. 73–106) genauer.
- Erläutert die Äußerungen mithilfe der blauen Box (S. 33).
- Erklärt, inwiefern die Sender zugleich Empfänger sind und umgekehrt.
- Formuliert mögliche Gründe für die schwierige Kommunikation zwischen Herrn Lehmann und seinen Eltern.

B Beschreibt die Kommunikationssituation zwischen Herrn Lehmann und seinen Eltern. Nutzt die blaue Box (S. 33) und euer Wissen über die Grundannahmen Watzlawicks.

C Schreibt das Gespräch zwischen Herrn Lehmann und seinen Eltern so um, dass trotz des schwierigen Eltern-Sohn-Verhältnisses Kommunikationsstörungen vermieden werden.
- Nutzt Ich-Botschaften, um Gedanken und Gefühle der Gesprächspartner auszudrücken.
- Prüft mithilfe der blauen Box (S. 33), wie die neu formulierten Äußerungen von den Gesprächspartnern aufgenommen werden könnten.

Differenzieren
Kommunikationssituationen
6du5i8

Beispiellösung
Aufgabe 14 C
py63a5

Steve Tesich: Ein letzter Sommer (Ausschnitt, 2005)

Der siebzehnjährige Ich-Erzähler Daniel hat sich in Rachel, die vor kurzem nach East Chicago gezogen ist, verliebt. Er beginnt, nach der Schule regelmäßig zu ihr zu gehen.

Wir saßen eines Tages auf ihrer Veranda. Ihr Vater hämmerte unten im Keller an seiner Dunkelkammer.

5 „Packards werden nicht mehr herge- stellt", sagte ich und zeigte auf sein Auto.

„Deshalb mag ich den Packard. Es ist der Letzte seiner Art. Eine lebende Ruine. Ich liebe Ruinen. Du nicht auch?"

Ich wollte Ruinen lieben, weil sie es tat.

10 „Doch", sagte ich. Nach einer kurzen Pause fragte ich sie: „Du kommst aus New York?"

„Das hab ich nie gesagt."

„Nein, aber die Nummernschilder am 15 Auto …"

„Das hat nichts zu bedeuten", schnitt sie mir das Wort ab.

„Normalerweise …", fing ich an, aber sie unterbrach mich wieder.

20 „Normalerweise!" Sie zog eine Augen- braue hoch, als sei sie entsetzt, dass ich solch ein Wort gebrauchte. Dann lächelte sie.

„Ja, du hast Recht."

„Bist du aus New York?"

25 „Nein, das Auto ist aus New York."

„Und wo bist du her?"

„Korrigiere mich, wenn ich Unrecht habe, Daniel Boone, aber wenn ich es dir sagen würde, dann würde das kaum etwas 30 ändern, oder? Was wäre, wenn ich dir sagen würde, ich bin aus Massachusetts? Oder aus Connecticut? Was würdest du dann groß wissen, was du nicht jetzt schon weißt? Ich bin eben nicht von hier, aus ‚däh Region', 35 und du bist von hier."

„Woher weißt du, dass ich von hier bin?" Ich versuchte, mich auch mit einem Geheimnis zu umgeben.

Packard:
US-amerika- nischer Auto- hersteller

„Wegen der Fragen, die du stellst. Da, wo ich herkomme, stellen die Leute solche Fra- 40 gen nicht."

Sie redete nie über ihre Familie, deshalb fragte ich sie ein paar Tage später: „Lebt dei- ne Mutter noch?"

„Das will ich hoffen", sagte sie. 45

Wir gingen langsam den Boulevard hi- nunter. Die Geschäfte, die noch nicht ge- schlossen waren, machten gerade zu, als wir daran vorbeikamen.

„Und wo ist sie?", fragte ich. 50

„Meine Mutter?"

„Ja."

„Du meinst, wo sie jetzt ist? Genau in diesem Augenblick?"

„Nein, du weißt schon …" 55

Lerninsel:
Sprachlicher
Umgang mit
anderen
S. 265 ff.

⊕ Diagnose-
bogen
Sprachlicher
Umgang
f9bf9y

⊕ Training
interaktiv
Sprachlicher
Umgang
792n53

„Jetzt im Moment", unterbrach sie mich. „Mal überlegen. Wie ich meine Mutter kenne, geht sie jetzt gerade die Zeitungen zum zweiten Mal durch und sucht nach Dingen, die ihr vielleicht entgangen sind."

„Warum lebt sie nicht bei euch?"

„Warum willst du das wissen?"

Ich zuckte die Achseln. „Weiß ich nicht. Jeder, den ich kenne, hat eine Mutter. Also schätze ich mal …"

Sie unterbrach mich. „Du schätzt schon wieder." Sie drohte mir mit dem Zeigefinger und ging etwas schneller. „Also ich habe auch eine Mutter. Ich habe eine Mutter und einen Vater und beide sind …" Sie schwieg plötzlich. Dann sprach sie in anderem Tonfall weiter. „Beide sind am Leben und gesund."

Ich begriff. Sie waren geschieden. […]

„Fehlt sie dir?"

„Was meinst du wohl?" Sie sah mir in die Augen.

„Wahrscheinlich schon", sagte ich.

„Wahrscheinlich hast du Recht."

Fast hätte sie mich geküsst, als wir uns vor ihrem Haus voneinander verabschiedeten. Allein bei der Aussicht auf einen Kuss schlug mein Herz wie rasend.

„Gute Nacht, Daniel."

„Gute Nacht, Rachel."

1. Beschreibt, wie Rachels Verhalten und ihre Äußerungen auf euch wirken und was ihr über die Wirkung ihrer Worte auf Daniel erfahrt. Vergleicht.

2. Untersucht die in dem Textausschnitt dargestellten Kommunikationssituationen. Belegt eure Ergebnisse mit passenden Textstellen.
   – Erläutert, welche Ziele Daniel und Rachel jeweils verfolgen.
   – Prüft, welche Grundannahme Watzlawicks am besten geeignet ist, die Unterhaltung zu beschreiben.
   – Klärt, welche Ursachen und Folgen die offenbar gestörte Kommunikation haben kann. Nutzt die blaue Box (S. 33).

3. Gestaltet im Rollenspiel einen alternativen Dialog, in dem Daniel mehr über Rachel erfährt.

4. Erläutert die im Cartoon dargestellte Gesprächssituation.

5. Verfasst mithilfe des rhetorischen Fünfsatzes einen Redebeitrag mit der Zielaussage „Und darum kann sich jeder, der es will, ändern".

Cartoonist: BoDoW

Das könnt ihr schon!

- zu Sachverhalten eine Pro-und-Kontra-Argumentation schreiben
- verschiedene Textarten nutzen, um Stellung zu beziehen

1. Tauscht euch darüber aus, ob die Fotos typische Jugendliche zeigen.

2. Diskutiert, inwieweit die Zitate auf die Jugend von heute zutreffen.

3. Beschreibt mit eigenen Worten, welches Bild der Jugend im Zeitungsartikel (S. 39) vermittelt wird.

Jugend will, dass man ihr befiehlt, damit sie die Möglichkeit hat, nicht zu gehorchen.
(Jean-Paul Sartre, 1905–1980, frz. Philosoph und Schriftsteller)

4. Vergleicht die Aussagen des Textes und der Zitate mit euren eigenen Erfahrungen.

Die Jugend von heute liebt den Luxus, hat schlechte Manieren und verachtet die Autorität. Sie widersprechen ihren Eltern, legen die Beine übereinander und tyrannisieren ihre Lehrer.
(Sokrates, 469–399 v. Chr., griech. Philosoph)

Lerninsel:
Schreiben
S. 257 ff.

🌐 Eingangstest
Erörtern
6j24bu

Frauke Lüpke-Narberhaus: So tickt Deutschlands Jugend (Online-Artikel, spiegel.de, 2013)

[…] eine neue Studie zeigt, dass Jugendliche von heute die Erwachsenen akzeptieren, dass sie ihnen sogar mehr vertrauen als je zuvor. Dass Jugendliche heute vor allem nett sind, intelligent – und äußerst ambitioniert: Sie streben nach guten Noten und hohen Schulabschlüssen. Kurzum: eine äußerst smarte Jugend. […]

Die befragten Jugendlichen sprechen der Schule heute eine „immens hohe Bedeutung" zu, analysieren die Autoren. Dabei ist ihnen ein hoher Schulabschluss heute noch wesentlich wichtiger als in der Vergangenheit. So strebte in den neunziger Jahren etwa die Hälfte der 13- bis 18-Jährigen das Abitur an, im Jahr 2012 waren es mehr als drei Viertel der Befragten. […]

Dazu passt, dass Schülern heute gute Noten noch wichtiger sind als vor zehn Jahren: Auf die Frage „Was gefällt dir besonders am Schulleben?" gaben im Jahr 2001 noch 45 Prozent an „gute Noten bekommen". Zehn Jahre später sagten das 66 Prozent. Das Wohlbefinden der Jugendlichen hänge heute womöglich noch stärker als früher von guten Schulnoten ab, vermuten die Wissenschaftler. Dabei gilt derjenige, der gute Noten einheimst, im Freundeskreis auch nicht automatisch als Streber: Rund neun von zehn Befragten gaben an, ihre Freunde fänden es gut, wenn sie in der Schule gute Noten schreiben. Um das zu erreichen, nimmt jeder fünfte Befragte Nachhilfe.

Immer wieder klagen Eltern und Schüler, dass der zunehmende Stress und Leistungsdruck belaste. […]

Die Wissenschaftler konzentrierten sich in der Studie nicht nur auf den Bereich Schule. […] So erfragten schon andere Meinungsforscher, dass Familie bei jungen Menschen über allem steht, dass ihnen Freunde und eine feste Partnerschaft viel bedeuten. So steht schon in der aktuellsten Shell-Jugendstudie aus dem Jahr 2010, dass Deutschlands Jugend optimistisch ist – und mitunter auch recht selbstbewusst, so wie dieser 17-jährige junge Mann: „Ich weiß, dass ich Potenzial habe, um was Großes zu werden, aber ob ich letztendlich den Willen habe, um mein Leben ‚richtig' anzupacken, weiß ich nicht."

Und auch das ist nicht neu: Jugendliche können – und müssen – sich heute ständig entscheiden. Gehe ich während der Schulzeit ins Ausland? […] Welches Studienfach schützt am besten vor Arbeitslosigkeit? Die Jugend von heute, resümieren die Forscher, agiere hier sehr kompatibel. Die Forscher glauben: „Ihnen bleibt auch kaum etwas anderes übrig, wollen sie sich, dem Gesetz der Selbstoptimierung folgend, in dieser Welt behaupten."

5. Geht von den Materialien aus und formuliert eine Fragestellung oder eine These für eine Erörterung, z. B. *Jugendliche sollten nicht so viel über gute Noten nachdenken.*

6. Wählt eine Fragestellung (Aufgabe 5) aus und schreibt dazu eine Einleitung.

Das lernt ihr jetzt!

· Probleme und Sachverhalte mithilfe des Ping-Pong-Prinzips erörtern
· kontinuierliche und diskontinuierliche Texte nutzen, um andere zu überzeugen

Konflikte – wenn die Eltern schwierig werden

Pro und kontra: Ein Thema dialektisch erörtern

Eine Erörterung vorbereiten

1 Til Knipper: Erziehung per Klageandrohung

Wie das Bürgerliche Gesetzbuch Eltern helfen kann

Zugegeben, als kinderloser, 26-jähriger Single bin ich nicht gerade prädestiniert dafür, Eltern Erziehungstipps zu geben, aber als examinierter Jurist kann ich auf eine Vorschrift aus dem Bürgerlichen Gesetzbuch hinweisen, die vielen Eltern das Leben erleichtern könnte, den § 1619 BGB.

Danach ist das Kind, „solange es dem elterlichen Hausstand angehört und von den Eltern erzogen und unterhalten wird, verpflichtet, in einer seinen Kräften und seiner Lebensstellung entsprechenden Weise den Eltern in ihrem Hauswesen und Geschäft Dienste zu leisten".

Wie viele nervige Diskussionen könnten sich Eltern durch einen Hinweis auf diese Vorschrift ersparen? Die Tochter will ihr Zimmer nicht aufräumen – drohen Sie mit Klage. Ihnen erscheint der Rasen wieder etwas zu hoch – vielleicht lässt sich Sohnemann durch § 1619 überzeugen, Ihnen den lästigen Mähjob abzunehmen. Sie hätten Lust auf ein kühles Bier, müssten es aber aus dem Keller holen – § 1619. Spülmaschine müsste mal wieder ausgeräumt werden und überhaupt könnten Bad und Küche mal geputzt werden – § 1619. Die Liste ließe sich beliebig lange fortsetzen.

Man mag jetzt einwenden, dass eine Klage innerhalb der Familie das häusliche Zusammenleben zeitweise belasten könnte. Wohl richtig. Auch die Vollstreckbarkeit eines erstrittenen Urteils könnte sich als schwierig erweisen, werden spitzfindige Juristen anmerken. Aber so weit wird man in der Regel nicht gehen müssen. Eine entsprechende Drohkulisse, gestützt durch die einschlägige Vorschrift, wird die Nachkommen schon überzeugen, im Haushalt mitzuhelfen.

Wer das für moderne Sklaverei hält, dem ist nicht bewusst, was aus Kindern wird, denen zu Hause alles abgenommen wird. Solche verwöhnten Gören werden zu Nesthockern, die das „Hotel Mama" am liebsten lebenslang in Anspruch nehmen möchten. […]

Meine Kinder bekommen den § 1619 BGB jedenfalls zur Geburt gerahmt über das Bett gehängt, damit sie gleich wissen, wo der Hase lang läuft …

Lerninsel: Aussageabsichten in Sachtexten erkennen S. 255

1. Welche Aufgaben übernehmt ihr im Haushalt? Tauscht euch aus.

2. Positioniert euch für oder gegen die gesetzliche Vorschrift zur Mithilfe im Haushalt. Begründet eure Meinung.

3. Erklärt die Position des Autors und erläutert die Wirkung des letzten Satzes.

Stoffsammlung, Pro- und Kontra-Argumente sammeln

4. Erläutert, inwiefern sich die folgenden Themen unterscheiden. Entscheidet, welche der Formulierungen sich gut für eine schriftliche Erörterung eignen.

a) Ein Gesetz, das keiner kennt – wozu?
b) Ist die Regelung der Mithilfe von Jugendlichen im Haushalt durch ein Gesetz sinnvoll?
c) Familienfrieden durch ein Gesetz?
d) Sollen Jugendliche im Haushalt mithelfen?
e) Die Jugend von heute – faul und verwöhnt?

🌐
Hörverstehen
Hausarbeit
u3mu9q

2 Simone Blaß: Jugendliche müssen bei der Hausarbeit helfen

Kleine Kinder helfen oft noch gern bei der Hausarbeit. Sie sind stolz und freuen sich, wenn sie etwas so Wichtiges selbst machen dürfen. Bei Jugendlichen sieht es da schon ganz anders aus. Sie reizen die persönliche Toleranzgrenze ihrer Eltern des Öfteren aus und nicht selten endet das Ganze in einem sinnlosen Machtkampf. Dabei sind Kinder und Jugendliche gesetzlich zur Mithilfe im Haushalt verpflichtet.

5 „Kinderarbeit ist verboten!", grinst der 14-jährige Roman seiner Mutter frech ins Gesicht, als diese ihn dazu auffordert, den Tisch abzuräumen. Doch damit kommt er nicht 10 weit, denn Andrea kennt sich aus mit den Gesetzen. Das Jugendarbeitsschutzgesetz verbietet zwar die Kinderarbeit, erlaubt aber ausdrücklich „die Beschäftigung durch 15 die Personensorgeberechtigten im Familienhaushalt". […] Das Bürgerliche Gesetzbuch (§1619 BGB) sieht das Mithelfen gar als Gegenleistung für den Erziehungs- 20 auftrag und das Dach über dem Kopf. Dass man den Nachwuchs dabei nicht zum Aschenputtel macht, versteht sich von selbst und auch der Entwicklungsstand und die Kräfte 25 des Kindes müssen von den Eltern berücksichtigt werden. Nach Vollendung des 14. Lebensjahres betrachtet der Bundesgerichtshof sieben Stunden Mithilfe im Haus- 30 halt pro Woche als angemessen. Ist jemand krank, besteht ein Notfall oder müssen beide Eltern voll arbeiten, dann kann sich die Stundenzahl noch erhöhen.

35 Mit seiner persönlichen Haushaltshilfe darf man aber auch einen Jugendlichen nicht verwechseln. Fühlt dieser sich ausgenutzt, so steht ihm nämlich der Gang zum 40 Jugendamt offen. Roman entscheidet sich dann doch lieber murrend fürs Tischabräumen, versucht es aber noch auf einem anderen Weg: „Moritz bekommt 45 immer Geld, wenn er mithilft. Das könnten wir doch auch mal einführen?" Seine Mutter ist davon nicht begeistert. Sie bekommt ja auch kein Geld dafür, wenn sie 50 seine Sportsocken wäscht. […] Die Variante, außergewöhnliche Arbeiten mit Außergewöhnlichem zu belohnen, wird von Erziehungsberatern als „pädagogisch wertvoll" 55 empfohlen. Zur Belohnung muss es nicht immer Geld geben, denkbar ist auch ein Ausflug. […] Eleonore meint dagegen: „Ein bisschen mithelfen ist okay, mal den Tisch 60 abräumen oder so, aber eigentlich finde ich, dass die Kids von heute genug zu tun haben. Wenn ich mir das Schulpensum meiner Großen anschau, das entspricht doch einer 65 40-Stunden-Woche." […]

Letztendlich muss jede Familie für sich entscheiden, wie der Haushalt gehandhabt wird. „Es gibt nur selten Grund, die tägliche Praxis zu 70 verändern, wenn die Erwachsenen fröhlich und zufrieden sind – unabhängig davon, was wir Experten meinen oder schreiben", sagt dazu der Familientherapeut Jesper Juul. 75 […]

5. Fasst zusammen, welche Vorschläge in dem Text auf Seite 41 gemacht werden, um den Familienfrieden zu sichern.
  – Belegt mit Textstellen.
  – Diskutiert, ob ihr diesen Vorschlägen zustimmen könnt.

Lerninsel:
Argument-
arten
S. 258

6. Sucht im Text (S. 41) normative Argumente, Tatsachen- und Autoritätsargumente und besprecht ihre Wirkung.

7. Sammelt zum Thema „Ist der Paragraf 1619 BGB sinnvoll?" Pro- und Kontra-Argumente und notiert sie jeweils auf einzelne Zettel. Ergänzt zu allen Argumenten Argumentationsstützen (Beispiel, Zitat, allgemeine Erfahrung).
  – Sucht Argumente und Argumentationsstützen aus den Texten „Erziehung per Klageandrohung" (S. 40) und „Jugendliche müssen bei der Hausarbeit helfen" (S. 41) heraus.
  – Recherchiert weitere Informationen zu Rechten und Pflichten von Kindern und Jugendlichen.
  – Ergänzt eigene Pro- und Kontra-Argumente sowie Argumentationsstützen.

Lerninsel:
Sanduhr-
prinzip
S. 259

8. Erstellt mithilfe eurer Zettel (Aufgabe 7) eine Gliederung für eine Erörterung nach dem Sanduhrprinzip. Ihr könnt so vorgehen:
  – Entscheidet euch für eine Position und formuliert sowohl eure zentrale These als auch die Gegenthese.
  – Gewichtet eure Pro- und Kontra-Argumente und ordnet die Zettel entsprechend an.

9. Eine andere Möglichkeit für den Aufbau einer Erörterung nennt man Ping-Pong-Prinzip.
  – Stellt anhand der Bezeichnung Vermutungen über den Aufbau der Erörterung an.
  – Skizziert eine schematische Darstellung für eine Argumentation nach dem Ping-Pong-Prinzip.
  – Besprecht Vor- und Nachteile des Ping-Pong-Prinzips im Vergleich mit dem Sanduhrprinzip.

⊕
**So geht´s
interaktiv**
Gliederung
nach Ping-
Pong-Prinzip
f9fz6i

10. Erstellt mithilfe eurer Zettel (Aufgabe 7) eine Gliederung für eine Erörterung nach dem Ping-Pong-Prinzip. Orientiert euch an der blauen Box auf Seite 45.

11. Zum Differenzieren ■ ■ ■ ■

Differenzieren
dialektische
Erörterung
vorbereiten
9d77tx

A Erstellt für eine Erörterung zum Thema „Sind Jugendliche heutzutage noch politisch engagiert?" eine Gliederung nach dem Ping-Pong-Prinzip.
Orientiert euch am folgenden Aufbau, sortiert die Stichpunkte
und ergänzt sie gegebenenfalls:
– Einleitung (Aufhänger, Aktualitätsbezug)
– Hauptteil mit dem Argument der Gegenseite beginnen
– Kontra- und Pro-Argumente in laufendem Wechsel aufeinander folgend
– wichtigstes Argument der eigenen Position am Ende
– Schluss

- An Demonstrationen, Unterschriftenaktionen und Online-Petitionen herrscht bei Jugendlichen ein großes Interesse.
- Die Wahlbeteiligung der 18- bis 24-Jährigen sinkt stetig.
- Themen wie Tier- und Umweltschutz liegen im Interessengebiet der Jugendlichen.
- Die Mitglieder der Jugendorganisationen der Parteien sind oft mutige und daher wichtige Impulsgeber für die Politik.
- Das Vertrauen in Politiker sinkt fast täglich aufgrund von neuen Meldungen über Spendenaffären und Amtsmissbrauch.
- Jugendliche sehen ihre Interessen durch die großen Parteien kaum vertreten.
- Jugendliche haben ein sensibles Gespür für Ungerechtigkeit und fühlen sich betroffen.
- Die langfristige Mitgliedschaft in einer Partei ist vielen Jugendlichen zu bindend.
- Bei Themen wie Steuern, Gesundheit und Renten schalten Jugendliche ab.

Beispiellösung
Aufgabe 11 B
jp84n2

B Sucht mindestens drei Pro- und drei Kontra-Argumente zum Thema
„Verpflichtendes soziales Jahr für alle Schulabgänger"?
Erstellt eine Gliederung mit einer Einleitungsidee, einem Hauptteil nach
dem Ping-Pong-Prinzip und einem Schluss.

C Auf Internet-Plattformen kann man
Unterschriftenaktionen selbst erstellen
und verbreiten. Der Paragraf 1619 wurde
seit 1896, dem Jahr der Ausfertigung des BGB,
in seinem Inhalt nicht verändert.
Verfasst eine Begründung zur Abschaffung
des Paragrafen 1619.

12. Extra

Diskutiert anhand des Cartoons über die
Macht von Online-Petitionen.

Cartoonistin: Dorthe Landschulz

Max musste früh feststellen, dass die Macht von Online-Petitionen begrenzt ist.

Eine Erörterung schreiben

Lerninsel:
Eine Erörterung
schreiben
S. 260

„Sollten Eltern den Paragraf 1619 BGB zur Erziehung ihrer Kinder nutzen?" –
Hauptteil einer Erörterung

(These) Der Paragraf 1619 BGB ist kein sinnvolles Mittel zur Erziehung.
(Argument) Eltern, die ihrem Kind mit einem Gesetz drohen, werden es kaum langfristig zur Mithilfe bewegen. (Begründung) Denn vermutlich reagiert der Nachwuchs eher mit einer Trotzreaktion und sucht womöglich sogar selber nach Vorschriften, die er den Eltern bei nächster Gelegenheit vorhalten kann. Ratgeber empfehlen vor allem Gelassenheit und Gesprächsbereitschaft. (Stütze durch Beispiel/Beleg) So betont Simone Blaß, Autorin für das Eltern-Ressort bei T-Online, dass „Wutausbrüche und Strafen nichts bringen".

Es darf jedoch auch nicht übersehen werden, dass in manchen Fällen allein schon das Wissen um solch ...

Vor allem sei darauf hingewiesen, dass dieses Gesetz veraltet ist und längst nicht mehr die realen Belastungen von Schülerinnen und Schülern im 21. Jahrhundert berücksichtigt. Heutzutage ...

Allerdings spricht für die Anwendung der Regelung, dass Alleinerziehende, Patchwork-Familien und zwei berufstätige Eltern heutzutage ...

...

1. Entfaltet eines der unvollständig ausgeführten Argumente (Begründung, Erläuterung, Stütze durch Beispiel/Beleg). Vergleicht eure Ergebnisse.

2. Beschreibt, an welchen sprachlichen Signalen man den Wechsel zwischen der Pro- und der Kontra-Seite erkennen kann. An welcher Stelle ist dies wenig gelungen? Formuliert einen Verbesserungsvorschlag.

> *Sprachtipp*
>
> **Überleitungen zwischen Pro- und Kontra-Seite**
>
> Einerseits ..., andererseits ...; Nicht nur ..., man muss auch ...; Wie aber verhält es sich dagegen mit ...? Trotz ... sollte man nicht außer Acht lassen, dass ...; Dem steht allerdings entgegen, dass ...; Man sollte aber nicht vergessen, dass ...; Obwohl ..., lässt sich nicht leugnen, dass ...; Dagegen sollte ...; Zwar ..., aber ...

dialektische Erörterung schreiben: Argumente entfalten, Überleitungen

3. Schreibt eine vollständige Erörterung zum Thema „Sollten Eltern den Paragraf 1619 BGB zur Erziehung ihrer Kinder nutzen?" auf der Grundlage eurer Gliederung nach dem Ping-Pong-Prinzip (S. 42, Aufgabe 10). Ihr könnt auch Teile des Schülertextes (S. 44) verwenden.

Beispiellösung
Aufgabe 3
a937em

Wissen und Können

Eine dialektische Erörterung schreiben

In einer dialektischen Erörterung nach dem **Ping-Pong-Prinzip** setzt ihr euch mit einem strittigen Thema auseinander, indem ihr die **Pro- und Kontra-Argumente** im **laufenden Wechsel** vorbringt. Gegenpositionen werden wie in einer Alltagskommunikation (Rede–Gegenrede) sofort aufgegriffen und entkräftet, daher wirkt dieses Schema lebendig und lebensnah.

1. Vorbereiten und planen

- **Thema** klären, evtl. **Entscheidungsfrage** formulieren, eigene Position festlegen
- **Stoffsammlung** erstellen: Materialien auswerten, Pro- und Kontra-Argumente sowie Argumentationsstützen sammeln
- **Gliederung** nach **Ping-Pong-Prinzip** erstellen:
  - steigernde oder fallende Anordnung der Argumente nach Wichtigkeit und Überzeugungskraft
  - Argumente in Stichpunkten entfalten
  - den Pro-Argumenten passende Kontra-Argumente zuordnen
  - Entscheidung: am Beginn oder Ende eigene Position darlegen

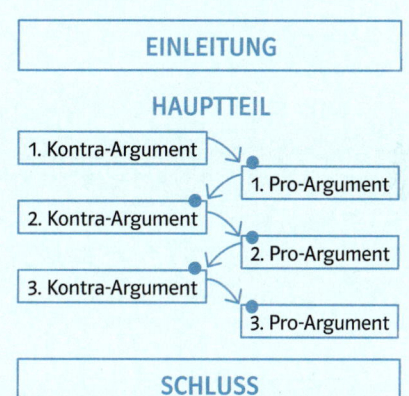

Lerninsel: dialektische Erörterung vorbereiten, schreiben, überarbeiten S. 257 ff.

2. Schreiben

Inhalt und Aufbau:

- **Einleitung:** Hinführung zum Thema, Leseinteresse wecken z. B. durch eigenes Erlebnis, aktuelles Ereignis, Frage, persönlichen Gedanken; Überleitung zum Hauptteil
- **Hauptteil:** Pro- und Kontra-Argumente im laufenden Wechsel, durch Überleitungen strukturieren; Entfaltung der Argumente
- **Schluss:** z. B. Einleitung aufgreifen, eigene Position verdeutlichen, neue Perspektive entwickeln, einen Kompromiss vorschlagen

Sprachliche Gestaltung:

- durch Überleitungen Wechsel der Positionen deutlich machen (Sprachtipp, S. 44)
- sachlich und im Präsens schreiben
- bei Zitaten in indirekter Rede Konjunktiv I verwenden

Lerninsel: indirekte Rede S. 295

Lerninsel: Schreibkonferenz, Textlupe S. 235

3. Überarbeiten

- Arbeitstechniken Schreibkonferenz, Textlupe nutzen, Checkliste verwenden
- Rechtschreibung und Zeichensetzung mit dem Wörterbuch oder am PC prüfen

Differenzieren
dialektische
Erörterung
schreiben
m2qi8z

4. Zum Differenzieren ■ ■ ■ ■

A „Sind Jugendliche heutzutage noch politisch engagiert?" Nutzt die Argumente aus Aufgabe 11A (S. 43) und schreibt eine vollständige Erörterung nach dem Ping-Pong-Prinzip.

B „Ist die Jugend von heute faul?" Sammelt Pro- und Kontra-Argumente. Nutzt die Materialien auf den Seiten 41 und 44 und ergänzt eigene Argumente sowie Argumentationsstützen. Schreibt eine vollständige Erörterung nach dem Ping-Pong-Prinzip.

Eine Erörterung überarbeiten

1. Nutzt die Texte 1 – 4 als Quelle für Pro- und Kontra-Argumente zum Erörterungsthema „Mit 18 zu Hause ausziehen?"

1 „Solange du deine Füße unter meinem Tisch hast …", wie oft hören sich vor allem Teenager diesen altbekannten Spruch an. Der Wunsch, zu Hause auszuziehen, keimt
5 nahezu in jedem heranwachsenden Jugendlichen – ganz besonders, wenn es zu Spannungen zwischen Eltern und Kind kommt.
http://www.familie-und-tipps.de

2 Mutter und Vater müssen nach dem Bürgerlichen Gesetzbuch (BGB) zwar auch für volljährige Kinder weiterhin Unterhalt zahlen […] „Die Eltern haben in diesen Fällen
5 jedoch das Recht, selbst zu bestimmen, wie sie den Unterhalt leisten", erklärt Eva Gerz (Fachanwältin für Familienrecht). Entweder lassen sie ihr erwachsenes Kind weiterhin bei sich wohnen, kommen für seinen
10 Lebensunterhalt auf und gewähren ihm zusätzlich ein „Taschengeld". Das nennt sich dann „Naturalunterhalt". Oder sie zahlen dem Kind eine eigene Wohnung samt Lebensunterhalt. Dann gewähren sie ihrem
15 Sohn oder ihrer Tochter „Barunterhalt". […] „Wenn die Eltern die Wahl haben, entscheiden sie sich meistens für den Naturalunterhalt", so Anwältin Gerz. „Dieser ist zum einen meist erheblich preiswerter und
20 zum anderen gehen wohl viele Eltern davon aus, dass es für die Kinder besser sei, weiter zu Hause zu wohnen."
http://www.sueddeutsche.de

3 In den letzten 37 Jahren ist laut Statistischem Bundesamt die Zahl der 25-jährigen Daheimwohnenden von 20 Prozent auf 29 Prozent gestiegen. […]
www.zeit.de/online 5

4 Anfang der 1990er Jahre verfasste die Psychologin Christiane Papastefanou zu diesem Thema eine Studie. Damals blieb ein Teil der Jugendlichen in Deutschland aus pragmatischen Gründen zu Hause. „Weil sie sich 5
mit den Eltern gut verstanden haben, haben sie ihr Geld lieber für Konsum und Freizeit genutzt als für die Selbstständigkeit. […]" Das Geld reicht [heute meist] nicht zum Ausziehen. Und die Eltern akzeptieren die 10
Situation, weil sie wissen, dass es die Kinder schwer haben. […] Aber Nesthocker bedeute nicht immer Unselbstständigkeit. „Es gibt junge Leute, die zu Hause wohnen und alles alleine machen", sagt Christiane Papastefa- 15
nou, „und es gibt welche, die ausgezogen sind und die Mutter putzt die Wohnung."
www.zeit.de/online

2. Schreibt eine Einleitung zum Thema „Mit 18 zu Hause ausziehen"?
Tauscht eure Texte aus und überprüft, ob sie die wesentlichen Funktionen
erfüllen. Macht Verbesserungsvorschläge und überarbeitet eure Texte.

3. Beurteilt den folgenden Schülertext. Achtet auf die Wirkung des Hauptteils,
die Gewichtung der Argumente, die Zuordnung von Pro- und Kontra-Argumenten
sowie den sprachlichen Stil.

„Mit 18 zu Hause ausziehen?"

(...) Man lernt Selbstständigkeit und wird mutiger. Die Mutter einer Freundin übertreibt es ständig mit dem
Kümmern. Meine Freundin muss nichts selber machen. Den sogenannten Nesthockern passieren nicht so
viele Fehler. Ihnen werden brenzlige Entscheidungen von den lebenserfahrenen Eltern abgenommen.
Das Studium ist heute oft lang und teuer und die Mieten sind hoch. Deshalb bleiben viele Studenten zu
Hause wohnen.
5 Mithilfe von Unterstützungsleistungen wie Bafög kann man sich auch während eines Studiums ein
WG-Zimmer oder eine kleine Wohnung leisten, sodass man nicht mehr in der elterlichen Wohnung bleiben
muss. *In anderen Ländern machen Studenten schließlich auch früher ihr eigenes Ding.*
Ein Auszug bringt nicht selten auch Vorteile für die Eltern mit sich. Schließlich wollen auch die Eltern
irgendwann mal wieder etwas mehr Zeit für sich haben und nicht ständig ihrem erwachsenen Kind hinter-
10 herräumen oder es bekochen. Wie schlimm so eine Situation werden kann, zeigt auch der Spielfilm „Tanguy,
der Nesthocker". Andererseits haben viele Eltern auch Freude an dem Erhalt der Familie und bedauern es,
wenn ihre Kinder je nach Entfernung zum Beispiel nur noch dreimal im Jahr zu Besuch kommen. Früher war
das Zusammenleben von mehreren Generationen normal und man hat sich gegenseitig geholfen. (...)

---

4. Kennzeichnet auf einer Kopie verbesserungswürdige Stellen und gedankliche Lücken.
  – Achtet besonders auf die vollständige Entfaltung von Argumenten und Überleitungen.
  – Verbessert eine wenig gelungene Textstelle, und vergleicht eure Ergebnisse.
  – Überarbeitet den markierten Satz stilistisch.

5. *Alles in allem komme ich zu folgendem Schluss: Letzten Endes muss jeder selbst wissen,
wann er von zu Hause ausziehen will.* Schreibt arbeitsteilig:
  – diesen Schluss neu, sodass er die Unentschiedenheit begründet.
  – einen Schluss, der sich gegen einen Auszug mit 18 positioniert.
  – einen Schluss, der sich für den frühen Auszug positioniert.
Vergleicht und beurteilt eure Ergebnisse.

6. Erstellt mithilfe der blauen Box (S. 45) eine Checkliste für das Schreiben einer
dialektischen Erörterung nach dem Ping-Pong-Prinzip. Ergänzt auch Tipps
und Hinweise, was man beim Schreiben der Erörterung vermeiden sollte.

7. Überarbeitet eure selbst geschriebenen Hauptteile, z. B. zu „Sollten Eltern den Paragraf 1619
BGB zur Erziehung ihrer Kinder nutzen?" (S. 45, Aufgabe 3), „Sind Jugendliche heutzutage
noch politisch engagiert?" (S. 46, Aufgabe 4A), „Ist die Jugend von heute faul?" (S. 46, Aufgabe 4B) in Schreibkonferenzen. Nehmt die Checkliste zu Hilfe (Aufgabe 6).

Vorlage
Checkliste
Erörterung
s6c524

Engagement auf dem Stundenplan?
Verschiedene Textarten nutzen, um andere zu überzeugen

Texte und Diagramme auswerten

1 **Heine-SchülerInnen engagieren sich sozial**

In zwei unterschiedlichen Kursen mit dem Namen „Service Learning – Lernen durch Engagement" beschäftigen sich seit diesem Schuljahr SchülerInnen der achten und der

5 neunten Realschulklassen der Heinrich-Heine-Schule mit Problemen und Herausforderungen in ihrem Umfeld, um diese aufzugreifen und in Form von Projekten möglichst zu beheben.

10 Hierzu haben die rund 40 Jugendlichen zunächst selbst überlegt, was sie als Probleme empfinden. Außerdem haben sie bei Ortsbegehungen in verschiedenen Stadtteilen von Dreieich und Neu-Isenburg positive

15 und negative Aspekte notiert und zum Teil fotografiert und Interviews in unterschiedlichen Einrichtungen geführt. Bei einem Gespräch mit der ersten Stadträtin […] im achten Jahrgang bzw. mit dem Bürgermeis-

20 ter […] im neunten Jahrgang erfuhren die SchülerInnen auch einiges zur Situation in Dreieich und dass zu Zeiten finanzieller Krisen ehrenamtliches soziales Engagement sehr wichtig ist.

25 Nach der Erkundungsphase steht nun die konkrete Projektplanung und -durchführung an. Hierzu haben die SchülerInnen nun eine Stadtrallye innerhalb Dreieichs für junge Leute, die sich noch nicht gut in Drei-

30 eich auskennen, wie beispielsweise Seiteneinsteiger oder SchülerInnen aus den internationalen Partnerschulen, in deutscher und englischer Sprache erarbeitet. Außerdem haben sie ein Nachhilfe-Infoboard geplant,

35 das in der Heinrich-Heine-Schule seinen Platz finden wird und auf dem Angebote und Gesuche zum Thema Nachhilfe ausgehängt werden. […]

Eine gute Tat haben [auch weitere] fünf Heine-Schüler des Service-Learning-Kur- 40 ses vollbracht. [… Sie gingen] gewappnet mit einer Spielkonsole zur Seniorengymnastik in die Sprendlinger Erasmus-Alberus-Gemeinde. Sie erklärten den Senioren die Benutzung der Geräte und motivier- 45 ten die Gruppe […] zum Ausprobieren der heutigen Technik. Die Senioren bowlten, boxten und spielten Tennis. […] Am Ende waren alle begeistert und freuten sich über die Abwechslung durch die Jugendlichen. 50

„Die Projekte geben den SchülerInnen die Möglichkeit zur Anwendung von in der Schule erlerntem Wissen und Kompetenzen, trainieren die sozialen Fähigkeiten und leisten einen enormen Beitrag zur demokra- 55 tischen Verantwortungsübernahme von Jugendlichen", so die Sozialpädagogin Nicole Bondaug, die die beiden Kurse leitet.

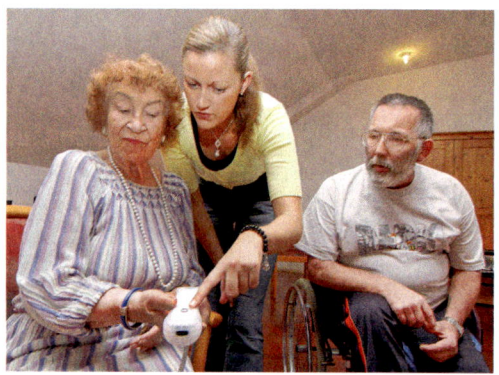

Kommentare im Internet
(blini00) Ich finde sowas viel besser als normalen Unterricht. Bei uns gibt es das seit zwei Jahren, wir bringen Migrantenkindern im Kindergarten Deutsch bei.

(Simmsi_song) Alles klar, anstatt dass die Politiker was gegen Missstände tun und z. B. mehr Pflegekräfte einstellen, sollen das auch noch die Schulen übernehmen – selbstverständlich gratis. Armes Deutschland. Hoffe, dass mein Sohn keinen solchen Unsinn mitmachen muss und Senioren Geräte erklärt, während andere was Richtiges lernen.

(sina_99) Super Sache, sowas sollten alle Schulen machen! Da lernt man das, was wirklich wichtig ist.

(just99) Typisch amerikanisch, Charity und Co., die Ungerechtigkeit in der Welt bekämpft man anders als mit so kleinen Aktionen, die sich gut im Lebenslauf machen.

1. Erschließt den Text „Heine-SchülerInnen engagieren sich sozial" (S. 48, 1).
   - Benennt das Thema und fasst den Inhalt des Artikels zusammen.
   - Diskutiert die Meinungen, die in den Kommentaren zum Ausdruck kommen.
   - Stellt euren eigenen Standpunkt zum Thema des Artikels dar.

Lerninsel:
erschließen-
des Lesen
S. 238
Sachtext
erschließen
S. 254 f.
rhetorischer
Fünfsatz
S. 266

2 Service Learning

Das Konzept des „Service Learning" (auch „Community Learning") ist in den 80er Jahren in den USA entstanden mit der Idee, dass Schüler durch eine Öffnung der Schule und im Rahmen schulischer Programme gemeinnützige Aufgaben in ihrer Gemeinde übernehmen und somit an der demokratischen Gestaltung des öffentlichen Lebens mitwirken. [...] Beide Partner sollen hierbei von der Kooperation profitieren. Der Profit für die Gemeinde bzw. die betreffende Einrichtung ist leicht nachvollziehbar, denn sie gewinnt Unterstützung bei sozialen, karitativen oder ökologischen Diensten. Aber auch die Schüler erwerben hierbei Kompetenzen, die im traditionellen (lehrer- und lernstofforientierten) Schulunterricht meist nicht erzielt werden können. [...] Mittlerweile gibt es einige Studien (z. B. von Furco, Melchior und Bailis), die die positiven Auswirkungen des „Service Learning" auf die Persönlichkeitsentwicklung belegen. Besonders hervorzuheben ist dabei z. B. ein gesteigertes Verantwortungsbewusstsein, ein höheres Selbstwertgefühl, verbesserte soziale Kompetenzen, aber auch größere Fähigkeiten der Selbstorganisation und bessere Kommunikationsfähigkeit. [...]

3 Ehrenamt bei Jugendlichen weniger beliebt

Die Bertelsmann Stiftung kommt in ihrem dritten Freiwilligensurvey zu dem Ergebnis, dass das Engagement der Jugend für Ehrenämter sinkt. Der wachsende Leistungsdruck und die knappe Freizeit in Schule und Studium lassen für weitergehende Aktivitäten wenig Spielraum. Ganztagsschule, Abitur nach acht Jahren, Bachelorstudium lassen keine Zeit mehr für das ehrenamtliche Engagement im Sportverein oder im Naturschutz. Jugendliche und junge Erwachsene sind immer weniger ehrenamtlich tätig, gegenwärtig lediglich zu 35 Prozent. Der Grund ist der Zeitdruck, nicht ein Desinteresse. 49 Prozent der befragten Jugendlichen gaben an, dass sie sich gern mehr ehrenamtlich engagieren würden, etwa in Vereinen.

51 Prozent der Gymnasiasten, die ihr Abitur nach neun Jahren machen, engagieren sich ehrenamtlich. Von den Gymnasiasten, die das Abitur bereits nach acht Jahren absolvieren, engagieren sich hingegen lediglich 41 Prozent. Von den Ganztagsschülern sind nur 31 Prozent in einem Ehrenamt tätig.

Die Bereitschaft, sich stärker freiwillig zu engagieren, ist hingegen innerhalb von 10 Jahren um 10 Prozent gestiegen. [...]

Also immer weniger Zeit für freiwillige Tätigkeiten – eine Entwicklung, die schade ist. Aber Jugendliche und junge Erwachsene

Freiwilligen-
survey:
Freiwilligen-
befragung

sind durch die Bildungsreformen so eingebunden, dass ihnen wenig Raum bleibt, sich in ihrer knappen Freizeit auch noch ehrenamtlich für andere einzusetzen. Das kann
35 für unsere Gesellschaft auf Dauer verhee-

rende Folgen haben, denn wir sind auf das freiwillige Engagement in vielen Bereichen angewiesen und das Bewusstsein für Solidarität mit sozial Schwächeren gehört zum Fundament unseres Staates. [...] 40

4 Jugendliche sind sehr aktiv

Warum arbeiten und engagieren sich Menschen ohne Bezahlung? Soziologe Joachim Winkler über die Motive von Ehrenamtlichen

Joachim Winkler, 57, sieht gute Chancen für das Ehrenamt. In der öffentlichen Diskussion sei dessen Stellenwert größer geworden. Jugendliche engagierten sich nach wie vor in ihrer Freizeit, betont der Soziologe.

SZ:
Süddeutsche
Zeitung

Ethos:
sittlich-
moralische
Einstellung,
Haltung

Partizipation:
gesellschaftliche
Teilhabe, Mit-
wirkung

SZ: Was bringt Menschen dazu, ein Ehren-
5 amt zu übernehmen?

JOACHIM WINKLER: Die spontane Antwort vieler Ehrenamtlicher wird sein: weil es Spaß macht. Die zweite, weil sie gebeten oder überredet worden sind. Es
10 gibt eine Vielzahl von Motiven: Man will gestalten, man will helfen, man will kommunizieren oder man will seinen gesellschaftlichen Pflichten nachkommen.

15 **SZ:** Warum arbeiten Menschen überhaupt freiwillig und ohne Geld dafür zu bekommen?

WINKLER: Die freiwillige Tätigkeit erzeugt Zufriedenheit, etwas für sich und
20 andere getan zu haben. Sie bietet häufig auch öffentliche Anerkennung. Schaut man soziologisch hinter die Kulissen, verfügen die Ehrenamtlichen über ein

Ethos gesellschaftlicher Partizipation. Es entspricht ihrem Naturell, ehrenamtlich 25 tätig zu sein.

SZ: Ist die Übernahme eines Ehrenamtes ein Ausdruck für einen bestimmten Lebensstil?

WINKLER: Ja natürlich, sie ist Teil der ei- 30 genen Lebensführung. Ist man beruflich aktiv, ist man es auch im gesellschaftlich-öffentlichen sowie im freundschaftlichen und familiären Bereich. Es ist kein Zufall, dass Personen, die hoch leistungsori- 35 entiert im Beruf sind, dies auch in den anderen Lebensbereichen sind. [...]

SZ: Wer ist aktiver im Ehrenamt, Frauen oder Männer?

WINKLER: Der Anteil der Frauen ist kleiner 40 als der der Männer. Allerdings gilt dies nur in der Summe. Frauen und Männer unterscheiden sich auch nach den Tätigkeiten. Hier spiegelt sich, nimmt man mal den Sport heraus, die uns allen be- 45 kannte Aufgabenteilung zwischen Frauen und Männern: Frauen engagieren sich in sozialen und Männer in außerfamiliären und politischen Bereichen. Eine Erklärung für den geringeren An- 50 teil ließe sich leicht geben: Der Grad der Berufstätigkeit ist bei Frauen zumindest in den alten Bundesländern geringer und spiegelt sich so im Engagement.

SZ: In den achtziger Jahren war es für junge 55 Menschen normal, sich ehrenamtlich in

Vereinen, Verbänden oder Kirchen einzubringen. Heute gilt das oft als uncool. Ist die Jugend heute egoistischer?

WINKLER: Nein, denn der Anteil Jugendlicher ist nicht kleiner geworden. Er ist fast so hoch wie in der Bevölkerung insgesamt und sogar höher als bei den Rentnern. Die Jugendlichen haben zwar weniger Wahlämter und Leitungsfunktionen, aber sie folgen traditionellen Aktivitätsmustern.

SZ: Hat sich in den vergangenen 20 Jahren der gesellschaftliche Stellenwert ehrenamtlicher Tätigkeiten geändert?

WINKLER: Quantitativ hat sich wenig geändert, auch wenn ständig darüber geklagt wird, die Bereitschaft lasse nach. In der öffentlichen Diskussion hingegen hat sich die Beschäftigung mit der Bedeutung des Ehrenamtes verstärkt und firmiert unter dem Begriff des bürgerschaftlichen Engagements. […]

5 **Politisches Desinteresse und mangelndes Engagement:
Was ist dran an den Vorwürfen gegen die Jugend?**

[…] Von mangelndem Engagement kann man bei Heranwachsenden nicht sprechen. Sie sind in Vereinen oder Interessenvertretungen tätig, unterstützen sozial Schwächere oder demonstrieren gegen Einsparungen im Bildungsbereich, Rechtsextremismus oder Castor-Transporte. Politisches Engagement bedeutet für viele, sich gesellschaftspolitisch zu engagieren.

In der Shell-Studie heißt es dazu: „Einsatz für die Gesellschaft und für andere Menschen gehört ganz selbstverständlich zum persönlichen Lebensstil dazu." Ein Drittel der Jugendlichen gab an, in ihrer Freizeit „oft" für soziale oder gesellschaftliche Zwecke aktiv zu sein, weitere 42 Prozent engagieren sich zumindest „gelegentlich" in diesem Bereich und 70 Prozent meinten, man müsse sich gegen Missstände in Arbeitswelt und Gesellschaft zur Wehr setzen. In einer Forsa-Untersuchung im Auftrag des Deutschen Gewerkschaftsbundes gaben 60 Prozent der Jugendlichen an, sie seien bereit, gemeinsam mit anderen für ihre Interessen auf die Straße zu gehen und an Protestaktionen teilzunehmen. „Dort haben sie das Gefühl, etwas bewegen zu können", sagt Bildungsforscher Heinz Reinders. Die Bilder der vergangenen Monate, auf denen Jugendliche bei Demos gegen Stuttgart 21 oder den Großflughafen Berlin-Brandenburg zu sehen sind, bestätigen seine Aussage.

Der Frage, wie sehr soziales Engagement eine gute Voraussetzung für ein späteres politisches Engagement sein kann, geht Reinders in einer aktuellen Untersuchung nach. In der JEPS-Studie (Jugend - Engagement – politische Sozialisation) werden bis zur Bundestagswahl in zweieinhalb Jahren 1500 Jugendliche zwischen 14 und 16 Jahren begleitet und wiederholt befragt. „Wir wissen heute schon, dass Jugendliche über ihr soziales Engagement ihre Weltsicht verändern und ihre eigene Rolle im System hinterfragen", sagt der Forscher. Und das wiederum könne später dazu führen, dass sie als Erwachsene eher dazu bereit sind, beispielsweise wählen zu gehen. Genauso lief das bei Katharina ab: Nach der Schule absolvierte sie ein freiwilliges soziales Jahr in Australien, half dort an einer Schule. Und Laura, die politisch aktiv sein will, sagt: „Wenn es gut läuft, kann ich etwas bewegen – vielleicht nicht auf Landesebene, aber zumindest in meinem Umkreis. Und das ist doch auch schon etwas."

Castor-Transporte: Atommülltransporte mit Castor-Güterzügen

Shell-Studie: Untersuchung zu Einstellung, Lebenssituation und Sozialverhalten deutscher Jugendlicher

Forsa: Gesellschaft für Sozialforschung und statistische Analysen

2. Lest die Materialien **2** – **5** (S. 49 ff.) orientierend und verschafft euch einen ersten Überblick, welche Informationen die Texte liefern und welche Positionen in den einzelnen Texten vertreten werden.

Lerninsel: orientierendes Lesen S. 238

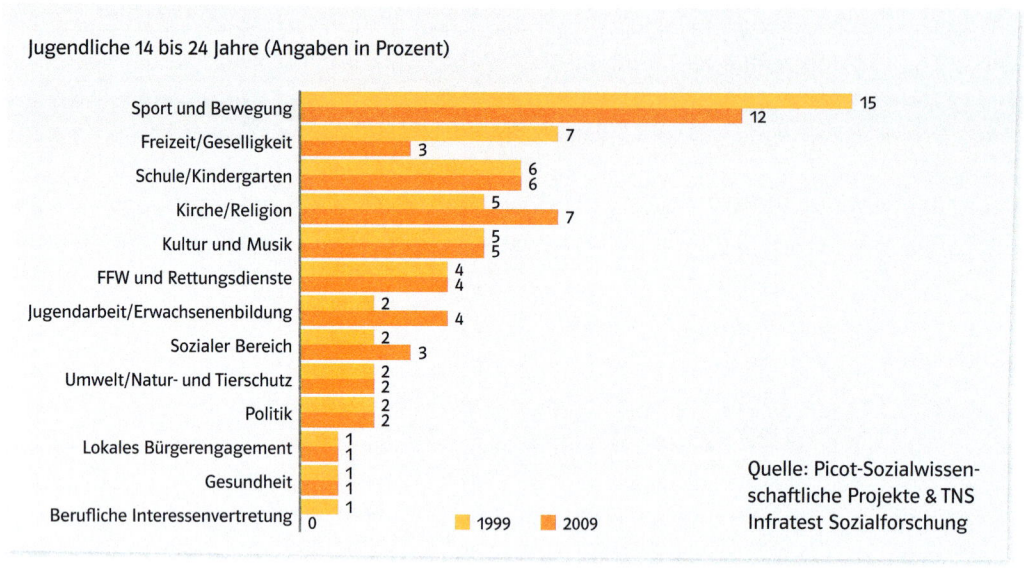

6 **Freiwilliges Engagement Jugendlicher nach Tätigkeitsfeldern**

Jugendliche 14 bis 24 Jahre (Angaben in Prozent)

Sport und Bewegung	12	15
Freizeit/Geselligkeit	3	7
Schule/Kindergarten	6	6
Kirche/Religion	5	7
Kultur und Musik	5	5
FFW und Rettungsdienste	4	4
Jugendarbeit/Erwachsenenbildung	2	4
Sozialer Bereich	2	3
Umwelt/Natur- und Tierschutz	2	2
Politik	2	2
Lokales Bürgerengagement	1	1
Gesundheit	1	1
Berufliche Interessenvertretung	0	1

■ 1999 ■ 2009

Quelle: Picot-Sozialwissenschaftliche Projekte & TNS Infratest Sozialforschung

3. Wertet die Materialien ▨ – ▨ (S. 49 ff.) für das Thema „Engagement auf dem Stundenplan?" aus. Notiert Stichpunkte. Ihr könnt so vorgehen:
 – Klärt mithilfe von Text ▨ (S. 49), was man unter „Service Learning" versteht.
 – Sucht aus den Texten ▨ – ▨ (S. 49 ff.) Informationen heraus über
  · das Engagement Jugendlicher,
  · Motive und Vorteile ehrenamtlicher Tätigkeit,
  · Gründe, die gegen ein „Engagement auf dem Stundenplan" sprechen.
 – Notiert Beispiele, in welchen Bereichen Jugendliche ehrenamtlich tätig sind.
 – Wertet das obige Diagramm (▨) aus, stellt Bezüge zu den Texten her und zieht Schlussfolgerungen.

Lerninsel:
Ein Diagramm
auswerten
S. 239

4. „Gehört ehrenamtliches Engagement auf den Stundenplan?" Entscheidet euch für eine Position und notiert einige Argumente und Argumentationsstützen.

Mit Kommentar und Aufruf wirkungsvoll Stellung beziehen

Lerninsel:
Einen
Kommentar
schreiben
S. 261

Beispiellösung
Aufgabe 1
in6j4m

1. Schreibt einen ausführlichen Kommentar zum Artikel „Heine-SchülerInnen engagieren sich sozial" (S. 48 f.) für die Schülerzeitung der Heinrich-Heine-Schule. Ihr könnt so vorgehen:
 – Verwendet eure Auswertung der Materialien (Aufgabe 3). Erstellt aus dieser Stoffsammlung einen Schreibplan.
  · Ihr könnt mit einer These, einem Zitat, einer Provokation oder einer Frage beginnen.
  · Gebt im Hauptteil wichtige Informationen und nehmt eine eindeutige Wertung vor.
  · Bezieht euch am Ende auf euren Einstieg.
 – Beachtet beim Schreiben euren Adressatenkreis.

2. An eurer Schule soll abgestimmt werden, ob ehrenamtliches Engagement in das Schulprogramm aufgenommen werden soll. Verfasst für die Homepage eurer Schule einen Aufruf, in dem ihr für die Aufnahme in das Schulprogramm werbt. Nutzt den folgenden Sprachtipp.

Sprachtipp

Einen Appell formulieren

– direkte Anrede: *Ihr seid nun an der Reihe …; Du hast die Wahl …*
– appellierende Verben: *Ich fordere euch auf …; Ich appelliere an eure …; Ich rufe auf zu …; Ich wende mich heute an euch, weil …*
– Imperative: *Entscheide dich …; Wehrt euch gegen …! Helft mit! Macht mit!*
– Alternativen formulieren: *Was wäre, wenn …; Stellt euch vor, …*
– rhetorische Fragen: *Wer sagt, dass …? Habt ihr darüber nachgedacht, …?*

Adressatenorientiert Stellung beziehen

1. Vorbereiten und planen

- **Materialien auswerten**: Überblick verschaffen, Hauptaussagen festhalten, zwischen Information und Autorenmeinung (z. B. *Vermutung, Behauptung*) unterscheiden, wichtige Informationen und Argumente auswählen, ergänzen und ordnen
- **Adressaten beachten**: überlegen, welche Informationen als bekannt vorausgesetzt werden können und welche Informationen zum Thema gebracht werden müssen, wie die Adressaten angesprochen werden sollen (z. B. *Sprachstil*)
- **Schreibplan erstellen**

2. Schreiben und überarbeiten

- in Einleitung, Hauptteil, Schluss **gliedern**
- im Hauptteil **Argumente** entfalten, eindeutige Wertung vornehmen
- auf **roten Faden** achten
- **adressatengerecht** formulieren
- **Sprachstil** und sprachliche **Richtigkeit** mit Wörterbuch oder am PC prüfen

3. Zum Differenzieren ▪ ▪ ▪ ▪

A Schreibt eine E-Mail an die Elternvertretung der Schule, in der ihr für die Unterstützung einer Projektwoche zum Thema „Soziales Engagement" werbt.

B Verfasst einen Aufruf in Form eines Flyers, mit dem ihr mögliche Kooperationspartner der Schule von der Zusammenarbeit in einem „Service-Learning"-Projekt überzeugt.

Differenzieren
Kommentar und Aufruf schreiben
z2j7dn

Lerninsel:
Eine offizielle E-Mail schreiben
S. 262

Sieben Tage „ohne"

[…] Der Alltag von Jugendlichen wird immer stärker von audiovisuellen Medien und dem Internet bestimmt. Rund 483 Minuten verbringen 14- bis 19-Jährige täglich vor
5 TV, Radio, Internet oder mit Tonträgern und Videos. […]

Bei allen Chancen, die die Multimedialität mit sich bringt, besteht die Gefahr, dass die Medien die Zeit der jungen Menschen
10 schnell über das gesunde Maß hinaus vereinnahmen. […] Kinder und Jugendliche führen bei der Aktion gemeinsam mit ihren Eltern und Lehrern eine medienfreie Woche durch. Während dieser sieben Tage verzichten die Teilnehmer auf alle audiovi- 15
suellen Medien. […] Ziel der Initiatoren ist es, die Medienkompetenz der Beteiligten zu schulen und ein gesundes Bewusstsein für den Umgang mit den Medien zu schaffen. […] Erstmals erprobt wurde die Idee 2007 20
in einer Realschule in Stuttgart. 28 Schüler und Schülerinnen einer sechsten Klasse verzichteten gemeinsam mit ihren Geschwistern, Eltern und Lehrern für eine Woche auf audiovisuelle Medien. […] Grundsätzlich 25
gilt für die Gestaltung einer solchen medienfreien Woche der Grundgedanke „aktiv statt passiv". […] Eine positive – wenn auch ursprünglich ungewollte – Erfahrung haben zum Beispiel Pana und Sven, zwei teilneh- 30
mende Schüler, gemacht: „Aus lauter Langeweile haben Sven und ich heute Nachmittag einen Rapsong geschrieben."

Doch reicht eine Woche Medienverzicht aus, um das eingeschliffene Verhalten der 35
Jugendlichen grundlegend zu verändern? Um das herauszufinden, [wurden] die Teilnehmer im Abstand von einem, zwei oder drei Jahren befragt, ob sich bei ihnen durch „one week NO MEDIA" etwas verändert 40
hat. Die folgende Rückmeldung eines Jungen zeigt, dass eine grundlegende Verhaltensänderung in Bezug auf die Medien nicht immer erreicht wird […]: „Ich gucke zwar immer noch Fernsehen und spiele Compu- 45
ter. Aber wenn ich jetzt mal wieder lange Fernsehen schaue und ihn dann ausstelle, geht es mir schlecht." […]

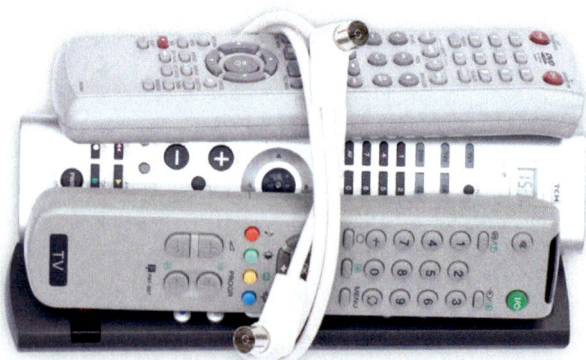

 Übermäßiger Medienkonsum kann zu Leistungsstörungen, Suchtverhalten, Steigerung der Gewaltbereitschaft, Gesundheitlichen Störungen, Übergewicht, Vereinsamung und Verschuldung führen.

 Lerninsel:
Schreiben
S. 257 ff.

 Diagnose-
bogen
Erörtern
3yz6fr

 Training
interaktiv
Erörtern
zq22y3

1. Nehmt Stellung zu der Befürchtung, die Medien könnten „die Zeit junger Menschen über das gesunde Maß hinaus vereinnahmen" (Z. 9 ff.).

2. Schreibt einen Kommentar zur Aktion „one week NO MEDIA".

3. Erörtert, ob die Aktion „one week NO MEDIA" für eure Schule sinnvoll wäre.
   - Entnehmt dem Text Pro- und Kontra-Argumente.
   - Sammelt weitere Argumente und Argumentationsstützen für beide Positionen.
   - Erstellt eine Gliederung für eine Erörterung nach dem Ping-Pong-Prinzip.
   - Formuliert die Erörterung aus und überarbeitet sie.

Highscore House – Gamification für Familien und ihre Haushaltsaufgaben

Die Browseranwendung und iPad-App Highscore House möchte Familien eine spielerische Hilfe bei der alltäglichen Bewältigung von Haushaltsaufgaben sein. Nach der Anmeldung kann man für jedes Mitglied der Familie einen Avatar anlegen und Kindern ein virtuelles Zimmer zuweisen. In ihrem Zimmer finden die Kinder einen Kalender, der ihre aktuellen Aufgaben listet und die sie dort auch abhaken können.

Diese Aufgaben können von Eltern über ein Standardrepertoire (Zimmer aufräumen, Bett machen, Gassi gehen etc.) frei definiert werden. […] Mit der Angabe, wie viele Sterne eine Aufgabe bei Erfüllung wert ist, wird eine virtuelle Währung eingeführt.

Die verdienten Sterne sind im Kinderzimmer in einer Schatztruhe hinterlegt. Mit ihnen können Kinder Belohnungen kaufen und dann im echten Leben einlösen. Belohnungen und ihr Preis lassen sich frei festlegen, die vorgegebene Auswahl umfasst „Klassiker" wie 30 Minuten fernsehen, etwas später ins Bett gehen oder aussuchen dürfen, was gekocht wird. […]

Gamification: von amerik.-engl. *game*, Nutzung von Spielmechanismen in nichtspielerischen Kontexten, um Benutzer zu motivieren

Avatar: Stellvertreter

4. Besprecht und diskutiert, inwiefern das Prinzip der Gamification Chancen und Gefahren birgt. Recherchiert weitere Informationen im Internet.

5. Schreibt eine Erörterung nach dem Ping-Pong-Prinzip zum Thema „Motivation zur Mitarbeit im Haushalt durch eine App?"
   - Nutzt die Informationen zur „Mithilfe im Haushalt" ab Seite 40.
   - Überarbeitet eure Erörterungen mithilfe der blauen Box (S. 45).

Bewerbung kommt von Werbung

Sich für ein Praktikum bewerben

 Das könnt ihr schon!

- unterschiedliche Kommunikations-
  möglichkeiten nutzen, zum Beispiel
  Brief, E-Mail, Kurznachricht
- aus Sachtexten Informationen
  über Berufe entnehmen
- im Internet recherchieren

Jerome:
*Ich interessiere mich total für Technik.
Mein Praktikum als Kfz-Mechatroniker
mach ich in dem Betrieb, in dem mein
Vater arbeitet.*

Sina:
*Ich möchte auf jeden Fall etwas
mit Medien machen. Aber wie komme
ich da an einen Praktikumsplatz?*

...

Pauline:
*Ich weiß überhaupt nicht, was für
einen Praktikumsplatz ich mir suchen
soll. Ich hab keine Ahnung, was ich
mal werden könnte.*

1. Besprecht die Vor- und Nachteile des Praktikumsplatzes, den Jerome wählen möchte. Gebt Ratschläge für die Suche nach einem Praktikumsplatz.

2. Formuliert für die leere Sprechblase eigene Fragen, Vorstellungen oder Erwartungen, die ihr zum Praktikum habt.

3. Welcher der Praktikumsplätze auf Seite 57 würde euch interessieren? Begründet.

Lerninsel:
Schreiben
S. 264 f.

 Lufthansa

Lufthansa Technik bietet interessierten Schüler/innen ganzjährig die Chance, spannende Arbeitsgebiete des Unternehmens während eines Praktikums kennenzulernen. [...] Folgende Berufe stehen für Schülerpraktika zur Verfügung:

- **Fluggerätmechaniker/in**
- **Elektroniker/in für luftfahrttechnische Systeme**

Bitte wegen des Zeitraums bei Frau Marion Altschaffel (marion.altschaffel@dlh.de) zunächst anfragen.
Ihre Bewerbung sollte folgende Unterlagen enthalten:

· Anschreiben mit Praktikumszeitraum
· Lebenslauf mit Foto
· Kopie des letzten Schulzeugnisses
· ggf. schriftliche Bestätigung der Schule, dass es sich um ein Betriebspraktikum handelt

Bitte beschreiben Sie in Ihrer Bewerbung kurz, warum Sie gerne Ihr Praktikum bei der Lufthansa Technik AG machen möchten.

 Praktikum im Kindergarten
„Fridolin"

Zu den grundlegenden Aufgaben der Praktikanten gehören:

- das Begrüßen der Kinder und ihrer Eltern
- die Verpflegung der Kinder
- das Spielen mit den Kindern

Weiterhin wird von den Praktikanten Selbstständigkeit erwartet: Nimmt man von sich aus an Spielen und Aktivitäten der Kinder teil, gibt man Anregungen und zeigt ggf. Grenzen auf?

Deshalb müssen die Praktikanten selbstbewusst, zuverlässig und verantwortungsvoll sein.

Dabei können auch eigene Interessen im Bereich Musik, Bewegung, Spiel, Gestaltung und Sprache eingebracht werden.

Bei Interesse wenden Sie sich bitte zunächst persönlich an **Frau Möhring** (Tel. 0241/27513).

Schülerpraktikum

Ob du als Schülerin oder Schüler ein freiwilliges Praktikum in den Ferien oder ein Pflichtpraktikum, wie es in der Schule vorgeschrieben wird, absolvieren möchtest, beides ist bei uns möglich. [...]

Bei diesem Praktikum lernst du zum Beispiel die Hörfunkredaktion von NDR 90,3 oder das Fernsehteam vom „Hamburg Journal" kennen. Hier kannst du sehen, wie Hörfunkbeiträge entstehen, bist bei Radio- und Fernsehsendungen dabei oder kannst ein Fernsehteam beim Dreh begleiten.

Häufig sind Praktika auch in anderen Redaktionen und an anderen Standorten möglich. [...] In der [Fernseh- und Hörfunkproduktion] gibt es eine Vielzahl von Berufsfeldern, die du in deinem Praktikum kennenlernen kannst. Die Palette reicht von „Mediengestalter/in Bild und Ton", „Fachkraft für Veranstaltungstechnik" über handwerkliche Berufe bis zu Berufen in der Informationstechnologie. Online-Bewerbungen sind erwünscht.

4. Erklärt, welche Fähigkeiten und Eigenschaften die Bewerberinnen und Bewerber für die drei Praktikumsplätze jeweils besitzen sollten.

5. Besprecht, wie ihr vorgehen müsst, wenn ihr euch um einen dieser Praktikumsplätze bewerben möchtet.

Das lernt ihr jetzt! ☆

· sich eigener Stärken bewusst werden
· Standards und Muster von Bewerbungsunterlagen kennenlernen
· Bewerbungsschreiben und Lebenslauf verfassen
· sich auf ein Vorstellungsgespräch vorbereiten

Sich ins rechte Licht rücken
Die Bewerbungsunterlagen für ein Praktikum erstellen

Die Bewerbung vorbereiten

Meine Eigenschaften und Interessen

a) Ich arbeite am liebsten mit anderen zusammen.
b) Ich kann gut zuhören und mich in andere hineinversetzen.
c) Ich halte mich gern in der Natur auf.
d) Die Arbeit mit Tieren bereitet mir viel Freude.
e) Ich bin kreativ, male, zeichne und fotografiere gern.
f) Der Umgang mit modernen Medien ist für mich kein Problem.
g) Ich mag kleine Kinder sehr gern.
h) Handwerkliche Tätigkeiten liegen mir besonders gut.
i) Ich kann mich gut ausdrücken und schreibe gern Geschichten.
j) Der Umgang mit Zahlen und mathematischen Formeln macht mir Spaß.

1 trifft voll zu, 2 trifft eher zu, 3 trifft eher nicht zu, 4 trifft gar nicht zu

1. Ermittelt eure eigenen Interessen und Stärken.
  – Schätzt mithilfe der Zahlen 1–4 eure Fähigkeiten und Interessen ein.
    Ihr könnt auch weitere ergänzen.
  – Befragt eure Eltern und Freunde, wie sie euch einschätzen, und
    vergleicht mit euren Angaben.
  – Entscheidet auf der Grundlage eurer Ergebnisse, in welchen Berufsfeldern
    euch ein Praktikum sinnvoll erscheint und welche ihr ausschließen könnt.
    Begründet.

2. Fragt ältere Schülerinnen und Schüler nach ihren Tipps für die Praktikumssuche und stellt
diese zusammen.

3. Sucht euch einen geeigneten Praktikumsplatz. Informiert euch über das Betriebsprofil
und die Bewerbungsmodalitäten.

Das Bewerbungsschreiben verfassen und überarbeiten

[...]

**Bewerbung um einen Praktikumsplatz bei Radio KÖLN,
Ihre Anzeige im „Kölner Stadtanzeiger" vom 05. Mai 2015**

Sehr geehrte Frau Schuster,

5 Ihr Praktikumsplatzangebot im „Kölner Stadtanzeiger" habe ich mit großem Interesse gelesen. Dabei sprach mich sowohl die Vielfalt der beschriebenen Tätigkeit an als auch die Möglichkeit, einen meiner Lieblingssender genauer kennenzulernen. Deshalb bewerbe ich mich bei Ihnen um einen Praktikumsplatz im Zeitraum vom 08. bis 26. Juni 2015.

10 Zurzeit besuche ich die 9. Klasse des Herder-Gymnasiums in Brühl. Das Absolvieren eines Betriebspraktikums ist für alle Schüler der Klassenstufe 9 für diesen Zeitraum verbindlich vorgesehen.
Schon seit Langem interessiere ich mich für die unterschiedlichen Tätigkeitsfelder rund ums Radio. In einer Schul-AG konnte ich schon erste Erfahrungen im Um-
15 gang mit Medien- und Kommunikationstechnik sowie im Recherchieren sammeln. Dabei hat sich mein Berufswunsch, einmal als Radiomoderator zu arbeiten, verstärkt. Meine sprachlich-kommunikativen Fähigkeiten sind sehr gut ausgeprägt; dies zeigt sich unter anderem in guten bis sehr guten Noten im Fach Deutsch. Ich arbeite gern mit anderen Menschen zusammen, bin aber auch in der Lage, selbstständig und ziel-
20 gerichtet Aufgaben zu erledigen.

Ich denke, dass mir das Praktikum in Ihrem Sender helfen kann, die verschiedenen Aufgabenfelder rund um das Medium Radio noch besser kennenzulernen.

Über eine Einladung zu einem Vorstellungsgespräch würde ich mich sehr freuen.

Mit freundlichen Grüßen

25 *Metin Oguz*

Anlagen
[...]

---

1. Untersucht das Bewerbungsschreiben von Metin.
- Welche inhaltlichen Aspekte werden in den einzelnen Absätzen angesprochen?
- Wie ist der Text sprachlich gestaltet?
- Welche formalen Merkmale hat der Text?

Lerninsel:
Bewerbungs-
schreiben
S. 264

Lerninsel:
Bewerbungs-
schreiben
S. 264

2. Verfasst ein eigenes Bewerbungsschreiben für eure Praktikumsstelle
oder für einen Praktikumsplatz von Seite 57.
   – Stellt eure Stärken und die für die Praktikumsstelle
   wesentlichen Interessen besonders heraus.
   – Lasst eure Kenntnisse über den Praktikumsbetrieb, seine Tätigkeitsfelder
   und Besonderheiten in das Bewerbungsschreiben einfließen.
   – Orientiert euch an der blauen Box.

Vorlage
Checkliste
Bewerbungs-
schreiben
kb7nv2

3. Bildet kleine Gruppen und besprecht eure Bewerbungsschreiben
in Schreibkonferenzen. Nutzt dafür auch die blaue Box.
Überarbeitet eure Bewerbungsschreiben.

---

*Wissen und
Können*

Lerninsel:
Bewerbungs-
schreiben
S. 264

Ein Bewerbungsschreiben verfassen

Mit eurem Anschreiben zeigt ihr, dass ihr **genau die Richtigen** für diesen Praktikumsplatz
seid. Dafür habt ihr nur **eine** DIN-A4-Seite zur Verfügung.

Inhalt und Aufbau

– **Betreffzeile**: Angabe, dass es sich um
eine Praktikumsbewerbung handelt
(evtl. Verweis auf Ausschreibung)
– **Anrede**
– **Praktikumszeitraum** angeben
– deutlich machen, dass ihr euch über
Einsatzfelder und **Praktikumsbetrieb**
informiert habt
– Praktikumswunsch nachvollziehbar
begründen
– eure **Stärken**, welche für das Unternehmen und die Praktikumsstelle wichtig
sind, besonders hervorheben
– **Bitte um Einladung** zum Vorstellungsgespräch formulieren
– **Grußformel**
– **Unterschrift**
– **Anlagen** auflisten

Sprache und Form

sprachliche Gestaltung:
– **kurz** fassen
– **selbstbewusst** formulieren:
„Ich kann …", „Ich möchte …"
– möglichst auf Standardformulierungen
verzichten, z. B.: *„… hiermit möchte ich
mich … bewerben"*
– **Rechtschreib- und Tippfehler vermeiden**

formale Merkmale:
– Kontaktdaten des **Absenders** vollstän-
dig und korrekt oben links anführen
(Postadresse, Telefonnummer und
E-Mail-Adresse)
– darunter vollständige Adresse des
Empfängers
– **Ort** und **Datum** oben rechts vermerken
– Anrede möglichst an **konkreten Ansprech-
partner** richten
– **Grußformel ausformulieren** (keine Abkür-
zungen wie *MfG*)
– **Unterschrift handschriftlich** (Vor- und
Zuname)

4. Zum Differenzieren ■ ■ ■ ■

A Beurteilt den folgenden Ausschnitt aus einem Bewerbungsschreiben und überarbeitet ihn.

[…]

Sehr geehrte Damen und Herren,

hiermit bewerbe ich mich um einen Praktikumsplatz als Bankkauffrau, da man in
der Schule von uns verlangt, dass wir ein Betriebspraktikum absolvieren müssen.
5   Der Beruf der Bankkauffrau hat mich schon immer interessiert und ich bin überzeugt, dass ich dafür geeignet bin.
Zurzeit besuche ich die 9. Klasse des Pestalozzi-Gymnasiums in Iserlohn. Meine
Lieblingsfächer sind Musik und Kunst. In der Freizeit fahre ich gern Fahrrad und
treffe mich mit Freunden.
10 Bitte laden Sie mich zu einem Vorstellungsgespräch ein.

MfG *Bettina Kleinschmidt*

B Untersucht Inhalt, Aufbau und sprachliche Gestaltung des folgenden Ausschnitts
aus einem Bewerbungsschreiben. Diskutiert Vor- und Nachteile solcher kreativer Schreiben.
Berücksichtigt dabei unterschiedliche Berufsfelder.

[…]

Sehr geehrte Frau Schuster,

Julian Fried
Turmstraße 32
44532 Lünen

durch eine Mitschülerin habe ich erfahren, dass Ihr Radiosender regelmäßig
Praktikumsstellen an Radiobegeisterte vergibt. Mit meiner Begeisterung können
5   Sie schon jetzt rechnen, mit meinem Einsatz vom 08.–26. Juni 2015!

Gleich …
nachdem ich mit etwa fünf Jahren meine erste Radiosendung gehört hatte, wusste
ich: Was da rauskommt, will ich auch machen. Aber wie kommt die Stimme ins
Radio? Wer sammelt die ganzen Nachrichten? Wie kommt der O-Ton ins Studio?
10 Einige Antworten habe ich schon durch unsere Schul-AG bekommen, an der ich seit
zwei Jahren aktiv beteiligt bin.

Funkt's …
jetzt bei Ihnen? Dann freue ich mich sehr auf Ihre Rückmeldung. Bis dahin sende ich
Ihnen freundliche Grüße

15 *Julian Fried*

C Verfasst selbst ein kreatives Bewerbungsschreiben, durch welches
ihr euch auf originelle Weise von der Masse der Mitbewerber abhebt.
Der Ausschnitt zu Aufgabe B kann euch als Orientierung dienen.

Differenzieren
Bewerbungs-
schreiben
5qf387

Beispiellösung
Aufgabe 4 C
n746dw

Den Lebenslauf formulieren und überarbeiten

Hinweis:
Bewerbungs-
fotos sind mitt-
lerweile nicht
mehr zwingend
erforderlich.

LEBENSLAUF

Persönliche Daten

Name:	Johanna Ziegler
Geburtsdatum/-ort:	21.05.2000/Wesel

Kontaktdaten

Anschrift:	Europastraße 71
	46283 Wesel
Tel.:	0281/50187
E-Mail:	JohannaZiegler@gmx.de

Schulbildung

2005–2009:	Grundschule „Astrid Lindgren" in Wesel
seit 2009:	Heinrich-Heine-Gymnasium in Wesel

Praktische Erfahrungen

2013	Sozialpraktikum im Kindergarten „Butterblume" in Wünsdorf

Besondere Fähigkeiten und Interessen

Computerkenntnisse:	Grundkenntnisse Microsoft Word und Excel
Sprachkenntnisse:	gute Englischkenntnisse, Grundkenntnisse in Französisch und Spanisch
Persönliche Stärken:	Kommunikationsfähigkeit, Teamfähigkeit
Hobbys:	Lesen, Fotografieren, Fitness

Wesel, 06.05.2015

Johanna Ziegler

1. Jeder Bewerbung muss ein Lebenslauf beigefügt werden.
  – Besprecht, welche Funktion ein Lebenslauf hat.
  – Untersucht Inhalt und Aufbau des Lebenslaufs von Johanna.

2. Sammelt Daten und Angaben für euren eigenen Lebenslauf und notiert Stichpunkte. Verfasst euren Lebenslauf.

Vorlage
Checkliste
Lebenslauf
t7b6zq

3. Im Lebenslauf werden in der Regel keine Angaben zur Staatsangehörigkeit, zur Religion oder zur Herkunftsfamilie (z. B. Geschwister, Eltern und deren Beruf) gemacht. Erklärt, warum das so ist.

Die Bewerbungsunterlagen vervollständigen und zusammenstellen

1. Schätzt ein, inwieweit die Fotos für eine Bewerbung geeignet sind. Begründet.

2. Vervollständigt eure Bewerbungsunterlagen und fügt sie in einer Bewerbungsmappe zusammen. Orientiert euch an der blauen Box.

Wissen und Können

Lerninsel:
Bewerbungs-
schreiben
S. 264

Die Bewerbungsunterlagen in einer Mappe oder online zusammenstellen

In einer **Bewerbungsmappe** müssen alle Unterlagen in einer **bestimmten Reihenfolge** zusammengefasst werden.

Als erstes Blatt eurer Mappe **könnt** ihr ein **Deckblatt** mit einem Foto, euren Kontaktdaten und eurem Anliegen gestalten.

Nach dem Deckblatt wird euer **Lebenslauf** eingelegt. Falls ihr kein Deckblatt gestaltet, **könnt** ihr euer Foto in der rechten oberen Ecke des Lebenslaufs aufkleben.

Das **Bewerbungs-schreiben** liegt auf der Mappe obenauf.

Abschließend werden die sogenannten **Anlagen** eingelegt: aktuelles Schulzeugnis, evtl. Bescheinigungen über bereits absolvierte Praktika, Kurse, Nebenjobs, …

Deckblatt

FOTO

Bewerbungs-mappe

Anschreiben
Mein Angebot

Lebenslauf
Meine Stationen

Zeugnisse
Meine Nachweise

Meine Qualifi-kationen

Viele Unternehmen verlangen **Online-Bewerbungen**, da diese platzsparender zu archivieren und kostengünstiger sind. Für die Online-Bewerbung gelten prinzipiell die **gleichen Anforderungen** wie für die „Papierbewerbung". Man unterscheidet dabei **drei Formen**: Kurzbewerbung per E-Mail, vollständige E-Mail-Bewerbung und Bewerbung mittels Online-Formular.

Ring frei für Runde zwei

Sich auf ein Vorstellungsgespräch vorbereiten

Hörverstehen
Vorstellungs-
gespräch
id32n8

Ausschnitt aus einem Vorstellungsgespräch

MITARBEITER: Schön, dass ich Sie nun persönlich kennenlerne. Erzählen Sie doch bitte erst einmal etwas über sich.

SCHÜLER: Also, ich bin gerade 15 geworden und gehe in die 9. Klasse des Friedrich-Gymnasiums. Ich bin gern unter Menschen, ziehe mich aber auch ganz gern mal zurück, zum Beispiel zum Lesen. Aber ich habe natürlich auch noch andere Hobbys und bin Mitglied im Feuerwehrverein.

MITARBEITER: Warum haben Sie sich ausgerechnet für ein Praktikum bei unserer lokalen Tageszeitung entschieden?

SCHÜLER: Wir lesen zu Hause Ihre Zeitung, daher kenne ich sie zumindest schon ein bisschen. Mir gefallen vor allem die Sportseiten und der Kulturteil; von da hole ich mir hin und wieder Informationen über Veranstaltungen in unserer Nähe.

MITARBEITER: Wir haben immer viele Praktikumsbewerber. Warum sollten wir uns gerade für Sie entscheiden?

SCHÜLER: Ich bin Mitherausgeber der Schülerzeitung unserer Schule. Das mache ich jetzt schon seit drei Jahren. Daher kommt auch mein Interesse an einem Praktikum in der Zeitungsbranche. Ich kann mittlerweile ganz gut mit Textverarbeitungsprogrammen umgehen. Orthografisch bin ich sehr sicher und ich kann mich auch gut ausdrücken.

In Deutsch habe ich fast durchweg sehr gute Noten. Außerdem fotografiere ich gern und verfüge über Grundkenntnisse zur Bildbearbeitung.

MITARBEITER: Was erwarten Sie von dem Praktikum bei uns?

SCHÜLER: Ich denke, dass ich erst einmal Einblick in die unterschiedlichen Arbeitsabläufe bei der Zeitung bekomme und mir vielleicht mal die Druckerei anschauen kann. Ich würde auch gern – wenn das ginge – selbst einen Artikel schreiben, der auch veröffentlicht wird.

MITARBEITER: Nennen Sie drei Ihrer Stärken und eine große Schwäche.

SCHÜLER: Hm, das ist gar nicht so leicht. Ich denke, dass ich recht zielstrebig bin und sehr gut im Team arbeiten kann. Außerdem kann ich mich gut organisieren. Manchmal nehme ich bestimmte Dinge zu genau.

MITARBEITER: Haben Sie vielleicht Fragen an mich, die ich Ihnen beantworten kann?

SCHÜLER: Ja, wie würde denn meine Arbeitszeit hier geregelt sein und bekomme ich einen Betreuer oder sind Sie mein Ansprechpartner? …

1. Beurteilt die Aussichten des Schülers, diesen Praktikumsplatz zu bekommen. Begründet.

2. Notiert mithilfe des Ausschnitts Fragen, die euch in einem Vorstellungsgespräch gestellt werden können. Beantwortet sie für euren Praktikumsplatz.

3. Die Fotos zeigen drei Jugendliche unmittelbar vor bzw. während eines Vorstellungs-
gesprächs. Schätzt ein, ob sie sich vorteilhaft oder eher nachteilig präsentieren. Begründet.

4. Bildet kleine Gruppen und vervollständigt die folgende Checkliste für ein
Vorstellungsgespräch. Verwendet auch eure Ergebnisse aus den Aufgaben 1–3 (S. 64 f.).

⊕
Vorlage
Checkliste
Vorstellungs-
gespräch
v2a86z

Checkliste

Checkliste für ein Vorstellungsgespräch

Organisatorische Vorbereitung	**Zentrale Aspekte für die inhaltliche Vorbereitung**	**Auftreten während des Vorstellungsgesprächs**
✔ Bestätigung des Termins ✔ Planung der Anreise ✔ …	✔ Informationen über das Unternehmen recherchieren ✔ eigene Fragen an das Unternehmen überlegen ✔ …	✔ Handy ausschalten ✔ Gesprächspartnerin/ Gesprächspartner ausreden lassen ✔ …

5. Entwickelt in Dreiergruppen ein Rollenspiel zu einem Vorstellungsgespräch. Geht so vor:
 – Legt folgende Rollen fest: Bewerber/Bewerberin, Personalleiter/Personalleiterin,
   Assistent/Assistentin.
   Schreibt dazu jeweils eine Rollenkarte.
 – Wählt eine Bewerbung aus, die in diesem Kapitel entstanden ist.
   Alle Gruppenmitglieder kennen das Bewerbungsschreiben und den Lebenslauf.
 – Haltet auf einer Situationskarte fest, in welchem Unternehmen
   das Gespräch stattfindet (genaue Hintergrundinformationen) und
   um welche Praktikumsstelle sich die Kandidatin/der Kandidat bewirbt.
 – Bereitet euch vor und spielt das Vorstellungsgespräch.
 – Wertet es gemeinsam aus.

☆ Das könnt ihr jetzt!

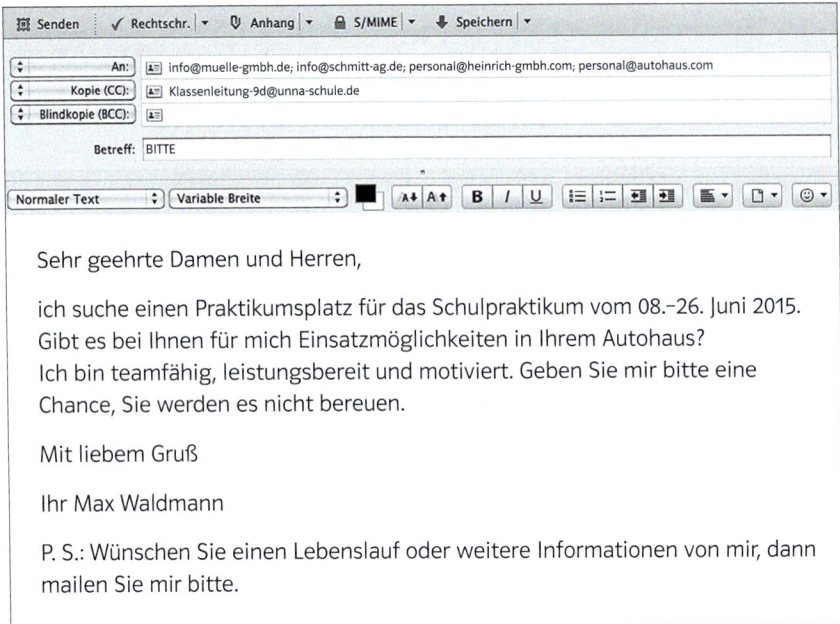

🔲 Senden	✓ Rechtschr. ▾	🛈 Anhang ▾	🔒 S/MIME ▾	⬇ Speichern ▾

An: info@muelle-gmbh.de; info@schmitt-ag.de; personal@heinrich-gmbh.com; personal@autohaus.com

Kopie (CC): Klassenleitung-9d@unna-schule.de

Blindkopie (BCC):

Betreff: BITTE

Normaler Text ▾ | Variable Breite ▾ | ⬛ | A▾ A▴ | **B** *I* U | ☰ ☰ | ⇥ ⇤ | ☰▾ | 🗋▾ | ☺▾

Sehr geehrte Damen und Herren,

ich suche einen Praktikumsplatz für das Schulpraktikum vom 08.–26. Juni 2015.
Gibt es bei Ihnen für mich Einsatzmöglichkeiten in Ihrem Autohaus?
Ich bin teamfähig, leistungsbereit und motiviert. Geben Sie mir bitte eine
Chance, Sie werden es nicht bereuen.

Mit liebem Gruß

Ihr Max Waldmann

P. S.: Wünschen Sie einen Lebenslauf oder weitere Informationen von mir, dann
mailen Sie mir bitte.

1. Beurteilt Max' Online-Bewerbung um einen Praktikumsplatz und überarbeitet diese.

Rund um das Vorstellungsgespräch

A Erscheine in deinen Lieblingssachen. Das wirkt authentisch.

B Warte mit dem Hinsetzen, bis man dir einen Platz anbietet.

C Damit du dich während des Gesprächs etwas von deiner
Aufregung ablenken kannst, nimm etwas in die Hand
(z. B. einen Stift).

D Achte auf eine aufrechte Sitzhaltung und halte deine Hände
ruhig auf dem Schoß.

E Nimm ein angebotenes Getränk an und trinke während
des Gesprächs öfter, damit dein Mund nicht trocken wird.

F Unterstreiche deine Worte mit Mimik und Gestik.

G Denke kurz nach, bevor du deinem Gegenüber antwortest.

H Frage zwischendurch gleich nach, wenn dir etwas unklar
ist.

2. Entscheidet, welche Tipps aus dem „Bewerbungsknigge" zu befolgen sind
und welche nicht. Begründet.

Lerninsel:
Schreiben
S. 264

⊕ Diagnose-
bogen
Bewerben
w6r5wg

⊕ Training
interaktiv
interaktiv
Bewerben
87qg6h

LEBENSLAUF

Name:	Paul Müller
Geburtsdatum:	15.02.2000
Geburtsort:	Arnsberg
Familienstand:	ledig
Staatsangehörigkeit:	deutsch
Religion:	katholisch
Eltern:	Peter Müller, arbeitslos Gertraude Müller, geb. Fuhrwerk, Einzelhandelskauffrau
Geschwister:	2 Brüder, 1 Schwester
Schulbildung:	Grundschule Selm Gymnasium Selm
Berufswunsch:	Informationselektriker für Geräte- und Systemtechnik
Hobbys:	Fußball, Autos, Kochen

Paul Müller

3. Beurteilt den Lebenslauf von Paul Müller und gebt Tipps für eine Überarbeitung.
Begründet.

4. Stellt zusammen, was ihr bei einer Praktikumsbewerbung in folgenden Einrichtungen
besonders beachten solltet:
– Werbe- und Designagentur
– katholischer Kindergarten
– Anwaltskanzlei

Zerplatzte Träume
Zu literarischen Texten schreiben

 Das könnt ihr schon!

- · eine Inhaltsangabe zu literarischen Texten verfassen
- · Gedichte und erzählende Texte schriftlich analysieren
- · mit erzählenden Texten produktiv umgehen
- · Gedichte produktiv umgestalten

Eva Christina Zeller:
drachensteigen (2007)

heute bin ich wieder geflogen
die schnur in deiner hand
du auf dem boden
hast gar nicht gewunken
5 stieg und stieg und winkte und rief
und wurde ganz klein vor glück
wenn der wind ausbleibt
falle ich
auf den boden

1. Das Gedicht lebt von der Wind- und Drachen-Metaphorik. Untersucht und deutet diese.

2. Diskutiert, welche Gefahren für eine Beziehung in dem Gedicht angedeutet werden. Formuliert als lyrisches Du eine Antwort.

Filmbild aus „Dirty Dancing", 1987

3. Tauscht euch darüber aus, welche berühmten Liebespaare ihr aus Film, Theater, Musical und Literatur kennt.
   – Welche Vorstellung von Liebe verkörpern diese Paare?
   – Wie entwickelt sich ihre Beziehung?

Plakat mit Ankündigung zum Musical, 1961

Lerninseln:
Schreiben
S. 244 ff.

Umgang mit
dramatischen
Texten
S. 278 ff.

Umgang mit
erzählenden
Texten
S. 268 ff.

Umgang mit
Gedichten
S. 274 ff.

⊕ Eingangstest
Interpretation
348i4z

William Shakespeare:
Romeo und Julia (Prolog, um 1596)

CHORUS:

Zwei Häuser, gleich an Rang, seht, die inmitten
Der guten Stadt Verona, unserm Ort,
In altem Groll zu neuem Aufruhr schritten,
Dass Bürgerhand rot wird vom Bürgermord.

5 Den Lenden der zwei Todfeinde entsprang
Ein Paar von Liebenden, die Unglück haben.
Ihr Unstern wird, ihr bittrer Untergang,
Mit ihnen auch der Eltern Streit begraben.

Und dieser Eltern stets erneuter Streit,
10 Das Ende ihrer Kinder, seine Sühne,
Der Liebe Leidensweg, dem Tod geweiht,
Ist nun zwei Stunden lang das Leben dieser Bühne.
Drum schenkt uns euer Ohr und wartet jetzt,
Ob unsre Müh euch, was hier fehlt, ersetzt.

Prolog:
eine dem drama-
tischen Text
vorangestellte
Einleitung

William Shakespeare:
Romeo und Julia
(Ausschnitt aus dem Figurenverzeichnis, um 1596)

ESCALUS, Fürst von Verona
GRAF PARIS, Verwandter des Fürsten
MONTAGUE } Häupter zweier ver-
CAPULET } feindeter Familien
5 **ROMEO,** Montagues Sohn
MERCUTIO, Verwandter des Fürsten,
    Romeos Freund
BENVOLIO, Montagues Neffe,
    Romeos Freund
10 **TYBALT,** Neffe der Frau Capulet
BRUDER LORENZO, ein Franziskaner
FRAU MONTAGUE
FRAU CAPULET
JULIA, Capulets Tochter
15 **JULIAS AMME**

Franziskaner:
Mönch vom
Orden der
Franziskaner

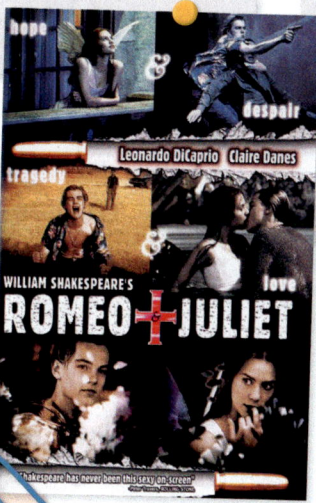

Filmplakat zu „Romeo
und Julia", 1996

4. Fasst den Inhalt des
Prologs mit eigenen Worten
zusammen. Besprecht,
welche Erwartungen er bei
euch weckt.

5. Zeichnet auf der Grundlage
des Figurenverzeichnisses
und des Prologs ein Schaubild
zur Figurenkonstellation.
Gruppiert Figuren, die
zusammengehören.

Das lernt ihr jetzt! ☆

· dramatische Texte schriftlich analysieren
· mit Dramentexten produktiv umgehen
· eine schriftliche Erörterung verfassen
· Gedichtanalysen sicher verfassen
· eigene Aussagen mit Zitaten belegen und
  korrekt zitieren

Bis dass der Tod uns scheidet
Dramatische Texte schriftlich analysieren

Die Analyse eines dramatischen Textes vorbereiten

In einer Klassenarbeit könnte folgende Aufgabe gestellt werden:
Analysiert den Auszug aus dem Drama von Shakespeare, indem ihr
– *die Figuren charakterisiert,*
– *ihre Beziehung zueinander erläutert,*
– *den zentralen Konflikt benennt,*
– *die Bedeutung der Figurensprache für den Inhalt benennt.*

William Shakespeare: Romeo und Julia. Erster Akt, 5. Szene
(Ausschnitt, um 1596)

Im Haus der Capulets findet ein großer Maskenball statt. Romeo und sein Freund Benvolio, beide Angehörige der verfeindeten Montagues, mischen sich maskiert unter die Gäste.

[…]
ROMEO: Wer ist die Dame, die den Ritter dort
Reich macht mit ihrer Hand?
BEDIENTER: Ich weiß nicht, Herr!
5 **ROMEO:** Sie lehrt die Fackeln brennen, hell entfacht!
Als hing sie an der Wange dieser Nacht
Wie an des Mohren[1] Ohr ein edler Stein.
Schönheit zu reich! für diese Welt zu rein!
Wie eine Taube, schneeweiß unter Krähen,
10 Ist sie unter den andern Fraun zu sehen. –
Nach diesem Tanz steht sie dort an der Wand.
Dann segne ihre Hand auch meine rauhe Hand!
Liebte mein Herz bis heut? Nein, nein, noch nie.
Nie sah ich wahre Schönheit; jetzt erst: sie.
15 **TYBALT:** Der muss, der Stimme nach, ein Montague sein.
Hol mir den Degen, Bursch. – Was! wagt der Sklave
Sich her, vermummt in eine Narrenfratze,
Um unsrer Feier Schimpf und Spott zu tun?
Beim Blut und gutem Stand, dem wir entstammen:
20 Wenn ich den totschlag, wer wollt' mich verdammen?!
CAPULET: He, Vetter[2], was ist los? Ihr tobt! Warum?
TYBALT: Onkel, dort geht ein Feind, ein Montague!
Der Schurke schlich sich ein, er tats mit Fleiß,
Höhnt unser Fest in unserm eignen Kreis.
25 **CAPULET:** Der junge Romeo, so?
TYBALT: Der Schurke Romeo!

CAPULET: Lass, lieber Vetter, sieh ihn gar nicht an.
Er hält sich wie ein rechter Edelmann.
Die Wahrheit zu gestehn, Verona rühmt ihn
Als tugendhaften, wohlerzognen Jüngling.   30
Ich möchte ihm nicht um alles Gold der Stadt
In meinem Haus hier Schimpf antun.
Drum sei geduldig, achte nicht auf ihn.
Ich will es so! und ehrst du meinen Willen,
So schau jetzt freundlich drein und nicht so zornig,   35
Weil Stirnrunzel zum Festmahl nicht gut passt.
TYBALT: Doch desto besser zu dem Schuft von Gast!
Ich leid ihn nicht.
CAPULET: Er *soll* gelitten sein.
Verstehst du, Grünschnabel[3]! Hörst du? Er solls!   40
Bin ich der Herr hier, oder du? Ach, geh doch!
Du ihn nicht leiden? Dass mir doch der Herrgott! …
Du Aufruhr bringen unter meine Gäste?
Du willst der Hahn im Korb sein? du der *Mann*?
TYBALT: Es ist 'ne Schande, Onkel!   45
CAPULET: Was? Ach geh doch!
Du bist ein frecher Junge! Ja, gesteh's nur!
Dir ist nicht recht … Ich weiß auch schon, warum nicht!
Mich ärgern wär dir recht! Das käm grad recht! –
Lustig, ihr Herzenskinder! – Geh, du Frechdachs,   50
Sei still, denn sonst … – Mehr Licht, mehr Licht! – zum
    Kuckuck.

Mach *ich* dich still! – Los, Herzenskinder⁴, lustig!

TYBALT: Erzwungene Geduld bringt auch in Not.

55 Ich zittre zwischen Willen und Verbot.

Ich gehe, aber was ihm jetzt gefällt,

Dem Eindringling, wird bitter ihm vergällt.

Tybalt ab

ROMEO *(zu Julia)*: Entweih ich jetzt mit unwürdigster

60 Hand

Dies Heiligtum, so sünd'g ich; dann müssen

Die Lippen mein, zwei Pilger⁵, schamentbrannt

Sühnen den rauhen Griff mit zarten Küssen.

JULIA: Ihr tadelt, lieber Pilger, mehr als billig

65 Die Hand für ihren andachtsvollen Gruß.

Die Hand der Heiligen gönnt ihn der des Pilgers willig,

Denn Hand an Hand ist frommer Pilger Kuss.

ROMEO: Doch Heilige haben Lippen! Pilger auch! –

JULIA: Ja, Pilger: Lippen, um damit zu beten.

70 **ROMEO:** Lass Lippen tun der Hände frommen Brauch!

Denn sie verzweifeln sonst; erhöre, was sie flehten.

JULIA: *Erhören dürfen* Heilige, nicht sich regen.

ROMEO: So reg dich nicht, ich *nehm* mir meinen Segen!

Er küsst sie

75 Dein Mund hat meinen aller Sünd' entbunden.

JULIA: So hat *mein* Mund dafür der Sünde Fluch?

ROMEO: Dein Mund und Sünde!? Oh du Vorwurf, süß

erfunden!

Die Sünde gib zurück!

80 *Er küsst sie wieder*

JULIA: Ihr küsst recht nach dem Buch⁶!

AMME: Eure Mutter will Euch ein Wörtchen sagen, Fräulein.

ROMEO: Wer ist die Mutter?

AMME: Ei, mein junger Herr,   85

Die Mutter ist die Dame dieses Hauses

Und eine gute Dame, klug und ehrsam;

Die Tochter, die Ihr spracht, hab *ich* gesäugt.

Ich sage Euch, wer die zu fassen kriegt,

Der kann fein klimpern⁷!   90

ROMEO: Sie eine Capulet? O teures Pfand⁸!

Mein Leben liegt in meiner Feinde Hand.

BENVOLIO: Kommt! Wenns am schönsten ist, dann soll

man gehen.

ROMEO: Ja, desto mehr ist es um mich geschehn. […]   95

Filmfoto aus „Romeo und Julia", 1996

---

¹**Mohr:** historischer Begriff für einen Menschen mit dunkler Hautfarbe

²**Vetter:** hier: Neffe

³**Grünschnabel:** junger, unerfahrener, aber oft vorlauter Mensch

⁴**Herzenskinder:** hier: Tänzer

⁵**Pilger:** Menschen, die zu religiös verehrten Stätten reisen

⁶**nach dem Buch:** wie in Benimmbüchern beschrieben

⁷**kann fein klimpern:** bekommt viel Geld mit in die Ehe

⁸**teures Pfand:** hier: hoher Preis

Romeo begibt sich unverzüglich auf das Anwesen der Capulets. Die beiden gestehen sich ihre Liebe und beschließen, heimlich zu heiraten. Gleich am folgenden Tag werden sie von Pater Lorenzo getraut. Kurz darauf gerät Romeo in einen Kampf zwischen Angehörigen der Capulets und der Montagues, in dem er Tybalt tötet. Romeo schwebt in höchster Lebensgefahr und muss fliehen.

1. Baut zu dem Dramenausschnitt ein Standbild mit Romeo, Julia, Tybalt und Capulet. Tauscht euch darüber aus, wie die Figuren auf euch wirken.

2. Überprüft, inwiefern dieser Dramenausschnitt die in dem Lexikonartikel genannten Aufgaben einer Exposition erfüllt. Begründet mit Textstellen.

Exposition
wesentlicher Bestandteil des Dramas; wirkungsvolle Einführung des Zuschauers in Grundstimmung, Ausgangssituation, Zustände, Zeit, Ort und Figuren des Stückes

Lerninsel:
Standbild
bauen
S. 236

Lerninsel:
Exposition
S. 279

Figurencharak-
terisierung
S. 155

3. Untersucht, wie Romeo und Julia charakterisiert werden. Was sagt das über ihre Liebe aus? Achtet auf sprachliche Bilder und Vergleiche.

4. Untersucht den Handlungsverlauf und die Funktion der einzelnen Handlungsabschnitte.
 – Übernehmt die grafische Darstellung und ergänzt sie.

Figuren-
konstellation
S. 157

 – Erläutert, wie in dem Handlungsverlauf und der Figurenkonstellation der Konflikt deutlich wird. Verwendet dazu die Begriffe Haupt- und Nebenfigur sowie Protagonist (Hauptfigur, Held) und Antagonist (Gegenspieler).

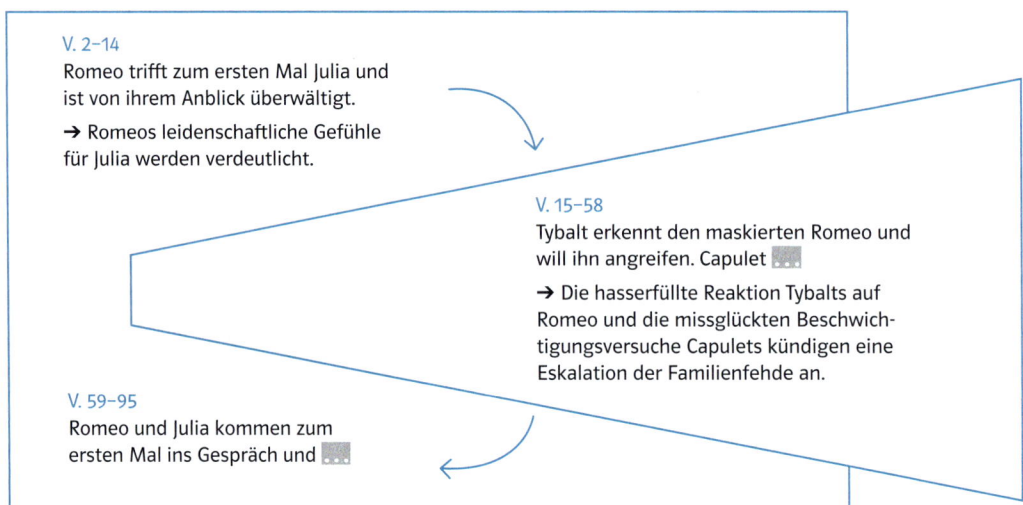

V. 2–14
Romeo trifft zum ersten Mal Julia und ist von ihrem Anblick überwältigt.
→ Romeos leidenschaftliche Gefühle für Julia werden verdeutlicht.

V. 15–58
Tybalt erkennt den maskierten Romeo und will ihn angreifen. Capulet ███
→ Die hasserfüllte Reaktion Tybalts auf Romeo und die missglückten Beschwichtigungsversuche Capulets kündigen eine Eskalation der Familienfehde an.

V. 59–95
Romeo und Julia kommen zum ersten Mal ins Gespräch und ███

5. Tybalt bezeichnet Romeo als „Sklave[n]" (S. 70, V. 16), „Feind" (S. 70, V. 22), „Schurke[n]" (S. 70, V. 23), „Schuft" (S. 70, V. 37) und „Eindringling" (S. 71, V. 57). Sucht nach Textstellen, an denen Tybalt seine Haltung begründet.

6. Charakterisiert die Beziehung zwischen Capulet und Tybalt.
 – Erläutert die Motive Capulets für sein Handeln.
 – Belegt eure Aussagen mit Textstellen.

7. Untersucht die letzten Worte Tybalts vor seinem Abgang (S. 71, V. 54 ff.) und erläutert die Funktion dieser Aussage.

Eine Dramen-
szene
untersuchen
und deuten
S. 164

8. Bereitet eine Interpretation der Auseinandersetzung zwischen Capulet und Tybalt (S. 70 f.) vor.
 – Berücksichtigt eure Ergebnisse aus den Aufgaben 2 (S. 71) und 3 (S. 72).
 – Nutzt die Texte vor und nach der Szene auf den Seiten 70 f.
 – Orientiert euch an der blauen Box (S. 73).

Die Analyse einer Dramenszene vorbereiten

Bei der Vorbereitung eurer Analyse könnt ihr so vorgehen:

1. **erste Eindrücke** formulieren
2. **Handlung** und **Gesprächsverlauf in der Szene** in Stichpunkten festhalten
   (z. B. *Handlungsabschnitte, Figuren, Figurenkonstellation*)
3. **Szene einordnen** (z. B. *Stellung der Szene im Drama, Vorgeschichte, Auswirkung auf die Handlung, Bedeutung der Szene für das Drama*)
4. **Deutungshypothese** aufstellen
5. **Szene genauer untersuchen**, Notizen zu Besonderheiten und Funktionen von **Form** und **Sprache** anfertigen
   Mögliche Untersuchungsaspekte (abhängig von der Aufgabenstellung):
   - **Figuren:**
     · **einordnen** (z. B. *Hauptfigur, Nebenfigur, Protagonist, Antagonist*)
     · **charakterisieren** (z. B. *Worauf verweisen Handlungsweisen und Gesprächsverhalten?*)
     · **Handlungsmotive** und **-ziele** klären
   - **Dialoggestaltung** (z. B. *Dialog, Monolog, Gesprächsverlauf bzw. Gesprächsphasen*)
   - **Sprache** (z. B. *Satzbau, Wortwahl*)
   - **Regieanweisungen**
   - **Wirkung der Szene** auf den Leser bzw. Betrachter
6. Untersuchungs- und Deutungsergebnisse **gliedern** und **erweitern**
   - Gliederungsmöglichkeiten:
     · **nach dem Handlungsverlauf** (Szenenabfolge)
     · nach bestimmten **Gesichtspunkten** (ggf. Aufgabenstellung beachten)
     · nach dem **Problemgehalt** (Ausgangslage, Problem, …)
   - **Deutungshypothese überprüfen** und **überarbeiten**
   - evtl. zusätzliche Informationen (z. B. *historische*) einbeziehen
7. Gedanken zu **Einleitung** und **Schlussteil** stichpunktartig festhalten

Wissen und Können

Eine Dramenszene untersuchen und deuten
S. 164

Lerninsel: dramatische Texte
S. 278 ff.
Analyse einer Dramenszene vorbereiten
S. 251 f.

9. Zum Differenzieren ■ ■ ■ ■

A Bereitet eine Analyse der Szene auf den Seiten 70 f. vor, in der ihr den Beginn der Liebesbeziehung von Romeo und Julia deutet. Fertigt eine gegliederte Stoffsammlung an. Nutzt eure Ergebnisse von Aufgabe 8 (S. 72) und orientiert euch an der folgenden Gliederung:
- Einleitung mit Deutungshypothese
- Hauptteil: Szene einordnen, relevante Passagen zusammenfassen und Handlungsverlauf skizzieren, sprachliche und formale Besonderheiten untersuchen und deuten (Schwerpunkte: religiöse Sprache, Wendepunkte im Dialog)
- Schlussteil: Wirkung der Szene oder Bezug zu einem anderen berühmten Liebespaar in ähnlich schwieriger Lage

B Bereitet eine Analyse der Dramenszene II, 5 (zweiter Aufzug, fünfter Auftritt) aus „Nathan der Weise" (S. 162 f.) vor. Fertigt eine gegliederte Stoffsammlung an.

Differenzieren
Analyse einer Dramenszene vorbereiten
kv9ap4

Die Analyse eines dramatischen Textes schreiben

Burgtheater Wien, 2011

Berliner Schaubühne, 2013

1. Vergleicht die beiden Inszenierungsfotos. Wie wirken das Liebespaar und die Szene? Beachtet die Körperhaltung, Mimik, Gestik, Kostüme, Requisiten und das Bühnenbild.

William Shakespeare: Romeo und Julia. Zweiter Akt, 2. Szene
(Ausschnitt, um 1596)

Am Abend nach der ersten Begegnung macht sich Romeo, von Sehnsucht nach Julia getrieben, auf den Weg zu ihrem Haus.

Capulets Garten.
Romeo tritt vor
ROMEO: Wer Narben spottet, fühlte nie noch Wunden!
Julia erscheint oben an einem Fenster
5 […] Herrin! Sie ist es! – O meine Geliebte! […]
JULIA: Ach!
ROMEO: Sie spricht!
O sprich noch einmal, heller Engel! denn
Du strahlst der Nacht, hier über meinem Kopf,
10 Glorreich wie ein beschwingter Himmelsbote
Dem weißverdrehten Aug staunender Menschen,
Die rückwärts fallen, um ihm nachzustarren,
Wenn er einhergeht auf den trägen Wolken
Und an der Lüfte Busen weiterfährt.
15 **JULIA:** O Romeo, Romeo! Warum bist du Romeo!
Verleugne deinen Vater, deinen Namen,
Oder wenn nicht, schwör nur, dass du mich liebst,
Dann will ich keine Capulet mehr sein.
ROMEO: Soll ich noch weiter horchen? Soll ich sprechen?
20 **JULIA:** Denn nur dein Name ist es, der mein Feind ist.
Du bist du selbst, auch ohne Montague.

Was ist das: Montague? Nicht Hand, nicht Fuß,
Nicht Arm und nicht Gesicht, noch sonst ein Teil, der
Zu einem Mann gehört. O heiß doch anders! –
Was heißt das: Heißen? Was wir nennen *Rose*, 25
Das duftet grad so süß mit anderm Namen.
Und Romeo, wenn er auch nicht Romeo hieße
Er wär doch ganz so teuer und vollkommen
Auch ohne Namen. – Romeo, lass den Namen
Und nimm für deinen Namen, der nicht du ist, 30
Mein ganzes Ich.
ROMEO: *(laut)* Ich nehme dich beim Wort.
Tauf mich aufs Neue: nenn mich nur Geliebter,
Und niemals wieder will ich Romeo sein.
JULIA: Wer bist du, Mann, der so, beschirmt von Nacht, 35
Sich drängt in mein Geheimnis?
ROMEO: Nicht mit Namen
Kann ich dir sagen, wer ich bin. Mein Name,
Geliebte Heilige, ist mir verhasst,
Weil er dir Feind ist. Hätt ich aufgeschrieben 40
Ihn hier, so wollte ich das Wort zerreißen.
JULIA: Noch keine hundert Worte trank mein Ohr

Von deinem Mund, doch kenn ich diese Stimme:
Bist du nicht Romeo und ein Montague?

45 ROMEO: Nein, keins von beiden. Lieb, wenn du's nicht
willst.

JULIA: Wie kamst du her? und sag, warum? Des Gartens
Mauer ist hoch und schwer nur zu erklettern,
Und dieser Ort der Tod, und gar für dich,
50 Wenn einer meiner Vettern dich hier fände.

ROMEO: Von Liebe leichtbeschwingt flog ich herüber,
Kein Mauerstein kann Liebe draußen halten.
Liebe macht Mut zu dem, was Liebe tut.
Drum konnt ich es trotz deiner Vettern wagen.

55 JULIA: Wenn sie dich sehn, sie werden dich erschlagen.

ROMEO: Ach, mehr Gefahr bringt mir dein Auge als
Zwanzig von ihren Schwertern; blick du freundlich,
So bin ich gegen ihren Hass gefeit.

JULIA: Um nichts auf Erden solln sie dich hier sehn!

60 ROMEO: Der Mantel dieser Nacht verhüllt mich ihnen.
Du liebe mich, sonst solln sie mich hier finden!
Denn besser wär der Tod durch ihren Hass
Als Weiterleben ohne deine Liebe.

JULIA: Wer hat dich hergeführt an diesen Ort?

65 ROMEO: Der Gott der Liebe, der mich suchen hieß.
Er lieh mir Rat, ich lieh ihm meine Augen.
Ich bin kein Seemann, doch wärst du so fern
Wie weiter Strand, umspült vom fernsten Ozean,
Ich setzte alles dran für solches Frachtgut.

70 JULIA: Du weißt, die Nacht ist meiner Wangen Maske,
Sonst sähst du mich jetzt mädchenhaft erröten,
Weil du im Dunkel vorhin mich belauscht hast.
Gern wollt ich Anstand wahren, gern, gern leugnen,
Was ich gesagt hab, – doch lebt wohl, Manieren!

75 Hast *du* mich lieb? Ich weiß, nun sagst du ja,
Und ich glaub deinem Wort. Doch, wenn du schwürst
Und treulos wärest! Jupiter[1], heißt's, lacht nur
Der falschen Liebesschwüre. Liebster Romeo,
Wenn du mich liebst, so sag es ohne Falsch,
80 Und glaubst du, ich bin allzu rasch gewonnen,
Will ich stirnrunzelnd neinsagen, mich zieren,
Damit du mich umwirbst, nicht um die Welt sonst!
In Wahrheit, schöner Montague, ich bin zu
Verliebt, drum glaubst du gar noch, ich bin leicht.
85 Doch glaub mir, Mann, ich will mich treuer zeigen
Als die mehr Kunst besitzen, fremd zu tun,
Auch ich hätt fremd getan, ja, ich gesteh's,
Nur hörtest du, schon ehe ich es wusste,
Die Klage meiner Liebe. Drum verzeih mir,

Mein Nachgeben halt nicht für hellen Leichtsinn,   90
Die dunkle Nacht nur hat es dir entdeckt.

ROMEO: Ich schwör beim Segen dort des Mondes, Herrin,
Der diese Obstbäume mit Silber krönt …

JULIA: Schwör nicht beim Mond, beim unbeständigen
Mond,   95
Der seine Rundung jeden Monat wandelt.
Sonst könnt sich deine Liebe auch so ändern.

ROMEO: Wobei soll ich dir schwören?

JULIA: Schwöre gar nicht,
Oder, wenn ja, so schwöre bei dir selbst,   100
Du schöner Abgott meines Götzendienstes[2],
Ich wills dir glauben!

ROMEO: Meines Herzens Liebe! …

JULIA: Nein, schwör nicht. Zwar, ich freu mich deiner;
aber   105
Ich freu mich nicht des Bundes dieser Nacht.
Er kam zu rasch, zu unbedacht, zu plötzlich,
Zu sehr dem Blitz gleich, der schon aufhört, eh man
Noch sagen kann: „Es blitzt". – Gut Nacht, du Teurer!
Diese ist der Liebe Keim, den Sommerwind   110
Zur schönen Blume reift, wenn wir beisammen sind.
Gut Nacht, gut Nacht! Frieden und süße Ruh,
Die meine Brust jetzt füllen, find auch du!

ROMEO: So ohne Trost jetzt auf den Weg gemacht?

JULIA: O welchen Trost willst du denn noch heut nacht? 115

ROMEO: Den Treuschwur deiner Liebe für den meinen.

JULIA: Ich gab dir meinen, eh du danach fragtest,
O hätt ich ihn doch nochmals zu vergeben!

ROMEO: Willst du ihn denn zurück? Wozu, Geliebte?

JULIA: Um frei zu sein, ihn nochmals dir zu geben.   120
Und doch, ich wünsche nur, was ich schon habe:
Denn meine Lieb' ist endlos wie die See
Und tief: Je mehr ich dir davon gesteh,
Je mehr hab ich, denn grenzenlos sind beide!

Amme ruft aus dem Haus   125
Man ruft mich drin. Ade, mein Montague!
Gleich Amme, gleich! – Vergiss mich auch nicht, du!
Wart noch ein wenig. Ich komm gleich zurück.
Geht ab

ROMEO: O Glück, Glück dieser Nacht! Ich habe Angst   130
Im Dunkeln hier, dass all dies nur ein Traum ist,
Zu süß, zu schmeichelnd, um auch wahr zu sein.

Julia tritt oben wieder auf

JULIA: Drei Worte, teurer Romeo, nur, und dann
Wirklich gut Nacht! Und wenn du's ehrlich meinst   135
Und mich zur Frau willst, schick mir morgen Nachricht

Durch jemand, den ich zu dir schicken will,
Wo denn und wann denn unsre Trauung sein soll.
Und was ich hab, leg ich dir dann zu Füßen,
140 Du bist mein Herr, dir folg ich durch die Welt.
    AMME: *(drinnen)* Fräulein!
    JULIA: Ich komm schon! – Doch wenn dir nicht wirklich
        Ernst ist,
    Flehe ich dich an …

    AMME: Fräulein!   145
    JULIA: Gleich, gleich! ich komme –
    Lass ab und überlass mich meiner Trauer.
    Ich schicke morgen früh.
    ROMEO: Bei meinem Seelenheil …
    JULIA: Gut Nacht nun, tausendmal!   150
    Geht ab

[1] **Jupiter:** höchster Gott in der römischen Antike
[2] **Götzendienst:** Verehrung einer Person als Gott

2. Fasst Inhalt und Verlauf des Gesprächs zusammen.

3. Diskutiert, welches Inszenierungsfoto (S. 74) eurem Verständnis der Szene eher entspricht.

> In einer Klassenarbeit könnte folgende Aufgabe gestellt werden:
> *Analysiert den Ausschnitt aus der Balkonszene (II. Akt, 2. Szene) aus „Romeo und Julia" von William Shakespeare. Untersucht dabei vor allem*
> *– die Charakterisierung der Figuren anhand ihres Gesprächsverhaltens*
>   *und ihrer Handlungsweise,*
> *– die Reaktion der Figuren auf das Verbot ihrer Liebe aufgrund der Feindschaft*
>   *der beiden Familien,*
> *– die Zuspitzung des Konflikts in dieser Szene.*

4. Prüft, auf welche Analyseschwerpunkte der Klassenarbeit sich die folgenden Notizen eines Schülers beziehen. Klärt, zu welchen Analyseschwerpunkten noch Ergänzungen notwendig sind.

> – *leidenschaftliche Sprache Julias, gibt Gefühle unumwunden zu, thematisiert das auch*
>   *(siehe V. 121–124)*
> – *sie ist ernsthafter, teilweise sogar skeptisch*
> – *sie zweifelt kurzzeitig an Romeos Liebesschwüren (V. 75–79), vergleicht ihr gegensei-*
>   *tiges Liebesversprechen mit einem „Blitz" (V. 108)*
> – *Julia hat einen größeren Redeanteil → vor allem sie bestimmt das weitere Handeln*
>   *(z. B. Hochzeitspläne, V. 138)*
> – *Heiratsversprechen als Höhepunkt der Szene, bewirkt Zuspitzung des Konflikts*
>   *(rivalisierende Familien ↔ Liebesbeziehung)*

Lerninsel:
Analyse
schreiben und
überarbeiten
S. 253 ff.

5. Beurteilt den Ausschnitt aus einem Schülertext auf Seite 77 unter folgenden Kriterien:

  ✔ Der Zusammenhang zwischen der Charakterisierung von Romeo und Julia,
    ihrer Handlungsweise und ihrem Gesprächsverhalten wird deutlich.
  ✔ Die Anordnung der Untersuchungsergebnisse ist nachvollziehbar.
  ✔ Die Aussagen sind mit eingebetteten Zitaten belegt. Beachtet dabei die
    Arbeitstechnik „Richtig zitieren" (S. 77).

*Romeo erscheint in dieser Szene sehr leidenschaftlich, Julia wird von ihm geradezu über-
höht. Das zeigt sich auch in der sprachlichen Gestaltung, denn Shakespeare lässt Romeo
Julia mit religiösen Begriffen wie „heller Engel" (V. 8) oder „Heilige" (V. 39) ansprechen.
An anderer Stelle bezeichnet er sie als seines „Herzens Liebe" (V. 103), was seine leiden-*
5 *schaftlichen Gefühle unverstellt zum Ausdruck bringt. Sein Auftritt wirkt teilweise radikal
und fordernd, beispielsweise, wenn er zu Julia sagt: „Du liebe mich, [...]! / Denn besser wär
der Tod [...] / Als Weiterleben ohne deine Liebe." (V. 61–63). Teilweise sind seine Vorstellungen auch übertrieben und unrealistisch.*

Arbeitstechnik

Richtig zitieren

– Zitate stehen in **Anführungszeichen**. Sie dürfen **nicht verändert** werden.
– Dabei wird der **Akt** mit einer römischen, die **Szene** mit einer arabischen Ziffer gekenn-
zeichnet: Zweiter Akt, zweite Szene, Vers 91 = II, 2, V. 91.
– **Vers- bzw. Strophenenden** (bei Gedichten) werden durch Schrägstriche gekennzeichnet /
bzw. //.
– **Auslassungen** müssen durch eckige Klammern angezeigt werden […].
– **Grammatikalische Änderungen** und **inhaltliche Erläuterungen** müssen in eckige Klammern
gesetzt werden: *Tybalt bezeichnet Romeo als „Schurke[n]" (I, 5, V. 23).*

Zitate sollen …

angemessen sein (nicht zu lang).	
aussagekräftig sein, d. h. sie sollen eure Aussagen stützen.	*Ein Leben ohne Julia ist für Romeo schon nach der ersten Begegnung unvorstellbar, denn er versichert ihr, dass es besser wäre zu sterben, „[a]ls [w]eiter[zu]leben ohne deine [Julias] Liebe. (II, 2, V. 63)*
möglichst in den Satz **integriert** werden oder es soll am Ende des Satzes auf sie verwiesen werden.	*Dass sich Romeo auf den ersten Blick verliebt, verrät seine bildhafte Äußerung, sie lehre „die Fackeln bren-nen" (I, 5, V. 5).* *Immer wieder werden Vorahnungen auf das tragische Ende der Liebenden eingestreut. Die heftig entfachte Liebe durchmischt sich sogleich mit Angst: „Wenn sie dich sehn, sie werden dich erschlagen." (II, 2, V. 55)*
Textpassagen, die wenig Deu-tungsspielraum lassen oder die nicht zentral sind, kann man auch **paraphrasieren**, d. h. sinn-gemäß wiedergeben. Paraphrasen kennzeichnet man beim Verweis auf die Fundstelle mit dem Zusatz „siehe".	*Tybalt kostet es große Überwindung, sich den Anweisungen seines Onkels zu beugen und Romeo auf der Feier nicht anzugreifen (**siehe** I, 5, V. 37–58).*

Lerninsel:
indirekte Rede
S. 295

6. Bei den folgenden Untersuchungsergebnissen zur Dramenszene II, 3 fehlen die Textbelege.
– Überarbeitet den Schülertext, indem ihr die Zitate unten sinnvoll einfügt.
– Beachtet die Sprachtipps (S. 78, S. 79) und die Arbeitstechnik „Richtig zitieren" (S. 77).

> *Romeo sucht Pater Lorenzo auf, damit ihn dieser mit Julia verheiratet. Der Pater ist von Romeos Ansinnen sehr überrascht, weil dieser bis vor kurzem noch in Rosalind verliebt war. Pater Lorenzo wirft Romeo vor, wankelmütig zu sein und kein Verständnis für wahre Liebe zu haben. Allerdings verspricht er schließlich dennoch, die beiden zu trauen, weil er hofft, dass diese Heirat den Streit zwischen den beiden verfeindeten Familien beilegt.*

Romeo:
„Du musst uns vereinen / Durch heilige Trauung." (V. 59 f.)
Pater Lorenzo:
„Welch Unbestand!" (V. 99), „Liegt nur im Gesicht / Der jungen Männer Lieb', im Herzen nicht?" (V. 101 f.), „du junger Leichtfuß" (V. 123), „Wills Gott, kann eure Eh den Hass beenden/Eurer zwei Häuser, und zur Liebe wenden." (V. 125 f.)

So geht´s interaktiv
Analyse schreiben
33ez4p

7. Bereitet zu der Klassenarbeitsaufgabe (S. 76, Aufgabe 3) eine Analyse vor.
– Ihr könnt die Schülernotizen (S. 76, Aufgabe 4) nutzen.
– Fertigt eine gegliederte Stoffsammlung an.
– Geht im Schlussteil der Frage nach, ob eine solche Liebesauffasung zeitgemäß ist.
– Orientiert euch an der blauen Box auf Seite 73.

Beispiellösung
Aufgabe 8
e2996q

8. Verfasst mithilfe eurer gegliederten Stoffsammlung eine vollständige Analyse.
– Ihr könnt Passagen des Hauptteils (S. 77) verwenden.
– Beachtet die folgenden Sprachtipps (S. 78, S. 79).

Sprachtipp

Untersuchungs- und Deutungsergebnisse korrekt formulieren

	Nicht so, . . .	**. . . sondern so.**
Autor/Autorin und Figur unterscheiden	Shakespeare verwendet im ersten Gespräch mit Julia auffallend viele Metaphern.	Shakespeare lässt Romeo im ersten Gespräch auffallend viele Metaphern verwenden.
Handlungsebene und Textebene unterscheiden	Schließlich ersticht sich Julia in Vers 132.	Schließlich ersticht sich Julia (siehe V. 132).

Interpretation eines dramatischen Textes schreiben, richtig zitieren

Die Analyse einer Dramenszene schreiben

Einleitung:
- möglichst interessanter Einstieg
- Autor/Autorin, Titel, evtl. Entstehungsjahr
- zur Deutungshypothese hinführen

Hauptteil:
- Inhaltsangabe
- Einordnung der Szene ins Drama
- Beschreibung und Deutung von Inhalt, Form und Sprache
- Gliederungsmöglichkeiten:
  · nach dem Handlungs- und Gesprächsverlauf (Szenenablauf)
  · nach vorgegebenen oder selbst gewählten Analyseschwerpunkten
  · nach dem Problemgehalt (Ausgangslage, Problem, …)
- Stützung durch Textbelege

Schluss:
- Bezug zur Einleitung, Zusammenfassung der Ergebnisse
- persönliche Stellungnahme oder
- Beschreibung der Wirkung der Szene

Lerninsel:
Einen drama-
tischen Text
schriftlich
analysieren
S. 251 ff.

9. Zum Differenzieren ■ ■ ■ ■

A Schreibt eine Analyse zu dem Dialog zwischen Capulet und Tybalt
(S. 70 f., V. 15 bis 58).
- Untersucht den Gesprächsverlauf, das Gesprächsverhalten der Figuren und
  das Gesprächsergebnis.
- Bezieht eure Untersuchungsergebnisse aus den Aufgaben 2–8 (S. 71 f.) ein.

B Schreibt eine Analyse zur Dramenszene II, 5 (zweiter Aufzug,
fünfter Auftritt) aus „Nathan der Weise" (S. 162 f.).
Ihr könnt eure gegliederte Stoffsammlung aus Aufgabe 9B (S. 73) verwenden.

C Schreibt eine Analyse zur Dramenszene aus „Andorra" (S. 172 f.).
Untersucht die Figur des Paters und den Gesprächsverlauf.

Differenzieren
Analyse einer
Dramenszene
schreiben
9j9h6f

Beispiellösung
Aufgaben
9 A–C
u85eb5

Die Interpretation eines dramatischen Textes überarbeiten

In einer Klassenarbeit könnte folgende Aufgabe gestellt werden:

Analysiert den Auszug aus dem Drama von Shakespeare, indem ihr untersucht, wie Liebe und Tod in dieser Szene – sowohl inhaltlich als auch in der sprachlichen Gestaltung – miteinander verbunden sind.

William Shakespeare: Romeo und Julia. Fünfter Akt, 3. Szene
(Ausschnitt, um 1596)

Als Julia erfährt, dass sie den Grafen Paris heiraten soll, schmiedet Pater Lorenzo, ihr Vertrauter, folgenden Plan: Durch einen Kräutertrunk fällt Julia in einen todesähnlichen Schlaf und wird zum Schein beigesetzt; Romeo soll seine Geliebte dann heimlich zu sich holen. Der Plan misslingt: Romeo hält Julia für tot. An der Familiengruft trifft er auf Paris.

[…]
ROMEO: Du scheusäliger Schlund, du Bauch des Todes,
Gemästet mit der Erde bestem Bissen,
Dir reiß ich jetzt die faulen Kiefer auf.
5 *Öffnet gewaltsam das Grabmal*
Und stopf dich, dir zum Trotz, voll mit noch mehr Fraß!
PARIS: Montague, der verbannte Raufbold, Mörder
Des Vetters meiner Liebsten! An dem Kummer
Soll auch schön Julia gestorben sein.
10 Und der kommt her, um Schande anzutun noch
Den toten Körpern: ich will ihn ergreifen.
Tritt vor
Halt! Grabschänder! Nichtswürdiger Montague!
Kann Rachsucht auch den Tod noch überdauern?!
15 Verurteilter Verbrecher, ich ergreif dich:
Gehorch und komm mit mir, denn du musst sterben.
ROMEO: Ich muss: Ja! Dazu kam ich. Guter Junge,
Ach, reize nicht einen verzweifelten Mann!
Flieh fort und lass mich: denk an diese Toten.
20 Lass sie dich schrecken. Bitte, edler Junge,
Bring nicht noch eine Sünde auf mein Haupt,
Indem du mich zur Wut reizt: geh doch fort!
Der Himmel weiß, ich lieb dich mehr als mich,
Denn ich komm her, gegen mich selbst bewaffnet.
25 Fort! Bleib nicht! – Leb, und später sage dies,
Dass dich ein Narr aus Gnade laufen ließ!
PARIS: Deinen Beschwörungen biete ich Trotz
Und nehme dich jetzt fest hier als Verbrecher.
ROMEO: Willst du mich aufbringen? Dann wehr dich,
30 Knabe!

Sie fechten […]
PARIS: Mit mir ists aus! – *(fällt)* Willst du mir Gnade zeigen,
Öffne das Grab und lege mich zu Julia.
Stirbt 35
ROMEO: Mein Wort, ich will es. – Lasst mich das Gesicht sehn:
Graf Paris ists, Mercutios edler Vetter! –
Was sagte auf dem Ritt mein Diener, als mich
Der Sturm in mir nicht hören ließ? Ich glaube 40
Er sagte, Paris sollte Julias Mann sein.
Sagt' er das nicht? oder hab ichs geträumt?
Oder bin ich verrückt und denk das nur,
Weil er von Julia sprach? – Gib mir die Hand
Du stehst mit mir im Buch des bittern Unglücks! 45
Ich leg dich in ein Grab, das ein Triumph ist:
Ein Grab? Nein: Helles Licht, erschlagner Jüngling!
Denn hier liegt Julia! Ihre Schönheit macht
Die Gruft zu einem Festsaal voller Lichtglanz.
Da lieg du tot! Ein toter Mann begrub dich. – 50
Legt Paris in die Gruft
Wie oft schon wurden ganz am Rand des Todes
Noch Menschen froh! Das nennen ihrer Wärter
Den Lichtblitz vor dem Tode – Oh, wie darf ich
Von Licht reden? – Mein Lieb! O meine Frau! 55
Der Tod, der deines Atems Honig einsog,
Hat nichts vermocht noch über deine Schönheit:
Noch bist du nicht besiegt: der Schönheit Banner
Steht rot auf deinen Lippen, deinen Wangen.
Des Todes bleich Panier[1] drang hier nicht vor. – 60

Du, Tybalt, liegst in deinem blutgen Tuch da?
Was mehr könnt ich zulieb dir tun, als mit
Der Hand, die deine Jugend dir entzweischnitt,
Auch ihm sie zu zerschneiden, der dein Feind war?
65 Vergib mir, Vetter! – Ah, teuere Julia,
Was bist du noch so schön? Soll ich denn glauben,
Der Tod, der lieblose, sei voll von Liebe,
Ja, er, der dürre, greuliche Unhold halte
Dich hier im Dunkeln, um sein Schatz zu sein?
70 Weil ich dies fürcht, will ich nun bei dir bleiben
Und will diesen Palast der düstern Nacht
Nie mehr verlassen: Hier, hier will ich bleiben
Mit Würmern, deinen Kammerzofen. Hier
Setz ich mein Alles ein zur ewigen Ruhe
75 Und schüttle ab das Joch missgünstiger Sterne
Von diesem Fleisch, das müd' der Welt ist. – Augen,
Seht euer Letztes! Arme, eure letzte
Umarmung, da! Lippen, des Atems Tore,
Hier euer rechtsgültiger Kuss besiegle
80 Den Handel ohne Frist dem gierigen Tod!
Komm, bittrer Führer, widriges Geleit!
Verzweifelter Pilot, mit *einem* Anlauf
Zerschell am Fels dein seekrank müdes Boot!
Auf meine Liebe! *(trinkt)* Braver Apotheker,
85 Dein Gift wirkt rasch! – Mit einem Kuss – so – sterb ich.
Stirbt.
Am anderen Ende des Kirchhofs tritt Lorenzo auf mit Laterne,
Brecheisen und Spaten
LORENZO: Hilf, Sankt Franziskus! Über wie viel Gräber
90 Stolpert mein alter Fuß heut nacht! – […]
Julia erwacht
JULIA: O Vater, Ihr mein Trost! Wo ist mein Herr?

Ich weiß noch ganz genau, wo *ich* sein sollte.
Da bin ich auch. Und nun: wo ist mein Romeo?
Geräusch von Kommenden   95
LORENZO: Ich höre Lärm. – Tochter, komm aus dem
     Nest hier
Von Gifthauch, Tod und unnatürlichem Schlaf:
Gewalt, die höher steht als unser Einspruch,
Hat unsern Plan durchkreuzt: Komm, komm mit weg!   100
Dein Gatte liegt hier tot an deiner Brust.
Und Paris auch: komm, ich versorge dich
Bei einer Schwesterschaft von frommen Nonnen.
Bleib nicht und frag nicht, denn es kommt die Wache,
Drum muss ich fort. – Komm, Julia, geh mit mir!   105
Lorenzo ab
JULIA: Geh mach dich fort. Ich will nicht weg hier.
Ach? Hält mein Liebster noch ein Glas bereit?
So war ihm Gift das Ende seiner Zeit. –
Du Geiziger! Alles getrunken, ließ mir   110
Nicht einen Tropfen, der mir freundlich nachhilft
Auf deinen Weg! – Ich küsse deine Lippen:
Vielleicht hängt noch ein wenig Gift an ihnen
Dass ich an dieser Labung[2] sterben kann.
Küsst ihn   115
Dein Mund ist warm!
Erster Wächter hinter der Szene
ERSTER WÄCHTER: Wo ist es, Junge? Führ uns!
JULIA: Ah, Lärm? dann rasch! – O Dolch, mein Glück!
Das da   120
Packt Romeos Dolch und ersticht sich
Ist deine Scheide[3]! – rost hier; lass mich sterben!
Fällt auf Romeos Leiche und stirbt.

[1] **Panier:** veraltet für Banner, Fahne
[2] **Labung:** Erfrischung, Wohltat

[3] **Scheide:** Behälter für Stichwaffen

---

1. Versetzt euch in die Rolle des Paters und versucht Julia davon zu überzeugen, die Gruft zu verlassen. Tragt eure Texte vor und gebt euch ein Feedback.

Lerninsel: Feedback geben S. 235

2. Sucht zwei bis drei Textstellen heraus, die Romeos Selbstbild in dieser Szene zum Ausdruck bringen. Begründet eure Auswahl.

3. Fertigt eine gegliederte Stoffsammlung zu der Klassenarbeitsaufgabe von Seite 80 an. Orientiert euch dabei an der blauen Box auf Seite 73.

4. Untersucht den folgenden Schülertext **1**.
Beschreibt mithilfe der Markierungen und Notizen die Gedankenführung und
prüft den Zusammenhang mit der Aufgabenstellung (Aufgabe 3, S. 81).

Einleitungssatz mit
Deutungshypothese
fehlt

Einordnung der
Szene ergänzen

Inhaltszusammen-
fassung überarbeiten

häufige Wiederho-
lungen vermeiden

1 *Schon der Prolog von „Romeo und Julia" verrät, dass Julia und Romeo „dem Tod geweiht" (V. 11) sind. Insofern ist es absehbar, was im letzten Akt des Dramas geschieht.
Doch wie die beiden sterben, überrascht dann doch. Romeo trinkt Gift und auch Julia
tötet sich selbst („O Dolch, mein Glück! / Das da", V. 119 f.). Allerdings tut sie das*
5 *aus Liebe. Sie „will nicht weg" (V. 107) von ihrem toten Geliebten. Ihr toter Geliebter
bezeichnet sich schon vor seinem Selbstmord als „tote[n] Mann" (V. 50). Er fühlt sich
bereits tot, weil er glaubt, dass Julia tot in der Gruft liegt. Die Gruft wird durch Julia
„zu einem Festsaal voller Lichtglanz" (V. 49). Es erscheint Romeo sogar ein „Lichtblitz
vor dem Tode" (V. 54), aber dieser Hoffnungsschimmer wird gleich wieder von Romeo*
10 *selbst zerstört. Auch Julia hat kurz nach ihrem Aufwachen noch Hoffnung, aber schon
kurz darauf muss sie erkennen, dass der „Plan durchkreuzt" (V. 100) wurde und Romeo
tot neben ihr liegt. ...*

5. Untersucht den Aufbau des folgenden Schülertextes **2**,
indem ihr die Übersicht ergänzt. Prüft, ob die Gedankenführung
innerhalb der einzelnen Bausteine schlüssig ist.
Z. 1–3: Einleitungssatz mit Deutungshypothese
Z. 4–6: Einordnung der Szene ins Drama
…

2 *In William Shakespeares Drama „Romeo und Julia" bezahlt ein Paar für seine Liebe mit
dem Tod. Schon diese Entwicklung allein ist tragisch, aber durch die sprachliche Gestaltung
der Sterbeszene wird diese Tragik noch viel eindringlicher.
Die Verkettung von Liebe und Tod, von Leben und Gewalt wird schon im Prolog angedeu-*
5 *tet und nimmt im letzten Akt des Dramas (V, III) das schlimmstmögliche Ende. Das Drama
schließt – ganz dem klassischen Dramenaufbau entsprechend – mit der Katastrophe. Der
Plan Pater Lorenzos, der die heimlich Verheirateten entgegen den Widerständen ihrer Famili-
en zusammenführen sollte, geht aufgrund von Zufällen nicht auf.
Romeo glaubt seine in einen künstlichen Tiefschlaf versetzte Geliebte tot und bringt sich*
10 *selbst um. Die erwachende Julia sieht den toten Romeo und tötet sich daraufhin mit einem
Dolch.
Noch bevor Romeo vor seiner Geliebten steht, spricht er von sich als „tote[m] Mann" (V. 50),
fühlt sich „ganz am Rand des Todes" (V. 52). Der Tod ist sein Rivale, denn er hat ihm sein
„Lieb" (V. 55) entrissen. Die Personifizierung des Todes lässt diesen noch bedrohlicher*
15 *erscheinen. Aber scheinbar kann der Tod Julia doch nichts anhaben, denn „der Schönheit
Banner / Steht rot auf [ihren] Lippen" und „Wangen" (V. 58 f.), „[d]es Todes bleich Panier
drang hier nicht vor." (V. 60). Über Julia hat der abermals personifizierte Tod also keine
Macht. Hierfür gibt es zwei mögliche Deutungen: Zum einen ist Julia ja in Wirklichkeit noch*

Analyse eines dramatischen Textes überarbeiten

am Leben und das erklärt ihr gesundes und schönes Aussehen. Zum anderen kann Julias
20 Schönheit über den (scheinbaren) Tod hinaus für den Sieg der Liebe über den Tod stehen.
Romeo bezeichnet sich unmittelbar vor seinem Tod als „[v]erzweifelte[n] Pilot[en]", der sein
„seekrank müdes Boot" am „Fels" zerschellen lässt (V. 82 f.). Damit werden seine Verzweiflung und seine Lebensmüdigkeit metaphorisch zum Ausdruck gebracht.
Auf mich wirkt die Schlussszene vor allem düster und zerstörerisch. Die Interpretation hat
25 gezeigt, dass Romeo verzweifelt ist und aufgibt. Auch an Julias Tod kann ich nichts Tröstli-
ches erkennen. Insofern kann ich die gängige Auffassung, dass der tragische Tod von Romeo
und Julia als das Sinnbild für die Liebe gesehen wird, nicht nachvollziehen. Eine Liebe, die
damit endet, dass die eine Figur Gift trinkt und die andere einen „Dolch" als „Glück" (V. 119)
empfindet, ist eine falsch verstandene Liebe.

6. Fertigt auf einer Kopie ähnlich wie beim Schülertext **1** (S. 82) Markierungen und
Randnotizen an, die Hinweise zur Überarbeitung des Textes geben.

7. Überarbeitet den Schülertext **2** . Folgende Leitfragen helfen euch:
   – Welche Untersuchungsaspekte fehlen noch? Nutzt die blaue Box auf Seite 73.
   – Durch welche Ergänzungen bzw. Formulierungen könnt ihr den gedanklichen Aufbau
     klarer gestalten?
   – Welche Textbelege müsst ihr ergänzen oder genauer deuten? Welche sind überflüssig?

8. Untersucht und deutet das Gespräch zwischen Romeo und Paris (S. 80).
Beurteilt, inwiefern Romeos weiteres Handeln dadurch entlastet wird.
   – Erstellt eine gegliederte Stoffsammlung. Ihr könnt die blaue Box auf Seite 73
     zu Hilfe nehmen. Untersucht im Hauptteil auch die direkte und indirekte
     Charakterisierung Romeos und Paris'.
   – Verfasst auf dieser Grundlage eure schriftliche Analyse dieses Abschnitts.
   – Überarbeitet eure Texte mithilfe der folgenden Checkliste.

Text
Schülertext
4bt7jy

**Figurencharak-
terisierung**
S. 155

Dialoganalyse
S. 164

**Lerninsel:
Dialoganalyse**
S. 282

Vorlage
Checkliste
Analyse
6287su

**Lerninsel:
Eine Analyse
überarbeiten**
S. 253

Checkliste

Checkliste für das Überarbeiten einer Analyse

Kriterien für eure Überarbeitung können sein:
✔ Thema und Inhalt sind verständlich formuliert.
✔ Die in der Aufgabenstellung verlangten Analyseschwerpunkte sind berücksichtigt und
  der Bezug zur Aufgabenstellung ist deutlich.
✔ Die Einordnung der Szene ist nachvollziehbar dargestellt.
✔ Die Analyse ist sinnvoll gegliedert und die Bedeutung der Form und Sprache für den
  Inhalt herausgearbeitet.
✔ Zentrale Aussagen sind durch sinnvoll eingebettete Zitate belegt.
✔ Die Rechtschreibung, Grammatik und Zeichensetzung sind korrekt.
Ihr könnt die Kriterien durch weitere ergänzen. Wählt solche Punkte, die euch beim
Schreiben schwierig erscheinen.

Zwei Gangs, zwei Liebende – eine Katastrophe

Mit einem dramatischen Text produktiv umgehen

Einen dramatischen Text umschreiben

**Nuran David
Calis:**
geboren 1976,
deutscher
Theater- und
Filmregisseur

Nuran David Calis: Romeo & Julia (2012)

PROLOG-VIDEO

es war einmal in unserer heutigen zeit – in einer Stadt
– die deiner eigenen vielleicht gleicht – eine geschichte
zwischen zwei liebenden – die keiner LIEBE auf erden
gleicht: ES IST DIE GESCHICHTE VON: JULIA
5 DER AGGRO CAPULET UND ROMEO DEM
AGGRO MONTAGUE … – AUFGEPASST: AUCH
WENN UNSERE ZEIT AUF DIESER WELT BE-
GRENZT IST – ALL DIE FOLGENDEN DINGE
BLEIBEN FÜR DIE UNENDLICHKEIT
10 ZWEI STYLES WAREN GLEICH AN WÜR-
DIGKEIT: doch ein krieg brach aus zwischen diesen
– GANGS – man stritt um – macht – besitz – anse-

Nuran David Calis

hen – die CAPULETS durch den reichtum der eltern in der gesellschaft beschenkt – die
MONTAGUES durch die armut ihrer eltern im kampfeswillen gegen die gesellschaft
15 gestärkt… – doch beide GANGS waren vereint durch die liebe zum – HIP HOP – unsere
zeit – die LÄDEN der Stadt waren unter der kontrolle der CAPULETS – die MONTA-
GUES kontrollierten die Straßen – der stadt – so ging man sich aus dem weg – der eine

Nite-Club:
Nightclub
(Wortspiel)

hatte die: NITE-CLUBS – die anderen den: ASPHALT – doch hin und wieder hielt
man sich nicht daran – da stieg ein CAPULET aus seinem wagen auf MONTAGUES-
20 STRASSEN – aus – und – ein MONTAGUE – in CAPULETS-CLUBS – so entbrannte
jedes mal ein KAMPF (!) UM LEBEN UND TOD – BIS: LORENZO (!) der heimliche
besitzer dieser stadt – der einstige erbauer dieser stadt – der von allen seinen ZOLL (!) verlangt – eine große IDEE HAT – in einem seiner EDEL-CLUBS: V.E.R.O.N.A. – wies
er an: EIN HIP HOP BATTLE SOLL ENTSCHEIDEN – WER DEN ZUGANG BE-
25 KOMMT IN DIE NITE-CLUBS UND AUF DIE STRASSEN SEINER STADT …
DENN MORD UND TOTSCHLAG IST SCHLECHT FÜRS GESCHÄFT – UND
SCHRECKT DIE MENSCHEN AB – doch ein HIP HOP BATTLE – ist eine gute
wahl – denn der HIP HOP kennt kein SCHWARZ ODER WEISS – nur die suche nach
Wahrheit …
30 aus diesem riss entsprang die liebe zwischen romeo und julia – der hergang ihrer todge-
weihten liebe – ist nun zwei stunden lang – drum lasst uns anfangen und hört mit gedul-
digem ohr – was unsere mühe bringt hervor … – PEACE AND OUT (!)

1. Fasst den Inhalt des Prologs mit eigenen Worten zusammen.

2. Bereitet eine Rezitation vor und tragt sie vor.
Begründet, welche Rezitationen euch überzeugen.

3. Vergleicht den Prolog von Calis (S. 84) mit dem von Shakespeare (S. 69).
  – Geht auf die Figurenkonstellation, den Konflikt und seine Ursachen
    sowie die sprachliche Gestaltung ein.
  – Stellt eure Untersuchungsergebnisse in einer Tabelle dar.
  – Beurteilt anschließend, wie Calis den Prolog Shakespeares
    inhaltlich und sprachlich verändert hat.

Aspekt	Prolog von Shakespeare	Prolog von Calis
Figuren-konstel-lation	– verfeindete Familien – Liebe ihrer Kinder endet durch diese Feindschaft tödlich – Tod der Kinder beendet Streit der Familien	– zwei verfeindete Gangs – Rivalität steht der Liebe zwischen Romeo und Julia entgegen – Besitzer der Stadt möchte Streit durch Hip-Hop-Wett-bewerb beenden
Konflikt	…	…
…	…	…

4. Im folgenden Nachwort beschreibt Calis die Beweggründe und Zielsetzungen
für seine moderne „Romeo und Julia"-Variation. Diskutiert, ob diese Vorstellungen
im Prolog umgesetzt wurden.

Nachwort von Nuran David Calis zu seiner „Romeo & Julia"-Variation

STREET CREDIBILITY …
… das sind nicht nur Worte. Das ist eine Haltung. Dieser Haltung wollte ich auf den
Grund gehen mit einer „neuen" Fassung von *Romeo und Julia*. Dabei wollte ich nicht nur
den Text neu übersetzen, nein, ich wollte ihn „übermalen" mit den Farben, die mich im
Laufe meines Lebens geprägt haben. Um ihn nicht nur im Spiel, sondern in der heutigen
Realität, meiner Welt, sprachlich zu verankern. Einer Welt mit ganz eigenen Gesetzen
und Dynamiken. Mit seiner eigenen Syntax, mit seinem eigenen Rhythmus, seinem
„Flow", […] fern vom bürgerlichen Theater. […]

credibility:
Glaubwürdigkeit

Syntax:
Satzbau

5. Entwerft einen Schreibplan für eure eigene Prolog-Variante zu Shakespeares Prolog (S. 69).
Beantwortet zunächst die folgenden Fragen:
Inhaltliche Vorüberlegungen
  – Wie soll die Feindschaft zweier Familien oder Gruppen gestaltet werden?
  – Was sind die Ursachen dafür, dass die Liebenden nicht zusammenkommen?
  – Wie sind Romeo und Julia in diesen Konflikt verstrickt? Tragen sie dazu bei oder
    geraten sie ohne ihr Zutun hinein?
  – Welche Handlungen oder Geschehnisse führen dazu, dass Romeo und Julia
    Opfer dieses Konflikts werden?
  – Wie soll das Ende gestaltet sein? Begehen Romeo und Julia Selbstmord?
    Kommt es zu einer Versöhnung der verfeindenden Familien oder Gruppen?
  – In welcher Zeit spielt die Handlung? Spielt der Ort eine Rolle?

Vorüberlegungen zur sprachlichen Gestaltung
– Wie soll die Sprache gestaltet werden, um den Konflikt, das Milieu, die Figuren und die Zeit der Handlung zu veranschaulichen?

6. Verfasst anhand eures Schreibplans (Aufgabe 5) den Prolog. Nutzt die blaue Box. Begründet eure inhaltliche und sprachliche Umgestaltung des Prologs.

Lerninsel:
Feedback
geben
S. 235

7. Lest eure Prologe und Begründungen in kleinen Gruppen vor.
Gebt euch ein Feedback und überarbeitet eure Texte.

Wissen und Können

Lerninsel:
Eine Dramen-
szene um-
oder weiter-
schreiben
S. 283

Einen dramatischen Text umschreiben

Beim Umschreiben eines dramatischen Textes könnt ihr den Grundkonflikt der Vorlage auf andere Figuren, eine andere Situation, eine andere Zeit oder einen anderen Ort übertragen.

1. Vorbereiten und planen

Den literarischen Ausgangstext untersuchen:
- auf Grundkonflikt, Handlungsverlauf, Figurenkonstellation und -gestaltung, Gesprächsgestaltung und sprachliche Besonderheiten achten

Den Schreibplan erstellen:
- ausgehend vom Grundkonflikt Ideen zum Inhalt, Handlungsverlauf und zur Figurengestaltung sammeln, notieren und anordnen (z. B. *Mindmap*)
- sprachliche Mittel auswählen, die zum Inhalt sowie zum sozialen und historischen Zusammenhang passen (z. B. *gehobene Sprache, Alltagssprache*)

2. Den eigenen Text schreiben

- eigene Schreibideen in bewusster Auseinandersetzung mit dem Ausgangstext umsetzen

3. Den eigenen Text überarbeiten

Prüfen, ob
- die inhaltliche Gestaltung nachvollziehbar ist (keine Brüche oder Widersprüche).
- der Grundkonflikt, seine Ursachen und sein Ausgang deutlich werden.
- die Figurenkonstellation und -gestaltung nachvollziehbar sind.
- die sprachliche Gestaltung zu den inhaltlichen Veränderungen passt.

8. Extra

Das Musical „West Side Story" gilt als eine moderne Variation von „Romeo und Julia".
– Informiert euch über den Inhalt und recherchiert Ton- und Filmmaterial.
– Bereitet ein Referat über das Musical für eure Klasse vor und bindet das Ton- und Filmmaterial ein.

Die Gedanken und Gefühle einer Figur anschaulich wiedergeben

Nuran David Calis: Romeo & Julia. 4.1 (Ausschnitt, 2012)

Während eines Kampfes der beiden Gangs tötet Romeo Tybalt, einen Capulet, und muss deshalb untertauchen. Julia hält sich bei Lorenzo versteckt, wo Paris, ein Mitglied der Capulets, auftaucht.

PARIS: diese woche noch will ich […] meine hochzeit mit julia verkünden … – sie war letzte nacht sauer und hat sich nicht blicken lassen […] – du hast sie nicht ge-
5 sehen …

LORENZO: nein …

PARIS: ich will ihr eine überraschung machen … – damit sie wieder froh wird … – du verstehst …

10 **LORENZO:** und weißt du ob JULIA es auch will …

PARIS: es sollen nur geladene gäste kommen …

LORENZO: ich meine wir männer den-
15 ken immer für die frauen mit … – auch mächtige männer sollten nie die rechnung ohne den wirt machen … […]

PARIS: es wird klappen … – sag ich dir (!)

LORENZO: ich meine sie haben wir noch
20 nicht gehört bei diesem ganzen … – ich – meine versteht mich nicht falsch …

PARIS: wir haben dich die ganze nacht gesucht … –

JULIA: da bin ich jetzt …

25 **PARIS:** bist du mir noch sauer …

JULIA: nein …

PARIS: ich habe dich die ganze nacht gesucht … – niemand wusste wo du steckst …

JULIA: hier bin ich jetzt …

30 **PARIS:** hast du von allem gehört …

JULIA: das habe ich …

PARIS: und bist du traurig …

JULIA: das bin ich

PARIS: wir werden ROMEO …

35 **JULIA:** wen …

PARIS: ein montague-schwein – wir finden ihn und bestrafen ihn – er wird den heutigen tag nicht überleben …

JULIA: das hoffe ich …

Maxim Gorki Theater Berlin, 2009

PARIS: los komm lass uns gehen … 40

JULIA: ich habe hier meinen ring verloren und will ihn noch suchen … –

PARIS: ich kauf dir einen neuen … – komm

JULIA: den hast du mir geschenkt

PARIS: ach so 45

JULIA: das würde ich mir nie verzeihen … – ich werde nachkommen … was wollte er hier …

LORENZO: er will am donnerstag […] dir […] einen antrag machen … 50

JULIA: schließ die tür und wenn du das getan hast – komm – wein mit mir …

LORENZO: JULIA: – ich kenne dein leid – es drängt aus allen sinnen mich heraus – du musst romeo vergessen … – noch 55 kannst du alles zum guten wenden … – geh zurück zu deinen … – arrangier dich – leb weiter – ihr beide seid jung – die liebe kommt und geht – da draußen sind noch so viele … – ich werde romeo sagen 60 er soll gehen … – die stadt verlassen … – dann bleibt ihr alle am leben … – und das muss euch ein leben lang trösten (!)

JULIA: sag mir nichts – sofern du nicht auch sagst – wie ich das alles verhindern kann 65

LORENZO: warum hört mir keiner zu …

1. Klärt die Situation und die Figurenkonstellation in der Szene (S. 87). Was ist geschehen und wie gehen die Figuren damit um?

2. Markiert auf einer Kopie Textstellen, die etwas über die Gefühle und Vorstellungen von Julia und Paris aussagen. Arbeitet mit zwei Farben.

⊕
Beispiellösung
Aufgabe 3
y4b6bj

3. Entwerft einen Tagebucheintrag, den Julia am Ende der Unterredung mit Paris und Pater Lorenzo verfasst, oder eine E-Mail, die Paris einem Freund nach der Begegnung mit Pater Lorenzo und Julia schreibt.
   – Erstellt mithilfe der blauen Box ein Cluster. Vergleicht mit einem Partner/einer Partnerin. Achtet darauf, ob der Dramentext berücksichtigt wurde und eure Ideen nachvollziehbar sind.
   – Schreibt auf der Grundlage des Clusters den Tagebucheintrag oder die E-Mail.
   – Gebt euch ein Feedback und überarbeitet eure Texte.

Wissen und Können

Die Gedanken und Gefühle einer Figur wiedergeben

Durch einen Tagebucheintrag oder eine persönliche E-Mail könnt ihr die Gedanken und Gefühle einer literarischen Figur anschaulich darstellen.

1. Vorbereiten und planen

- **Dramenszene untersuchen** (direkte und indirekte Charakterisierung, Verhältnis zu anderen Figuren, ggf. Konflikt und Atmosphäre)
- **Zeitpunkt** des Tagebucheintrags/der E-Mail berücksichtigen, **an das Handlungsgeschehen anschließen** (z. B. Vorausdeutungen beachten)
- sich in die **Figur** hineinversetzen, ihre **Gedanken und Gefühle** schildern: **Ich-Form, Figurenperspektive** (z. B. *Wie sieht die Figur ihre Gesprächspartner? Welche Beiträge der Gesprächspartner berühren oder beschäftigen sie und weshalb?*)

2. Den eigenen Text schreiben und überarbeiten

- **Gefühle** und **Gedanken anschaulich** schildern (z. B. Ausrufe, rhetorische Fragen, …)
- **Tempusform**: für gegenwärtige Gedanken und Gefühle Präsens und Futur, für Bericht über Geschehenes Präteritum, für Rückschau Perfekt verwenden
- **Mögliche Kriterien für das Überarbeiten**: logischer Zusammenhang zwischen Dramenszene und Tagebucheintrag/E-Mail, anschauliche Darstellungsweise, …

⊕
Differenzieren
Mit dramatischen Texten produktiv umgehen
yt4q2i

4. **Zum Differenzieren** ■ ■ ■ ■

   A Lest die Szene aus „Romeo und Julia" (S. 70 f.) und verfasst einen Tagebucheintrag Tybalts an seinen besten Freund. Orientiert euch an den folgenden Stichwörtern: unbändige Wut – Hass – Demütigung – Aufbegehren – Rachegedanken.

   B Lest die Szene aus „Sechzehn Verletzte" (S. 156) und verfasst eine E-Mail, die Mahmoud nach dem Gespräch mit seinem Bruder an einen Freund schreibt.

Ein 100%iges Mädchen

Eine literarische Erörterung schreiben

1. Sammelt Ideen, wie die folgende Szene weitergehen könnte. Vergleicht eure Versionen. Ihr seht ein unbekanntes Mädchen/einen unbekannten Jungen auf der Straße, in das/den ihr euch auf den ersten Blick verliebt. Ihr sprecht es/ihn mit diesen Worten an: „Hallo. Du bist für mich das 100%ige Mädchen."/„Hallo. Du bist für mich der 100%ige Junge."

Haruki Murakami: Wie ich eines schönen Morgens im April das 100%ige Mädchen sah (1993)

Eines schönen Morgens im April komme ich auf einer kleinen Seitenstraße in Harajuku an dem 100%igen Mädchen vorbei.

5 Ehrlich gesagt, ist sie nicht besonders hübsch. Sie ist weder besonders auffällig noch ist sie schick gekleidet. Ihre Haare sind hinten vom Schlaf verlegen. Sie ist nicht mehr jung. So an die Dreißig wird sie sein, nicht eigentlich ein Mädchen. Aber

10 trotzdem weiß ich schon aus fünfzig Meter Entfernung: Sie ist für mich das 100%ige Mädchen. Bei ihrem Anblick dröhnt es in meiner Brust, und mein Mund ist trocken wie eine Wüste.

15 Vielleicht gibt es einen bestimmten Typ Mädchen, der dir gefällt, mit schmalen Fesseln zum Beispiel oder großen Augen, vielleicht stehst du auf schöne Finger oder fühlst dich, warum auch immer, von Mädchen

20 angezogen, die sich beim Essen viel Zeit lassen. Dieses Gefühl meine ich. Auch ich habe natürlich meine Vorlieben. Manchmal ertappe ich mich dabei, wie ich im Restaurant gebannt auf die Nase des Mädchens am

25 Nachbartisch starre.

Aber den Typ des 100%igen Mädchens kann keiner definieren. An die Form ihrer Nase kann ich mich gar nicht erinnern. Ich weiß noch nicht einmal mehr, ob sie über-

30 haupt eine hatte. Ich weiß nur, dass sie keine nennenswerte Schönheit war. Irgendwie seltsam.

„Gestern kam ich an dem 100%igen Mädchen vorbei", erzähle ich jemandem.

35 „Hm", antwortet er, „war sie hübsch?"

„Nein, das nicht."

„Also dein Typ."

„Ich weiß es nicht mehr. Ich erinnere mich an nichts. Weder an die Form ihrer Augen, noch daran, ob sie große oder kleine 40 Brüste hatte."

„Das ist sonderbar."

„Ja, es ist sonderbar."

„Na und", sagt er scheinbar gelangweilt, „hast du was gemacht? Hast du sie angespro- 45 chen, oder bist du ihr nachgelaufen?"

„Nein, nichts. Ich bin einfach an ihr vorbeigegangen."

Sie ging von Osten nach Westen, ich von Westen nach Osten. An einem besonders 50 schönen Morgen im April.

Ich möchte mit ihr sprechen, und wenn nur für eine halbe Stunde. Ich möchte von ihrem Leben erfahren und ihr von meinem erzählen. Mehr als alles andere aber möch- 55 te ich die Umstände des Schicksals klären, das uns an einem schönen Morgen im April neunzehnhunderteinundachtzig in einer kleinen Seitenstraße in Harajuku aneinander vorbeigeführt hat. Bestimmt birgt es 60 wohlige Geheimnisse, so wie eine alte Maschine aus friedlichen Zeiten.

Nachdem wir uns unterhalten hätten, würden wir irgendwo zu Mittag essen, einen Woody-Allen-Film sehen oder an einer 65 Hotelbar einen Cocktail trinken. Wenn alles gut ginge, würde ich später vielleicht mit ihr schlafen.

🌐 **Hörverstehen** Murakami 55tm9p

Harajuku: Stadtviertel in Tokio

Woody Allen: zeitgenössischer amerikanischer Regisseur und Schauspieler

Die Chance pocht an die Tür meines
70 Herzens.

Nur noch 15 Meter liegen zwischen ihr
und mir.

Also, wie soll ich sie ansprechen?

„Guten Tag. Würdest du dich kurz mit
75 mir unterhalten? Nur eine halbe Stunde."

Das klingt ziemlich albern. Wie ein Versicherungsvertreter.

„Entschuldigung, gibt es hier in der Nähe
eine 24-Stunden-Reinigung?"

80 Das ist genauso albern. Ich habe noch
nicht einmal einen Wäschesack. Wer würde
mir so etwas abnehmen?

Vielleicht sollte ich sie ganz offen ansprechen. „Hallo. Du bist für mich das 100%ige
85 Mädchen."

Nein, Quatsch. Das wird sie bestimmt
nicht glauben. Und wenn, wird sie sich
kaum mit mir unterhalten wollen. Ich mag
für dich das 100%ige Mädchen sein, wird sie
90 vielleicht antworten, aber du bist für mich
leider nicht der 100%ige Mann. Das ist
ziemlich wahrscheinlich. Und in einer solchen Situation käme ich bestimmt furchtbar
durcheinander. Von einem solchen Schock
95 würde ich mich vielleicht nie wieder erholen. Ich bin schon zweiunddreißig. So also
fühlt es sich an, alt zu werden.

Vor dem Blumenladen gehe ich an ihr
vorbei. Ein warmer Luftzug streift meine
100 Haut. Der Asphalt ist mit Wasser besprengt,
und ringsum verbreitet sich Rosenduft. Ich
kann sie nicht ansprechen. Sie trägt einen
weißen Pullover und hält einen weißen
Umschlag in der rechten Hand, noch ohne
105 Briefmarken. Sie hat jemandem einen Brief
geschrieben. Ihre Augen wirken sehr müde,
vielleicht hat sie die ganze Nacht geschrieben. Und vielleicht enthält dieser Umschlag
alle ihre Geheimnisse. Als ich mich nach
110 einigen Schritten umdrehe, ist ihre Gestalt
bereits in der Menschenmenge verschwunden.

Jetzt weiß ich natürlich genau, wie ich sie
damals hätte ansprechen müssen. Es wäre
bestimmt lang geworden, und ich hätte 115
nicht die richtigen Worte gefunden. Mir
fällt nie etwas Brauchbares ein.

Jedenfalls beginnt es mit „vor langer langer Zeit" und endet mit „eine traurige Geschichte, findest du nicht?". 120

Vor langer langer Zeit waren einmal ein
Junge und ein Mädchen. Der Junge war
achtzehn, das Mädchen sechzehn Jahre alt.
Der Junge sieht nicht besonders gut aus,
und auch das Mädchen ist nicht besonders 125
hübsch. Ein einsamer und gewöhnlicher
Junge und ein einsames und gewöhnliches
Mädchen, wie man sie überall findet. Doch
glauben sie fest daran, dass es irgendwo auf
dieser Welt ein Mädchen oder einen Jun- 130
gen gibt, der 100%ig zu ihnen passt. Ja, sie
glaubten an ein Wunder. Und dieses Wunder geschah.

Eines Tages begegnen sich die beiden zufällig an einer Straßenecke. 135

„Unglaublich", sagt der Junge zu dem
Mädchen, „ich habe dich schon die ganze
Zeit gesucht! Ob du's glaubst oder nicht, du
bist für mich das 100%ige Mädchen."

Und das Mädchen erwidert: „Und du bist 140
für mich der 100%ige Junge. Genau wie
ich ihn mir vorgestellt habe. Es ist wie im
Traum."

Die beiden setzen sich auf eine Parkbank,
halten sich an den Händen und reden in ei- 145
nem fort, ohne dass ihnen langweilig wird.
Sie sind nicht mehr einsam. Sie haben ihren
100%igen Partner gefunden und sind von
ihm gefunden worden. Seinen 100%igen
Partner zu finden und von ihm gefunden 150
zu werden ist etwas ganz Außerordentliches.
Ein Wunder des Kosmos.

Aber ihre Herzen durchfährt ein kleiner,
ganz kleiner Zweifel. Durfte ihr Traum so
einfach in Erfüllung gehen? 155

Als das Gespräch einmal abbricht, sagt
der Junge:

„Wir wollen uns nur einmal noch auf die
Probe stellen. Wenn wir wirklich 100%ig
füreinander geschaffen sind, werden wir uns 160

bestimmt irgendwann irgendwo wiederbegegnen. Beim nächsten Mal wissen wir, dass wir 100%ig füreinander bestimmt sind, und wollen sofort heiraten. Einverstanden?"

165 „Einverstanden", antwortet das Mädchen.

Und so trennten sie sich. Nach Westen und nach Osten.

Doch es war in Wirklichkeit vollkommen unnötig, das Schicksal auf die Probe zu stellen. Sie hätten es nicht tun dürfen. Sie waren wirklich 100%ig füreinander bestimmt. Ihre Liebe war ein Wunder. Da sie aber noch zu jung waren, konnten sie es nicht wissen. Und so wurden sie von der immerwährenden, unbarmherzigen Welle des Schicksals fortgerissen.

Eines Tages im Winter erkrankten beide an einer in jenem Jahr grassierenden schweren Grippe. Wochenlang schwebten sie zwischen Leben und Tod, und als sie wieder genesen waren, war ihr Gedächtnis an ihr früheres Leben ausgelöscht. Wie soll ich es sagen, als sie wieder aufwachten, waren ihre Köpfe so leergefegt wie die Spardose des jungen D. H. Lawrence.

Aber da er ein intelligenter und ausdauernder Junge und sie ein intelligentes und ausdauerndes Mädchen war, scheuten sie keine Mühe, erwarben von neuem Bewusstsein und Gefühle und kehrten erfolgreich in die Gesellschaft zurück. Ja, bei Gott, sie waren richtig ordentliche Bürger. Sie wussten, wie man in der U-Bahn korrekt umsteigt und wie man bei der Post einen Eilbrief aufgibt. Sie liebten auch, mal 75%, mal 85%.

Der Junge war zweiunddreißig, das Mädchen war dreißig geworden. Die Zeit war im Fluge vergangen.

Und eines schönen Morgens im April geht der Junge von Westen nach Osten durch eine kleine Seitenstraße in Harajuku, um einen Kaffee zu trinken, und das Mädchen geht, um Briefmarken für einen Eilbrief zu kaufen, die gleiche Straße von Osten nach Westen. In der Mitte der Straße kommen sie aneinander vorbei. Für einen Moment blitzt der schwache Schein verlorener Erinnerung in ihren Herzen auf. Es dröhnt in ihrer Brust. Und sie wissen:

Sie ist für mich das 100%ige Mädchen.

Er ist für mich der 100%ige Junge.

Aber der Schein ihrer Erinnerung ist zu schwach, ihre Sprache besitzt nicht mehr die Klarheit wie vor vierzehn Jahren. Beide gehen, ohne ein Wort zu sagen, aneinander vorbei und verschwinden in der Menge. Auf immer.

Eine traurige Geschichte, findest du nicht?

Ich weiß, so hätte ich sie ansprechen müssen.

D.H. Lawrence: englischer Schriftsteller, 1885–1930

2. Fasst den Inhalt der Kurzgeschichte zusammen.

3. Untersucht die Kurzgeschichte genauer.
Klärt den Zusammenhang zwischen der Geschichte, die der Ich-Erzähler dem Mädchen erzählt hätte, und seiner eigenen Situation.

4. Erklärt, welche Lehre sich aus der Geschichte ziehen lässt und warum sich der Ich-Erzähler am Ende sicher ist:
„[…] so hätte ich sie ansprechen müssen."

5. Formuliert eine Deutungshypothese. Berücksichtigt dabei eure Ergebnisse aus den Aufgaben 3 und 4.

6. Ergänzt die Tabellenfelder mit passenden Thesen, Erläuterungen und Textbelegen.

These	Erläuterung mit Textbeleg
Der Ich-Erzähler erlebt die erste Begegnung mit dem Mädchen äußerst emotional.	Er ist so aufgewühlt, dass er sogar physische Reaktionen zeigt: „Bei ihrem Anblick dröhnt es in meiner Brust, und mein Mund ist trocken wie eine Wüste." (Z. 12 ff.) …
…	… „Ich möchte mit ihr sprechen, und wenn nur für eine halbe Stunde. Ich möchte von ihrem Leben erfahren und ihr von meinem erzählen." (Z. 52–55) …
Durch die unverhoffte Begegnung ist der Ich-Erzähler gleichermaßen fasziniert wie verunsichert.	Der Ich-Erzähler befürchtet eine Zurückweisung: „Von einem solchen Schock würde ich mich vielleicht nie wieder erholen." (Z. 94 ff.) Murakami verdeutlicht dies durch eindringliche sprachliche Bilder: „Die Chance pocht an die Tür meines Herzens." (Z. 69 f.) …
Der Ich-Erzähler in Murakamis Kurzgeschichte verpasst die Chance auf eine glückliche Liebe, weil er nicht mutig und schlagfertig genug ist.	Das wird durch das gedanklich geführte Zwiegespräch besonders deutlich: „Also, wie soll ich sie ansprechen?" (Z. 73) „Das klingt ziemlich albern." (Z. 76) …
Murakami entwirft in seiner Erzählung eine Welt der Vereinzelung und der Vereinsamung.	…
…	…

7. Überarbeitet eure Deutungshypothese (S. 91, Aufgabe 5) vor dem Hintergrund eurer Ergebnisse aus Aufgabe 6.

8. Wählt eine der beiden letzten Thesen aus Aufgabe 6 aus und verfasst dazu eine Erörterung. Orientiert euch an der blauen Box (S. 93).

Thesen zu einem literarischen Text erörtern

Das Besondere an der Erörterung von Thesen ist: Ihr müsst diese genauer erläutern und durch **geeignete Textbelege** auf ihre **Stichhaltigkeit** hin **überprüfen**. Nur so könnt ihr abschließend zu eurer **Stellungnahme** gelangen.

1. Vorbereiten und planen

- vorgegebene These genau verstehen bzw. eigene These formulieren
- den Text unter den Aspekten untersuchen, die für die Erläuterung der These wichtig sind
- in einer Stoffsammlung Textbelege sammeln, die die These stützen
- Gliederung erstellen

2. Schreiben

Inhalt und Aufbau:
- **Einleitung:** Textsorte, Autor/Autorin, Titel, ggf. Entstehungszeit, Thema; Hinführung zur Erörterung der These
- **Hauptteil:** These und die dazugehörigen Erläuterungen mit Textbelegen ausformulieren
- **Schluss:** Bewertung der These formulieren bzw. eigene Position zusammenfassen

Sprachliche Gestaltung:
- Sätze abwechslungsreich miteinander verknüpfen
- vielfältige Zitate auswählen und korrekt einbinden
- sachlich schreiben
- Präsens verwenden

3. Überarbeiten

- Arbeitstechniken der Schreibkonferenz/Textlupe nutzen, Checkliste verwenden
- Rechtschreibung und Zeichensetzung mit dem Wörterbuch oder am PC prüfen

Vorlage
Checkliste
Erörterung
ky983c

Differenzieren
Erörterung
vv5at7

9. Zum Differenzieren ▪ ▪ ▪ ▪

A Erzählt den ersten Teil von Murakamis Erzählung (Z. 1–112) aus der Sicht des 100%igen Mädchens.

B Stellt euch vor, der Ich-Erzähler hätte das 100%ige Mädchen angesprochen und ihm die traurige Geschichte erzählt. Verfasst einen alternativen Schluss zu Murakamis Erzählung.

Beispiellösung
Aufgaben 8 A–B
fc94uw

C Murakami „erzählt in unspektakulärem, fast beiläufigem Ton die unglaublichsten Dinge aus dem Alltag der Menschen" (Ausschnitt aus einer Rezension). Erörtert, inwiefern diese Charakterisierung von Murakamis Schreibstil zutreffend ist.

Liebesbilder
Gedichte schriftlich analysieren

Eine Gedichtanalyse vorbereiten

In einer Klassenarbeit könnte folgende Aufgabe gestellt werden:
Analysiere Ulla Hahns Gedicht „Bildlich gesprochen", indem du
– eine zentrale Deutungshypothese zur Liebesauffassung formulierst,
– die sprachlichen Bilder und ihre Wirkung erläuterst.

Ulla Hahn: Bildlich gesprochen (1981)

Prädikate im Konjunktiv II → …

Anaphern „wär" und „wärst" → betonen Unmöglichkeit des Vorgestellten
| Zäsur
Parallelismen
– im Satzbau: … → …
– im Vers- und Strophenaufbau:
immer dieselbe Strophenkomposi-
tion; Enjambements in den ersten
und dritten Versen einer Strophe
→ zunächst wirkt alles gleich, ist
es aber nicht, Wirkung und Stim-
mung verändern sich …

Wär ich ein Baum| ich wüchse
dir in die hohle Hand
und wärst du das Meer| ich baute
dir weiße Burgen aus Sand.

Wärst du eine Blume| ich grübe
dich mit allen Wurzeln aus
wär ich ein Feuer| ich legte
in sanfte Asche dein Haus.

Wär ich eine Nixe| ich saugte
dich auf den Grund hinab
und wärst du ein Stern| ich knallte
dich vom Himmel ab.

freies Metrum

sprachliche Bilder, mit denen
gespielt wird:
V. 1/2 → …

persönliche Anrede der geliebten
Person (Personalpronomen)
→ …

Wechsel von ich-du-du-ich-ich-du
→ …

Nixe → *Hinweis auf lyrische*
Sprecherin

Höhepunkt: …

Nixe:
Wasserfrau

1. Untersucht die Bilder, die in diesem Gedicht verwendet werden. Erläutert,
was sie über die Liebesauffassung der lyrischen Sprecherin aussagen.

2. Beurteilt die folgende Deutungshypothese.

Es ist eine zwiespältige Liebesvorstellung, die in dem Gedicht „Bildlich gesprochen" von
Ulla Hahn zum Ausdruck kommt. In die anfänglich harmonische und fürsorgliche Vorstellung
von Partnerschaft mischen sich bald besitzergreifende und aggressive Untertöne.

3. Erläutert einander in kleinen Gruppen die Notizen am Gedicht.
Ergänzt diese auf einer Kopie durch eigene Beobachtungen.

4. Ordnet eure Notizen nach den Aspekten Inhalt, Besonderheiten der Sprache
und Form, Deutung. Übernehmt und ergänzt dazu die Übersicht auf Seite 95.

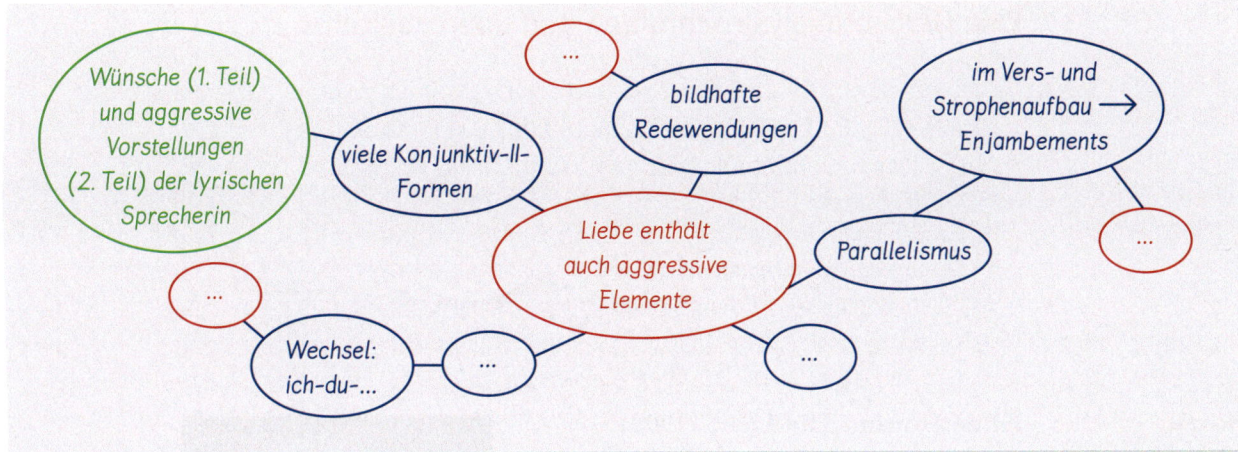

Wünsche (1. Teil) und aggressive Vorstellungen (2. Teil) der lyrischen Sprecherin

viele Konjunktiv-II-Formen

...

bildhafte Redewendungen

im Vers- und Strophenaufbau → Enjambements

Liebe enthält auch aggressive Elemente

Parallelismus

...

...

Wechsel: ich-du-...

...

...

Wissen und Können

Lerninsel: Gedichte S. 274 ff.

Lerninsel: Gedicht-analyse vorbereiten S. 248 f.

Eine Gedichtanalyse vorbereiten

Bei der Vorbereitung eurer Analyse könnt ihr so vorgehen:

1. **erste Eindrücke** formulieren
2. **Thema** und zentrale Vorgänge, Bilder oder Gedanken nennen
3. **Deutungshypothese** aufstellen
4. Notizen zu Besonderheiten und Funktionen von **Form** und **Sprache** anfertigen
   Mögliche Untersuchungsaspekte:
   - **lyrischen Sprecher** und **Sprechsituation** bestimmen
   - **Grundstimmung** charakterisieren
   - **Form** des Gedichts beschreiben (z. B. Vers- und Strophenbau, Reim, Metrum)
   - **Sprache** untersuchen und deuten, z. B. Satzbau (Parallelismen, Inversion, …), Wortwahl: sprachliche Bilder/Bildfiguren (Metapher, Personifikation, …), Klangfiguren (Alliteration, Anapher, …)
5. Untersuchungs- und Deutungsergebnisse **gliedern** und **erweitern, Deutungshypothese überprüfen** und ggf. **überarbeiten**, evtl. zusätzliche Informationen (z. B. historische und biografische Informationen) einbeziehen
6. **Gedanken** zu **Einleitung** und **Schlussteil** stichpunktartig festhalten

5. Zum Differenzieren ■ ■ ■ ■

Differenzieren
Gedicht-analyse vorbereiten
ck7qf8

A Bereitet eine Analyse des Gedichts „drachensteigen" (S. 68) vor.
Fertigt eine gegliederte Stoffsammlung an.

B Bereitet eine Analyse des Gedichts „liegen, bei dir" vor.
- Fertigt eine gegliederte Stoffsammlung als Mindmap oder Tabelle an.
- Orientiert euch an der blauen Box.

Ernst Jandl: liegen, bei dir (1956)

ich liege bei dir. deine arme
halten mich. deine arme
halten mehr als ich bin.
deine arme halten, was ich bin
wenn ich bei dir liege und
deine arme mich halten.

Eine Gedichtanalyse schreiben und überarbeiten

In einer Klassenarbeit könnte folgende Aufgabe gestellt werden:
Analysiert das Gedicht „Die Liebe" von Hilde Domin. Beschreibt
- *den Aufbau des Gedichts,*
- *die Merkmale der Liebe,*
- *Besonderheiten in Sprache und Form.*
Erläutert abschließend die dargestellte Liebesauffassung.

⊕
Hörtext
Die Liebe
ic5xx5

Hilde Domin: Die Liebe (1999)

Die Liebe
sitzt in der Sonne
auf einer Mauer und räkelt sich
für jeden zu sehn
5 Niemand hat sie gerufen
niemand könnte sie wegschicken
auch wenn sie störte
Woher kam sie als sie kam?
Man sieht selbst die Katze kommen
10 oder ein Gedicht auf dem Papier
Und der dunkelfüßige Traum
stellt sich nicht aus
Die Mauer ist leer
wo die Liebe saß
15 Wohin ging sie als sie ging?
Selbst der Tod, selbst die Träne
lässt eine Spur

Hilde Domin (1909–2006)

**Lerninsel:
Feedback
geben
S. 235**

1. Bereitet eine Rezitation des Gedichts vor und tragt es vor. Gebt euch ein Feedback.

2. Erläutert, wie die Liebe in diesem Gedicht charakterisiert wird.
- Beachtet dabei vor allem die Verse 5/6 und 15 bis 17.
- Verfasst eine Einleitung mit Deutungshypothese.

3. Untersucht sprachliche Besonderheiten und Auffälligkeiten bei der Form.
- Deutet die Personifikationen, Anaphern und Besonderheiten bei der Syntax.
- Klärt, ob eure Ergebnisse die Deutungshypothese (Aufgabe 2) stützen. Überarbeitet ggf. eure Deutungshypothese.

4. Untersucht den folgenden Interpretationsausschnitt eines Schülers. Prüft, ob
- der Inhalt des Gedichts verständlich und treffend wiedergegeben ist.
- der Zusammenhang zwischen Inhalt, Sprache und Form deutlich wird.
- die Gedankengänge sprachlich sinnvoll verknüpft sind (z. B. Scharnierwörter).
- zentrale Aussagen mit Zitaten belegt und die Zitate sinnvoll integriert sind.

**Richtig
zitieren
S. 77**

> Können wir bestimmen, wen wir lieben? Oder kommt und geht die Liebe, wann immer sie
> will? Dem Gedicht „Die Liebe" von Hilde Domin liegen diese Fragen zugrunde. Die Liebe
> erscheint als geheimnisvolles Wesen: Sie bringt schöne Erlebnisse, hat zugleich negative
> Seiten und hinterlässt keine Spuren.
>
> 5 „Die Liebe" (V. 1) wird personifiziert, wodurch man das Bild eines Lebewesens, das „auf einer
> Mauer" sitzt und sich „räkelt" (V. 3), vor Augen hat. Dass die Liebe kommt und geht, wann sie
> will, wird durch die Anapher „niemand" (V. 5 f.) verdeutlicht. Die Frage „Woher kam sie als sie
> kam?" (V. 8) wird im Gedicht nicht beantwortet, da die Antwort unbekannt ist. Niemand weiß,
> woher die Liebe kommt, obwohl man sogar Katzen, die bekanntlich lautlos schleichen, bemerkt
> 10 (vgl. V. 9). In der Liebe muss man auch leiden, was durch den „dunkelfüßige[n] Traum" (V. 11)
> verdeutlicht wird. (...) Die Anapher „Selbst der Tod, selbst die Träne / lässt eine Spur" (V. 16 f.)
> betont zum einen die Trauer, die das Ende der Liebe bewirkt, zum anderen unterstreicht sie die
> Rätselhaftigkeit der Liebe, denn alles auf der Welt hinterlässt Spuren, nur die Liebe nicht.

5. Verfasst eine vollständige Analyse zu dem Gedicht „Die Liebe" (S. 96).
Nutzt eure Ergebnisse aus den Aufgaben 2 und 3 (S. 96). Ihr könnt den Schülertext
oder Teile davon übernehmen. Geht so vor:
– Fertigt eine gegliederte Stoffsammlung an.
– Schreibt eure Analyse und überarbeitet eure Texte mithilfe der Checkliste.

Beispiellösung
Aufgabe 5
hs2h9r

Vorlage
Checkliste
Gedicht-
analyse
ji5x8h

Lerninsel:
Gedicht-
analyse
verfassen
S. 248 ff.

Checkliste

Checkliste für das Schreiben und Überarbeiten einer Gedichtanalyse

Einleitung
✔ Autor/Autorin, Titel und evtl. das Entstehungsjahr sind genannt.
✔ Die Deutungshypothese ist verständlich formuliert.

Hauptteil
✔ Inhalt und Wirkung sind verständlich formuliert.
✔ Die Analyse ist nachvollziehbar gegliedert.
✔ Die Funktionen der Form und Sprache des Gedichts sind klar dargelegt.
✔ Zentrale Aussagen sind durch sinnvoll eingebettete Zitate belegt.

Schluss
✔ Ein Bezug zur Einleitung ist hergestellt.
✔ Die zusammenfassenden Ausführungen sind überzeugend begründet.

Ausdruck, Rechtschreibung und Zeichensetzung überprüfen
✔ Die Ausdrucksweise ist angemessen.
✔ Rechtschreibung, Grammatik und Zeichensetzung sind korrekt.

Differenzieren
Gedicht-
analyse
schreiben
nd3bx2

6. Zum Differenzieren ■ ■ ■ ■

A Schreibt eine Analyse zu dem Gedicht „Bildlich gesprochen" (S. 94).

B Verfasst eine schriftliche Analyse zu dem Gedicht „Emigranten-Monolog" (S. 143).
Untersucht und deutet dabei die Grundstimmung, die lyrische Sprecherin und
die Sprechsituation sowie Auffälligkeiten bei der Form und Sprache.

Beispiellösung
Aufgabe 6 B
9w89rs

☆ Das könnt ihr jetzt!

William Shakespeare: Romeo und Julia. Dritter Akt, 5. Szene
(Ausschnitt, um 1596)

Romeo hat heimlich die Nacht bei Julia verbracht. Am Morgen muss er unerkannt entkommen, da er nach der Ermordung Tybalts verbannt wurde. Kurz nach Romeos Aufbruch wird Julia von ihrer Mutter gerufen. Sie teilt Julia mit, dass sie Paris heiraten soll. Julia lehnt das ab und muss sich vor ihrem Vater (Capulet) rechtfertigen.

[…]

CAPULET: Was? will sie nicht? Weiß sie uns keinen Dank?

Ist sie nicht stolz? schätzt sie sich denn nicht glücklich, –

5 Da sie doch gar nicht wert ist, dass wir ihr

Solch einen Herrn zum Bräutigam verschaffen?

JULIA: Nicht stolz: doch dankbar, dass Ihrs tatet. Stolz kann

Ich nie sein auf Verhasstes, aber dankbar

10 selbst für Verhasstes, wenn es gut gemeint war.

CAPULET: Ach was, ach was! Haarspalterei! Was soll das?

„Stolz" und „ich dank euch" und „ich dank euch nicht",

Und doch zugleich „nicht stolz"! Hör, Fräulein Spröde[1]!

Dank keinen Dank und stolz mir keinen Stolz!

15 Du gürt nur Donnerstag die feinen Lenden

Und geh mit Paris zur St. Peters-Kirche,

Sonst *schleife* ich dich hin! Hinaus mit dir,

Du bleichsüchtiges Aas! Hinaus, du Dirne[2]!

Du Talggesicht[3]!

20 **FRAU CAPULET:** Pfui über dich, du Närrin!

JULIA: Ich bitt Euch auf Knien, guter Vater,

Hört mich geduldig an, nur auf ein Wort!

CAPULET: Zum Henker! junge Dirne, störrische Schlampe!

25 Hör: Donnerstag kommst du mir in die Kirche,

oder du siehst mir nie mehr ins Gesicht:

Sprich nicht, entgegne nichts, gib keine Antwort;

Mich juckt die Hand[4]! – Ach, Weib! wir glaubten uns

Nicht ausreichend gesegnet, dass uns Gott

30 Nur dieses eine Kind lieh. – Doch nun seh ich:

Die eine ist um eine schon zu viel,

Es ist ein Fluch für uns, dass wir sie haben,

Die Schlampe!

AMME: Gott im Himmel segne sie!

35 Ihr tut nicht recht, Herr, dass Ihr sie so schimpft.

Freilichtspiele Siegburg, 2008

CAPULET: Ach so, Frau Neunmalklug?! Du halt den Mund!

Du wetz dein Maul bei deinen Vetteln[5]; geh!

AMME: Ich sag nichts Unrechts.

CAPULET: Geh mit Gott! nur geh schon! 40

AMME: Darf man denn gar nichts sagen?

CAPULET: Schweig, du Waschmaul!

Schenk deine Weisheit deinen alten Vetteln,

Hier brauchen wir sie nicht.

FRAU CAPULET: Still, still! Ihr brennt! 45

CAPULET: Es macht mich rasend, Herrgotts-Sakrament[6]!

Bei Tag, bei Nacht, spät, früh, bei Spiel und Arbeit,

Allein und in Gesellschaft, stets die Sorge,

Dass sie gut heiratet; nun fand ich ihr

Hier einen Edelmann von bester Herkunft, 50

Reich, jung, von bester Kinderstube, voll

| Lerninseln: Schreiben S. 244 ff. | Umgang mit dramatischen Texten S. 278 ff. | Umgang mit erzählenden Texten S. 268 ff. | Umgang mit Gedichten S. 274 ff. | ⊕ Diagnose-bogen Analyse h4p7cg | ⊕ Training interaktiv Analyse 4z375c |

Gestopft – so heißts – mit guten Eigenschaften,
Gebaut, wie man sich einen Mann nur wünscht;
Und dann kommt so ein Unglückswurm und wimmert,
55 So eine Heulpuppe, die, wenn ihr Glück winkt,
Schreit „Nein", – „Ich heirat nicht" – „Ich kann nicht lieben",
„Ich bin zu jung", – „Ich bitt Euch, sehts mir nach!"
Doch heiratst du ihn nicht, hast *du* das Nachsehn:
60 Dein Gras friss, wo du willst, doch nicht bei mir! –

Bedenk und überlegs; ich spass' nicht. Nur noch
Bis Donnerstag! Die Hand aufs Herz: Verstanden?
Entweder du bist mein, dann kriegt mein Freund dich,
Sonst bettle, häng, verhungre auf der Straße.
Denn, meiner Seel, ich kenn dich dann nicht mehr,   65
Und nichts von dem, was mein ist, soll dir frommen.
Verlass dich drauf, bedenks. Ich schwör nicht falsch.
Ab

[1] **spröde:** abweisend, verschlossen wirkend
[2] **Dirne:** abwertend: Prostituierte, veraltet: junges Mädchen
[3] **Talggesicht:** abfällig für bleiches, fettiges Gesicht

[4] **Mich juckt die Hand:** jemanden am liebsten schlagen mögen
[5] **Vettel:** ungepflegte ältere Frau
[6] **Herrgotts–Sakrament:** Fluch

1. *Capulet überschreitet gleich mehrfach Grenzen.* Erläutert diese Aussage und belegt sie mit Textstellen.

2. Untersucht, wie Julia auf die Haltung und die Äußerungen ihres Vaters reagiert. Berücksichtigt auch den Gesprächsverlauf.

3. Bereitet eine schriftliche Analyse der Szene vor. Nutzt die Ergebnisse der Aufgaben 1 und 2 und nehmt die blaue Box auf Seite 73 zu Hilfe.

4. Verfasst eine schriftliche Analyse dieser Szene und überarbeitet anschließend euren Text. Orientiert euch an der blauen Box auf Seite 79 sowie an der Checkliste auf Seite 83.

5. Schreibt aus der Sicht der Mutter einen Tagebucheintrag, in dem sie sich mit dem Verhalten ihres Mannes auseinandersetzt.

„Er [Romeo] hat kein Unrecht und er ist ehrlich, wenn er sagt, er liebe alle und wolle Frieden mit ihnen; aber in seiner Umgebung ist es nicht ganz ungefährlich, und sein Verstand, in der Verzweiflung der Liebe, würde mit reinem Gewissen die ganze Welt drangeben; [...]; wenn es ein Sanatorium für Liebende gäbe, gehörte er hinein."
(Rolf Vollmann)

Sanatorium: Heilanstalt, Kurklinik

6. Erörtert die These von Rolf Vollmann. Geht so vor:
   – Klärt, was die Charakterisierung Romeos zum Ausdruck bringen möchte.
   – Diskutiert anhand des Szenenausschnitts II, 2 (S. 74 f.), ob Romeo in ein „Sanatorium für Liebende" gehört. Fertigt zunächst einen Schreibplan an.
   – Schreibt die Erörterung und überarbeitet sie mithilfe der blauen Box (S. 93).

Aufgabe 1, 2, 3, 4: Typ 4a (schriftlich), Aufgabe 5: Typ 6 (schriftlich), Aufgabe 6: Typ 3 (schriftlich)

Das könnt ihr schon!

- den Aufbau und das Erzählverhalten in einem Jugendbuch untersuchen
- die Lenkung des Lesers durch den Erzähler erkennen
- epische Textsorten untersuchen und ihre Merkmale erkennen

1. Besprecht, was ihr über die Deportationen von Menschen in Europa während der Zeit des Nationalsozialismus wisst.

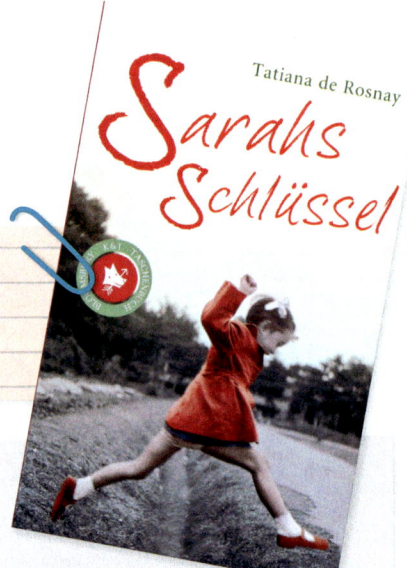

Tatiana de Rosnay: Sarahs Schlüssel (Romananfang, 2007)

Paris, Juli 1942

Das Mädchen hörte als Erste das laute Hämmern an der Tür. Ihr Zimmer lag der Wohnungstür am nächsten. Erst dachte sie, noch benommen vom Schlaf, es sei ihr Vater, der aus sei-
5 nem Versteck im Keller hochgekommen war. Er habe seinen Schlüssel vergessen und sei ungeduldig, weil niemand sein erstes, schüchternes Anklopfen gehört hatte. Aber dann dröhnten Stimmen laut und brutal durch die Stille der Nacht. Das war nicht ihr Vater. „Polizei! Machen Sie auf! Sofort!" Das Häm-
10 mern ging wieder los, lauter. Es drang ihr bis ins Mark. Ihr kleiner Bruder, der neben ihr in seinem Bett schlief, regte sich. „Polizei! Aufmachen! Aufmachen!" Wie spät war es? Sie spähte durch die Vorhänge. Draußen herrschte noch Dunkelheit.

   Sie fürchtete sich. Ihr fiel die geflüsterte Unterhaltung ein,
15 die sie kürzlich spätnachts belauscht hatte, als ihre Eltern glaubten, sie würde längst schlafen. Sie war zur Wohnzimmertür geschlichen und hatte durch einen kleinen Spalt in der Füllung gelinst und gehorcht. Die nervöse Stimme ihres Vaters. Das ängstliche Gesicht ihrer Mutter. Sie redeten in ihrer Mutter-
20 sprache, die das Mädchen zwar verstand, aber nicht so fließend sprach wie die Eltern. Ihr Vater hatte geflüstert, dass ihnen schwere Zeiten bevorstünden. Dass sie tapfer und sehr vorsichtig

Lerninsel:
Umgang mit
erzählenden
Texten
S. 268 ff.

🌐 Eingangstest
Erzählende
Texte
d8ia46

sein müssten. Er benutzte seltsame, unbekannte Wörter:
„Lager", „einpferchen", „große Zusammentreibung", „Verhaf-
25 tungen im Morgengrauen", und das Mädchen überlegte, was das
alles wohl bedeuten mochte. Ihr Vater hatte gemurmelt, dass nur
die Männer in Gefahr seien, nicht die Frauen, nicht die Kinder,
und dass er sich jede Nacht im Keller verstecken würde.

Am Morgen hatte er dem Mädchen erklärt, es sei sicherer,
30 wenn er für eine Weile unten schliefe. Bis „die Dinge sich
wieder beruhigt haben". Welche „Dinge" denn, dachte das
Mädchen. Was bedeutete „beruhigt"? Wann würden sich die
Dinge wieder „beruhigt" haben? Sie wollte herausfinden, was
er mit „Lager" und „Zusammentreibung" gemeint hatte, aber
35 sie mochte nicht zugeben, dass sie ihre Eltern mehrmals heimlich belauscht hatte. Deshalb traute sie sich nicht, ihn zu fragen.

„Aufmachen! Polizei!"

Hatte die Polizei Papa im Keller gefunden? Waren sie
deshalb hier? War die Polizei gekommen, um Papa an jene Orte
40 mitzunehmen, von denen er nachts so besorgt getuschelt hatte:
die „Lager" weit außerhalb der Stadt?

Das Mädchen lief mit leisen Schritten zum Zimmer ihrer
Mutter am Ende des Flurs. Ihre Mutter wachte sofort auf, als
sie ihr die Hand auf die Schulter legte.

45 „Es ist die Polizei, Maman", flüsterte das Mädchen.
„Sie schlagen an die Tür."

Ihre Mutter schlüpfte mit den Beinen unter der Decke hervor
und strich sich das Haar aus dem Gesicht. Das Mädchen fand,
sie sah müde aus, alt, viel älter als ihre dreißig Jahre.

50 „Sind sie gekommen, um Papa mitzunehmen?", fragte
das Mädchen ängstlich, die Hände auf den Armen der Mutter.
„Sind sie seinetwegen hier?"

Die Mutter antwortete nicht. Wieder die lauten Stimmen.
Die Mutter zog hastig einen Morgenmantel über ihr Nacht-
55 hemd, fasste das Mädchen an der Hand und ging zur Tür.
Ihre Hand war heiß und feucht. Wie die eines Kindes, dachte
das Mädchen.

einpferchen:
auf engem Raum
zusammen-
drängen

2. Beschreibt, wie das Mädchen seine Situation empfindet. Begründet mit Textstellen.

3. Untersucht, wie der Erzähler den Leser durch das Erzählverhalten lenkt. Berücksichtigt auch sprachliche Mittel.
 – Vermittelt der Erzähler das Geschehen, indem er einen Überblick gibt, die Gedanken und Gefühle der Figuren beschreibt (auktoriales Erzählverhalten)?
 – Erfährt der Leser das Geschehen aus der Sicht einer Figur und fühlt mit der Figur (personales Erzählverhalten)?
 – Erlebt der Leser die Handlung unmittelbar, ohne dass der Erzähler fassbar wird (neutrales Erzählverhalten)?

4. Untersucht die Zeitgestaltung und deren Wirkung am Anfang des Romans.

Lerninsel:
Zeitgestaltung
S. 272

Das lernt ihr jetzt! ☆

· mit belastenden Leseerfahrungen umgehen
· Möglichkeiten der Figurenrede unterscheiden
· Darstellungsweisen und deren Wirkung erkennen
· die Komposition eines Jugendbuchs untersuchen
· die Erzählhaltung bestimmen

Unerträgliches ertragen
Mit belastenden Leseerfahrungen umgehen

Carlo Ross: Im Vorhof der Hölle (Klappentext, 1994)

1942 wird der 14-jährige Jude David Rosen nach Theresienstadt gebracht. Dieses Lager, von den Nazis als „Vorzeige-KZ" konzipiert, um es der Presse und ausländischen Besuchern vorzuführen, wird von seinen Bewohnern auch „Vorhof zur Hölle" genannt. Jeder hier weiß, dass es aus Theresienstadt nur einen Weg gibt: in die Vernichtungslager. David merkt schnell, dass hinter der künstlichen Fassade der gleiche brutale Alltag von Terror und Angst herrscht, dem die Juden in dieser Zeit überall ausgesetzt sind. Er hat nur ein Ziel: Er will überleben.

1. Tauscht die Erwartungen aus, die der Klappentext bei euch weckt. Würdet ihr diesen Roman gerne lesen? Begründet.

2. Besprecht, ob euch ein Buch oder ein Film schon einmal so bedrückt hat, dass ihr die Geschichte kaum ertragen konntet.

3. Ergänzt die Mindmap um weitere Aufgaben, die ein Roman eurer Meinung nach hat.

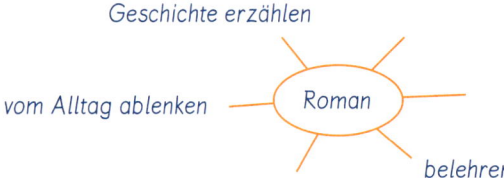

Geschichte erzählen

vom Alltag ablenken — *Roman*

belehren

Wir brauchen Bücher, die auf uns wirken wie ein Unglück, das uns sehr schmerzt, wie der Tod eines, den wir lieber hatten als uns, wie wenn wir in die Wälder verstoßen würden, von allen Menschen weg, ein Buch muss die Axt sein für das gefrorene Meer in uns. *(Franz Kafka)*

Franz Kafka
(1883–1924)

4. Gebt die Aussage Franz Kafkas mit eigenen Worten wieder. Beschreibt die Wirkung der verwendeten Vergleiche und Metaphern.

5. Vervollständigt den folgenden Satzanfang und vergleicht eure Aussagen: „Wir brauchen Bücher, die …"

6. Leserinnen und Leser haben Rechte. Lernt sie kennen und nutzt sie für euch.
  – Betrachtet auf der S. 103 die Liste „Die zehn unantastbaren Rechte des Lesers" des französischen Autors Daniel Pennac. Wie wirkt sie auf euch?
  – Überlegt, welche Leserrechte ihr in Anspruch nehmen würdet, wenn euch ein Buch belastet.
  – Ergänzt die Liste um weitere Rechte, die euch wichtig erscheinen.

Daniel Pennac: Die zehn unantastbaren Rechte des Lesers (1994)

1. Das Recht, nicht zu lesen
2. Das Recht, Seiten zu überspringen
3. Das Recht, ein Buch nicht zu Ende zu lesen
4. Das Recht, noch einmal zu lesen
5. Das Recht, irgendwas zu lesen
6. Das Recht, den Roman als Leben zu sehen
7. Das Recht, überall zu lesen
8. Das Recht herumzuschmökern
9. Das Recht, laut zu lesen
10. Das Recht zu schweigen

Quint Buchholz: Bücherwaage

7. Erläutert die abgebildete „Bücherwaage".
   – Überlegt, warum ein einzelnes Buch so viel Gewicht haben kann.
   – Nennt Bücher, die ihr auf die eine oder auf die andere Seite der Waage legen würdet.
   – Findet andere Titel für das Bild.

8. Sammelt Ideen, wie man mit belastenden Leseerfahrungen umgehen kann. Ergänzt die folgende Tabelle.

Was?	Wie?
über Leseerfahrungen schreiben	– Lesetagebuch führen – E-Mail an Freunde schreiben – …
über Leseerfahrungen reden	– anderen von der Geschichte und den eigenen Gefühlen erzählen – …
Leseerfahrungen auf den Grund gehen	– Leserlenkung durch die Erzählweise untersuchen – …
Leseerfahrungen in Bildern festhalten	– eine zum Thema passende Collage anfertigen – …
…	– …

9. **Extra**

Erprobt eine der in Aufgabe 8 gesammelten Ideen im Zusammenhang mit dem auf den folgenden Seiten vorgestellten Roman „Sarahs Schlüssel".

Schatten der Vergangenheit
Ein Jugendbuch verstehen

Die Figurenrede untersuchen

🌐
Hörverstehen
Sarahs
Schlüssel
if49cx

Tatiana de Rosnay: Sarahs Schlüssel (Ausschnitt, 2007)

Das Mädchen zog ihr Nachthemd aus, nahm eine Baumwollbluse und einen Rock. Sie schlüpfte in ein Paar Schuhe. Der Bruder beobachtete sie. Sie konnten die Mutter im
5 anderen Zimmer weinen hören.

„Ich gehe in unser Versteck", flüsterte er.

„Nein!", drängte sie. „Du kommst mit uns. Du musst."

Sie packte ihn, aber er entwand sich ih-
10 rem Griff und schlüpfte in den langen, tiefen Schrank, der in der Wand ihres Zimmers verborgen war. In dem sie immer Verstecken spielten. Sie verkrochen sich oft darin und schlossen sich ein. Es war wie ihr eige-
15 nes kleines Haus. […]

Sie konnte das kleine Gesicht ihres Bruders matt aus der Dunkelheit herüberschei-

Holzpaneele:
Vertäfelung aus
Holz

nen sehen. Er hielt sein Lieblingsstofftier an sich gepresst, er hatte keine Angst mehr. Vielleicht wäre er dort tatsächlich sicher. Er 20 hatte Wasser und die Taschenlampe. Und er konnte sich die Bilder in dem Buch ansehen, sein liebstes war das von Charles' köstlicher Rache. Vielleicht sollte sie ihn fürs Erste dort lassen. Die Männer würden ihn nie- 25 mals finden. Sie würde ihn später am Tag herausholen, wenn sie wieder zurück nach Hause durften. Und Papa, der noch immer im Keller war, würde wissen, wo sich der Junge versteckte, falls er hochkam. 30

„Fürchtest du dich da drinnen?", fragte sie leise, als die Männer nach ihr riefen.

„Nein", sagte er. „Ich fürchte mich nicht. Schließ mich ein. Sie kriegen mich nicht."

Sie machte die Tür vor dem kleinen wei- 35 ßen Gesicht zu, drehte den Schlüssel im Schloss herum. Dann ließ sie den Schlüssel in ihre Tasche gleiten. Das Schloss wurde von einer drehbaren Vorrichtung verborgen, die aussah wie ein Lichtschalter. Es war 40 unmöglich, die Konturen des Schranks in der Täfelung der Wand zu erkennen. Ja, hier würde er sicher sein. Davon war sie über- zeugt.

Das Mädchen murmelte seinen Namen 45 und legte die Handfläche an die Holzpa- neele.

„Ich hole dich später raus. Versprochen."

1. Als Sarah die Handfläche an die Holzwand legt, ist dies wie ein Schwur. Benennt Probleme, die sich für sie ergeben könnten.

2. „Ich gehe in unser Versteck", flüsterte er. „Nein!", drängte sie. „Du kommst mit uns. Du musst." (Z. 6–8)
   – Formt diesen Dialog in indirekte Rede um: *Er flüsterte, er wolle …*
   – Beurteilt, bei welcher Form ihr das Geschehen intensiver miterlebt.

Lerninsel:
indirekte Rede
S. 295

3. „Vielleicht sollte sie ihn fürs Erste dort lassen." (Z. 24 f.)
   – Gebt Sarahs Gedanken in der direkten Rede wieder: *Sarah dachte: „Vielleicht …"*
   – Vergleicht die beiden Formen der Gedankenwiedergabe.

Wissen und Können

Lerninsel:
Figurenrede
S. 270

Verknüpfung von Erzählerrede und Figurenrede untersuchen

In erzählenden Texten gibt meist ein Erzähler den Großteil der Handlung wieder. Dies nennt man **Erzählerrede** oder **Erzählerbericht**. Wenn die Figuren selbst zu Wort kommen, spricht man von **Figurenrede**. Diese beiden Ebenen können auf unterschiedliche Weise verknüpft sein.

Indirekte Rede	Direkte Rede/Gedankenrede
Er sagte, er würde sich nicht fürchten. Sie solle ihn einschließen. Der Erzähler gibt die Aussage der Figur indirekt wieder (im Konjunktiv oder in der *würde*-Form).	*„Nein", sagte er. „Ich fürchte mich nicht. Schließ mich ein. Sie kriegen mich nicht." (Z. 33 f.)* *Er dachte: „Sarah soll mich einschließen. Ich fürchte mich nicht. Sie kriegen mich nicht."* Die Figur spricht/denkt selbst. Der Redebegleitsatz und die Anführungszeichen zeigen dies an.
Erlebte Rede	**Innerer Monolog**
Ja, hier war er sicher! Davon war sie jetzt überzeugt. Erzählerrede und Figurenrede vermischen sich. Die 3. Person und das Präteritum sind Merkmale der Erzählerrede. Der Ausruf und das *„jetzt"* zeigen die Figurenrede an.	*Sarah fragte ihn leise etwas, als die Männer nach ihr riefen.* *Mensch, Sarah, jetzt schließ mich schon ein! Sie werden mich nicht kriegen. Ich muss nur lange genug aushalten.* Die Gedanken der Figur werden direkt wiedergegeben (1. Person). Sie werden meist <u>nicht</u> durch einen Redebegleitsatz oder durch Anführungszeichen von der Erzählerrede getrennt.

Die Art der Verknüpfung wirkt sich auf den Abstand des Lesers/der Leserin zur Figur aus. Tritt der Erzähler deutlich in Erscheinung (indirekte Rede), ist der Abstand des Lesers/der Leserin zur Figur oft groß. Tritt der Erzähler zurück (erlebte Rede, innerer Monolog) fühlt der Leser/die Leserin oft eine größere Nähe zu den Figuren.

Differenzieren
Figurenrede
4e2754

4. Zum Differenzieren ■ ■ ■ ■

   A Untersucht die Figurenrede im Textausschnitt auf Seite 100 f. Benennt mögliche Gründe für die Wahl der Figurenrede.

   B „Und Papa, der noch immer im Keller war, würde wissen, wo sich der Junge versteckte, falls er hochkam." (S. 104, Z. 28 ff.) Formt diesen Satz in die verschiedenen Formen der Figurenrede um. Beurteilt, wie die Varianten auf euch wirken.

   C „Ich hole dich später raus. Versprochen." (S. 104, Z. 48) Schreibt eine Fortsetzung. Nutzt dabei verschiedene Formen der Figurenrede. Begründet eure Wahl.

Darstellungsweisen untersuchen und deren Wirkung bestimmen

Tatiana de Rosnay: Sarahs Schlüssel (Ausschnitt, 2007)

Vel d'Hiv:
Radrenn-Arena
in Paris, 1942
wurden 13 000
Juden dort
eingesperrt,
bevor man sie
deportierte

bizarr:
seltsam

Die Familie wird in eine Radrenn-Arena gebracht. Sarah muss immer an ihren Bruder Michel denken, der in seinem Versteck zurückgeblieben ist.

Sie konnte die Vorstellung nicht ertragen, wie er in der Dunkelheit wartete. Er musste hungrig und durstig sein. Die Wasserkaraffe war vermutlich leer, und auch die Batterie
5 der Taschenlampe. Aber alles war besser als das hier, dachte sie. Alles war besser als diese Hölle, als der Gestank, die Hitze, der Staub, die schreienden Menschen, die sterbenden Menschen.
10 Sie sah zu ihrer Mutter, die in sich gekauert dasaß und in den vergangenen Stunden nicht den leisesten Ton von sich gegeben hatte. Sie schaute zu ihrem Vater, seinem ausgezehrten Gesicht, seinen eingesunke-
15 nen Augen. Sie blickte um sich, zu Eva und ihren erschöpften, erbarmenswerten Jungs, zu all den anderen Familien, zu all diesen unbekannten Menschen, die wie sie einen gelben Stern auf der Brust trugen. Sie schau-
20 te zu den Tausenden von Kindern, hungrig und durstig, die immer mehr verwilderten, zu den ganz Kleinen, die dies hier nicht verstehen konnten und für irgendein bizarres Spiel hielten, das zu lang dauerte, und die
25 nach Hause wollten, in ihr Bett und zu ihrem Stoffbären.

Sie versuchte, sich auszuruhen, legte das Kinn zurück auf die Knie. Mit der aufgehenden Sonne kam die Hitze wieder. Sie
30 wusste nicht, wie sie noch einen weiteren Tag hier überstehen sollte. Sie fühlte sich schwach und müde. Ihre Kehle war ausgedörrt. Ihr Magen schmerzte vor Leere.

Lerninsel:
Erzählform,
Erzähl-
perspektive,
Erzähl-
verhalten
S. 272

1. Untersucht, wie der Leser/die Leserin durch die Darstellung des Erzählers (z. B. Erzählform, Erzählperspektive, Erzählverhalten, Figurenrede) Sarahs Gedanken und Gefühle nachempfinden kann. Orientiert euch an dem Beispiel:

<u>Sie konnte die Vorstellung nicht ertragen</u>, wie er in der Dunkelheit wartete. <u>Er musste hungrig und durstig sein.</u> Die Wasserkaraffe <u>war vermutlich leer</u>, und auch die Batterie der Taschenlampe. Aber <u>alles war besser als das hier, dachte sie.</u> (Z. 1–6)	– *Sie-Erzählerin, Innensicht* → *große Nähe des Lesers zur Figur* – *erlebte Rede* → *...* – *...*

Sarah leidet, wenn sie an ihren Bruder in seinem Versteck denkt.

2. Entscheidet, welche der folgenden Aussagen auf die Situation im Textausschnitt (S. 106) zutrifft, und begründet. Ihr könnt auch eine eigene Aussage formulieren.

Verschiedene Handlungsstränge greifen ineinander.

Die Zeit scheint stillzustehen.

Es passiert sehr viel.

3. Untersucht, wie der Eindruck des Lesers/der Leserin durch Sarahs Blick gelenkt wird.
- Erklärt, warum er/sie das Gefühl hat, das Geschehen wie in einem
  Film zu sehen.
- Benennt die erzählerischen Mittel.

Tatiana de Rosnay: Sarahs Schlüssel (Ausschnitt, 2007)

*Von der Arena werden die Familien in ein Lager gebracht. Zuerst werden die Männer von
ihren Frauen und Kindern getrennt. Doch die Aktion geht weiter.*

Die Polizisten fielen sie an wie ein Schwarm großer, dunkler Vögel. Sie zerrten die Frauen zur einen Seite des Lagers, die Kinder zur anderen. Noch die allerkleinsten Kinder
5 wurden von ihren Müttern getrennt. Das kleine Mädchen sah allem zu, als befände sie sich in einer anderen Welt. Sie hörte die Klagerufe, die gellenden Schreie, sie sah die Frauen, die sich auf den Boden schmissen
10 und ihre Kinder an Kleidern und Haaren versuchten festzuhalten. Sie sah die Polizisten, die mit ihren Knüppeln ausholten und die Frauen ins Gesicht und auf den Kopf schlugen. Sie sah eine Frau zusammenbre-
15 chen, die Nase eine einzige blutige Masse.
    Ihre eigene Mutter stand erstarrt neben ihr. Sie konnte sie in kurzen, scharfen Zü-
gen atmen hören. Sie klammerte sich an die kalte Hand der Mutter. Sie spürte, wie die Polizisten sie auseinanderzerrten, sie hörte 20 ihre Mutter aufschreien und sah sie dann zu ihr zurückstürzen und mit weit aufgesprungenem Kleid, wildem Haar und verzerrtem Mund den Namen ihrer Tochter rufen. Das Mädchen versuchte, die Hand ihrer Mut- 25 ter zu ergreifen, aber die Männer schubsten sie zur Seite, so dass sie auf die Knie fiel. Ihre Mutter kämpfte wie ein wildes Tier [...] Plötzlich raubte ihr ein Schwall kaltes Wasser die Sicht. Prustend und nach Luft 30 schnappend öffnete sie die Augen und sah die Männer ihre Mutter am Kragen ihres pitschnassen Kleides wegschleppen.

4. Formuliert euren Eindruck von dem Geschehen und untersucht,
wie die Situation dargestellt wird.
- Notiert zunächst Handlungsschritte: *Die Polizisten fielen sie an ... /
  Sie zerrten ... / ... wurden von ihren Müttern getrennt. / ...*
- Beurteilt, wie die Darstellung durch die Gestaltung der Sätze
  (z. B. Satzgefüge, kurze Hauptsätze) unterstützt wird.
- Vergleicht die Zeitgestaltung mit der im Textausschnitt auf Seite 106, Zeilen 10 ff.

Lerninsel:
Satzgefüge
S. 295

5. Die beiden Gruppen (Polizisten und Juden) werden genau beschrieben. Untersucht, mit welchen Mitteln der Erzähler das Geschehen bewertet. Orientiert euch am folgenden Beispiel.

Die Polizisten <u>fielen sie an</u> wie ein Schwarm <u>großer, dunkler</u> Vögel (Z. 1 f.).

*Verb, gebraucht für   Vergleich   Aufzählung: Attribute → gefährlich, mächtig,
Raubtiere → brutal   unheimlich*

*Substantiv
→ Übermacht*

Die Frauen und Kinder sind der brutalen Aktion hilflos ausgeliefert.

Tatiana de Rosnay: Sarahs Schlüssel (Ausschnitt, 2007)

Es gelingt Sarah, aus dem Lager zu fliehen und bei einem Ehepaar Unterschlupf zu finden. Unter Lebensgefahr begleiten die beiden sie nach Paris, wo sie ihren Bruder befreien will.

Sie hämmerte an die Tür der elterlichen Wohnung, schnelle, heftige Schläge mit beiden Handflächen. Keine Antwort. Sie schlug erneut, kräftiger und mit den Fäusten. Dann hörte sie Schritte hinter der Tür. Sie wurde geöffnet. Ein Junge von etwa zwölf oder dreizehn Jahren erschien dahinter.

5 „Ja?", fragte er.
Wer war das? Was machte er in ihrer Wohnung?
„Ich komme, um meinen Bruder zu holen", stammelte sie. „Wer bist du? Wo ist Michel?"
„Deinen Bruder?", sagte der Junge langsam. „Es gibt hier keinen Michel."
Sie schubste ihn grob zur Seite […] Hinter ihr kam der Junge atemlos angerannt.

10 „Was machst du da?", keuchte er. „Was machst du in meinem Zimmer?"
Sie beachtete ihn nicht, hob den Schlüssel auf, fummelte an dem Schloss herum. Sie war zu nervös, zu ungeduldig. Sie brauchte einen Moment, um den Schlüssel in das Loch zu stecken. Endlich klickte das Schloss auf, und sie zog die Geheimtür auf […]

Sarah findet ihren Bruder tot in seinem Versteck.

6. Erklärt, warum der Leser das Gefühl hat, diese Situation unmittelbar mitzuerleben. Achtet darauf, inwieweit das Geschehen durch den Erzähler vermittelt wird.

Wissen und Können

Lerninsel:
Darstellungs-
weise
S. 272

Darstellungsweisen untersuchen, deren Wirkung bestimmen

Der Handlungsverlauf in erzählenden Texten kann unterschiedlich dargestellt werden:

Bericht *„Sie hörte die Klagerufe (1), die gellenden Schreie (2), …" (S. 107, Z. 7 ff.)*	– Vorgänge (1), (2), … knapp hintereinander – keine ausschmückende Beschreibung – Wirkung: schneller Ablauf, hektisch
Szenische Darstellung *„Wer bist du? Wo ist Michel?" „Deinen Bruder?", sagte der Junge langsam. „Es gibt hier keinen Michel." (S. 108, Z. 7 f.)*	– Erzähler tritt in den Hintergrund – Dialog: Rede und Gegenrede – Nähe zum Drama – Wirkung: Miterleben des Lesers
Beschreibung *„Sie schaute zu den Tausenden von Kindern, <u>hungrig</u> und <u>durstig</u>, die <u>immer mehr verwilderten</u>, …" (S. 106, Z. 19 ff.)*	– anschaulich durch viele Einzelheiten – Zustandsbeschreibungen, Atmosphäre – Mittel wie z. B. Attribute, Attributsätze – Wirkung: „Film im Kopf" des Lesers

Differenzieren
Darstellungs-
weisen
2a42te

7. Zum Differenzieren ■ ■ ■ ■

A Untersucht in dem Textausschnitt auf den Seiten 100 f. die Darstellungsweise und beschreibt ihre Wirkung.

B Formuliert Teile des Textausschnitts auf den Seiten 100 f. um, indem ihr eine andere Darstellungsweise verwendet. Vergleicht die Wirkung.

Die Komposition eines Romans untersuchen

Tatiana de Rosnay: Sarahs Schlüssel (Ausschnitt, 2007)

Im weiteren Verlauf des Romans wird das Leben der amerikanischen Journalistin Julia Jarmond erzählt. Sie ist mit einem Franzosen verheiratet und soll im Jahr 2002 einen Bericht über die Judendeportationen in Paris schreiben. Julia entdeckt, dass in der Wohnung der Familie ihres Mannes eine jüdische Familie gelebt hat: Sarahs Familie. Ihr Schwiegervater war zu dieser Zeit ein Schuljunge.

Aber nun, da ich wusste, was hier geschehen war, so greifbar nahe, so eng verknüpft mit mir, mit meinem Leben, hatte ich das Gefühl, noch mehr herausfinden zu müssen, Meine Recherchen waren noch nicht beendet. Ich musste alles erfahren. Was war mit der jüdischen Familie passiert, die in dieser Wohnung gelebt hatte? Wie hieß sie? Hatte es Kinder
5 gegeben? War jemand von ihnen aus den Todeslagern zurückgekehrt? Oder waren sie alle tot?

1. Überlegt, wo Julia mit ihrer Recherche beginnen könnte. Achtet darauf, welche Verbindungspunkte es zwischen ihrem Leben und Sarahs Geschichte gibt.

2. Nennt Julias Beweggrund für die Spurensuche. Untersucht, wie er sich in ihrer Sprache widerspiegelt.

3. Der Leser des Romans erlebt mit, wie die Journalistin Sarahs Schicksal aufdeckt. Zwischen den beiden Handlungsteilen des Romans liegen sechzig Jahre. Erläutert, inwiefern die Komposition des Romans damit dem Thema „Spurensuche" entspricht.

Tatiana de Rosnay: Sarahs Schlüssel (Ausschnitt, 2007)

Die Kapitel mit Julias Recherche und Sarahs Geschichte wechseln sich im Roman ab. Sie sind an wichtigen Stellen verknüpft, z. B. als Sarah ihren toten Bruder findet:

Erneut sank sie auf die Knie. Sie schrie aus dem tiefsten Grund ihrer Seele, schrie nach ihrer Mutter, nach ihrem Vater, schrie nach Michel.

Darauf erzählt Julias Schwiegervater – der Junge, der neben Sarah stand – das Ereignis:

„Ich kann sie noch immer schreien hören", flüsterte er. „Ich kann es nicht vergessen. Niemals."

4. Erklärt, welche Wirkung die Autorin mit dieser Technik der Verknüpfung erreicht.

Tatiana de Rosnay: Sarahs Schlüssel (Ausschnitt, 2007)

Julia findet heraus, dass Sarah nach Amerika ausgewandert und inzwischen gestorben ist. Die Journalistin trifft Sarahs Sohn, der die Geschichte seiner Mutter erst durch sie erfahren hat.

„Julia, mir wurde plötzlich klar, dass ich nicht wusste, wer meine Mutter gewesen ist. Ich meine, ich wusste, wie sie ausgesehen hat, ich kannte ihr Gesicht, ihr Lächeln, aber ich hatte keine Ahnung, wie es in ihrem Inneren ausgesehen hat. […]
Ich erinnere mich, dass sie still war, groß, schlank und sehr still", sagte William. […]

5 „Sie hat nie viel gelacht, aber sie war eine gefühlsstarke Person und eine liebende Mutter. Doch niemand hat nach ihrem Tod etwas von Selbstmord erwähnt. Niemals. Nicht mal Dad. Ich nehme an, Dad hat das Notizbuch nie gelesen. Niemand hat das. Vielleicht hat er es erst lange Zeit nach ihrem Tod gefunden. Wir haben alle geglaubt, es sei ein Unfall gewesen. Niemand wusste, wer meine Mutter war, Julia. Nicht einmal ich. Und damit zu
10 leben ist für mich noch immer ungeheuer schwer. Warum sie jenen kalten, verschneiten Tag für ihren Tod gewählt hat. Wie sie den Entschluss gefasst hat. Warum wir nie etwas über ihre Vergangenheit erfahren haben. Warum sie beschlossen hat, meinem Vater nichts zu sagen. Warum sie alles Leiden, allen Schmerz für sich behalten hat."

Bei der Recherche zu Sarahs Leben hat Julia Fragen. So fragt sie sich, wieso Menschen von
15 *den Ereignissen unberührt geblieben sind, wieso die Familie ihres Mannes in einer Wohnung leben konnte, aus der eine andere vertrieben wurde. Er hat eine Antwort:*

„Meine Großeltern hatten eine schwere Zeit während des Krieges. Das Antiquitäten-geschäft lief nicht gut. Sie waren wahrscheinlich erleichtert, in eine größere, bessere Woh-nung ziehen zu können. Immerhin hatten sie ein Kind. Sie waren jung. Sie waren froh,
20 ein Dach über dem Kopf zu finden. Sie haben wahrscheinlich nicht groß über die jüdische Familie nachgedacht."
„Oh Bertrand", flüsterte ich. „Wie konnten sie nicht über sie nachdenken? Wie?"

Ein Freund erklärt Julia:

„Sie dürfen nicht so hart über sie urteilen", warnte Franck Lévy. „Tatsächlich hat es ein
25 beträchtliches Maß an Gleichgültigkeit bei den Parisern gegeben, aber vergessen Sie nicht, dass Paris besetzt war. Die Menschen haben um ihr Leben gefürchtet. Das waren andere Zeiten."

Julia interviewt eine Zeitzeugin:

„Ich erinnere mich an die Polizisten, wissen Sie. Unsere eigenen guten Pariser Polizisten.
30 Unsere eigenen guten, ehrlichen Gendarmen. Schubsten die Kinder in die Busse. Schrien. Setzten Schlagstöcke ein."
Sie ließ das Kinn auf die Brust sinken. Sie murmelte etwas, das ich nicht verstand. Es klang wie: Schande über uns alle, weil wir es nicht verhindert haben.
„Sie haben es nicht gewusst", sagte ich sachte, berührt von ihren plötzlich tränennassen
35 Augen. „Was hätten Sie tun können?"
„Niemand erinnert sich an die Vel-d'Hiv-Kinder, verstehen Sie. Niemand interessiert sich für sie." […]
„Sie werden sehen. Nichts hat sich geändert. Niemand erinnert sich. Warum sollten sie auch? Das waren die schwärzesten Tage unseres Landes."

Vel d'Hiv:
Radrenn-Arena in Paris, 1942 wurden 13 000 Juden dort eingesperrt, bevor man sie deportierte

5. Besprecht mögliche Gründe für Sarahs Schweigen und ihren Selbstmord.
Ihr könnt eigene Gründe formulieren oder euch an den Beispielen orientieren:
a) ihre große Schuld dem Bruder gegenüber
b) die Ohnmacht gegenüber dem Geschehen
c) die Scham vor dem eigenen Versagen

6. Stellt dar, wie die Figuren in den drei Textausschnitten ihre Verantwortung sehen.
Nehmt Stellung zu den verschiedenen Positionen.

Die Komposition eines Romans untersuchen

Romane können unterschiedlich aufgebaut (komponiert) sein:

| Die Handlung wird in zeitlicher Abfolge des Geschehens (**chronologisch**) erzählt. | Der Erzähler erzählt das Geschehen zu einem späteren Zeitpunkt im **Rückblick**. | Es gibt **zwei** oder **mehrere Handlungsstränge**. |

Zwei oder **mehrere Handlungsstränge** können zu gleichen oder zu unterschiedlichen Zeiten spielen. Sie können von verschiedenen Erzählern dargestellt werden, sind aber in der Regel durch ein Thema (z. B. Spurensuche) verbunden. An entscheidenden Stellen sind beide Handlungsstränge miteinander verknüpft. Diese Verknüpfung kann durch einen **Ort**, einen **Zeitpunkt**, **Figuren**, ein **Motiv** oder ein **Thema** geschehen, das immer wieder aufgegriffen wird.

So können unterschiedliche Sichtweisen, z. B. auf das Geschehen und die Figuren, deutlich werden. Der Leser/die Leserin hat die Aufgabe, die Handlung selbst zusammenzusetzen, die Aussage zu erschließen und einen eigenen Standpunkt zu gewinnen.

7. Zum Differenzieren ▪ ▪ ▪ ▪

A Benennt die Verknüpfungen der Handlungsstränge in dem Jugendbuch „Sarahs Schlüssel". Beschreibt, wie dadurch das Thema „Spurensuche" umgesetzt wird.

B Erörtert die folgende Sichtweise in einer Rezension. Belegt mit Textstellen.

„,Sarahs Schlüssel' zeichnet sich durch einen enormen Sog aus. Die Strukturebene ist absolut konsequent durchgehalten, die beiden Handlungsstränge wechseln zwischen 1942 und 2002. Spricht die 10-jährige Sarah, explodiert ein atemloses Stakkato von Hauptsätzen, spricht die Journalistin, dann tut sie das meist kühl reflektierend, dann allerdings auch wieder emotional extrem extrovertiert und persönlich."

Stakkato:
Spielanweisung
in der Musik,
Note wird kurz
gespielt und
wirkt dadurch
abgehackt

extrovertiert:
Gefühle deutlich
zeigend

8. Extra

Sucht Jugendbücher, die eine interessante Komposition aufweisen.
– Untersucht ihren Aufbau und verdeutlicht die Komposition auf einem Plakat.
– Stellt das Buch mithilfe der Grafik eurer Klasse vor.

Krieg mit G. Wie Grube.
Die Erzählhaltung untersuchen

Wolfgang Borchert: An diesem Dienstag (um 1946)

Die Woche hat einen Dienstag.
Das Jahr ein halbes Hundert.
Der Krieg hat viele Dienstage.

An diesem Dienstag
5 übten sie in der Schule die großen Buchstaben. Die Lehrerin hatte eine Brille mit
dicken Gläsern. Die hatten keinen Rand.
Sie waren so dick, dass die Augen ganz leise
aussahen.
10 Zweiundvierzig Mädchen saßen vor der
schwarzen Tafel und schrieben mit großen
Buchstaben:
DER ALTE FRITZ HATTE EINEN
TRINKBECHER AUS BLECH. DIE
15 DICKE BERTA SCHOSS BIS PARIS. IM
KRIEGE SIND ALLE VÄTER SOLDAT.
Ulla kam mit der Zungenspitze bis an die
Nase. Da stieß die Lehrerin sie an. Du hast
Krieg mit ch geschrieben, Ulla. Krieg wird
20 mit g geschrieben. G wie Grube. Wie oft
habe ich das schon gesagt. Die Lehrerin
nahm ein Buch und machte einen Haken
hinter Ullas Namen. Zu morgen schreibst
du den Satz zehnmal ab, schön sauber, ver-
25 stehst du? Ja, sagte Ulla und dachte: Die mit
ihrer Brille.
Auf dem Schulhof fraßen die Nebelkrä-
hen das weggeworfene Brot.

An diesem Dienstag
30 wurde Leutnant Ehlers zum Bataillonskom-
mandeur befohlen.
Sie müssen den roten Schal abnehmen,
Herr Ehlers.
Herr Major?
35 Doch, Ehlers. In der Zweiten ist so was
nicht beliebt.
Ich komme in die zweite Kompanie?

Ja, und die lieben so was nicht. Da kommen Sie nicht mit durch. Die Zweite ist an
das Korrekte gewöhnt. Mit dem roten Schal 40
lässt die Kompanie Sie glatt stehen. Hauptmann Hesse trug so was nicht.
Ist Hesse verwundet?
Nee, er hat sich krank gemeldet. Fühlte
sich nicht gut, sagte er. Seit er Hauptmann 45
ist, ist er ein bisschen flau geworden, der
Hesse. Versteh ich nicht. War sonst immer
so korrekt. Na ja, Ehlers, sehen Sie zu, dass
Sie mit der Kompanie fertig werden. Hesse
hat die Leute gut erzogen. Und den Schal 50
nehmen Sie ab, klar?
Türlich, Herr Major.
Und passen Sie auf, dass die Leute mit den
Zigaretten vorsichtig sind. Da muss ja jedem
anständigen Scharfschützen der Zeigefinger 55
jucken, wenn er diese Glühwürmchen he-
rumschwirren sieht. Vorige Woche hatten
wir fünf Kopfschüsse. Also passen Sie ein
bisschen auf, ja?
Jawohl, Herr Major. 60
Auf dem Wege zur zweiten Kompanie
nahm Leutnant Ehlers den roten Schal ab.
Er steckte eine Zigarette an. Kompaniefüh-
rer Ehlers, sagte er laut.
Da schoss es. 65

An diesem Dienstag
sagte Herr Hansen zu Fräulein Severin:
Wir müssen dem Hesse auch mal wieder
was schicken, Severinchen. Was zu rauchen,
was zu knabbern. Ein bisschen Literatur. Ein 70
Paar Handschuhe oder so was. Die Jungens
haben einen verdammt schlechten Winter
draußen. Ich kenne das. Vielen Dank.
Hölderlin vielleicht, Herr Hansen?
Unsinn, Severinchen, Unsinn. Nein, 75
ruhig ein bisschen freundlicher. Wilhelm

der Alte Fritz:
Friedrich der
Große

**die Dicke
Berta:**
Spitzname meh-
rerer deutscher
Geschütze im
Ersten Weltkrieg

Hölderlin:
deutscher Dich-
ter (1770–1843)

Busch oder so. Hesse war doch mehr für das Leichte. Lacht doch gern, das wissen Sie doch. Mein Gott, Severinchen, was kann
80 dieser Hesse lachen!

Ja, das kann er, sagte Fräulein Severin.

An diesem Dienstag
trugen sie Hauptmann Hesse auf einer Bahre in die Entlausungsanstalt. An der Tür war
85 ein Schild:

OB GENERAL, OB GRENADIER:
DIE HAARE BLEIBEN HIER.

Er wurde geschoren. Der Sanitäter hatte lange dünne Finger. Wie Spinnenbeine. An
90 den Knöcheln waren sie etwas gerötet. Sie rieben ihn mit etwas ab, das roch nach Apotheke. Dann fühlten die Spinnenbeine nach seinem Puls und schrieben in ein dickes Buch: Temperatur 41,6. Puls 116. Ohne Be-
95 sinnung. Fleckfieberverdacht. Der Sanitäter machte das dicke Buch zu. Seuchenlazarett Smolensk stand da drauf. Und darunter: Vierzehnhundert Betten.

Die Träger nahmen die Bahre hoch. Auf
100 der Treppe pendelte sein Kopf aus den Decken heraus und immer hin und her bei jeder Stufe. Und kurz geschoren. Und dabei hatte er immer über die Russen gelacht. Der eine Träger hatte Schnupfen.

105 An diesem Dienstag
klingelte Frau Hesse bei ihrer Nachbarin. Als die Tür aufging, wedelte sie mit dem Brief. Er ist Hauptmann geworden. Hauptmann und Kompaniechef, schreibt er. Und
110 sie haben über 40 Grad Kälte. Neun Tage hat der Brief gedauert. An Frau Hauptmann Hesse hat er oben drauf geschrieben.

Sie hielt den Brief hoch. Aber die Nachbarin sah nicht hin. 40 Grad Kälte, sagte sie,
115 die armen Jungs. 40 Grad Kälte.

An diesem Dienstag
fragte der Oberfeldarzt den Chefarzt des Seuchenlazarettes Smolensk: Wie viel sind es jeden Tag?

Ein halbes Dutzend.   120
Scheußlich, sagte der Oberfeldarzt.
Ja, scheußlich, sagte der Chefarzt.
Dabei sahen sie sich nicht an.

An diesem Dienstag
spielten sie die Zauberflöte. Frau Hesse hatte 125
sich die Lippen rot gemacht.

An diesem Dienstag
schrieb Schwester Elisabeth an ihre Eltern: Ohne Gott hält man das gar nicht durch. Aber als der Unterarzt kam, stand sie auf. Er 130 ging so krumm, als trüge er ganz Russland durch den Saal.

Soll ich ihm noch was geben?, fragte die Schwester. Nein, sagte der Unterarzt. Er sagte das so leise, als ob er sich schämte.   135

Dann trugen sie Hauptmann Hesse hinaus. Draußen polterte es. Die bumsen immer so. Warum können sie die Toten nicht langsam hinlegen. Jedes Mal lassen sie sie so auf die Erde bumsen. Das sagte einer. Und 140 sein Nachbar sang leise:

Zicke zacke juppheidi
Schneidig ist die Infanterie.

Der Unterarzt ging von Bett zu Bett. Jeden Tag. Tag und Nacht. Tagelang. Nächte 145 durch. Krumm ging er. Er trug ganz Russland durch den Saal. Draußen stolperten zwei Krankenträger mit einer leeren Bahre davon. Nummer 4, sagte der eine. Er hatte Schnupfen.   150

An diesem Dienstag
saß Ulla abends und malte in ihr Schreibheft mit großen Buchstaben:
IM KRIEG SIND ALLE VÄTER SOL-
DAT.   155
IM KRIEG SIND ALLE VÄTER SOL-
DAT.
Zehnmal schrieb sie das. Mit großen Buchstaben. Und Krieg mit G. Wie Grube.

„Die Zauber-
flöte“:
Oper von
W. A. Mozart

Fleckfieber:
Infektionskrank-
heit, Übertra-
gung durch
Läuse

Smolensk:
Stadt in
Russland

Lerninsel:
Merkmale
einer Kurz-
geschichte
S. 271

1. Beschreibt, was die Kurzgeschichte eurer Ansicht nach über den Krieg aussagt.

2. Bereitet zu zweit das Vorlesen der Kurzgeschichte (S. 112 f.) vor.
   – Teilt den Text auf und besprecht, woran ihr euch orientiert habt.
   – Tragt die Kurzgeschichte zu zweit vor und gebt euch ein Feedback.

3. Ordnet die Szenen in zwei Gruppen und bestimmt jeweils den Blickwinkel auf den Krieg. Benennt das Verhältnis, in dem die beiden Gruppen zueinander stehen.

4. Untersucht, welche Auswirkungen der Krieg auf die Figuren hat.
   – Beschreibt den Eindruck, den der Leser/die Leserin gewinnt.
   – Orientiert euch an dem Beispiel.

   Hauptmann Hesse
   Ohne Besinnung. Fleckfieberverdacht.
   → Krankheit: Tod

5. „Der Unterarzt ging von Bett zu Bett. Jeden Tag. Tag und Nacht. Tagelang. Nächte durch. Krumm ging er. Er trug ganz Russland durch den Saal." (S. 113, Z. 144–147)
   – Erklärt, was mit dem letzten Satz gemeint ist.
   – Beschreibt die Einstellung des Erzählers (Erzählhaltung), die hier deutlich wird.
   Ergänzt die Aussage, die ihr für richtig haltet:
   a) melancholisch, weil …
   b) kritisch, weil …
   c) sachlich, weil …
   – Sucht ähnliche Textstellen, die zeigen, welche Erzählhaltung vorliegt.

Kurt Tucholsky: Kleine Begebenheit (um 1922)

**Strumpf-
wirker:**
Handwerker in
einer Werkstatt,
in der Strumpf-
waren hergestellt
werden

Der Strumpfwirker und der Bauerssohn waren in der Nacht von einem Ackergraben in den andern geklettert – warum sie es getan hatten, wussten sie nicht. Man hatte ihnen
5 gesagt, sie sollten es tun. Herren, die lesen und schreiben konnten, hatten es ihnen gesagt. Im andern Ackergraben hatte man sie gleich angehalten, in derselben Nacht noch, und, weil sie fremdgefärbte Kleider anhat-
10 ten, sie sehr geschlagen und in ein Haus gesperrt. Nachher saß ein Advokat hinter einem Tisch – er war so froh, hinter diesem Tisch sitzen zu dürfen! – und schrieb auf, was der Strumpfwirker und der junge Bauer
15 zu sagen wussten. Da war noch ein Gastwirt, der schlug sie, wenn sie nicht genug sagten. Ein Besucher kam zu ihnen und sagte, man würde sie töten – und zwei Leute, ein Steinklopfer und ein junger Mensch, der noch keinen Beruf hatte und bei den Eltern
20 lebte, bewachten sie von Stund an.

Vierundzwanzig Menschen wurden benötigt, um die beiden totzuschießen. Es meldeten sich, freiwillig, achtzig. Achtzig – darunter waren Verheiratete und Ledige,
25 Stille und Freche, Kräftige und Schlappe – sonst brave Leute, die keinem etwas zuleide taten und die nur so gern einmal dabei sein wollten, um zu sehen, wie das wäre, wenn einer totgeschossen würde. Mehr: die
30 ihn selbst totschießen wollten. Denn es war erlaubt … Befehligt wurden sie von einem Kohlenhändler.

Am Morgen dieses Tages erschien der traurige Zug auf dem ungeheuern Schnee-
35 feld südlich des Dorfes. Voran der Bauer und

der Strumpfwirker, zwischen zwei Leuten von denen, die man aus den achtzig ausgesucht hatte; ein Arzt aus einer großen Stadt,
40 der dergleichen noch nicht gesehen hatte und gleichfalls begierig war, es zu sehen; und der Kohlenhändler mit seinen Leuten. Die beiden in dünnen Jacken zitterten vor Kälte und Todesfurcht. Der Zug machte
45 hinter den Scheunen halt. Der Advokat, der mitgegangen war, zeigte den beiden ein Papier; aber sie froren und konnten auch nicht lesen. Man stellte sie an kleine schwarze Pfähle. Der Kohlenhändler sagte zu seinen
50 Leuten, sie sollten ihre Gewehre laden. Er sagte es sehr laut, obgleich er nahe bei ihnen stand. Er hätte gewünscht, dass ihn seine Frau so sähe, wie er, der sonst Kohlen verkaufte, hier zwei Leute totschießen durfte.
55 Die Schüsse knallten. Die beiden fielen um wie leere Säcke. Der Arzt aus der großen

Advokat:
Rechtsanwalt

Stadt ging hin und sah sich genau ihre Wunden an. Dann verscharrte man sie.

Ich habe vergessen zu erzählen, dass alle verkleidet waren: die Gerichteten als serbi- 60 sche, die Henker als deutsche Soldaten.

6. Erläutert, welches Geschehen dargestellt wird. Begründet, warum der Erzähler die Figuren nur durch ihre Berufe kennzeichnet.

7. Untersucht die Figurencharakterisierung und deutet sie.
– Leitet die Einstellung des Erzählers zum Geschehen ab (Erzählhaltung).
– Erklärt den letzten Satz der Erzählung.

8. Die wertende Haltung des Erzählers zeigt sich auch in der Wortwahl:
„… erschien der _traurige_ Zug" (Z. 34 f.). Sucht ähnliche Beispiele und deutet diese.

Wissen und Können

Lerninsel:
Erzählhaltung
S. 272

Die Erzählhaltung untersuchen

Die Erzählhaltung ist die **Einstellung des Erzählers**, mit der er das **Geschehen** und die **Figuren bewertet** (z. B. _sachlich, humorvoll, melancholisch, kritisch, ironisch_).
Sie wird fassbar in
– der Art, wie das Geschehen dargestellt wird (z. B. Szenen im Kontrast zueinander),
– der Charakterisierung der Figuren,
– Wortwahl und Satzbau.

Sie ist ein Mittel der **Leserlenkung**, das Aufschluss über die **Absicht des Autors** geben kann.
„Und Krieg mit G. Wie Grube." (S. 113, Z. 159) – das Kriegsgeschehen wird mit Grube
(= Massengrab) gleichgesetzt ⟶ kritische Erzählhaltung, Kritik am Krieg
„[…] dass alle verkleidet waren: die Gerichteten als serbische, die Henker als deutsche Soldaten." (S. 115, Z. 59 f.) ⟶ ironische Erzählhaltung, Kritik am Krieg

☆ Das könnt ihr jetzt!

Achtung:
alte Recht-
schreibung

Max Frisch: Szene in Berlin, Sommer 1945

Jemand berichtet aus Berlin: Ein Dutzend verwahrloste Gefangene, geführt von einem russischen Soldaten, gehen durch eine Straße; vermutlich kommen sie aus einem fernen Lager, und der junge Russe muß sie irgendwohin zur Arbeit führen oder, wie man sagt, zum Einsatz. Irgendwohin; sie wissen nichts über ihre Zukunft; es sind Gespenster, wie

5 man sie allenthalben sehen kann. Plötzlich geschieht es, daß eine Frau, die zufällig aus einer Ruine kommt, aufschreit und über die Straße heranläuft, einen der Gefangenen um- armt – das Trüpplein muß stehen bleiben, und auch der Soldat begreift natürlich, was sich ereignet hat; er tritt zu dem Gefangenen, der die Schluchzende im Arm hält, und fragt: „Deine Frau?"

10 „Ja–."
Dann fragt er die Frau:
„Dein Mann?"
„Ja–."
Dann deutet er ihnen mit der Hand:

15 „Weg – laufen, laufen – weg!"
Sie können es nicht glauben, bleiben stehen; der Russe marschiert weiter mit den elf an- dern, bis er, einige hundert Meter später, einem Passanten winkt und ihn mit der Maschi- nenpistole zwingt, einzutreten: damit das Dutzend, das der Staat von ihm verlangt, wieder voll ist.

1. Beschreibt euren Eindruck von dem Geschehen und von dem Verhalten des Soldaten.

2. Wandelt die Figurenrede (Z. 9–15) in eine andere Form (z. B. erlebte Rede, indirekte Rede) um und vergleicht die Wirkung.

3. Analysiert und deutet die Kurzgeschichte. Berücksichtigt Darstellungsweise und Erzählhaltung.

weiterer Text zum Thema
S. 248

Wolfdietrich Schnurre: Mutter lässt grüßen (1984)

Ausnehmend netten Menschen kennengelernt. Leider nur im Schweizer Fernsehen kürz- lich: den Mann, der die Atombombe über Hiroshima ausgeklinkt hat. Drahtiger Vertreter- Typ; unangefochtenes Baseballspieler-Gesicht. Als Offizier geradlinig die vorgezeichnete Laufbahn beendet. Geht ihm blendend. Skrupel? Nicht doch. Er habe mit jenem Abwurf

5 sein Vaterland verteidigt, meinte er, in Geografie offenbar nicht ganz so wie im Bomben- ausklinken bewandert. Auf die Bombe hatte er den Namen seiner Mutter geschrieben. Diese hatte man allerdings zu interviewen vergessen.

Hiroshima:
japanische
Hafenstadt, auf
die am 6. August
1945 die US-
Amerikaner die
erste Atombom-
be abwarfen

Lerninseln:
Umgang mit
erzählenden
Texten
S. 268 ff.

⊕ Diagnose-
bogen
Erzählende
Texte
w873it

⊕ Training
interaktiv
Erzählende
Texte
fp6f7z

4. Benennt und untersucht die Erzählhaltung im Text von Schnurre.
Berücksichtigt dabei:
   – die Darstellung des Offiziers durch den Erzähler.
   – die Bemerkung, der Offizier sei „in Geografie offenbar nicht ganz so
     wie im Bombenausklinken bewandert" (S. 116, Z. 5 f.).
   – den Titel und den letzten Satz des Textes.

5. Vergleicht die Texte von Frisch und Schnurre hinsichtlich
der Darstellungsweise.

István Örkény: Zu Hause (2002)

Das Mädchen war erst vier Jahre alt und
sicherlich waren seine Erinnerungen ver-
schwommen. Um ihm die bevorstehende
Änderung bewusst zu machen, ging seine
5 Mutter mit ihm an den Stacheldrahtzaun
und zeigte ihm von weitem den Zug.
„Freust du dich gar nicht? Dieser Zug wird
uns nach Hause bringen."
„Und was ist dann?"
10 „Dann sind wir zu Hause."
„Was ist denn zu Hause?", fragte das Kind.
„Wo wir vorher gewohnt haben."
„Und was ist da?"
„Kannst du dich noch an deinen Teddy er-
15 innern? Vielleicht gibt es sogar noch deine
Puppen."
„Mama", fragte das Kind. „Gibt es zu Hause auch Wächter?"
„Nein, dort gibt es keine."
„Dann können wir von dort doch fliehen, nicht, Mama?", fragte das Mädchen.

6. Lest den Text mit verteilten Rollen.
   – Beschreibt die Wirkung.
   – Untersucht, wodurch diese Wirkung im Text hervorgerufen wird.

7. Stellt eine Verbindung zu dem Textausschnitt des Jugendbuchs auf Seite 106 her.
Vergleicht, wie die Situation der Kinder jeweils dargestellt wird.

Gefährten

Erzählen im Film und im Roman untersuchen

Das könnt ihr schon!

· Jugendbücher, Sachbücher und Autobiografien verstehen
· den Aufbau der Handlung in einem Jugendbuch untersuchen
· Möglichkeiten der Kamera, der Montage sowie
  die Mise en Scène im Film untersuchen und deuten

Filmbild aus
„Life of Pi", 2012

Yann Martel: Schiffbruch mit Tiger (Ausschnitt, 2003)

Ich musste ihn zähmen. Das war der Augenblick, in dem ich begriff, dass es keine andere
Möglichkeit gab. Es ging nicht darum, ob er oder ich durchkam, sondern wir mussten
beide durchkommen. Wir saßen, und das nicht nur im übertragenen, sondern auch im
wahrsten Sinne des Wortes, im selben Boot. Wir mussten miteinander leben − oder mit-
5 einander sterben. […]

Richard Parker:
Name des Tigers

Aber das ist nicht alles. Ich will es nicht verschweigen. Ich will das Geheimnis verraten:
Etwas in mir war froh, dass Richard Parker da war. Etwas in mir wollte nicht, dass Richard
Parker starb, denn dann blieb ich allein zurück, allein mit meiner Verzweiflung, und das
war ein Feind, der noch unbezwingbarer war als ein Tiger. Wenn ich überhaupt noch den
10 Willen zum Leben hatte, dann verdankte ich ihn Richard Parker. Er sorgte dafür, dass ich
nicht zu viel an meine Familie dachte, an das entsetzliche Unglück, das mir widerfahren war.
Er drängte mich zum Leben. Ich hasste ihn dafür, aber zugleich war ich ihm auch dankbar.
Ich bin ihm dankbar. Die simple Wahrheit ist: Ohne Richard Parker wäre ich heute nicht
hier. Dass ich heute meine Geschichte erzählen kann, verdanke ich Richard Parker. […]

Pi Patel:
Piscine Molitor
Patel ist der
Name des
Ich-Erzählers,
der „Pi"
genannt wird.

15 Und nun ist es soweit, Applaus für PI PATELS INDO-KANADISCHEN
TRANSPAZIFISCHEN SCHWIMMENDEN ZIRKUSSSSS!!!! PRRRIIII!
PRRRIIII! PRRRIIII! PRRRIIII! PRRRIIII! PRRRIIII!«

Die Wirkung auf Richard Parker blieb nicht aus. Beim ersten Ton der Trillerpfeife fuhr
er zusammen, dann fauchte er. Ha! Sollte er doch ins Wasser springen, wenn er wollte!
20 Sollte er es doch nur versuchen! […]

1. Besprecht anhand des Textausschnitts (S. 118), welche Bedeutung
   der Tiger für Pi hat und weshalb
   das so unglaublich ist.

2. Vergleicht den Textausschnitt (S. 118)
   mit dem Filmbild (S. 118). Achtet auf:
   – die äußere Handlung,
   – das innere Geschehen,
   – die Perspektive.

3. Beschreibt die Mise en Scène des
   Filmbilds (S. 118) und die Bildwirkung.
   Bezieht auch die Kameraperspektive
   und Kameraeinstellung ein.

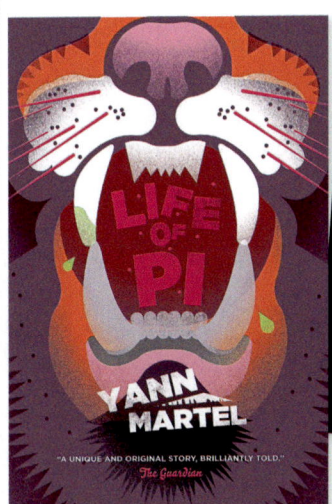

4. Vergleicht Titel und Abbildungen des
   Films/Romans in unterschiedlichen
   Ländern. Sprecht über die Wirkung
   der Gestaltungen.

5. Das Filmbild (S. 118) wurde als
   Vorlage für ein Filmplakat genutzt.
   Besprecht, wie das Plakat gestaltet
   werden könnte. Begründet eure
   Entscheidungen.

Lerninsel:
Mise en Scène
S. 286

Das lernt ihr jetzt!

· Möglichkeiten der Perspektivierung kennenlernen
· die Komposition des Romans und des Films untersuchen
· die Fiktionalität im Roman und im Film erkennen

In einem Boot
Perspektivierung im Film untersuchen

In seiner Jugend verlassen Pi Patel, seine Eltern und sein Bruder Ravi gemeinsam mit vielen Tieren ihren Zoo in Indien. Bei der Überfahrt nach Kanada versinkt das Schiff während eines schweren Sturms. Pi, ein Tiger, eine Hyäne, ein Orang-Utan und ein Zebra können sich auf ein Boot retten. Im Überlebenskampf bleiben nur Pi und der Tiger übrig …

1. Sprecht darüber, was ihr als Zuschauer von einem solchen Film erwartet.
Nennt Möglichkeiten, wie der Film den Zuschauer in seinen Bann ziehen könnte.

Pi sieht unter der Plane des Bootes den Tiger.

Der Tiger kommt auf Pi zu, der auf dem Sitz steht.

Pi schreit seine Verzweiflung in den Sturm hinaus.

Pi versucht, den Tiger zu zähmen.

2. Ordnet die Bilder 1–4 (S. 120) auf der folgenden Skala ein.
- Bestimmt den Kamerastandort, die Perspektive und die Einstellung.
- Formuliert zu jedem Bild den Zusammenhang zwischen den filmischen Darstellungsmitteln und der Wirkung auf den Zuschauer.

Lerninsel: Kamera- perspekive, Kamera- einstellung S. 285

```
 +---+---+---+---+---+---+---+---+---+---+--->
 0                   5                   10
```

relativ objektive Darstellung; Zuschauer sieht Geschehen/ Figur von außen

Zuschauer sieht, wie es im Inneren der Figur aussieht, ist emotional beteiligt

subjektive Darstellung; Zuschauer sieht mit den Augen der Figur und fühlt wie die Figur

3. Verfasst zu einem Bild (S. 120) einen inneren Monolog der Figur des Pi oder einen Sprechertext aus dem Off.

Off: als Sprecher von außen zu hören; ein Erzähler, der nicht am Geschehen beteiligt ist

4. Sucht für die Bilder 1–4 (S. 120) musikalische Unterlegungen und stellt sie in der Klasse vor. Begründet eure Auswahl.

5. Skizziert in einem Storyboard Nachfolgebilder zu Bild 1 oder 2 (S. 120).
- Begründet eure Entscheidungen zu Montagetechnik, Einstellung und Perspektive der Kamera. Ihr könnt euch an dem Beispiel orientieren.
- Bildet Viereregruppen und entscheidet, welches Storyboard euch am meisten überzeugt.

Stellt es der Klasse vor und begründet eure Auswahl.

Lerninsel: Montage- techniken S. 286

- Nah - Einstellung
  Leichte Aufsicht
  Kamera zoom langsam
  Musik : still, gedämpft

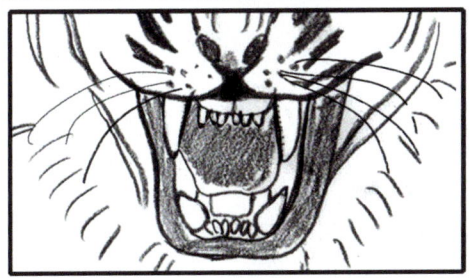

- Detail - Einstellung
  Leichte Untersicht
  Kamera zoom sehr schnell
  Musik : anschwellend, drohend

6. Verändert für Bild 5 die Perspektive, die Einstellung oder den Kamerastandort.
  – Skizziert, wie sich das Filmbild jeweils verändert.
  – Benennt die Veränderungen.
  – Besprecht, welche Änderungen den Zuschauer/die Zuschauerin näher an die Figur des Pi heranführen.

7. Diskutiert anhand des Filmbilds 6 die Aussage: „Um als Zuschauer in das Geschehen hineingezogen zu werden, muss die Kamera nah am Geschehen sein."

„Um ein Gemälde zu lieben, muss man ein potenzieller Maler sein, sonst kann man es nicht lieben; und um Filme zu lieben, muss man tatsächlich ein potenzieller Regisseur sein; man muss sich sagen: aber das hätte ich so gemacht und jenes so; man muss selbst Filme machen, vielleicht nur in der Fantasie, aber man muss sie machen, sonst ist man nicht würdig ins Kino zu gehen." (Jean Renoir)

Jean Renoir (1894–1979): frz. Filmregisseur, Drehbuchautor und Schauspieler

8. Setzt euch mithilfe eines Filmbilds (S. 120, 122) mit der Position Renoirs auseinander.

Perspektivierung im Film untersuchen

Filme erzählen eine Geschichte mit **visuellen** und **akustischen** Mitteln (Bilder, Geräusche, Musik, Sprache). Die Erzählung ist an die **Kamera gebunden**. Manchmal berichtet eine Figur oder ein Erzähler/eine Erzählerin über das Geschehene aus dem Off (nur die Stimme ist zu hören).

Die Entscheidung über die Kameraführung und Montagetechniken trifft der Regisseur/ die Regisseurin bewusst, um bestimmte Wirkungen zu erzielen:
– Der Zuschauer/die Zuschauerin beobachtet das Geschehen von außen, relativ objektiv.
– Der Zuschauer/die Zuschauerin nähert sich dem Geschehen oder der Figur stark an.

Je näher er/sie der Figur kommt, desto subjektiver empfindet er/sie oft.
Man spricht von einer **Perspektivierung** der Filmerzählung oder auch dem **Point of View**.

Lerninsel:
Perspek-
tivierung
S. 286

objektive Perspektive	subjektive Perspektive
Die **Kamera** zeigt das Geschehen oder die Figur eher von außen (S. 120, Bild 4). Der **Zuschauer** hat Distanz zu dem Geschehen oder zu der Figur.	Die **Kamera** nähert sich einer Figur, zeigt ihre Gefühle (S. 120, Bild 3). Der **Zuschauer** sieht mit den Augen der Figur (subjektive Kamera; S. 120, Bild 2).

Für eine **Perspektivierung im Film** können **folgende Mittel** eingesetzt werden:
– Kameraeinstellung (vor allem *Groß-, Detail- und Nahaufnahmen des Gesichts*)
– Kameraperspektive (z. B. *Aufsicht, Untersicht*)
– Kamerastandort (z. B. *Kamera unmittelbar vor oder hinter der Figur, seitliche Kamera*)
– Kamerabewegung (z. B. *Zoom, Schwenk, Kamerafahrten*)
– Mise en Scène
– Montagetechniken (z. B. *Schuss–Gegenschuss*)

Lerninsel:
Filmisches
Erzählen
untersuchen
S. 284 ff.

9. Zum Differenzieren ■ ■ ■ ■

A Erläutert mithilfe der folgenden Angaben die Perspektivierung in Bild 6 (S. 122) und benennt die Wirkung.
– Kamerastandort: aus Entfernung über dem Geschehen
– Kameraeinstellung: Totale
– Kameraperspektive: starke Aufsicht (Vogelperspektive)

B Verändert die Perspektive des Bilds 3 (S. 120), begründet die Veränderungen und benennt die Wirkung.

C „[Life of Pi] – Ein magisches Abenteuer, das die Augen strahlen und weinen lässt und mit der Mischung aus grandiosen Effekten und verspielter, träumerischer Erzählung zu einem unvergesslichen Filmerlebnis wird."
Erläutert, durch welche filmischen Mittel die in der Rezension beschriebenen Wirkungen erzielt werden können.

Differenzieren
Perspek-
tivierung
4qt9x9

Zwiegespräche

Komposition des Romans und des Films untersuchen

Yann Martel: Schiffbruch mit Tiger (Romananfang, 2003)

Vorbemerkung des Autors

Dieses Buch ist entstanden, weil ich hungrig war. Das muss ich erklären. Im Frühjahr 1996 kam in Kanada mein zweites Werk, ein Roman, heraus. Es war kein Erfolg. […] Es verschwand schnell
5 *und in aller Stille.*

Allzu viel machte mir das Fiasko nicht aus. Ich hatte schon mit einer anderen Geschichte begonnen, einem Roman, der 1939 in Portugal spielte. Aber irgendwie war ich unruhig. Und ich hatte
10 *ein wenig Geld. Also flog ich nach Bombay. […] Unterwegs bekam ich immer wieder einmal zu hören: „Schriftsteller? Tatsächlich? Da habe ich eine Geschichte für Sie.“ Meist waren es nur kleine Anekdoten, zu wenig zum Leben und zu viel*
15 *zum Sterben.*

Schließlich kam ich in die Stadt Pondicherry […] Ich saß im Indian Coffee House an der Nehru Street. […] Und so kam es, dass ein rüstiger alter Herr mit strahlenden Augen und schlohwei-
20 *ßem Haar mich ansprach. […] Der alte Herr hieß Francis Adirubasamy. „Bitte“, sagte ich, „erzählen Sie mir Ihre Geschichte.“ […] Er erzählte weiter: Ich machte mir Notizen, die Grundzüge der Geschichte. „Sie müssen mit ihm reden“, sagte*
25 *er und meinte den, der die Geschichte erlebt hatte.*

„Ich habe ihn sehr, sehr gut gekannt. Heute ist er ein erwachsener Mann. Fragen Sie ihn alles, was Sie wollen.“

Später in Toronto suchte ich unter neun Spal- 30 *ten von Patels im Telefonbuch den richtigen heraus, den Helden der Geschichte. Mein Herz pochte, als ich die Nummer wählte. Die Stimme, die sich meldete, klang kanadisch, mit indischem Unterton, leicht und doch unmissverständlich, wie ein Hauch Weihrauch in der Luft. „Das ist schon* 35 *so lange her“, sagte er. Aber mit einem Treffen war er einverstanden. Es wurden viele daraus. […] Er erzählte mir, was er erlebt hatte. Und immer machte ich mir Notizen. Fast ein Jahr darauf erhielt ich nach beträchtlichen Anstrengungen* 40 *ein Tonband und einen Bericht vom japanischen Verkehrsministerium. Und als ich jenem Tonband lauschte, da stimmte ich Mr. Adirubasamy zu. Es war tatsächlich eine Geschichte, die einem den Glauben an Gott geben konnte.*

Ich fand es naheliegend, dass Mr. Patel sie 45 *größtenteils in der Ichform erzählt – mit seiner eigenen Stimme, durch seine eigenen Augen gesehen. Alle Fehler und Ungenauigkeiten gehen jedoch zu meinen Lasten […]* 50

Pondicherry: Stadt in Südindien, an der Küste des Golfs von Bengalen

1. Beurteilt, inwieweit das Erzählte durch ein solches Vorwort glaubwürdig erscheint.

Yann Martel: Schiffbruch mit Tiger (Ausschnitte, 2003)

Pi Patel erzählt dem Autor, was nach dem Unglück in Kanada aus ihm wurde und wie sein Leben bis zum Unglück verlief.

aus Kapitel 1:
Ich hatte so viel gelitten, ich war ein finsterer und trauriger Mensch geworden.
Wissenschaftliche Arbeit und der Trost
5 der Religion brachten mich allmählich ins Leben zurück. […]

Kanada liebe ich. Mir fehlen die indische Hitze, das Essen, die Eidechsen an den Wänden, die Musicals im Kino, die Kühe, die durch die Straßen ziehen, das Krächzen 10 der Krähen, sogar die Diskussionen über Cricket – aber Kanada liebe ich. Es ist ein wunderbares Land, wenn auch nach allen vernünftigen Maßstäben viel zu kalt, ein Land bewohnt von aufrechten, klugen Menschen, die alle dringend einen besseren Friseur bräuchten. Und in Pondicherry habe ich nichts, wohin ich zurückkehren könnte.

Richard Parker ist bei mir geblieben. Ich habe ihn nie vergessen. Darf ich sagen, dass ich ihn vermisse? Ich vermisse ihn. In meinen Träumen erscheint er mir noch. Eigentlich sind es Alpträume, aber Alpträume voller Liebe. So etwas gibt es, so seltsam ist das menschliche Herz. Bis heute verstehe ich nicht, wie er mich einfach so verlassen konnte, ohne einen Abschiedsgruß, ja ohne einen Blick zurück. Das ist ein Schmerz wie ein Axthieb nach meinem Herzen.

aus Kapitel 2:

Er [Pi Patel] wohnt in Scarborough. Ein schmaler, kleiner Mann – höchstens eins fünfundsechzig groß. Dunkles Haar, dunkle Augen. An den Schläfen erstes Grau. Älter als vierzig kann er nicht sein. Angenehm kaffeebraune Farbe. Trotz des milden Herbstwetters zieht er für den Weg zum Lokal einen dicken Winterparka mit Pelzkapuze an. Ausdrucksvolles Gesicht. Spricht schnell, Hände ständig in Bewegung. Kein Smalltalk. Immer gleich zur Sache.

aus Kapitel 3:

Meinen Namen habe ich nach einem Schwimmbad. Sehr merkwürdig, wenn man bedenkt, wie wasserscheu meine Eltern waren. Einer der ersten Geschäftspartner meines Vaters war Francis Adirubasamy. Er wurde ein guter Freund der Familie. Ich habe ihn immer Mamaji genannt – mama ist das tamilische Wort für Onkel und ji ist die Nachsilbe, mit der man in Indien Respekt und Zuneigung ausdrückt. Als junger Mann, lange bevor ich zur Welt kam, war Mamaji ein erfolgreicher Wettkampfschwimmer gewesen, der Champion von ganz Südindien. [...] Er mühte sich, meinen Eltern das Schwimmen beizubringen, aber das Äußerste, was er erreichte, war, dass sie

am Strand bis zu den Knien ins Wasser gingen und groteske Ruderbewegungen mit den Armen machten; [...] Erst als ich auf den Plan trat, fand Mamaji einen willigen Schüler.

aus Kapitel 4:

Bevor er nach Pondicherry kam, führte mein Vater ein großes Hotel in Madras. Aber Tiere waren schon immer seine Leidenschaft gewesen, und so kam er zum Zoo. Ein ganz natürlicher Schritt, könnte man denken, vom Hotelier zum Zooleiter. Aber das stimmt nicht. Ein Zoo ist in vielem das, was für den Hotelier der größte Alptraum ist. Man bedenke: Die Gäste verlassen nie das Zimmer; alle erwarten Vollpension; dauernd bekommen sie Besuch, oft laut und ungezogen. [...]

Für mich war es das Paradies auf Erden. Ich habe an meine Kindheit im Zoo nur schöne Erinnerungen. Es war ein fürstliches Leben. Welcher Sohn eines Maharadschas hatte einen so prachtvollen Garten, in dem er spielen konnte?

aus Kapitel 6:

Er ist ein ausgezeichneter Koch. Sein stets überheiztes Haus ist erfüllt von Essensduft. Sein Gewürzregal sieht aus wie ein Apothekerladen. [...] Und noch etwas fällt mir auf: Alle Schränke sind zum Bersten gefüllt. Hinter jeder Tür, auf jedem Brett stehen säuberlich gestapelte Berge von Dosen und Päckchen.

Madras: Name einer Stadt in Südindien, seit 1996 Chennai

Maharadscha: indischer Herrschertitel

Piscine (frz.): Schwimmbad

2. Besprecht, wie ihr die Figur Pi Patel seht und ob ihr sie interessant findet.

3. Ordnet alle Informationen zu Pi Patel in der chronologischen Abfolge und bestimmt die Funktion der Kapitelanordnung im Roman.

4. Erklärt die Funktion der zwei verschiedenen Schriftarten. Beschreibt, wie diese Komposition des Romans auf euch wirkt.

Yann Martel: Schiffbruch mit Tiger (Ausschnitte, 2003)

Im zweiten Teil des Romans schildert Pi Patel die 272 Tage Überlebenskampf auf dem Meer.

aus Kapitel 37:
Das Schiff sank. Es gab einen Ton von sich wie ein riesiges metallisches Rülpsen. Sachen blubberten an der Oberfläche, dann
5 verschwanden sie. Alles brüllte: der Wind, die See, mein Herz. Vom Rettungsboot sah ich etwas im Wasser.

„Richard Parker", rief ich, „Richard Parker, bist du das? Richard Parker! Wenn doch
10 nur der Regen aufhören würde! Richard Parker, tatsächlich!"

Ich konnte seinen Kopf sehen. Mit aller Macht kämpfte er, um über Wasser zu bleiben.

15 „Jesus, Maria, Mohammed und Vishnu, was für ein Glück, dass du da bist, Richard Parker! Nicht aufgeben, bitte. Komm ins Rettungsboot. Hörst du die Trillerpfeife? *PRRRIIII! PRRRIIII! PRRRIIII!* Ja, hier
20 bin ich. Du musst nur schwimmen. Schwimmen! Du bist doch ein guter Schwimmer. Keine dreißig Meter!"

Er hatte mich gesehen. Er war in Panik. Jetzt schwamm er auf mich zu. Rings um
25 ihn schlugen die Wellen hoch. Er sah klein und hilflos aus. […]

Er schaffte es nicht. Er würde ertrinken. Er kam kaum noch voran und seine Bewegungen waren schlaff. Immer wieder
30 tauchte der Kopf halb unter. Nur die Augen waren fest auf mich gerichtet.

„Was ist denn mit dir, Richard Parker? Hängst du denn gar nicht am Leben? Dann schwimm! *PRRRIIII! PRRRIIII!*

PRRRIIII! Kräftig, mit den Beinen! Und 35 stoßen! Und stoßen! Und stoßen!"

Man sah, wie er sich im Wasser einen Ruck gab und schwamm. […]

Ich warf den Rettungsring mit aller Macht. Direkt vor seiner Nase landete er im 40 Wasser. Mit letzten Kräften reckte er sich und hielt sich daran fest.

„Halt gut fest, ich ziehe dich an Bord. Du ziehst mit den Augen, ich mit den Händen. Gleich sitzen wir beide im Boot. Moment 45 mal – wir sitzen beide im selben Boot? Bin ich denn noch bei Trost?"

Erst da begriff ich, was ich gerade tat. Ich riss an der Leine.

aus Kapitel 57: 50
Es war Richard Parker, durch den ich Ruhe fand. Das ist die Ironie dieser Geschichte, dass gerade der, der mich zu Anfang so sehr ängstigte, dass ich darüber fast den Verstand verlor, am Ende derjenige war, der 55 mir innere Ruhe und Lebenssinn gab, ja ich möchte fast sagen: Harmonie.

Er sah mich forschend an. Nach einer Weile erkannte ich diesen Blick. […]

aus Kapitel 89: 60
Wir siechten dahin. Es ging ganz langsam, so langsam, dass es mir nicht immer bewusst war. Aber es fiel mir doch auf. Wir waren zwei ausgemergelte Säuger, vertrocknet und verhungert. Richard Parkers Fell hing matt 65 und schlaff an Schultern und Hüfte. […]

Vishnu: altindische Gottheit

Auch ich schwand zusehends; alle Feuchtigkeit war aus meinem Körper gewichen, die Knochen zeichneten sich durch die Haut deutlich ab. [...]

Dies sind die letzten Seiten aus meinem Tagebuch: [...]

Körper und Seele am Boden zerstört. Werde bald sterben. R. P. atmet, aber bewegt sich nicht. Wird auch sterben. Wird mich nicht töten. [...] 75
Ich sterbe.

Das war mein letzter Eintrag. Ich starb dann doch nicht [...]

5. Untersucht, mit welchen sprachlichen Mitteln Martel die Beziehung zwischen Pi und dem Tiger darstellt und wie sie sich entwickelt.

6. Deutet die markierte Textstelle (S. 126) und schreibt die Gedanken von Pi weiter.

Yann Martel: Schiffbruch mit Tiger (Ausschnitte, 2003)

Nach der Rettung bekommt Pi im Krankenhaus Besuch.

aus Kapitel 96:
„Hallo Mr Patel. Darf ich mich vorstellen: Tomohiro Okamoto. Ich komme vom japanischen Verkehrsministerium, Abteilung Schifffahrt. Und das ist mein Assistent, Atsuro Chiba. Wir sind hergekommen, um Sie zum Untergang des Schiffes Tsimtsum zu befragen, dessen Passagier Sie waren. Wäre es möglich, jetzt gleich mit Ihnen zu sprechen?" „Aber ja. [...]"

„So, Mr Patel, und jetzt würden wir uns wünschen, dass Sie uns so genau wie nur möglich erzählen, was Ihnen widerfahren ist."

aus Kapitel 100:
In seinem Brief an mich erinnert sich Mr Okamoto an die Befragung als „schwierig und denk-würdig". Piscine Molitor Patel sei ihm im Gedächtnis geblieben als „sehr dünn, sehr beharrlich, sehr klug". 20

Aus seinem Abschlussbericht füge ich noch die entscheidenden Absätze an:

[...]

Als persönliche Bemerkung sei hinzugefügt, dass die Geschichte des einzigen Überlebenden, 25 *Mr Piscine Molitor Patel, indischer Staatsbürger, von einem erstaunlichen Maß an Mut und Ausdauer im Angesicht außerordentlich schwieriger und tragischer Umstände zeugt. Nach Kenntnis des Ermittlers gibt es keinen zweiten solchen Fall* 30 *in den Annalen der Seefahrt. Nur wenige Schiffbrüchige können von sich behaupten, dass sie so lange auf See überlebt haben wie Mr Patel, und keiner davon in Gesellschaft eines erwachsenen bengalischen Tigers.* 35

7. Stellt die Romanstruktur in einer Grafik dar. Verwendet dabei die folgenden Begriffe und ergänzt gegebenenfalls weitere Stichpunkte (z. B. zur Rahmenhandlung) zur Verdeutlichung.

| realer Autor | Erzähler | Rahmenhandlung |

| fiktiver Autor | Handlung |

Eltern von Pi in ihrem Zoo, Zeit: 00:26:31

Pi und Richard Parker, Zeit: 1:12:53

Pi auf sinkendem Schiff, Zeit: 00:36:36

Pi und der Autor, Zeit: 00:34:09

8. Ordnet die Filmbilder den Teilen des Romans (S. 124–127) zu und überlegt,
wie im Film die unterschiedlichen Handlungsebenen verknüpft werden können.

Manila:
Hauptstadt der
Philippinen

*Im Film führt Pi Patels erwachsene Off-Stimme in die Binnenhandlung mit den Worten ein:
„Es passierte vier Tage entfernt von Manila, bei dem Marianengraben, dem tiefsten Punkt der
Erde. Unser Schiff, die Tsimtsum, zog stärker seine Bahnen, gleichgültig gegenüber dem, was
es umgab. Es bewegte sich mit der langsamen massiven Selbstverständlichkeit eines Konti-
nents."
Blenden, Überblenden, Schnitte und Kameraeinstellungen organisieren diesen Wechsel auf
der Bildebene. In der Binnenhandlung selbst ist Pi Patels junge Off-Stimme zu hören.*

9. Nennt mögliche Gründe für den Wechsel zur jungen Pi-Stimme
in der Binnenhandlung.

10. Erklärt mithilfe des Bildes, wie durch filmische Mittel Zeitebenen und Erzählebenen miteinander verknüpft werden können.

Illustration zum Film: Pi und der Autor, dahinter die Tsimtsum

Die Komposition eines Films untersuchen

Filmhandlungen können wie erzählende Texte unterschiedlich aufgebaut sein. Die einzelnen Szenen werden zu **Sequenzen** (längere Erzähleinheiten) zusammengefasst. Durch **Montage** gewinnt man den Eindruck von einer geschlossenen Handlung in Raum und Zeit. Der Zuschauer fügt die nicht dargestellten „Lücken" in seinem Kopf zu einer **Story** zusammen.

Wenn ihr die **Komposition eines Films** untersucht, könnt ihr von folgenden Fragen ausgehen:

– Wie ist die **Handlung** dargestellt: chronologisch oder nicht chronologisch (mit Rückblenden oder Vorausdeutungen)?
– Wie ist der **Spannungsaufbau** gestaltet?
– Steht ein **Konflikt** und **dessen Entwicklung** im Zentrum?
– Gibt es **mehrere Handlungsstränge**? Gibt es eine **Rahmen-** und eine **Binnenhandlung**?
– Wird die Handlung zeitdeckend, zeitdehnend oder zeitraffend erzählt?
– Hat die Komposition die **Funktion** des Spannungsaufbaus, der Überraschung oder der Lenkung des Blicks auf das Wesentliche?

Wissen und Können

Komposition
S. 111

Lerninsel:
Komposition
S. 269

11. Extra

Schaut euch den Film an und vergleicht dessen Komposition mit dem Romanaufbau.

12. Zum Differenzieren ■ ■ ■ ■

Nehmt Stellung zu folgenden Aussagen zum Film „Life of Pi":

A Auf die Rahmenhandlung könnte man verzichten.

B Die chronologische Anordnung der Geschehnisse wäre besser.

C Der Aufbau der Spannung entspricht einer Pyramide.

Differenzieren
Komposition
a4cp3n

Wer ist der Tiger?
Das Spiel mit der Fiktionalität untersuchen

Hörverstehen
Schiffbruch
mit Tiger
g7um4v

Dorade:
Fisch

Kaskade:
Wasserfall

Yann Martel: Schiffbruch mit Tiger (Ausschnitt, 2003)

Zwischen dem Erleben der folgenden Situation und dem Erzählen liegen etwa 35 Jahre.

aus Kapitel 59:
Mit einem einzigen Blick erkannte ich, dass der Ozean eine Stadt ist. Direkt unter der Wasseroberfläche und von mir bislang
5 unbemerkt gab es Schnellstraßen, Boulevards, Alleen und Kreisel, mit submarinem Verkehrsgewühl. Unten im Wasser, wo es wimmelte von Plankton, von Millionen durchsichtiger, leuchtender Partikelchen,
10 rasten Fische wie Lastwagen und Busse und Autos und Fahrräder und Fußgänger wild durcheinander, ohne Zweifel begleitet von Hupen und Schimpfen. Die vorherrschende Farbe war Grün. In unterschiedlichen Tie-
15 fen, so weit mein Auge reichte, gab es flüchtige Bahnen phosphoreszierender grüner Bläschen, die Spuren dahinflitzender Fische. Sobald eine Spur sich verlor, tauchte eine neue auf. Diese Bahnen kamen von über-
20 allher und führten überallhin. Sie glichen den lang belichteten Aufnahmen nächtlicher Straßen, auf denen die Rücklichter der Autos lange rote Streifen hinterlassen. Nur dass die Autos hier über- und untereinander
25 herfuhren, als bewegten sie sich auf zehnstöckigen Straßenkreuzungen. Und hier

hatten die Autos die verrücktesten Farben. Die Doraden – es müssen mehr als fünfzig davon unter dem Floß ihre Runden gedreht
30 haben – stellten im Vorbeihuschen stolz ihr leuchtendes Gold, Blau und Grün zur Schau. Andere Fische, die ich nicht identifizieren konnte, waren gelb, braun, silbern, blau, rot, rosa, grün und weiß, in allen möglichen
35 Kombinationen, einfarbig, gestreift und gesprenkelt. Nur die Haie waren zu stur für dieses bunte Spiel. Und wie groß und farbenprächtig ein Fahrzeug auch immer sein mochte, eins blieb immer gleich: der riskan-
40 te Fahrstil. Es gab viele Zusammenstöße – immer mit Todesopfern, fürchte ich – und manche Autos gerieten völlig außer Kontrolle und prallten gegen Absperrungen, sie wurden aus dem Wasser geschleudert und
45 fielen in leuchtenden Kaskaden klatschend wieder hinein. Ich betrachtete dieses Chaos wie jemand, der vom Heißluftballon aus auf eine Stadt hinabschaut. Es war ein faszinierendes, Ehrfurcht gebietendes Schauspiel.
50 So ungefähr musste Tokio zur Stoßzeit aussehen.

1. Sucht Signale für die Fiktionalität im Text und im Bild (S. 131).
Ergänzt die folgende Tabelle.

Romanausschnitt: Schiffbruch mit Tiger	Filmbild: Life of Pi
Erzähler kennt nach 35 Jahren noch viele Details, weiß über alles Bescheid	Existenz der Kamera, in die der Junge schaut
Erzähler nutzt besondere sprachliche Mittel	…
…	…

Umberto Eco: Im Wald der Fiktionen (Ausschnitt, 1994)

Die Grundregel jeder Auseinandersetzung mit einem erzählenden Werk ist, dass der Leser stillschweigend einen *Fiktionsvertrag* mit dem Autor schließen muss, der das beinhaltet, was Coleridge „the willing suspension of disbelief", die willentliche Aussetzung der Ungläubigkeit nannte. Der Leser muss wissen, dass das, was ihm erzählt wird, eine ausgedachte Geschichte ist, ohne darum zu meinen, dass der Autor ihm Lügen erzählt. […] Beim Eintritt in den Wald der Fiktionen wird von uns erwartet, dass wir den Fiktionspakt mit dem Autor unterschreiben und uns zum Beispiel darauf gefasst machen, dass Wölfe sprechen können; wenn aber Rotkäppchen dann vom bösen Wolf gefressen wird, glauben wir, dass es tot ist […]. Also müssen wir zugeben, dass wir selbst bei der unmöglichsten aller Welten, um von ihr beeindruckt, verwirrt, verstört oder berührt zu sein, auf unsere Kenntnis der wirklichen Welt bauen müssen. Mit anderen Worten, auch die unmöglichste Welt muss, um eine solche zu sein, als Hintergrund immer das haben, was in der wirklichen Welt möglich ist. Dies aber bedeutet: Die fiktiven Welten sind Parasiten der wirklichen Welt.

Samuel Taylor Coleridge (1772–1834): engl. Dichter, Literaturkritiker, Philosoph, stellte 1817 die Theorie auf, dass Leser sich auf Illusionen einlassen, um sich zu unterhalten

Parasit: Schmarotzer; jemand der andere ausnutzt

2. Erklärt, was mit dem Fiktionspakt zwischen Leser und Autor gemeint ist.

3. Erläutert, welche Rolle „unsere Kenntnis der wirklichen Welt" (Z. 21 f.) beim Lesen einer erfundenen (fiktiven) Geschichte spielt.

4. Der Roman „Schiffbruch mit Tiger" war ein Welterfolg, obwohl eine völlig unglaubwürdige Geschichte erzählt wird. Warum lesen Millionen von Leserinnen und Lesern so ein Buch?

Yann Martel: Schiffbruch mit Tiger (Ausschnitte, 2003)

Pi schildert, was mit den anderen Tieren auf dem Boot geschah.

Orangina: Name des Orang-Utan-Weibchens

aus Kapitel 46–53:
Ich zitterte am ganzen Leib und konnte nichts dagegen tun. Ich war überzeugt, dass die Hyäne sich jeden Moment auf Orangina stürzen würde. […] Am Nachmittag entlud sich die Gewalt. Die Spannung war auf ein unerträgliches Maß gestiegen. Die Hyäne lachte. Orangina schnatterte und schmatzte laut. Ganz unvermittelt hoben beide die Stimmen, die Laute verschmolzen zu einem. Die Hyäne machte einen Satz über das, was von dem Zebra noch übrig war, und stürzte sich auf Orangina. […]

Es war ein Anblick, den ich bis ans Ende meiner Tage nicht vergessen werde. Richard Parker hatte sich erhoben und war aus seiner Höhle gekommen. Er war keine fünf Meter von mir entfernt. Liebe Güte, wie groß er war! Das letzte Stündlein der Hyäne hatte geschlagen, und meines dazu. […] Die Hyäne starb ohne Schrei und ohne Jammern, und Richard Parker schlug lautlos zu.

Die Männer vom Ministerium, die Pi nach seiner Rettung befragen, hegen Zweifel.

von dem Fleisch des Matrosen: In Pis zweiter Geschichte tötet der Koch den Matrosen.

aus Kapitel 99:
„Mr Patel, ein Tiger ist ein unglaublich gefährliches, wildes Tier. Wie hätten Sie denn allein mit ihm auf einem Rettungsboot überleben können? Das ist doch –" […]

„Wir wollen eine Geschichte ohne Tiere, die uns erklärt, warum die *Tsimtsum* untergegangen ist." […] [Langes Schweigen]

„Dann erzähle ich Ihnen eine andere Geschichte." […]

aus Kapitel 99:
Vier von uns überlebten. Mutter klammerte sich an ein Bananennetz und erreichte so das Rettungsboot. Der Koch war schon an Bord, der Matrose ebenfalls. […]

Mutter und ich aßen nichts von dem Fleisch des Matrosen, nicht einen einzigen Bissen, obwohl wir immer schwächer wurden, aber wir aßen von den Meerestieren, die der Koch fing. […]

Er hat sie getötet. Der Koch hat meine Mutter getötet. […] Dann kämpften wir und ich tötete ihn. Seine Miene war ausdruckslos, zeigte weder Verzweiflung noch Zorn, weder Angst noch Schmerz. Er gab auf. Er wehrte sich zwar, ließ aber zu, dass ich ihn tötete. Er wusste, er war zu weit gegangen, selbst nach seinen brutalen Maßstäben. […] ==Er war ein so böser Mann. Schlimmer noch: Er weckte das Böse in mir – Eigennutz, Jähzorn, Skrupellosigkeit. Damit muss ich leben.== […]

5. Begründet die Zweifel der Männer vom Ministerium.

6. Vergleicht die beiden Geschichten.

Pi fragt die Männer vom Ministerium: „In beiden Geschichten geht das Schiff unter, meine gesamte Familie kommt um und ich habe viel zu leiden. […] Welche ist die bessere Geschichte, die mit den Tieren oder die ohne Tiere?"

7. Antwortet Pi und erklärt ihm eure Meinung. Bezieht auch die markierten Zeilen (Z. 29–32) ein.

8. Entscheidet euch für einen der folgenden Sätze und begründet.

Die Tiergeschichte ist für Pi:
a) eine notwendige Lebenslüge, um das Erlebte zu bewältigen.
b) die Wahrheit.
c) eine Lüge zur Verdeckung der eigenen Grausamkeit.
Ihr könnt auch einen eigenen Satz formulieren und begründen.

Im Film gibt es keine Bilder zu der zweiten Geschichte. Der Zuschauer hört Pi aus dem Off und sieht ihn im Krankenbett seinen Besuchern unter Tränen die zweite Geschichte erzählen.

9. Beurteilt diese Entscheidung des Regisseurs. Überlegt, was Bilder im Vergleich zu Worten beim Zuschauer bewirken können.

10. „Keine der beiden Geschichten ist wirklich wahr!" Erklärt diese Aussage. Vergleicht mit euren eigenen Verstehensweisen.

Wissen und Können

Fiktionalität erkennen

Literarische Texte und Filme erzählen meist **erfundene, aber scheinbar wahre Geschichten**. Man nennt diese Eigenschaft Fiktionalität (lat. fictio/fingere: erfinden, vortäuschen).

Hinweise auf Fiktionalität	Buch	Film
Informationen auf Cover und Coverrückseite, Intro	Roman Autor ≠ Erzähler	Spielfilm Verweis auf Schauspieler, Regisseur, …
Handlung	Abweichungen von der Lebenswirklichkeit möglich	
Darstellung	Hinweise auf Künstlichkeit von Räumen, Zeiten, Figuren, …	
	Erzähler wählt aus, bewertet, kommentiert, kennt Details über Figuren, …	Kamera immer vorhanden, Musikhinterlegung, Geräusche, …

Manchmal spielen Texte oder Filme auch mit Fiktionalität. Der Leser oder Zuschauer erkennt dann nicht so einfach, was innerhalb der Geschichte wirklich ist oder nicht.

---

11. **Zum Differenzieren** ■ ■ ■ ■

A Untersucht die Hinweise auf Fiktionalität in Filmbild 6 (S. 122).

B Sucht in den Vorbemerkungen des Autors (S. 124) Hinweise auf Fiktionalität.

C Erklärt an Beispielen: „Roman und Film („Schiffbruch mit Tiger") spielen mit Fiktionalität, zeigen die Fiktion in der Fiktion."

Differenzieren
Fiktionalität
xc3bk4

1. Bestimmt für die drei Filmbilder den Kamerastandort, die Kameraeinstellung und den Point of View. Nennt die Wirkung, die damit erzielt wird.

2. Besprecht, wie realistisch die Bilder auf euch wirken. Begründet.

3. Sucht euch ein Filmbild aus und skizziert dazu vorausgehende oder nachfolgende Bilder. Nennt Möglichkeiten, wie man diese Bilder im Film sinnvoll verknüpfen könnte.

4. Erklärt, warum der Autor einen Tiger für den Überlebenskampf seines Helden gewählt hat. Belegt eure Aussagen durch konkrete Textstellen oder durch Filmbilder aus diesem Kapitel.

Yann Martel: Schiffbruch mit Tiger (Ausschnitt, 2003)

aus Kapitel 94:
Ich war mir sicher, dass er sich nun zu mir umdrehen würde. Er würde mich ansehen. Er würde die Ohren anlegen. Er würde knurren. Etwas in dieser Art würde er tun, zum Ab-

Lerninsel:
Umgang mit
Medien
S. 284 ff.

 Diagnose-
bogen
Filme

56zn9c

 Training
interaktiv
Filme

8yj45x

schluss der Zeit, die wir miteinander verbracht hatten. Aber er dachte gar nicht daran. Sein
5 Blick war starr auf den Dschungel gerichtet. Und dann verschwand Richard Parker, der
Gefährte meiner langen Reise, der mächtige, angsteinflößende Tiger, der mich gerettet
hatte, mit einem kleinen Sprung für immer aus meinem Leben. […]
Ich weinte wie ein Kind. Nicht weil ich überwältigt von dem Gedanken war, dass ich
meine Leiden überstanden hatte. Obwohl ich auch das war. Auch nicht, weil ich wieder
10 meine Brüder und Schwestern um mich hatte, obwohl mich das sehr rührte. Ich weinte,
weil Richard Parker mich ohne einen Abschiedsgruß verlassen hatte. Es ist entsetzlich,
wenn man sich nicht anständig verabschieden kann. Ich bin ein Mensch, der an Formen
glaubt, an die Harmonie des geordneten Lebens. Wo immer wir können, müssen wir den
Dingen eine Gestalt geben, denn Gestalt bedeutet Sinn.

5. Sucht im Textausschnitt Hinweise auf Fiktionalität und deutet den Abschnitt
ab Zeile 8.

von Ilka 13.01.2012, 13:26, www.forum.die-leselust.de

Hallo zusammen,
ich habe jetzt innerhalb von zwei Tagen „Schiffbruch mit Tiger" verschlungen. […] Das
Ende hat mich auch sehr verwirrt. […] am Ende wird der Leser gezwungen, selbst zu entscheiden, ob die eben erzählte Geschichte wahr ist oder ob die Katastrophenbeschreibung
5 mit Matrose, Koch und Mutter der Realität entspricht. Ein wirklich gelungenes Ende,
das mich jetzt noch hin- und herreißt, da beide Lösungen für mich zufriedenstellend
sind. Einerseits bin ich da eher realistisch eingestellt, andererseits will man das eben MIT-
ERLEBTE (so ging es mir jedenfalls) nicht einfach als reine Fiktion abtun. Und wie sagt
ein berühmter Schlagertitel doch noch: Wunder gibt es immer wieder …

6. Reagiert in einem kurzen Blogbeitrag auf den Text von Ilka.

Interview mit Ang Lee, dem Regisseur von „Life of Pi"

SPIEGEL ONLINE: Wie haben Sie überhaupt von dem Buch gehört?
LEE: Ich habe es vor einigen Jahren gelesen und fand es unglaublich, habe es direkt meiner
Frau und meinen Kindern gegeben. Meine professionelle und persönliche Intuition sagte
mir aber, dass man daraus keinen Film machen kann.

7. Diskutiert die anfängliche Einschätzung des Regisseurs, dass man
aus dem Roman „Schiffbruch mit Tiger" keinen Film machen könne.
Berücksichtigt dabei die jeweiligen Kompositionsmöglichkeiten
von Buch und Film.

Wege und Umwege
Gedichte untersuchen und deuten

 Das könnt ihr schon!

· Inhalt und Aufbau untersuchen
· bildliche, sprachliche, klangliche
  Besonderheiten untersuchen und deuten
· Gedichte in ihrem historischen
  und biografischen Bezug erschließen
· Gedichte produktiv umgestalten und
  eigene Gedichte schreiben

Achtung:
alte Recht-
schreibung

Wolfgang Bächler:
Wege

Ich habe die Richtung verloren.
Es gibt zuviel Wege.

Vielleicht muß ich
die Augen schließen
5 und auf dem Kopf gehen?

Vielleicht findet mich das Ziel?

Bertolt Brecht:
Der Radwechsel (1953)

Ich sitze am Straßenhang.
Der Fahrer wechselt das Rad.
Ich bin nicht gern, wo ich herkomme.
Ich bin nicht gern, wo ich hinfahre.
5 Warum sehe ich den Radwechsel
Mit Ungeduld?

1. Besprecht, welche Gedanken ihr mit dem Thema „Wege und Umwege" verbindet. Bezieht auch die Karikatur ein.

2. Erläutert, worum es in den Gedichten von Bächler und Brecht geht. Wie wird das Motiv des Weges aufgegriffen? Vergleicht mit euren eigenen Gedanken (Aufgabe 1).

3. Im Gedicht von Bächler sagt das lyrische Ich: „Ich habe die Richtung verloren. / Es gibt zuviel Wege." (V. 1 f.)
   – Erläutert, wie ihr diese Aussage versteht.
   – Kennt ihr ähnliche Situationen? Tauscht euch darüber aus.

Lerninsel:
Umgang mit
Gedichten
S. 274 ff.

⊕ Eingangstest
Gedichte
p4m3ev

4. Stellt für das Gedicht von Kunze eine Deutungshypothese auf. Begründet sie, indem ihr Besonderheiten der Sprache und Form einbezieht.

Reiner Kunze:
Sensible Wege (1966)

Sensibel
ist die erde über den quellen: kein baum darf
gefällt, keine wurzel
gerodet werden

5 Die quellen könnten
versiegen

Wie viele bäume werden
gefällt, wie viele wurzeln
gerodet

10 in uns

Albert Ostermaier:
roadmovie (1997)

immer geht es weiter voran wohin
kein ende der straße eine weite
die dir das hemd aufknöpft kein
baum kein strauch eine tankstelle
5 vorbei der horizont schiebt sich
müde voran die sonne pausiert
hinter den wolken & die nacht
füllt die reserven wenn die fahrer
wechseln das bier immer dünner
10 wird & der schnee dir an den
schuhen schmilzt du dir ein herz
fasst & den atem hältst plötzlich
das haar des mädchens vor dir in
den händen um eine haaresbreite
15 hättest du die augen geschlossen &
die liebe erfunden eine straße &
endlosigkeit die man nur zu
zweit ertragen kann ein glück
das keine zeit hat sich zu zeigen
20 doch du die zeit es zu verlieren
wenn der film & das popcorn
aus sind & ein mann seinen
weg allein geht mit sand in den
augen doch mit schnee
25 in den schuhen zum
ende

5. Sprecht über Vorstellungen, die ihr mit dem Begriff „Roadmovie" verbindet. Bezieht auch eure Erfahrungen mit Büchern und Filmen ein.

6. Bereitet in Gruppen eine Rezitation des Gedichts „roadmovie" vor.
– Klärt die Situation und die Wahrnehmungsweisen des lyrischen Ichs. Untersucht, wie der Inhalt durch den Aufbau und die sprachliche Gestaltung gestützt wird.
– Überlegt, worin Schwierigkeiten beim Rezitieren bestehen könnten.
– Probiert unterschiedliche Vortragsweisen aus.
– Tragt eure Rezitation vor und gebt euch Feedback.

Das lernt ihr jetzt!

· weitere sprachliche und klangliche Besonderheiten untersuchen und deuten
· lyrische Texte sprechkünstlerisch gestalten
· Gedichte nach Inhalt, Sprache und Form vergleichen

Eigene Wege
Lyrische Texte untersuchen und sprechkünstlerisch gestalten

1. Lest den Informationskasten zur Darbietungsform des Poetry-Slam. Stellt Vermutungen an, welche Folgen diese Form der Inszenierung für die Textgestaltung hat.

Von den USA ausgehend hat sich seit den 90er Jahren weltweit eine literarische Performance etabliert, die auch in Deutschland eine große Fangemeinde gefunden hat: der Poetry-Slam (sinngemäß: Dichterwettstreit).
Bei solch einem moderierten Wettbewerb tragen die sogenannten Slammerinnen und Slammer selbst verfasste Texte vor. Diese Texte sind nur zum Teil Gedichte, oft haben sie auch erzählenden Charakter.

Typische Regeln eines Poetry-Slams:
– Der Vortrag ist meist auf fünf Minuten begrenzt.
– Es dürfen keine Requisiten verwendet werden.
– Eine Publikumsjury bewertet die Vorträge durch Hochhalten von Stimmtafeln mit Punkten von eins (schlechteste Note) bis zehn (beste Note). Dabei wird die Performance gleichwertig zum Inhalt bewertet.
– Die schlechteste und die beste Note des Vortrags werden gestrichen, alle restlichen zusammengezählt und so der beste Slammer ermittelt.

Bas Böttcher: Freiheit im Quadrat (2009)

Ich malte über den Blockrand
und schlug über die Stränge.
Ich war umgeben von Grenzen
und sprengte die Enge.

5 Dann fand ich meine Freiheit im Quadrat.
Dann fand ich Vielfalt im Standardformat.

Man will ja keine Freiheit,
man will ja Sicherheit.
Man will bloß etwas Spielraum,
10 in dem bisschen Freiheit bleibt.

Ich hatte Multitalentose
und litt an Nonkonformie.
Ich hatte Vielseitingitis
und ne Normalallergie.

15 Dann fand ich meine Freiheit im Quadrat.
Dann fand ich Vielfalt im Standardformat.

Man will ja keine Vielfalt,
man will ja, was man kennt.
Man will bloß etwas Abwechslung,
20 die man dann Vielfalt nennt.

Performance:
die Präsentation des Textes durch den Autor/die Autorin

nonkonform:
von der herrschenden Meinung abweichend, individualistisch

2. Lest das Gedicht. Erklärt, worin die „Freiheit" für das lyrische Ich besteht.

3. Bildet kleine Gruppen und untersucht das Gedicht genauer.
– Analysiert den Zusammenhang von Inhalt und Aufbau.
– Deutet den Wechsel zwischen dem Pronomen „ich" und dem unpersönlichen Pronomen „man".
– Untersucht die sprachlichen und klanglichen Mittel.
– Schaut euch im Internet die Performance an.
– Beschreibt, mit welchen Mitteln das Gedicht inszeniert wird.
– Achtet auf Körpersprache, Mimik, Gestik und Sprechweise.

Tilmann Döring: Immer wenn (2009)

Immer wenn – ich ankomm' nach Reisen
in Zügen bei Nacht, auf glühenden Gleisen
der Puls im springenden Walzer rotiert
der Mund trocken – der Hals abgeschnürt
5 das Beben der Beine das Laufen verhindert
das Reden der Meisten den Glauben vermindert
das Leben sei leicht und nicht rau und verbittert
bei Sätzen wie „Ich mag dich, ehrlich, ich schwör!"
weiß ich, dass ich hier nicht hergehör'

10 Und wenn ich dann da bin, doch da auch nicht hier ist
weil hier auch nicht hier, nur alleine bei mir ist
die Sprache sich peitschend gegen mich stellt
und dem lachenden Reigen nur Regen entfällt
kann reden mit jedem, doch schweigen mit keinem
15 so steh ich auf wackligen Stelzen auf eigenen Beinen
sitz' ohne wärmende Pelze auf kaltem Gestein
bei Sätzen wie „Ich meld mich ehrlich, ich schwör!"
weiß ich, dass ich hier nicht hergehör'

[…]

20 Doch auf der Suche danach geht die Reise wohl weiter
Angst im Gepäck, dem Gefühl als mein Reisebegleiter
Es bleibt ein zielloses Tappen im Dunkeln
Ein tägliches Rappeln und Zappeln für Stunden
Und wenn ich dann ankomm' nach Reisen
25 in Zügen bei Nacht, auf glühenden Gleisen
weiß ich – ich bleib hier doch nur bis morgen
bei Sätzen wie „Komm schon, mach dir keine Sorgen!"
weiß ich, Heimat kann man nicht borgen!

Tilmann Döring

4. Gebt den Inhalt mit eigenen Worten wieder.
Erläutert, welche Grundstimmung zum Ausdruck kommt.
Belegt mit Textstellen.

5. Findet für jede Strophe eine aussagekräftige Überschrift.

6. Bereitet auf einer Kopie eine Rezitation vor:
– Kennzeichnet Sprechpausen.
– Markiert Wörter, die ihr besonders betonen wollt.
– Notiert Regieanweisungen.
– Sprecht den Text mehrmals laut und findet euren eigenen
Sprechrhythmus.
– Tragt den Text vor und gebt euch ein Feedback.

Jule Weber

Lerninsel:
besondere
Gestaltungs-
mittel
S. 277

6. Beschreibt die Wirkung der ersten Strophe von Dörings Gedicht (S. 139).
Erklärt, durch welche sprachlichen Mittel die Wirkung zustande kommt.

7. Tragt den Text von Döring (S. 139) als Poetry-Slam-Performance vor.
Besprecht vorab, was sich im Vergleich zur Rezitation in Aufgabe 5 (S. 139)
verändert.

8. Schaut euch im Internet Aufzeichnungen von Poetry-Slams an und erklärt,
welche Bedeutung in diesem Aufführungskontext den sprachlichen Mitteln zukommt.

9. Sucht nach einer Idee für eigene Slam-Poetry. Ihr könnt so vorgehen:
  – Führt ein Brainstorming durch und schreibt alles auf, was euch
    innerhalb einer Minute zum Thema „Eigene Wege" durch den Kopf geht.
  – Kreist anschließend die Aspekte ein, die euch besonders bedeutsam
    oder aktuell erscheinen.
  – Schreibt um die eingekreisten Aspekte clusterartig alle Assoziationen,
    die euch einfallen. Nutzt zum Beispiel Zitate, Liedtexte oder Werbetexte,
    die ihr verfremden könnt.

10. Verfasst mithilfe der blauen Box auf Seite 141 und der folgenden Checkliste
ein eigenes Gedicht für eine Performance.

> ### Checkliste
>
> **Checkliste zum Schreiben und Vortragen von Slam-Poetry**
>
> **Schreiben**
> ✔ Ist das Thema meines Textes für das Publikum interessant oder aktuell?
> ✔ Ist mein Text beim Zuhören nachvollziehbar?
> ✔ Sind inhaltliche und sprachliche Brüche gewollt und interessant?
> ✔ Sind sprachliche und klangliche Mittel wirkungsvoll eingesetzt?
>
> **Vortragen**
> ✔ Schlüpfe ich in eine andere Rolle oder trete ich als ich selbst auf?
> ✔ Welches Sprechtempo und welche Stimmlage passen zur Stimmung meines Textes?
> ✔ Habe ich Regieanweisungen für die Betonung und Vortragsweise notiert?
> ✔ Gibt es Passagen, bei denen ich das Publikum einbeziehen kann?
> ✔ Wie will ich mich auf der Bühne bewegen?
> ✔ Wie kann ich meinem Lampenfieber entgegenwirken?

Lerninsel:
Mit Lam-
penfieber
umgehen
S. 233

Vorlage
Checkliste
Poetry-Slam
t3vq9y

11. Stellt euren Text als Poetry-Slam-Performance der Klasse vor.
  – Nutzt zur Vorbereitung die Checkliste.
  – Beurteilt eure Beiträge nach den Slam-Regeln (S. 138)
    und gebt euch Hinweise für Verbesserungen.

Sprachliche Mittel zur sprechkünstlerischen Darbietung nutzen

Um einen Text als Slam-Poetry zu performen, könnt ihr sprachliche Mittel wie **Alliterationen, Parallelismen, Enjambements, Anaphern** und andere gehäuft einsetzen.

Außerdem könnt ihr völlig neue Wörter (**Neologismen**) erfinden, um einen Sachverhalt besonders treffend auszudrücken.

> „Multitalentose, Nonkonformie, Vielseitingitis, Normalallergie" (S. 138, V. 11–14).

Bei einer **Assonanz** verwendet ihr einen bestimmten betonten Vokal, Diphthong oder Umlaut häufiger. Der dadurch entstehende Gleichklang unterstützt die inhaltliche Aussage.

> „kann reden mit jedem, doch schweigen mit keinem" (S. 139, V. 14).

Lerninsel:
besondere
Gestaltungs-
mittel
S. 277

12. Zum Differenzieren ■ ■ ■ ■

Führt einen Dead-or-Alive-Slam durch und kürt den besten Slammer eurer Klasse.

A Sucht euch ein Gedicht eines verstorbenen Dichters aus. Kopiert den Text und bereitet eure Performance mithilfe von Markierungen und Regieanweisungen vor. Das Blatt mit dem Gedicht und euren Notizen dürft ihr mit auf die „Bühne" nehmen.

B Sucht das Gedicht eines verstorbenen Dichters und verfasst dazu eine Modernisierung für den Poetry-Slam. Bereitet eure Performance mithilfe von Markierungen und Regieanweisungen vor. Das Blatt mit dem Text und euren Notizen dürft ihr mit auf die „Bühne" nehmen.

C Wandelt einen Zeitungstext in einen Slamtext um und performt ihn.

Dead-or-Alive-Slam: Bei diesem Wettbewerb treten junge Künstler mit ihren eigenen Texten gegen verstorbene Dichter an. Dabei werden diese durch Schauspieler repräsentiert, die die jeweiligen Texte im Stil von Slam-Poetry performen.

Plakat zur Ankündigung eines Dead-or-Alive-Slams

⊕
Differenzieren
Sprachliche
und klangliche
Mittel
x4q6pr

13. Extra

Gestaltet ein Plakat zum Thema „Dichterwettbewerbe früher und heute" und präsentiert es eurer Klasse. Ihr könnt so vorgehen:
– Recherchiert im Internet und in der Bibliothek.
– Stellt zwei bis drei Dichterwettbewerbe und bedeutende Teilnehmer/Teilnehmerinnen vor.

Aufgezwungene Wege
Gedichte vergleichen

Bertolt Brecht
(1898–1956):
- politisch engagierter
  Schriftsteller
- 1933 Flucht mit Familie
  aus Deutschland
- Stationen der Flucht:
  Prag, Wien, Schweiz
- bis 1939 Exil in
  Dänemark/Svendborg,
  später: Schweden, Finn-
  land, USA

Bertolt Brecht: Gedanken über die Dauer des Exils (um 1937)

1

Schlage keinen Nagel in die Wand!
Wirf den Rock auf den Stuhl!
Warum vorsorgen für vier Tage?
Du kehrst morgen zurück.

5 Laß den kleinen Baum ohne Wasser!
Wozu noch einen Baum pflanzen?
Bevor er so hoch wie eine Stufe ist
Gehst du froh weg von hier.

Zieh die Mütze ins Gesicht, wenn Leute vorbeigehn!
10 Wozu in einer fremden Grammatik fingern?
Die Nachricht, die dich heimruft
Ist in bekannter Sprache geschrieben.

So wie der Kalk vom Gebälk blättert
(Tue nichts dagegen!)
15 Wird der Zaun der Gewalt zermorschen
Der an der Grenze aufgerichtet ist
Gegen die Gerechtigkeit.

2

Sieh den Nagel in der Wand, den du eingeschlagen
    hast:
Wann, glaubst du, wirst du zurückkehren?
20 Willst du wissen, was du im Innersten glaubst?

Tag um Tag
Arbeitest du für die Befreiung
Sitzend in der Kammer schreibst du:
Willst du wissen, was du von deiner Arbeit hältst?
25 Sieh den kleinen Kastanienbaum im Eck des Hofes
Zu dem du die Kanne voll Wasser schlepptest.

1. Grenzt die Begriffe „Exil",
„Asyl" und „Migration" voneinander ab; nutzt dazu ein
Wörterbuch. Sammelt
mögliche Gründe, warum
jemand ins Exil geht.

2. Lest den ersten Teil des
Gedichts und beschreibt mit
eigenen Worten,
– welche Haltung der lyrische
  Sprecher zum Exil hat und
– wie sich der Adressat
  verhalten soll.

3. Lest den zweiten Teil des Gedichts und erläutert, was sich in der Sprechhaltung
im Vergleich zum ersten Teil verändert hat.

4. Das Gedicht trägt autobiografische Züge. Nutzt die Informationen im grünen
Kasten für eure Deutung des Gedichts.

Heinrich Heine: Nachtgedanken (1844)

Denk ich an Deutschland in der Nacht,
Dann bin ich um den Schlaf gebracht,
Ich kann nicht mehr die Augen schließen,
Und meine heißen Tränen fließen.

5 Die Jahre kommen und vergehn!
Seit ich die Mutter nicht gesehn,
Zwölf Jahre sind schon hingegangen;
Es wächst mein Sehnen und Verlangen.

Mein Sehnen und Verlangen wächst.
10 Die alte Frau hat mich behext,
Ich denke immer an die alte,
Die alte Frau, die Gott erhalte!

Die alte Frau hat mich so lieb,
Und in den Briefen, die sie schrieb,
15 Seh ich, wie ihre Hand gezittert,
Wie tief das Mutterherz erschüttert.

Die Mutter liegt mir stets im Sinn.
Zwölf lange Jahre flossen hin,
Zwölf lange Jahre sind verflossen,
20 Seit ich sie nicht ans Herz geschlossen.

Deutschland hat ewigen Bestand,
Es ist ein kerngesundes Land;
Mit seinen Eichen, seinen Linden,
Werd' ich es immer wiederfinden.

25 Nach Deutschland lechz' ich nicht so sehr,
Wenn nicht die Mutter dorten wär;
Das Vaterland wird nie verderben,
Jedoch die alte Frau kann sterben.

Seit ich das Land verlassen hab,
30 So viele sanken dort ins Grab,
Die ich geliebt – wenn ich sie zähle,
So will verbluten meine Seele.

Und zählen muss ich – Mit der Zahl
Schwillt immer höher meine Qual,
35 Mir ist, als wälzten sich die Leichen,
Auf meine Brust – Gottlob! Sie weichen!

Gottlob! Durch meine Fenster bricht
Französisch heitres Tageslicht;
Es kommt mein Weib, schön wie der Morgen,
40 Und lächelt fort die deutschen Sorgen.

Mascha Kaléko: Emigranten-Monolog (1945)

Ich hatte einst ein schönes Vaterland –
So sang schon der Flüchtling Heine.
Das seine stand am Rheine,
Das meine auf märkischem Sand.

5 Wir alle hatten einst ein (siehe oben!),
Das fraß die Pest, das ist im Sturz zerstoben.
O Röslein auf der Heide,
Dich brach die Kraftdurchfreude.

Die Nachtigallen wurden stumm,
10 Sahn sich nach sicherm Wohnsitz um.
Und nur die Geier schreien
Hoch über Gräberreihen.

Das wird nie wieder, wie es war,
Wenn es auch anders wird.
15 Auch wenn das liebe Glöcklein tönt,
Auch wenn kein Schwert mehr klirrt.

Mir ist zuweilen so, als ob
Das Herz in mir zerbrach.
Ich habe manchmal Heimweh.
20 Ich weiß nur nicht, wonach …

Hörtexte
Nachtgedanken, Emigranten-Monolog
hm7a8s

O Röslein auf der Heide: Vers aus Goethes Gedicht „Heidenröslein"

Kraft durch Freude: politische Organisation zur Freizeitgestaltung im Dritten Reich

Heinrich Heine (1797–1856):
– politisch engagierter Schriftsteller
– ab 1831 im Exil in Paris

Mascha Kaléko (1907–1975):
– in Polen geborene Jüdin, die seit ihrer Kindheit in Deutschland lebte
– 1938 Emigration in die USA

5. Rezitiert die Gedichte von Heine und Kaléko (S. 143) und gebt euch Rückmeldungen.

6. Verfasst kurze Inhaltsangaben zu den Gedichten von Heine und Kaléko (S. 143).

7. Vergleicht die Gedichte (S. 143). Geht so vor:
   – Übernehmt die folgende Tabelle und vervollständigt sie.
   – Formuliert zu beiden Gedichten eine Deutungshypothese und ein Fazit eures Vergleichs.

Vergleichs-aspekte	Heinrich Heine: Nachtgedanken	Mascha Kaléko: Emigranten-Monolog
Thema	…	…
Grundstimmung	…	*wehmütig, traurig*
lyrischer Sprecher und seine Sprechsituation	*lyrisches Ich verbindet mit Deutschland positive Erinnerungen*	
Motiv: Heimat	…	…
Auffälligkeiten in Sprache und Form	…	*– in den letzten beiden Strophen reimen sich nur die Verse 2 und 4 → Verstärkung des zerbrochenen Herzens*

Sprachtipp

Analyseergebnisse miteinander in Beziehung setzen

Als Gemeinsamkeit zwischen den Gedichten von A und B lässt sich feststellen, …
Ebenso wie A betont/verwendet auch B …
Eine Parallele zwischen den Gedichten von A und B besteht darin, dass …
Die Gedichte unterscheiden sich hinsichtlich …
Während im Text von A … im Zentrum steht, hebt B … hervor
Im Gegensatz zu B/Anders als B hebt A … hervor
Als zentraler Unterschied zwischen den beiden Texten kann … angeführt werden …

Wissen und Können

Lerninsel: Umgang mit Gedichten S. 274 ff.

Gedichte vergleichen

Eine Variante des Gedichtvergleichs ist der sogenannte **aspektorientierte Vergleich**.
So könnt ihr dabei vorgehen:
1. **Vergleichsaspekte** suchen, die für beide Gedichte bedeutsam sind (z. B. *Thema, Grundstimmung, lyrischer Sprecher und seine Situation, Aufbau, Motiv(e), sprachliche Auffälligkeiten*)
2. beide Gedichte unter diesen Vergleichsaspekten untersuchen, Ergebnisse in einer Tabelle festhalten
3. ein **Fazit** ziehen

8. Zum Differenzieren ■ ■ ■ ■

Differenzieren
Gedichte
vergleichen
3s7as5

A Vergleicht die Gedichte von Biondi und Papastamatelos. Geht so vor:

– Notiert in einer Tabelle Stichpunkte zu den Vergleichsaspekten
Thema, Grundstimmung, Situation des lyrischen Sprechers, Aufbau,
sprachliche Auffälligkeiten und deren Deutung.

– Nutzt die Markierungen und Notizen am Gedicht von Biondi.

– Bezieht auch die Informationen in dem grünen Kasten mit ein.

– Formuliert ein schriftliches Fazit eures Vergleichs mithilfe des Sprachtipps (S. 144).

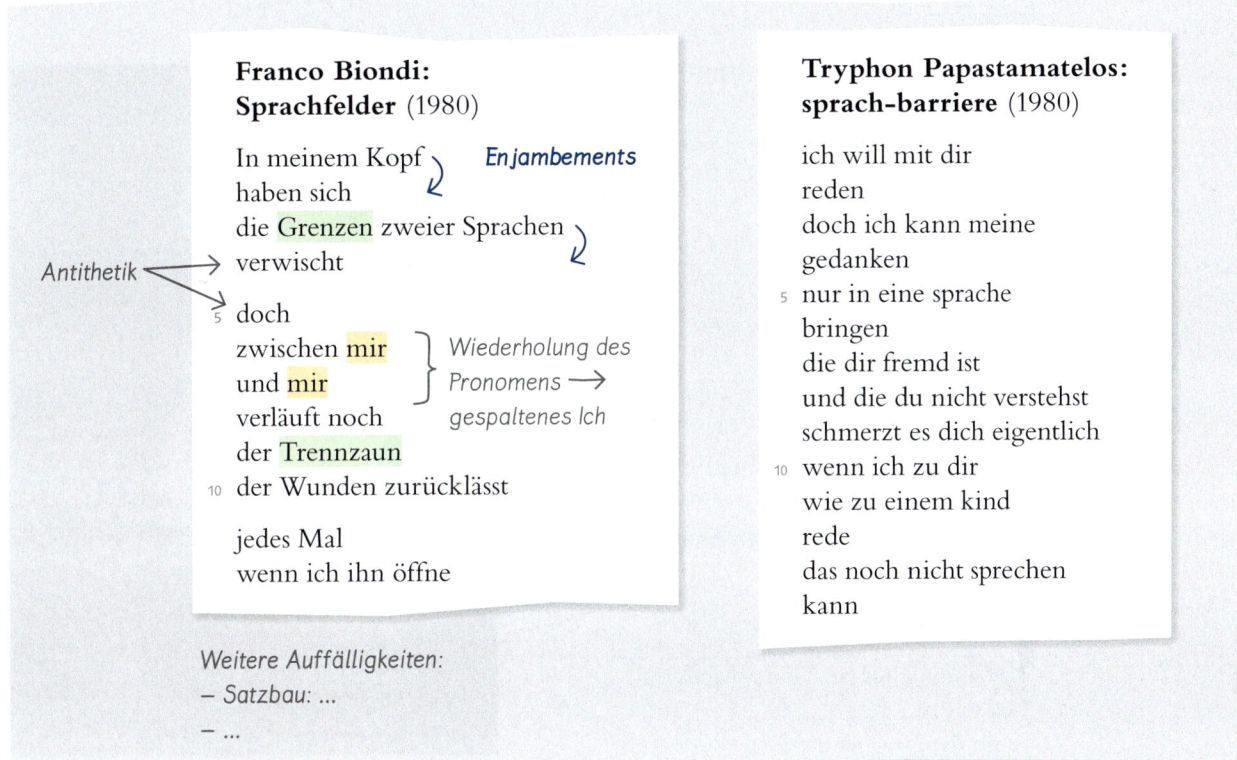

Franco Biondi (geb. 1947 in Forli, Italien) kam 1965 nach Deutschland.
Tryphon Papastamatelos ist gebürtiger Grieche und lebt seit 1966 in Deutschland.
Beide Autoren kamen als Gastarbeiter und gelten als Vertreter der sogenannten Gastarbeiter-
oder Migrantenliteratur.

B Vergleicht die Gedichte „Bildlich gesprochen" (S. 94) und
„Die Liebe" (S. 96) unter folgenden Aspekten:

– Thema

– Grundstimmung

– lyrischer Sprecher und seine Situation

– Aufbau

– bildliche, sprachliche und klangliche Auffälligkeiten.

Clara Nielsen: Windwatte und Spurplattenwege (2012)

Windwatt:
Watt, das
entsteht, wenn
flache Wasser-
zonen durch
starke Winde
trockengelegt
werden, z.B. an
der Küste von
Mecklenburg-
Vorpommern

**Spurplatten-
weg:**
Weg, bei dem
nur die beiden
Fahrspuren
befestigt sind,
dazwischen
wächst Gras

Wie Windwatt warten auf Wind
auf den Zugvogel
der kommt, um nach Nahrung zu suchen,
will ich nicht
5 mehr.

Ich will auf Spurplattenwegen
neben dir her laufen,
jeder auf seinem eigenen Weg
und dazwischen wächst Gras,
10 ich sehe dich ja noch,
wenn du gleich schnell läufst wie ich
und das Gras nicht zu hoch ist.

Im Windschatten läuft es sich besser
– sagen einige,
15 aber da sieht man den Weg vor sich nicht
– sag ich
und nach Kilometer 365 mal x sehnt man
sich
sicherlich nach etwas mehr Sicht.

20 Wie Windwatte warten auf Zugvögel
will ich nicht.

Ich laufe lieber auf Spurplattenwegen
neben dir,
denn der Weg ist das Ziel
25 – das sagen sie doch auch.

Clara Nielsen bei einem Auftritt in Köln 2009

1. Erläutert, woran ihr erkennen könnt, dass es sich um einen Beitrag
   für einen Poetry-Slam handelt.
   - Geht auch auf die bildlichen, sprachlichen und klanglichen Mittel
     und deren Wirkung ein.
   - Begründet mit Textstellen.

2. Tragt den Text euren Mitschülerinnen und Mitschülern in Form
   einer Slam-Performance vor. Beurteilt eure Vorträge.

Lerninsel:
Umgang mit
Gedichte
S. 274 ff.

⊕ Diagnose-
bogen
Gedichte
5je7h8

⊕ Training
interaktiv
Gedichte
2hs692

**Johann Wolfgang Goethe:
Glückliche Fahrt** (1795)

Die Nebel zerreißen,
Der Himmel ist helle,
Und Äolus löset
Das ängstliche Band.
5 Es säuseln die Winde,
Es rührt sich der Schiffer.
Geschwinde! Geschwinde!
Es teilt sich die Welle,
Es naht sich die Ferne;
10 Schon seh' ich das Land!

**Hilde Domin:
Auf Wolkenbürgschaft** (1959)

(für Sabka)

Ich habe Heimweh nach einem Land,
in dem ich niemals war,
wo alle Bäume und Blumen
mich kennen,
5 in das ich niemals geh,
doch wo sich die Wolken
meiner
genau erinnern,
ein Fremder, der sich
10 in keinem Zuhause
ausweinen kann.

Ich fahre
nach Inseln ohne Hafen,
ich werfe die Schlüssel ins Meer
15 gleich bei der Ausfahrt.
Ich komme nirgends an.
Mein Segel ist wie ein Spinnweb im Wind,
aber es reißt nicht.
Und jenseits des Horizonts,
20 wo die großen Vögel
am Ende ihres Flugs
die Schwingen in der Sonne trocknen,
liegt ein Erdteil,
wo sie mich aufnehmen müssen,
25 ohne Pass,
auf Wolkenbürgschaft.

Äolus:
griechischer
Gott der Winde

3. Gebt den Inhalt beider Gedichte mit
eigenen Worten wieder.

4. Vergleicht beide Gedichte.
   – Erklärt, welche Bedeutung das
     Wege-Motiv hat.
   – Untersucht die Grundstimmung und
     verdeutlicht, durch welche bildlichen,
     klanglichen und sprachlichen Mittel
     sie jeweils gestützt wird.
   – Fasst wesentliche Ergebnisse eures
     Vergleichs in einem schriftlichen Fazit
     zusammen.

5. Beurteilt das folgende Fazit eines Schülers:

> *Für beide Gedichte ist das Wege-Motiv grundlegend. Aber während der lyrische Sprecher im
> Gedicht von Goethe zuversichtlich sein Ziel verfolgt und es findet, ist der lyrische Sprecher im
> Gedicht von Domin erfolglos und sehnt sich nach einem utopischen Ort des Exils.*

Vorurteil und Toleranz
Dramatische Texte untersuchen und deuten

 Das könnt ihr schon!

- einen dramatischen Text untersuchen:
  die Funktion der Exposition erkennen
  die Figuren und die Figurenkonstellation untersuchen
  die Entwicklung des Konflikts untersuchen
- Texte durch Pantomime und Standbild gestaltend deuten
- Formen des szenischen Interpretierens nutzen

[…] Auf dem Bauplatz einer Moschee in Leipzig haben Unbekannte fünf blutige Schweineköpfe aufgespießt und eine Mülltonne angezündet. Gegen den Bau der Moschee im Stadtteil Gohlis gibt es seit Wochen Proteste – nicht nur von Rechtsradikalen.
(www.focus.de, 15.11.2013)

Ein offenbar unter Drogeneinfluss stehender Mann hat am Montagmorgen einen Brandanschlag auf die Zentralmoschee im Kölner Stadtteil Ehrenfeld verübt. Verletzt wurde niemand, es entstand lediglich Sachschaden. Vermutlich ist der 31-Jährige auch für Sachbeschädigungen an islamischen Gotteshäu-
5 sern in Hürth und Wesseling verantwortlich. Dort soll er in den Morgenstunden […] mehrere Bänke an der Moschee in Hürth beschädigt haben.
(Kölner Stadt-Anzeiger, 03.02.2014)

1. Lest die Meldungen und sammelt Beispiele für Fremdenfeindlichkeit, die euch begegnet sind.

2. Die Schülerband „Farbenblind" hatte mit ihrem Song einen überraschenden Erfolg. Besprecht, welchen Einfluss solche Songs im Kampf gegen Rassismus und Gewalt haben können.

3. Entwickelt Ideen für die Handlung eines Dramas, in dessen Zentrum Intoleranz und Fremdenfeindlichkeit stehen.

Farbenblind: Gib dem Hass keine Chance (2011)

Wir betrachten unser Leben in Schwarz und Weiß,
Tag und Nacht, kalt und heiß.
Die Dinge scheinen klar – wir glauben doch nur, was wir sehen.
Aber ohne den Verstand kann schließlich Wissen nicht entstehen.
[…]
Schatten und Licht – komm schärfe deinen Blick!
Erweiter deinen Horizont – sei nicht farbenblind!
Ganz ohne Schatten und Licht – verbreite deine Sicht
für eine Menschheit ohne Grenzen – sei doch nicht farbenblind!

Lerninsel:
Umgang mit
dramatischen
Texten
S. 278 ff.

🌐 Eingangstest
Dramatische
Texte
s23f25

Gotthold Ephraim Lessing:
Nathan der Weise.
Dritter Aufzug, Fünfter und
Sechster Auftritt (Ausschnitt, 1779)

SALADIN: [...] Da du nun
   So weise bist: so sage mir doch einmal –
   Was für ein Glaube, was für ein Gesetz
   Hat dir am meisten eingeleuchtet?
5 NATHAN: Sultan,
   Ich bin ein Jud'.
   SALADIN: Und ich ein Muselmann.
   Der Christ ist zwischen uns. – Von diesen drei
   Religionen kann doch eine nur
10 Die wahre sein. – Ein Mann, wie du, bleibt da
   Nicht stehen, wo der Zufall der Geburt
   Ihn hingeworfen: oder wenn er bleibt,
   Bleibt er aus Einsicht, Gründen, Wahl des Bessern.
   Wohlan! so teile deine Einsicht mir
15 Dann mit. [...]
   (Er geht ins Nebenzimmer ...) [...]
   NATHAN: *(allein):* Hm! hm! – wunderlich! – Wie ist
   Mir denn? – Was will der Sultan? was? – Ich bin
   Auf Geld gefasst; und er will – Wahrheit. Wahrheit!
   [...] Zwar der Verdacht, dass er die Wahrheit nur
20 als Falle brauche [...]

Die Handlung von „Nathan der Weise" spielt zur Zeit der Kreuzzüge im 12. Jahrhundert während eines Waffenstill-stands in Jerusalem, der heiligen Stadt für Juden, Christen und Muslime.
Der wohlhabende jüdische Kaufmann Nathan, der Freunde in allen drei Religionen hat, wird im Verlauf der Handlung vom islamischen Sultan Saladin, dem in Geldnot geratenen Herrscher in Jerusalem, zu sich bestellt.

4. Erläutert die Situation, in die Nathan durch die Frage Saladins nach der wahren Religion gerät. Schreibt die letzten Gedanken von Nathan weiter.

5. Vergleicht die beiden Inszenierungsfotos.
   – Beschreibt Aussehen, Gestik, Mimik und Haltung der Figuren.
   – Besprecht, wie die Figuren jeweils wirken und ob sie zu euren Vorstellungen von Saladin und Nathan passen.

Altes Schauspielhaus, Stuttgart 2007

forum-theater, Wien 2013

Das lernt ihr jetzt!

· die Figuren untersuchen und charakterisieren
· eine Dramenszene untersuchen und deuten
· literaturgeschichtliche Hintergründe einbeziehen

„Da bin ich mir nicht so sicher."
Dramatische Texte szenisch interpretieren

Eliam Kraiem: Sechzehn Verletzte. Erster Akt, 1. Szene (Ausschnitt, 2004)

Hans betreibt eine kleine Bäckerei in Amsterdam. Seit neun Jahren trifft er sich einmal in der Woche mit Sonja, die als Prostituierte arbeitet.

[…]

HANS: Bleib noch auf ein Glas.

SONJA: (schaut auf ihre Armbanduhr) Das geht nicht.

5 **HANS:** Eine Stunde dauert immer noch sechzig Minuten, oder nicht?
(Sie antwortet nicht.)

HANS: Es ist nach Mitternacht, wo musst du noch hin?

10 **SONJA:** Aber nur ein kurzes Glas im Stehn, Hans. […]
(Er nippt an seinem Glas, sie leert ihres in einem Zug. […] Er will ihr Glas wieder füllen, sie hält ihn davon ab.)

15 **SONJA:** Eine Stunde dauert immer noch sechzig Minuten.
(Sie küsst ihn auf die Wange und will gehen.)

HANS: Bleib.

SONJA: Ich muss gehen.

20 **HANS:** Weil du dich zum Gehen entscheidest.

SONJA: Lass das bitte.

HANS: Du könntest bleiben, wenn du wolltest.

25 **SONJA:** Wir haben ein gutes Arrangement, Hans, mach es nicht kaputt.

HANS: Da bin ich mir nicht so sicher.

SONJA: Was zahlst du für einen Sack Mehl?

HANS: Was hat das damit zu tun?

SONJA: Ich möchte es wissen. 30

HANS: Ungefähr dreißig Gulden.

SONJA: Was hast du vor neun Jahren bezahlt?

HANS: Weiß nicht mehr so genau, vielleicht fünfzehn Gulden. 35

SONJA: Fünfzehn Gulden, toll. Hört sich nicht nach viel an, oder?

HANS: Soll ich mich jetzt alt fühlen, willst du das?

SONJA: Stell dir nur mal vor, was für ein 40 schönes Arrangement es doch wäre, wenn du immer noch bloß fünfzehn Gulden zahlen würdest.

HANS: Arrangement. Was für ein hassliches Wort. 45

SONJA: Jedes romantische Verhältnis ist eine Art Arrangement.

HANS: Dann haben wir ein romantisches Verhältnis?

SONJA: Danke für den Drink, es war wie 50 immer ein schöner Abend.

[…]

1. Besprecht, wie ihr die Beziehung zwischen Hans und Sonja versteht.

Lerninsel: Standbild S. 236
2. Stellt die Beziehung der beiden Figuren in einem Standbild dar.
  - Verdeutlicht das Verhältnis durch Nähe/Distanz, Körperhaltung, Gestik und Mimik.
  - Wählt für jede Figur einen Satz aus, der euch besonders wichtig erscheint, und erprobt eine passende Sprechweise.
  - Begründet eure Entscheidungen anhand des Ausschnitts.

3. Schreibt einen kurzen Monolog, den Hans zum Publikum sprechen könnte. Probt eine passende Vortragsweise. Präsentiert und gebt euch Rückmeldungen.

Eliam Kraiem: Sechzehn Verletzte. Erster Akt, 2. Szene (Ausschnitt, 2004)

Hans und Mahmoud haben sich gerade erst kennengelernt. Hans kümmert sich um Mahmoud, der von Fußball-Hooligans verletzt wurde. Trotzdem ist Mahmoud zunächst sehr misstrauisch. In diesem Ausschnitt spielen sie Backgammon um Geld. Hans hat die erste Partie gewonnen.

[…]

MAHMOUD: Ich kenne Ihre Tricks, alter Mann, Sie denken sich: „Ah, ich kann diesen arabischen Simpel mit Worten wie Schmach und Schande aus der Fassung bringen, und dann gibt er keinesfalls auf." Glauben Sie nicht, dass ich auf solche Tricks reinfalle. Sie hatten Glück am Anfang, und ich erkenne sehr gut, wann ein Spiel zu Ende ist, also gebe ich mich geschlagen. Diesmal.

HANS: Sehr gut, und die Chance auf Revanche?

MAHMOUD: Nur wenn wir die Würfel tauschen.

HANS: Wieso?

MAHMOUD: Zum Zeichen des Vertrauens.

HANS: Sie trauen mir ja nicht mal so weit, dass Sie mir Ihren Namen sagen, was also soll ein Würfeltausch zeigen?

MAHMOUD: Mahmoud.

HANS: Mahmoud, ich hoffe, die Würfel sind so gut zu dir, wie sie zu mir gewesen sind.

MAHMOUD: Hoffe ich auch.

HANS: Dabei fällt mir ein, falls du das ganze Geld nicht zurückgewinnst, ich könnte vielleicht Hilfe brauchen. Viel kann ich nicht zahlen. Aber genug.

MAHMOUD: Was willst du, alter Mann?

HANS: Nichts.

[…]

Simpel: einfacher Mensch, Dummkopf

4. Überlegt euch, wie Hans und Mahmoud am Spieltisch sitzen. Drückt euer Verständnis der beiden Figuren in Bezug auf Offenheit und Misstrauen durch die Körperhaltung aus. Begründet eure Darstellung.

5. Besprecht, wie sich die Beziehung der beiden Figuren in dem kurzen Ausschnitt entwickelt. Tragt den Ausschnitt als szenische Lesung vor und verdeutlicht dabei eure Interpretation der Figurenbeziehung.

6. Erläutert, welche Eigenschaften von Hans sich in beiden Ausschnitten zeigen.

7. Welches Inszenierungsfoto entspricht eher eurer Vorstellung von Hans? Begründet.

„Ich weiß sogar, wie sie riechen …"
Die Figuren und die Figurenkonstellation untersuchen

Direkte und indirekte Figurencharakterisierung untersuchen

Eliam Kraiem: Sechzehn Verletzte (Ausschnitt, 2004)

Die Personen in der Reihenfolge ihres Auftretens:
HANS, Ende Sechzig
SONJA, eine schöne Frau Mitte Fünfzig
MAHMOUD, ein junger Mann
NORA, eine junge Frau
ASHRAF, ein Mann Mitte Dreißig
Ort und Zeit: kürzlich in einer Bäckerei in Amsterdam

Hans betreibt seine Bäckerei mithilfe von Nora, einer jungen Frau, die sich langsam von ihrem Traum, Tänzerin zu werden, verabschiedet. Sein Leben verläuft in ruhigen Bahnen, bis seine vermeintlich heile Welt in einer Winternacht gestört wird, als ein junger Mann von Fußball-Hooligans durch seine Schaufensterscheibe geworfen wird.

Erster Akt, 1. Szene
[…]
(Durch die große Scheibe der Bäckerei wird von außen mit aller Gewalt ein dunkelhäutiger jun-
5 *ger Mann geschleudert, der ein kleines schwarzes Notizbuch in der Hand festklammert. Es ist MAHMOUD: ein krachender Auftritt mit splitterndem Glas.)*

HOOLIGAN: *(singen im Off)* Bastard … Re-
10 feree …

HOOLIGAN: *(sich entfernend)* Scheiß Kameltreiber, Fucking Sandnigger.
(MAHMOUD windet sich am Boden vor Schmerzen; er blutet am Kopf. HANS schaut ihn an, wie gelähmt, kann sich nicht bewe-
15 *gen.)*

REPORTER: … so ein Fehler unterläuft ihm nur selten, und Pennant schnappt sich den Ball von Cole. Könnte es
20 alleine machen … Jermaine Pennant für Leeds, was für ein wunderschönes Tor!
(HANS schaut leicht verwirrt kurz auf den Fernsehschirm, als hätte sich das Fußballspiel
25 *in seine Bäckerei verlagert. Schließlich geht*

er zu MAHMOUD. Er legt die Hand auf MAHMOUD.)

REPORTER: Und Jermaine Pennant hat soeben die ganze Abwehr von Chelsea dumm und dämlich gespielt … 30
(MAHMOUD holt wie wild zum Schlag nach HANS aus, verfehlt ihn aber. HANS schreckt zurück wie vor einem rasenden Tier.)

HANS: Beruhigen Sie sich doch, alles wird 35 wieder gut.

MAHMOUD: RAH AMEEK ABDUL KHAHALFOOK. BAMSUR ARD IMKUN WOO BAMEEK ALBKUN YA SHARAMEET. MEEN UNTA 40 YA MANYAK!

HANS: Schon gut, die sind ja weg.
(MAHMOUD wird ruhig und still. Er verliert das Bewusstsein. HANS holt ein kleines, frisches weißes Handtuch. Diesmal 45 nähert er sich MAHMOUD vorsichtig. Er legt das Tuch auf Mahmouds Kopfwunde.)

HANS: Das müssen Sie kurz auf die Wunde pressen. Ich rufe jetzt einen Krankenwagen. 50

(HANS will gerade gehen, als MAHMOUD ihn packt.)

MAHMOUD: Bitte keinen Krankenwagen.

HANS: Sie brauchen einen Arzt.

55 **MAHMOUD:** Ich gehe nicht ins Krankenhaus! Ich bezahle das Fenster, das verspreche ich. Bitte. […]

Erster Akt, 2. Szene

[…]

60 **MAHMOUD:** Wer sind Sie?

HANS: Ich bin Hans, wer sind Sie?

MAHMOUD: Wie viele sind es gewesen?

HANS: Wer?

MAHMOUD: Die Juden, die mir das ange-
65 tan haben.

HANS: Woher wollen Sie wissen, dass es Juden waren?

MAHMOUD: Das können Sie mir glauben, das waren Juden.

70 **HANS:** Es waren zwei.

MAHMOUD: Nur zwei?

HANS: Naja, vielleicht drei.

MAHMOUD: Vielleicht drei? Wenn vielleicht drei, dann vielleicht auch vier. Wie
75 viele habe ich erwischt?

HANS: Wie bitte?

MAHMOUD: Ich muss doch zurückgeschlagen haben, denn ich bin kein Mann, der sich einfach so auf der Straße verprügeln lässt, ohne sich zu wehren. 80

HANS: Ach so, dann haben Sie bestimmt alle erwischt.

MAHMOUD: Das haben Sie gesehen?

HANS: Ja.

MAHMOUD: Ja, aber habe ich die auch ver- 85 letzt?

HANS: Ja, ich glaube schon

MAHMOUD: Gut. Vielleicht habe ich alle fünf —

HANS: Nicht bewegen. 90

(HANS entfernt einen Glassplitter aus Mahmouds Wunde. MAHMOUD schreit unwillkürlich auf) […]

HANS: Wieso sind Sie so sicher, dass es Juden waren? 95

MAHMOUD: Weil ich die Juden schon mein ganzes Leben kenne. Ich weiß, wie sie denken, ich weiß sogar, wie sie riechen, sie greifen einen zu fünft an und mit Messern. In Jerusalem wären es Maschi- 100 nengewehre, und ich wäre von Löchern durchsiebt.

HANS: Sie sind aus Israel?

MAHMOUD: Ich bin aus Palästina. […]

1. Tragt zusammen, was ihr über den Konflikt zwischen Israel und den Palästinensern wisst.

2. Erläutert, welcher dramatische Konflikt sich in dieser Szene anbahnen könnte.

3. Übernehmt die folgende Tabelle und stellt Merkmale der Figur Mahmoud zusammen. Fasst eure Ergebnisse zusammen und charakterisiert die Figur in ein bis zwei Sätzen.

Aspekte der Figurencharakterisierung	Mahmoud
Lebensumstände: soziale Rolle, Beziehungen zu anderen, …	…
Sprache: Ausdrucksweise, Gesprächsverhalten, …	…
Verhalten: Tätigkeiten, Gewohnheiten, Vorlieben, …	…
Einstellungen: Urteile über andere Menschen, …	…
…	…

Eliam Kraiem: Sechzehn Verletzte. Erster Akt, 4. Szene (Ausschnitt, 2004)

Mahmoud nimmt das Angebot an, in der Bäckerei zu arbeiten. Doch als er am Ende des ersten Arbeitstages an der Innenseite der Tür die Mesusa sieht, wirft er Hans den Tageslohn wutentbrannt vor die Füße, kommt jedoch später wieder zurück und entschuldigt sich.

Mesusa (hebr. Pfosten): kleine Schriftrolle mit biblischen Versen in einer Kapsel am Türpfosten jüdischer Häuser

MAHMOUD: Ich möchte mit dir reden.

HANS: Schieß los.

MAHMOUD: Können wir nach hinten gehen?

5 **HANS:** Ich habe viel zu tun, was willst du?

MAHMOUD: Ich will mich entschuldigen für das, was ich gesagt habe, das war nicht richtig von mir, und ich bitte dich um Verzeihung.

10 **HANS:** Nicht weiter von Bedeutung.

MAHMOUD: Für mich ist es von Bedeutung. Ich bin bei dir in der Schuld, und das möchte ich gutmachen.

HANS: Du schuldest mir überhaupt nichts.

15 **MAHMOUD:** Bitte. Ich habe einen Augenblick die Beherrschung verloren … Ich, ich habe schlimme Erfahrungen gemacht, aber … Ich habe es nicht so gemeint … es tut mir leid.

20 **HANS:** Und wenn ich blutend am Boden läge?

MAHMOUD: Du bist ein guter Mensch, ich konnte es nicht mit ansehen.

HANS: Schön, dann binde dir eine
25 Schürze um, nimm den Mopp und wisch nochmal den Laden auf. Gestern Abend hast du in allen Ecken Mehl liegen lassen.

MAHMOUD: Tut mir leid.

30 **HANS:** Lass gut sein mit tut mir leid, mach diesmal lieber deine Arbeit besser. Erst kommen die Ameisen, und einmal nicht aufgepasst, sind Ameisenbären im Anmarsch, gefolgt von Löwen und dann
35 den Großwildjägern –

Altes Schauspielhaus, Stuttgart 2011

MAHMOUD: Du hörst dich wohl gerne reden, nicht wahr?

HANS: Ja, stimmt.

MAHMOUD: Ich nicht.

HANS: Das bringt der Beruf mit sich, und 40 wenn du den Laden aufgewischt hast, muss da noch ein Fettabscheider gereinigt werden. *(HANS geht zur Registrierkasse und nimmt den Umschlag heraus [den er aufgehoben hatte, nachdem Mahmoud ihn* 45 *am Vortag wütend auf den Boden geworfen hatte].)* Du hast dein Geld vergessen.

MAHMOUD: Behalte die Hälfte als Anzahlung auf das, was ich dir schulde.

HANS: Hab ich schon. *(HANS geht ab in den* 50 *hinteren Raum.)*

MAHMOUD: *(zu NORA)* Ist interessant, du bist eine Frau, redest aber wie ein Mann.

NORA: Hast du ein Problem damit, wie ich rede? 55

MAHMOUD: Nein nein. Gefällt mir, du gefällst mir.

NORA: Tja, dein Pech.

4. Mahmoud kommt mit einer Entschuldigung zurück zu Hans. Besprecht, inwiefern sich Mahmouds Einstellung gegenüber Hans verändert hat. Diskutiert über mögliche Motive.

5. Erläutert, warum die eigentlich positive Aussage „Du bist ein guter Mensch, ich könnte es nicht mit ansehen" (Z. 22 f.) in diesem Zusammenhang kritikwürdig ist.

 direkte und indirekte Figurencharakterisierung untersuchen

6. Erläutert euer Verständnis des Dialogs zwischen Mahmoud und Nora
ab Zeile 57 (S. 154).

Wissen und
Können

Lerninsel:
Figuren-
charakte-
risierung
S. 280

Direkte und indirekte Figurencharakterisierung untersuchen

Untersucht für die Charakterisierung einer Figur folgende Aspekte:
- **Äußeres Erscheinungsbild:** Aussehen, Kleidung, Mimik, Gestik, Körperhaltung, …
- **Lebensumstände:** familiäre, berufliche, gesellschaftliche Rolle; Beziehungen zu anderen, …
- **Sprache:** Ausdrucksweise, Gesprächsverhalten, …
- **Verhalten:** Tätigkeiten, Handlungsweise, Gewohnheiten, Vorlieben, …
- **Inneres:** Gedanken, Gefühle, Interessen, Einstellungen, Absichten, …
- **Bedeutung für die Handlung:** Haupt- oder Nebenfigur (s. S. 157)

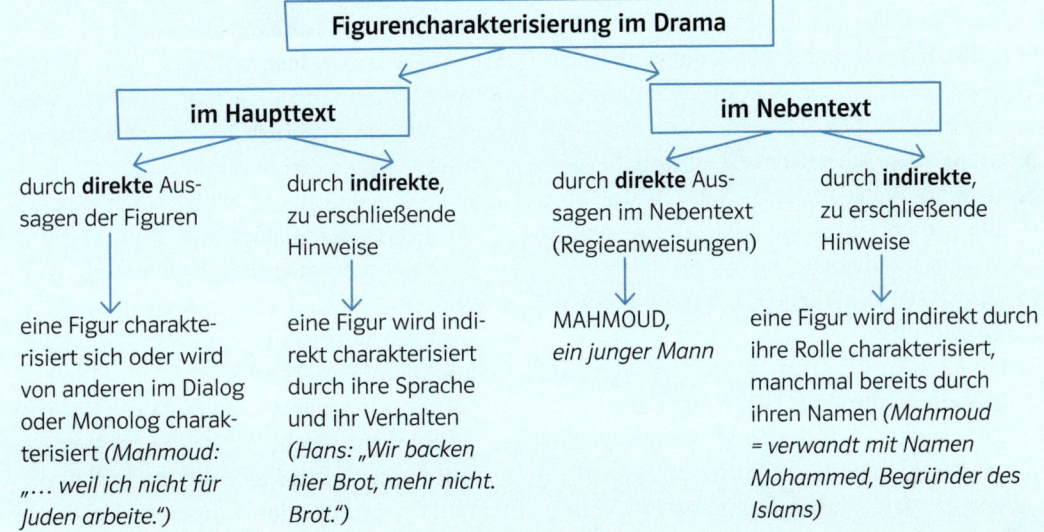

[…] *Mahmoud lernt backen. Nora und Mahmoud verlieben sich ineinander. Selbst als klar
wird, warum Mahmoud untergetaucht ist – er hat ein Attentat mit tödlichem Ausgang begangen –, kann das die Eintracht nicht nachhaltig stören. Und als Nora schwanger ist, erklärt sich
Hans auf Mahmouds Bitte sogar bereit, dem Kind nach seiner Geburt das Azan zu sprechen,
sozusagen Pate zu werden.*

**Azan nach der
Geburt:**
islamischer
Gebetsruf in
das rechte Ohr
des Kindes, um
das Kind in den
Dienst Gottes zu
berufen

7. Zum Differenzieren ■ ■ ■ ■

A Sucht aus den Textausschnitten (S. 150 bis 154) direkte und indirekte
Charakterisierungen zur Figur Hans heraus und notiert dazu Stichpunkte.

B Charakterisiert die Figur Hans mithilfe einer Tabelle.
Fasst in einem Satz die entscheidenden Charakterzüge zusammen.

C Erläutert ausführlich, was es über den Charakter der Figur Hans aussagt,
dass er sich nicht von Mahmoud abwendet, als er erfährt, dass dieser ein Attentat
begangen hat.

⊕
Differenzieren
Figuren-
charakteri-
sierung
h2v96m

Die Figurenkonstellation untersuchen

Eliam Kraiem: Sechzehn Verletzte. Zweiter Akt, 2. Szene (Ausschnitt, 2004)

Ashraf:
Name bedeutet: der Angesehene, Bemerkenswerte

Akhi:
mein Bruder

Habibi:
mein guter Freund, mein Liebling

Baba:
Vater, auch Slangausdruck für „Chef, Durchblicker"

Khan Junis:
Ort im Gaza-Streifen, vor allem von palästinensischen Flüchtlingen bewohnt

[…] *MAHMOUD ist überrascht. […] Er schaut ASHRAF einen Augenblick an, dann umarmt und küsst er ihn.)*

MAHMOUD: Ich hätte nie gedacht, dein Gesicht noch einmal zu sehen.

ASHRAF: Ich habe nie daran gezweifelt, deines wiederzusehen.

MAHMOUD: Akhi, wie hast du mich hier gefunden?

ASHRAF: Hast du dich vor mir versteckt, Mahmoud?

MAHMOUD: Nein, natürlich nicht, aber ich konnte doch nicht, wie sollte ich denn … Ich hatte keinen Ausweg.

ASHRAF: Ich sehe nach dir. Das habe ich deinem Vater versprochen. Willst du mich nicht zu einem Glas Tee in deine Bäckerei einladen?

MAHMOUD: Ja natürlich, ich traue meinen Augen nicht.

ASHRAF: Dann solltest du deinem Herzen trauen, Mahmoud. Wir sind aneinander gebunden. Ich bin niemals weit weg gewesen, Habibi. […] Mahmoud, ich muss mit dir ganz andere Dinge besprechen.

MAHMOUD: Was denn? *(Der Wasserkessel pfeift.)*

ASHRAF: Der Tee. Mahmoud. *(MAHMOUD zögert einen Augenblick, geht dann aber zum Kessel.)* Baba wäre stolz auf dich, Mahmoud. Endlich hast du gelernt, dich in Geduld zu üben. Denn die hat dir von Kind an gefehlt.

MAHMOUD: Backen ist hauptsächlich eine Sache der Geduld.

ASHRAF: Ich weiß noch, als wir klein waren, da spielten wir in den Gossen von Khan Junis. Wenn ich dich jetzt so ansehe, dann bringe ich diese beiden Bilder nicht zusammen. Anscheinend hast du den Jungen von damals tief in dir begraben.

MAHMOUD: Ich musste mich anpassen, Akhi.

ASHRAF: Und du wirst belohnt werden, Mahmoud, glaube mir. *(MAHMOUD reicht ASHRAF ein Glas Tee mit Pfefferminzblättern.)* […]

MAHMOUD: Du hast mich hierher geschickt. Vergiss nicht, dass ich überhaupt nicht weggehen wollte, Ashraf!

ASHRAF: Du bist aufgebracht wegen unserer Mutter? Sie ist ein Kriegsopfer.

MAHMOUD: Du bist ein Tier.

ASHRAF: Ganz im Gegensatz zu dem, was du vielleicht gehört hast: Der Krieg ist nicht vorbei. Du hast doch nicht vergessen, dass dein Land noch immer besetzt ist? Dass deine Freunde und Familie noch immer gedemütigt werden. […]

MAHMOUD: Ashraf, bitte, sag mir, was du von mir willst!

ASHRAF: Da ist er wieder, mein kleiner Bruder, innerlich schließlich doch nicht so unergründlich. In drei Tagen kommt bei dir zu Hause ein Paket an. Du musst es persönlich in Empfang nehmen. […]

MAHMOUD: Ich habe Frau und Kind.

ASHRAF: Du bist verheiratet?

MAHMOUD: Nein, aber schon, wenn es möglich wäre, wenn du mich nicht in eine Lage gebracht hättest, die –

ASHRAF: Wenn du dich nicht selbst in eine Lage gebracht hättest. *(Pause)* Hast du dich in deinem Bäckerkostüm selbst verloren, Mahmoud?

MAHMOUD: Du erwartest doch nicht von mir, dass ich einfach so verschwinde, nachdem ich –

ASHRAF: Aber ich erwarte sehr wohl –

MAHMOUD: Du kennst sie doch gar nicht!

ASHRAF: Weißt du, dass man zu Hause von dir wie von einem Helden spricht? Ja, von dir, nicht von mir. […]

1. Weist am Text nach, mit welchen Anspielungen und Argumenten Ashraf seinen jüngeren Bruder beeinflusst und was er konkret von ihm erwartet. Klärt, in welchen Konflikt Ashraf seinen Bruder stürzt. Diskutiert Argumente, mit denen Mahmoud sich für oder gegen die Erwartungen entscheiden könnte.

Kommunikationssituationen untersuchen
S. 33

2. Die beiden Hauptfiguren Mahmoud und Hans bestimmen das dramatische Geschehen, bevor Ashraf für eine Wende sorgt. Entscheidet und begründet,
   a) ob die beiden Hauptfiguren eher gegensätzlich oder ähnlich gestaltet sind,
   b) ob eher Hans oder Mahmoud die zentrale Figur ist,
   c) ob man Ashraf als Gegenspieler (Antagonist) von Mahmoud bezeichnen kann.

3. Veranschaulicht die Figurenkonstellation des Dramas. Gruppiert die Nebenfiguren um die Hauptfiguren, verwendet Bezugspfeile und stichwortartige Kommentare.

Personenverzeichnis
S. 152

Eliam Kraiem: Sechzehn Verletzte (Ausschnitt, 2004)

Mahmoud wird nachts von Hans mit Sprengstoff in der Bäckerei angetroffen. Hans verspricht, für sein noch ungeborenes Kind zu sorgen, falls Mahmoud etwas zustoßen sollte; am nächsten Morgen wird Amsterdam von einer Explosion in einer Synagoge erschüttert.

4. Erläutert, welcher Handlungsausgang hier angedeutet wird.

Die Figurenkonstellation untersuchen

Wissen und Können

Bei der Analyse der Figurenkonstellation werden die Beziehungen der Figuren, ihre Funktionen und wechselseitigen Beeinflussungen untersucht.

Hauptfigur(en) = entscheidend für die Entwicklung der Handlung		**Nebenfiguren** spielen untergeordnete Rolle für zentrale Handlung (z. B. *Diener, Geliebte/-r*)
Protagonist (altgriech. protos = der erste, agein = handeln): **Hauptfigur**, der „Held"	**Antagonist** (altgriech. anti = gegen): oft negativ dargestellter **Gegenspieler**; kann auch unpersönlich sein (z. B. *Naturgewalt*)	

Kontrastfiguren spielen eine gegensätzliche Rolle, sie haben gegensätzliche Merkmale.
Korrespondenzfiguren haben eher gemeinsame Merkmale und entsprechen einander.

---

5. **Extra**

Prüft, inwiefern die Ergebnisse eurer Analyse der Figuren und der Figurenkonstellation mit dem folgenden Ausschnitt aus der Ankündigung einer Aufführung übereinstimmen.

„‚Sechzehn Verletzte' zeigt anhand von zwei konträren Lebenswegen den Konflikt zwischen Israelis und Palästinensern, Judentum und arabischer Welt. […] Doch jenseits aller Differenzen spielt das Stück noch mit einem so simplen wie wirksamen Umstand: Die beiden Hauptfiguren mögen sich einfach."

Eliam Kraiem: Sechzehn Verletzte. Zweiter Akt, 4. Szene (Ausschnitt, 2004)

Mahmoud hat von Ashraf das Material für eine Bombe bekommen, mit der er eine Synagoge in Amsterdam zerstören soll. Hans stellt Mahmoud zur Rede.

[...]

HANS: Deshalb willst du sie [die Juden] vernichten.

MAHMOUD: Ja

5 **HANS:** Auch mich?

MAHMOUD: Wenn jemand zu dir käme und sagte: Juden dürfen nicht mehr backen. Was würdest du machen?

HANS: Ich würde dem Judentum abschwö-
10 ren und weiter backen wie bisher. Tatsächlich werde ich herzlich gern für dich, Mahmoud, mein Judentum aufgeben. *(HANS geht zur Tür und reißt mit einem wütenden Ruck die Mesusa vom Türpfosten.*
15 *Er wirft sie in den Mülleimer.)* Jetzt können wir Freunde sein, und du brauchst dich nicht mehr von deinem Hass quälen zu lassen.

MAHMOUD: Das ist traurig. Du bist Jude,
20 also sei auch Jude. Dein Volk hat gelitten und gekämpft, und dich von ihm abzuwenden, ist feige, und ich habe davor keinen Respekt.

HANS: Also muss ich für dich Jude bleiben?
25 Du brauchst mich als Juden, damit du rechtfertigen kannst, dass du das Ding hier bastelst, hier drin, wo dir nichts als Freundlichkeit erwiesen wurde ...

MAHMOUD: Du hast hier in Europa ein viel zu gutes Leben gehabt. Wenn du 30 gezwungen gewesen wärst, ein bisschen mehr für das zu kämpfen, was du hast, wärst du vielleicht imstande –

HANS: Ich habe den richtigen Holocaust durchlebt, du Arschloch. Meine Mutter 35 und mein Vater sind ermordet worden. Mir ist es elender gegangen als einem Tier im Käfig. Ich habe Unterdrückung erlebt, die du dir nicht einmal vorstellen kannst. 40

MAHMOUD: Dann kann ich dich noch weniger respektieren.

HANS: Warum, weil ich keine Menschen umbringe?

MAHMOUD: Weil du ein Feigling bist. Du 45 bist weggelaufen. Die Juden, die ich bekämpft habe, waren wenigstens echte Männer.

HANS: Und Kinder.

MAHMOUD: Bist du zornig, Hans? Das 50 freut mich. Denn du musst zornig sein, um zu erkennen, warum ich die Menschen umgebracht habe.

HANS: Du hast das Recht auf deinen Zorn, aber kein Recht, Menschen umzubrin- 55 gen. [...]

Differenzieren
Figuren-
konstellation
vj82n6

6. Zum Differenzieren ■ ■ ■ ■

A Erklärt, inwiefern Hans und Mahmoud in diesem Auszug als Gegenspieler präsentiert werden. Belegt die Gegensätzlichkeit mit konkreten Textstellen.

B „Mahmoud ist in seiner Vergangenheit gefangen. Hans hat sich davon befreit." Erläutert diese Charakterisierungen mithilfe konkreter Textstellen aus der Szene.

C „Mahmoud möchte, dass Hans ihn versteht." Belegt diese These mit Textstellen und erläutert, warum dies für die Charakterisierung Mahmouds wichtig ist.

„... eher Christ und Jude als Mensch?"
Eine Dramenszene untersuchen und deuten

Gotthold Ephraim Lessing: Nathan der Weise (1779)

Ein dramatisches Gedicht, in fünf Aufzügen.

Personen
Sultan Saladin
Sittah, dessen Schwester
Nathan, ein reicher Jude in Jerusalem
Recha, dessen angenommene Tochter
Daja, eine Christin, aber in dem Hause des Juden als Gesellschafterin der Recha
Ein junger Tempelherr
Ein Derwisch
Der Patriarch von Jerusalem
Ein Klosterbruder
Ein Emir nebst verschiedenen Mamelucken des Saladin

Die Szene ist in Jerusalem.

1. Übernehmt die folgende Grafik, ordnet die Figuren den Gruppen in der Grafik zu und ergänzt sie entsprechend.
   – Besprecht, warum der Sultan am Anfang, der Klosterbruder und der Emir am Schluss aufgeführt sind.
   – Warum kann der Leser/die Leserin vermuten, dass Nathan im Zentrum der Handlung steht?

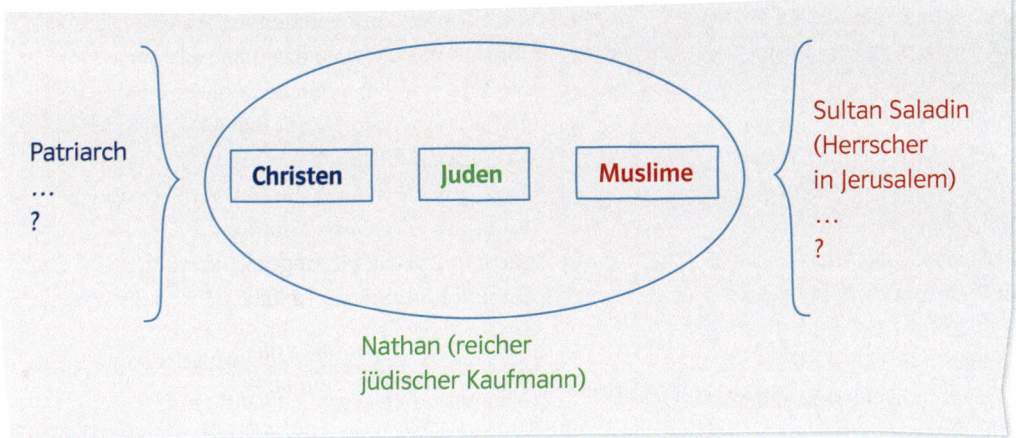

2. Lessing hat die Handlung in die Zeit der Kreuzzüge im 12. Jahrhundert verlegt und als Ort Jerusalem gewählt.
   – Informiert euch über die politische und religiöse Situation in dieser Zeit.
   – Überlegt, um welche Konflikte zwischen den Figuren es gehen könnte.

Sultan:
islamischer Herrscher

Tempelherr:
Angehöriger eines im 12. Jh. nach dem 1. Kreuzzug gegründeten geistlichen Ritterordens, mit den Idealen des adligen Ritter- und Mönchstums

Derwisch:
islamischer Bettelmönch, der „arm vor Gott" als weise und klug gilt

Patriarch:
christlicher Bischof als geistliches Oberhaupt eines größeren Kirchenbezirks, hier: Patriarch von Jerusalem

Emir:
Befehlshaber islamischer Soldaten

Mamelu(c)ken:
Militärsklaven, Leibwächter

Jerusalem:
bis heute heilige Stadt der drei großen Weltreligionen Judentum, Christentum und Islam

Gotthold Ephraim Lessing: Nathan der Weise. Erster Aufzug, Zweiter Auftritt
(Ausschnitt, 1779)

Nathan kommt gerade von einer langen Geschäftsreise zurück und erfährt von Daja, dass seine Pflegetochter Recha bei einem Brand seines Hauses im letzten Moment von einem Tempelherrn gerettet worden ist und dass Recha glaubt, nicht ein Mensch, sondern ein Engel habe sie gerettet.

NATHAN: Doch hätt' auch nur
Ein Mensch – ein Mensch, wie die Natur sie täglich
Gewährt, dir diesen Dienst erzeigt: er müsste
Für dich ein Engel sein. Er müsst' und würde.
5 **RECHA:** Nicht so ein Engel; nein! ein wirklicher;
Es war gewiss ein wirklicher! – Habt Ihr,
Ihr selbst die Möglichkeit, dass Engel sind,
Dass Gott zum Besten derer, die ihn lieben,
Auch Wunder könne tun, mich nicht gelehrt?
10 Ich lieb ihn ja.
NATHAN: Und er liebt dich; und tut
Für dich, und deinesgleichen, stündlich Wunder;
Ja, hat sie schon von aller Ewigkeit
Für euch getan.
15 **RECHA:** Das hör ich gern.
NATHAN: Wie? weil
Es ganz natürlich, ganz alltäglich klänge,
Wenn dich ein eigentlicher Tempelherr
Gerettet hätte: sollt' es darum weniger
20 Ein Wunder sein? – Der Wunder höchstes ist,
Dass uns die wahren, echten Wunder so
Alltäglich werden können, werden sollen.
[…] Meiner Recha wär'
Es Wunders nicht genug, dass sie ein *Mensch*
25 Gerettet, welchen selbst kein kleines Wunder
Erst retten müssen? Ja, kein kleines Wunder!
Denn wer hat schon gehört, dass Saladin
Je eines Tempelherrn verschont? […]
RECHA: Das schließt für mich, mein Vater. –
30 Darum eben
War das kein Tempelherr; er schien es nur. –
Kömmt kein gefangner Tempelherr je anders
Als zum gewissen Tode nach Jerusalem;
Geht keiner in Jerusalem so frei
35 Umher: wie hätte mich des Nachts freiwillig
Denn einer retten können?
NATHAN: Sieh! wie sinnreich.
Jetzt, Daja, nimm das Wort. Ich hab es ja
Von dir, dass er gefangen hergeschickt

Ist worden. Ohne Zweifel weißt du mehr. 40
DAJA: Nun ja. – So sagt man freilich; –
doch man sagt
Zugleich, dass Saladin den Tempelherrn
Begnadigt, weil er seiner Brüder einem,
Den er besonders lieb gehabt, so ähnlich sehe. 45
[…]
NATHAN: […]
Pflegen
Sich zwei Gesichter nicht zu ähneln? […]
Wo steckt hier das Unglaubliche? 50
[…]
DAJA: Was schadet's – Nathan, wenn ich
sprechen darf –
Bei alledem, von einem Engel lieber
Als einem Menschen sich gerettet denken? 55
Fühlt man der ersten unbegreiflichen
Ursache seiner Rettung nicht sich so
Viel näher?
NATHAN: Stolz! und nichts als Stolz! Der Topf
Von Eisen will mit einer silbern Zange 60
Gern aus der Glut gehoben sein, um selbst
Ein Topf von Silber sich zu dünken. – Pah! –
Und was es schadet, fragst du? was es schadet?
Was hilft es? dürft' ich nur hinwieder fragen. –
Denn dein „Sich Gott um so viel näher fühlen" 65
Ist Unsinn oder Gotteslästerung. –
Allein es schadet; ja, es schadet allerdings. –
Kommt! hört mir zu. – Nicht wahr? dem Wesen, das
Dich rettete, – es sei ein Engel oder
Ein Mensch, – dem möchtet ihr, und du besonders, 70
Gern wieder viele große Dienste tun? –
Nicht wahr? – Nun, einem Engel, was für Dienste,
Für große Dienste könnt ihr dem wohl tun?
[…] Da sieh nun, was es schad't!
Grausame Schwärmerinnen! –
Wenn dieser Engel nun krank geworden. 75
RECHA: Krank! […]
DAJA: Das wäre möglich, meint ja Nathan nur.

NATHAN: Nun liegt er da! hat weder Freund, noch Geld
80 Sich Freunde zu besolden.

RECHA: Ah, mein Vater!

NATHAN: Liegt ohne Wartung, ohne Rat und Zusprach',
Ein Raub der Schmerzen und des Todes da!

RECHA: Wo? wo?

85 NATHAN: Er, der für eine, die er nie
Gekannt, gesehn – genug, es war ein Mensch –
Ins Feu'r sich stürzte … […]
Und du hast ihn getötet! –
Hättst so ihn töten können. – Recha! Recha!

Es ist Arznei, nicht Gift, was ich dir reiche.   90
Er lebt! – komm zu dir! – ist auch wohl nicht krank; […]

RECHA: Gewiss? – nicht tot? nicht krank?

NATHAN: Gewiss, nicht tot! – Denn Gott lohnt Gutes, hier
Getan, auch hier noch. – Geh! – Begreifst du aber,   95
Wie viel *andächtig schwärmen* leichter, als
Gut handeln ist? wie gern der schlaffste Mensch
Andächtig schwärmt, um nur, – ist er zuzeiten
Sich schon der Absicht deutlich nicht bewusst –
Um nur gut handeln nicht zu dürfen? […]   100

3. Klärt die unbekannten Wörter und Formulierungen. Gebt den Inhalt des Gesprächs (S. 160 f.)
mit eigenen Worten wieder.

4. Untersucht den Gesprächsverlauf genauer.
  – Welches Ziel verfolgt Nathan? Welche Teilschritte geht er auf diesem Weg?
  – Welche Hindernisse muss er dabei überwinden? Wie überwindet er sie?

5. Untersucht die Gestaltung des Dialogs unter folgenden Gesichtspunkten:
  – Nennt mögliche Motive Nathans, Dajas und Rechas für ihr Gesprächsverhalten.
  – Erläutert Nathans Metapher: „Der Topf / Von Eisen will mit einer silbern Zange /
    Gern aus der Glut gehoben sein, um selbst / Ein Topf von Silber sich zu dünken." (V. 59 ff.).
  – Erläutert Nathans letzte Sätze (S. 161, V. 95 ff.).

6. Bewertet die folgenden Formulierungen mit Punkten von 1–10 (10 = sehr treffend).
Formuliert anschließend in einem eigenen Satz, worum es in dieser Szene geht.

  a) In diesem Dialog geht es um die Existenz von Engeln.
  b) Es geht um das Wunder der Errettung Rechas, ob mit oder ohne Engel.
  c) Nathan will mit der Logik des Verstandes seine Tochter davon überzeugen, dass ihr
     Retter kein Engel, sondern ein Mensch aus Fleisch und Blut gewesen ist.
  d) Nathan belehrt Recha, dass es nicht sinnvoll ist, an Engel oder Wunder zu glauben.

7. Beurteilt die folgenden Analyseergebnisse zu dieser Szene. Stellt Stärken und Schwächen
heraus. Diskutiert, welche Deutung euren Untersuchungsergebnissen am meisten entspricht.

1 *Schon zu Beginn des Dramas wird deutlich, wie der Protagonist Nathan denkt, was ihm wichtig ist und wie er Konflikte lösen will. Er argumentiert rational und zeigt damit, dass der eigene Verstand für ihn einen hohen Wert hat (siehe V. 19 – 22). Außerdem geht er auf die Einwände seiner Gesprächspartner ein, greift Bedenken auf und argumentiert, um zu überzeugen. Es ist zu erwarten, dass er auch im weiteren Verlauf des Dramas seine Stärken als Denker und Belehrer nutzen wird.*

2 *Nathan steht im Zentrum, er hat den größten Redeanteil und ist seinen Gesprächspartnern weit überlegen. Deshalb ist der Dialog eher eine monologische Belehrung, wobei Nathan keinen Zweifel hat, dass seine Sichtweise die richtige ist. Dadurch wird einerseits sein scharfer Verstand erkennbar, andererseits aber auch eine gehörige Portion Arroganz.*

Bad Hersfelder Festspiele, 2013

Kleines Theater, Bad Godesberg, 2011

8. Begründet, welches Foto eurer Vorstellung von Nathan am nächsten kommt.

Gotthold Ephraim Lessing: Nathan der Weise. Zweiter Aufzug, Fünfter Auftritt
(Ausschnitt, 1779)

*Saladin sucht nach Wegen, weitere Kriege zwischen Muslimen und Christen zu verhindern,
doch er hat kein Geld. Nathan soll aushelfen. Im 4. Auftritt des zweiten Aufzugs wartet
Nathan mit Recha auf den Tempelherrn, für den sie schwärmt. Nathan spricht schließlich
allein mit ihm.*

Nathan und bald darauf der Tempelherr.
[…]
TEMPELHERR: Was?
NATHAN: Erlaubt …
5 TEMPELHERR: Was, Jude? was?
NATHAN: Dass ich mich untersteh,
Euch anzureden.
TEMPELHERR: Kann ich's wehren? Doch
Nur kurz.
10 NATHAN: Verzieht[1], und eilet nicht so stolz,
Nicht so verächtlich einem Mann vorüber,
Den Ihr auf ewig Euch verbunden habt.
TEMPELHERR: Wie das? – Ah, fast errat ich's. Nicht?
Ihr seid …
15 NATHAN: Ich heiße Nathan; bin des Mädchens Vater,
Das Eure Großmut aus dem Feu'r gerettet;
Und komme …
TEMPELHERR: Wenn zu danken: – spart's! Ich hab

Um diese Kleinigkeit des Dankes schon
Zu viel erdulden müssen. – Vollends Ihr,   20
Ihr seid mir gar nichts schuldig. Wusst' ich denn,
Dass dieses Mädchen Eure Tochter war?
Es ist der Tempelherren Pflicht, dem Ersten
Dem Besten beizuspringen, dessen Not
Sie sehn. Mein Leben war mir ohnedem   25
In diesem Augenblicke lästig. Gern,
Sehr gern ergriff ich die Gelegenheit,
Es für ein andres Leben in die Schanze
Zu schlagen: für ein andres – wenn's auch nur
Das Leben einer Jüdin wäre.   30
NATHAN: […] Ich bin Ein reicher Mann.
TEMPELHERR: Der reichre Jude war
Mir nie der bessre Jude.
NATHAN: Dürft Ihr denn
Darum nicht nützen, was dem ungeachtet   35
Er Bessres hat? nicht seinen Reichtum nützen?

TEMPELHERR: Nun gut, das will ich auch nicht ganz
    verreden;

Um meines Mantels willen nicht. Sobald

40 Der ganz und gar verschlissen; weder Stich

Noch Fetze länger halten will: komm ich

Und borge mir bei Euch zu einem neuen,

Tuch oder Geld. – Seht nicht mit eins so finster!

Noch seid Ihr sicher; noch ist's nicht so weit

45 Mit ihm. Ihr seht; er ist so ziemlich noch

Im Stande. Nur der eine Zipfel da

Hat einen garst'gen Fleck; er ist versengt.

Und das bekam er, als ich Eure Tochter

Durchs Feuer trug.

50 **NATHAN:** *(der nach dem Zipfel greift und ihn betrachtet)*

Es ist doch sonderbar,

Dass so ein böser Fleck, dass so ein Brandmal

Dem Mann ein bessres Zeugnis redet, als

Sein eigner Mund. Ich möcht' ihn küssen gleich –

55 Den Flecken! – Ah, verzeiht! – Ich tat es ungern.

TEMPELHERR: Was?

NATHAN: Eine Träne fiel darauf.

TEMPELHERR: Tut nichts! Er hat der Tropfen mehr. –

(Bald aber fängt mich dieser Jud' an zu verwirren.)

60 **NATHAN:** Wärt

Ihr wohl so gut, und schickt Euern Mantel

Auch einmal meinem Mädchen?

TEMPELHERR: Was damit?

NATHAN: Auch ihren Mund auf diesen Fleck zu

65   drücken.

Denn Eure Kniee selber zu umfassen,

Wünscht sie nun wohl vergebens.

TEMPELHERR: Aber, Jude –

Ihr heißet Nathan? – Aber, Nathan – Ihr

70 Setzt Eure Worte sehr – sehr gut – sehr spitz –

Ich bin betreten – Allerdings – ich hätte …

NATHAN: Stellt und verstellt Euch, wie Ihr wollt. Ich
    find

Auch hier Euch aus. Ihr wart zu gut, zu bieder,

75 Um höflicher zu sein. – Das Mädchen, ganz

Gefühl; der weibliche Gesandte, ganz

Dienstfertigkeit; der Vater weit entfernt –

Ihr trugt für ihren guten Namen Sorge;

Floht ihre Prüfung; floht, um nicht zu siegen.

80 Auch dafür dank ich Euch –

TEMPELHERR: Ich muss gestehn,

Ihr wisst, wie Tempelherren denken sollten.

NATHAN: Nur Tempelherren? sollten bloß? und bloß

Weil es die Ordensregeln so gebieten?

Ich weiß, wie gute Menschen denken; weiß,   85

Dass alle Länder gute Menschen tragen.

TEMPELHERR: Mit Unterschied, doch hoffentlich?

NATHAN: Jawohl;

An Farb', an Kleidung, an Gestalt verschieden.

TEMPELHERR: 90

Auch hier bald mehr, bald weniger, als dort.

NATHAN: Mit diesem Unterschied ist's nicht weit her.

Der große Mann braucht überall viel Boden;

Und mehrere, zu nah gepflanzt, zerschlagen

Sich nur die Äste. Mittelgut, wie wir,   95

Find't sich hingegen überall in Menge. […]

TEMPELHERR: Sehr wohl gesagt! – Doch […] wisst

    Ihr, Nathan, welches Volk

Zuerst das auserwählte Volk sich nannte?

Wie? wenn ich dieses Volk nun, zwar nicht hasste,   100

Doch wegen seines Stolzes zu verachten,

Mich nicht entbrechen könnte? Seines Stolzes;

Den es auf Christ und Muselmann vererbte,

Nur sein Gott sei der rechte Gott! – Ihr stutzt,

Dass ich, ein Christ, ein Tempelherr, so rede?   105

Wenn[2] hat, und wo die fromme Raserei,

Den bessern Gott zu haben, diesen bessern

Der ganzen Welt als besten aufzudringen,

In ihrer schwärzesten Gestalt sich mehr

Gezeigt, als hier, als itzt? Wem hier, wem itzt   110

Die Schuppen nicht vom Auge fallen … Doch

Sei blind, wer will! – Vergesst, was ich gesagt;

Und lasst mich! *(Will gehen.)*

NATHAN: Ha! Ihr wisst nicht, wie viel fester

Ich nun mich an Euch drängen werde. – Kommt,   115

Wir müssen, müssen Freunde sein! – Verachtet

Mein Volk so sehr Ihr wollt. Wir haben beide

Uns unser Volk nicht auserlesen. Sind

Wir unser Volk? Was heißt denn Volk?

Sind Christ und Jude eher Christ und Jude,   120

Als Mensch? Ah! wenn ich einen mehr in Euch

Gefunden hätte, dem es g'nügt, ein Mensch

Zu heißen!

TEMPELHERR: Ja, bei Gott, das habt Ihr, Nathan!

Das habt Ihr! – Eure Hand! – Ich schäme mich,   125

Euch einen Augenblick verkannt zu haben.

---

[1] **verzieht:** verweilt, wartet

[2] **Wenn:** hier im Sinne von *Wann*

9. Untersucht und deutet die Dramenszene auf den Seiten 162 f. mithilfe der blauen Box.
– Stellt eure Ergebnisse vor und begründet, diskutiert und korrigiert sie gegebenenfalls.
– Besprecht, inwiefern eure Einsichten in den Charakter der Figur des Nathan
  durch die Szene bestätigt oder ergänzt wurden.
– Formuliert abschließend eine zusammenfassende Deutung in ein bis zwei Sätzen.

Wissen und Können

Lerninsel:
Dramatische
Texte
untersuchen
S. 251

Eine Dramenszene untersuchen und deuten

Handlungs- und **Gesprächsverlauf** gliedern,
Entwicklung des äußeren und/oder inneren
Konflikts untersuchen

Thema oder Problem benennen

Eine Dramenszene untersuchen

**Figurenanalyse und Figuren-
konstellation:**
Figurenanalyse: Verhalten, Handlungs-
motive und Ziele, Denkweise und Ein-
stellungen
Figurenkonstellation: Einordnen der
Figuren (Haupt- und Nebenfiguren,
Protagonist, Antagonist, Kontrast- oder
Korrespondenzfiguren), Skizze zu den
Figurenbeziehungen

**Einordnung der
Szene:** Stichpunkte
zur Vorgeschichte,
zu Ort und Zeit,
zu Folgen oder
Auswirkungen der
Szene, zur Funk-
tion der Szene für
das Drama

Dialoganalyse:
Gesprächsverhalten (z. B.
*dominant, „auf Augenhöhe",
sich unterordnend, freundlich,
unhöflich, aggressiv*)
Strategie (Vorgehensweise,
um Ziele zu erreichen)
Sprache (Wortwahl, Satzbau,
persönliche Eigenarten)

Differenzieren
Dramenszene
untersuchen
z8e839

10. Zum Differenzieren ■ ■ ■ ■

A Untersucht die folgende Dramenszene unter den Aspekten Inhalt,
Figuren- und Gesprächsgestaltung. Haltet eure Ergebnisse in Stichpunkten fest.

B Analysiert die Figur des Patriarchen in der folgenden Dramenszene.
– Berücksichtigt seine Motive, Ziele und Einstellungen.
– Vergleicht mit Zielen und Einstellungen Nathans. Notiert Stichpunkte.

**Gotthold Ephraim Lessing: Nathan der Weise.
Vierter Aufzug, Zweiter Auftritt** (Ausschnitt, 1779)

*Der Tempelherr ist mittlerweile verliebt in Recha. Nathan aber zögert, seine Zustimmung
zu einer Verbindung zwischen Recha und dem Tempelherrn zu geben, ohne den Grund zu
nennen. Daja will helfen, Nathan zur Zustimmung zu zwingen, und verrät dem Tempelherrn,
dass der Jude Nathan nicht der Vater Rechas ist, sondern Recha von christlichen Eltern
abstammt und getauft ist. In dieser Situation bittet der Tempelherr um Rat beim christlichen
Patriarchen.*

TEMPELHERR: Gesetzt, ehrwürd'ger Vater,
Ein Jude hätt ein einzig Kind, – es sei
Ein Mädchen, – das er mit der größten Sorgfalt
Zu allem Guten auferzogen, das
5   Er liebe mehr als seine Seele, das
Ihn wieder mit der frömmsten Liebe liebe.
Und nun würd unsereinem hinterbracht,
Dies Mädchen sei des Juden Tochter nicht;
Er hab' es in der Kindheit aufgelesen,
10   Gekauft, gestohlen, – was Ihr wollt; man wisse,
Das Mädchen sei ein Christenkind, und sei
Getauft; der Jude hab' es nur als Jüdin
Erzogen; lass es nur als Jüdin und
Als seine Tochter so verharren: – sagt,
15   Ehrwürd'ger Vater, was wär hierbei wohl
Zu tun?

PATRIARCH: Mich schaudert! – Doch zuallererst
Erkläre sich der Herr, ob so ein Fall
Ein Faktum oder eine Hypothes'.
20   […] ist der Fall ein Faktum; hätt'
Er sich wohl gar in unsrer Diözes'[1]
In unsrer lieben Stadt Jerusalem
Ereignet: – ja alsdann –

TEMPELHERR: Und was alsdann?
25   **PATRIARCH:** Dann wäre mit dem Juden
      fördersamst[2]
Die Strafe zu vollziehn, die päpstliches
Und kaiserliches Recht so einem Frevel,
So einer Lastertat bestimmen.
30   **TEMPELHERR:** So?

PATRIARCH:
Und zwar bestimmen obbesagte Rechte

Theater am Haidplatz, Regensburg 2004

Dem Juden, welcher einen Christen zur
Apostasie[3] verführt, – den Scheiterhaufen –   35
Den Holzstoß –

TEMPELHERR: So?

PATRIARCH: Und wie viel mehr dem Juden,
Der mit Gewalt ein armes Christenkind
Dem Bunde seiner Tauf' entreißt! Denn ist   40
Nicht alles, was man Kindern tut, Gewalt? –
Zu sagen: – ausgenommen, was die Kirch'
An Kindern tut.

TEMPELHERR: Wenn aber nun das Kind,
Erbarmte seiner sich der Jude nicht,
Vielleicht im Elend umgekommen wäre?   45

PATRIARCH: Tut nichts! der Jude wird verbrannt! –
    Denn besser,
Es wäre hier im Elend umgekommen,
Als dass zu seinem ewigen Verderben   50
Es so gerettet ward. – Zudem, was hat
Der Jude Gott denn vorzugreifen? Gott
Kann, wen er retten will, schon ohn ihn retten.

TEMPELHERR:
Auch trotz ihm, sollt ich meinen, – selig machen.   55

PATRIARCH: Tut nichts! der Jude wird verbrannt.

TEMPELHERR: Das geht
Mir nah'! Besonders, da man sagt, er habe
Das Mädchen nicht sowohl in seinem, als
Vielmehr in keinem Glauben auferzogen,   60
Und sie von Gott nicht mehr nicht weniger
Gelehrt, als der Vernunft genügt.

PATRIARCH: Tut nichts!
Der Jude wird verbrannt … Ja, wär allein
Schon dieserwegen wert, dreimal verbrannt   65
Zu werden! – Was? ein Kind ohn allen Glauben
Erwachsen lassen? – Wie? die große Pflicht,
Zu glauben, ganz und gar ein Kind nicht lehren?
Das ist zu arg! – Mich wundert sehr, Herr Ritter,
Euch selbst …   70

TEMPELHERR: Ehrwürd'ger Herr, das Übrige,
Wenn Gott will, in der Beichte. *(Will gehn.)*
[…]

[1] **Diözese:** territorial abgegrenzter kirchlicher Verwaltungsbezirk
[2] **fördersamst:** unverzüglich
[3] **Apostasie:** Abfall vom Glauben

„Die Tyrannei des einen Rings"
Ziele und Werte der Aufklärung kennenlernen

Die Ringparabel untersuchen

Gotthold Ephraim Lessing: Nathan der Weise.
Dritter Aufzug, Siebenter Auftritt (Ausschnitt, 1779)

Hörverstehen
Ringparabel
f2a9ix

Der wohlhabende Nathan wird von Sultan Saladin, dem in Geldnot geratenen Herrscher in Jerusalem, zu sich bestellt und mit der unlösbar erscheinenden Frage, welche der drei Religionen die wahre sei, auf die Probe gestellt, denn es könne doch nur eine Wahrheit geben. Nathan antwortet ihm mit einer Geschichte:

[…]

NATHAN:
Vor grauen Jahren lebt' ein Mann in Osten,
Der einen Ring von unschätzbarem Wert
5 Aus lieber Hand besaß. Der Stein war ein
Opal, der hundert schöne Farben spielte,
Und hatte die geheime Kraft, vor Gott
Und Menschen angenehm zu machen, wer
In dieser Zuversicht ihn trug. Was Wunder,
10 Dass ihn der Mann in Osten darum nie
Vom Finger ließ; und die Verfügung traf,
Auf ewig ihn bei seinem Hause zu
Erhalten? Nämlich so. Er ließ den Ring
Von seinen Söhnen dem geliebtesten;
15 Und setzte fest, dass dieser wiederum
Den Ring von seinen Söhnen dem vermache,
Der ihm der liebste sei; und stets der liebste,
Ohn Ansehn der Geburt, in Kraft allein
Des Rings, das Haupt, der Fürst des Hauses werde. –
20 Versteh mich, Sultan.
SALADIN: Ich versteh dich. Weiter!
NATHAN: So kam nun dieser Ring, von Sohn zu Sohn,
Auf einen Vater endlich von drei Söhnen;
Die alle drei ihm gleich gehorsam waren,
25 Die alle drei er folglich gleich zu lieben
Sich nicht entbrechen konnte. Nur von Zeit
Zu Zeit schien ihm bald der, bald dieser, bald
Der dritte, – sowie jeder sich mit ihm
Allein befand, und sein ergießend Herz
30 Die andern zwei nicht teilten, – würdiger
Des Ringes; den er denn auch einem jeden
Die fromme Schwachheit hatte, zu versprechen.
Das ging nun so, solang es ging. – Allein

Es kam zum Sterben, und der gute Vater
Kömmt in Verlegenheit. Es schmerzt ihn, zwei 35
Von seinen Söhnen, die sich auf sein Wort
Verlassen, so zu kränken. – Was zu tun? –
Er sendet in geheim zu einem Künstler,
Bei dem er, nach dem Muster seines Ringes,
Zwei andere bestellt, und weder Kosten 40
Noch Mühe sparen heißt, sie jenem gleich,
Vollkommen gleich zu machen. Das gelingt
Dem Künstler. Da er ihm die Ringe bringt,
Kann selbst der Vater seinen Musterring
Nicht unterscheiden. Froh und freudig ruft 45
Er seine Söhne, jeden insbesondre;
Gibt jedem insbesondre seinen Segen, –
Und seinen Ring, – und stirbt. – Du hörst doch, Sultan?
SALADIN: *(der sich betroffen von ihm gewandt)*
Ich hör, ich höre! – Komm mit deinem Märchen 50
Nur bald zu Ende. – Wird's?
NATHAN: Ich bin zu Ende.
Denn was noch folgt, versteht sich ja von selbst. –
Kaum war der Vater tot, so kömmt ein jeder
Mit seinem Ring, und jeder will der Fürst 55
Des Hauses sein. Man untersucht, man zankt,
Man klagt. Umsonst; der rechte Ring war nicht
Erweislich; –
(nach einer Pause, in welcher er des Sultans Antwort erwartet)
Fast so unerweislich, als 60
Uns itzt – der rechte Glaube.
SALADIN: Wie? das soll
Die Antwort sein auf meine Frage? …
NATHAN: Soll
Mich bloß entschuldigen, wenn ich die Ringe 65
Mir nicht getrau zu unterscheiden, die

Der Vater in der Absicht machen ließ,
Damit sie nicht zu unterscheiden wären.
SALADIN: Die Ringe! – Spiele nicht mit mir! – Ich dächte,
70 Dass die Religionen, die ich dir
Genannt, doch wohl zu unterscheiden wären.
Bis auf die Kleidung, bis auf Speis' und Trank!
NATHAN: Und nur vonseiten ihrer Gründe nicht. –
Denn gründen alle sich nicht auf Geschichte?
75 Geschrieben oder überliefert! – Und
Geschichte muss doch wohl allein auf Treu
Und Glauben angenommen werden? – Nicht? –
Nun wessen Treu und Glauben zieht man denn
Am wenigsten in Zweifel? Doch der Seinen?
80 Doch deren Blut wir sind? doch deren, die
Von Kindheit an uns Proben ihrer Liebe
Gegeben? die uns nie getäuscht, als wo
Getäuscht zu werden uns heilsamer war? –
Wie kann ich meinen Vätern weniger,
85 Als du den deinen glauben? Oder umgekehrt. –
Kann ich von dir verlangen, dass du deine
Vorfahren Lügen strafst, um meinen nicht
Zu widersprechen? Oder umgekehrt.
Das Nämliche gilt von den Christen. Nicht? –
90 **SALADIN:** (Bei dem Lebendigen! Der Mann hat recht.
Ich muss verstummen.)
NATHAN: Lass auf unsre Ring'
Uns wieder kommen. Wie gesagt: die Söhne
Verklagten sich; und jeder schwur dem Richter,
95 Unmittelbar aus seines Vaters Hand
Den Ring zu haben. – Wie auch wahr! – Nachdem
Er von ihm lange das Versprechen schon
Gehabt, des Ringes Vorrecht einmal zu
Genießen. – Wie nicht minder wahr! – Der Vater,
100 Beteu'rte jeder, könne gegen ihn
Nicht falsch gewesen sein; und eh er dieses
Von ihm, von einem solchen lieben Vater,
Argwohnen lass': eh' müss' er seine Brüder,
So gern er sonst von ihnen nur das Beste
105 Bereit zu glauben sei, des falschen Spiels
Bezeihen; und er wolle die Verräter
Schon auszufinden wissen; sich schon rächen.
SALADIN:
Und nun, der Richter? – Mich verlangt zu hören,
110 Was du den Richter sagen lässest. Sprich!
NATHAN:
Der Richter sprach: „Wenn ihr mir nun den Vater
Nicht bald zur Stelle schafft, so weis ich euch

Von meinem Stuhle. Denkt ihr, dass ich Rätsel
Zu lösen da bin? Oder harret ihr,   115
Bis dass der rechte Ring den Mund eröffne? –
Doch halt! Ich höre ja, der rechte Ring
Besitzt die Wunderkraft beliebt zu machen;
Vor Gott und Menschen angenehm. Das muss
Entscheiden! Denn die falschen Ringe werden   120
Doch das nicht können! – Nun; wen lieben zwei
Von Euch am meisten? – Macht, sagt an! Ihr schweigt?
Die Ringe wirken nur zurück? und nicht
Nach außen? Jeder liebt sich selber nur
Am meisten? – Oh, so seid ihr alle drei   125
Betrogene Betrüger! Eure Ringe
Sind alle drei nicht echt. Der echte Ring
Vermutlich ging verloren. Den Verlust
Zu bergen, zu ersetzen, ließ der Vater
Die drei für einen machen."   130
SALADIN: Herrlich! herrlich!
NATHAN: „Und also"; fuhr der Richter fort, wenn ihr
Nicht meinen Rat, statt meines Spruches, wollt:
Geht nur! – Mein Rat ist aber der: ihr nehmt
Die Sache völlig wie sie liegt. Hat von   135
Euch jeder seinen Ring von seinem Vater:
So glaube jeder sicher seinen Ring
Den echten. – Möglich; dass der Vater nun
Die Tyrannei des Einen Rings nicht länger
In seinem Hause dulden wollen! – Und gewiss;   140
Dass er euch alle drei geliebt, und gleich
Geliebt: indem er zwei nicht drücken mögen,
Um einen zu begünstigen. – Wohlan!
Es eifre jeder seiner unbestochnen
Von Vorurteilen freien Liebe nach!   145
Es strebe von euch jeder um die Wette,
Die Kraft des Steins in seinem Ring an Tag
Zu legen! komme dieser Kraft mit Sanftmut,
Mit herzlicher Verträglichkeit, mit Wohltun,
Mit innigster Ergebenheit in Gott   150
Zu Hülf'! […]
SALADIN: Gott! Gott!
NATHAN: Saladin,
Wenn du dich fühlest, dieser weisere
Versprochne Mann zu sein: …   155
SALADIN: *(der auf ihn zustürzt und seine Hand ergreift,
die er bis zu Ende nicht wieder fahren lässt)*
Ich Staub? Ich Nichts?
O Gott!
[…]   160

1. Gebt den Inhalt der Dramenszene auf den Seiten 166 f. mit eigenen Worten wieder. Erläutert die Reaktionen Saladins.

2. Erklärt, welchen Sachverhalt (Sachteil) das Bild der drei Ringe (Bildteil) anschaulich thematisieren will.
   - Besprecht, inwiefern die Lehre Nathans für Saladin „überraschend" wirkt.
   - Erläutert, warum die Form der Parabel für die Absichten Nathans besonders geeignet ist.

> **Parabel**
> (griech.: Gegenübersetzung, Vergleichung)
> Eine gleichnishafte Erzählung (Bildteil), die auf die nur angedeutete Sache, um die es eigentlich geht (Sachteil), übertragen werden muss. Die Parabel will meist eine unerwartete, überraschende Lehre vermitteln.

3. Erläutert, woran der echte Ring erkennbar sein müsste.

   Mit der Ringparabel greift Lessing auf eine Geschichte im „Decamerone" von Boccaccio (1313–1375) zurück, verändert diese aber an entscheidender Stelle und lässt seinen Nathan erzählen:
   „Ich höre ja, der rechte Ring
   Besitzt die Wunderkraft beliebt zu machen;
   Vor Gott und Menschen angenehm. Das muss
   Entscheiden!" (S. 167, V. 117–120)

4. „Es eifre jeder seiner unbestochnen/Von Vorurteilen freien Liebe nach!/ Es strebe von euch jeder um die Wette,/Die Kraft des Steins in seinem Ring an Tag/ Zu legen!" (S. 167, V. 144–148)
   - Besprecht, welcher Auftrag sich an die Gläubigen der drei Religionen daraus ergIbt, dass der echte Ring nicht mehr erkennbar ist.
   - Beschreibt das Ideal, das Nathan für das Miteinander der Religionen entwirft.
   - Vergleicht dieses Ideal mit dem Schluss des Dramas:

   ### Gotthold Ephraim Lessing: Nathan der Weise (Schluss, 1779)

   Der Tempelherr gesteht sich seine Liebe zu Recha ein; überraschenderweise weigert sich Nathan, seine Zustimmung zu geben. Nach einigen Verwicklungen und Rückschlägen stellt sich heraus, dass der Tempelherr und Recha Geschwister sind. Ihr gemeinsamer Vater war Assad, der längst verstorbene Bruder Saladins. Mit folgender Regieanweisung endet das Drama: „Unter stummer Wiederholung allseitiger Umarmungen fällt der Vorhang."

5. Lessing vertritt als Dichter der Aufklärung (18. Jahrhundert) mit der Figur Nathans Wertvorstellungen seiner Zeit.
   - Erläutert, welche Denkweise und welches Verhalten für die Figur Nathans typisch sind und welche Werte Nathan vertritt.
   - Setzt euch mit der folgenden These auseinander:
     „Lessings Botschaft ist aus heutiger Sicht eine naive Illusion."

Vernunft und Toleranz – Ziele der Aufklärung kennenlernen

Christoph Martin Wieland (1733–1813): Was ist Wahrheit?

Anstatt miteinander zu hadern, wo die *Wahrheit* sei? *wer* sie besitze? wer sie in ihrem schönsten Lichte gesehen? die meisten und deutlichsten Laute von ihr vernommen habe? – lasset uns in Frieden zusammen gehen, oder, wenn wir des Gehens genug haben, unter den nächsten Baum uns hinsetzen, und einander offenherzig und unbefangen erzählen,

5 was jeder von ihr gesehen und gehört hat, oder gesehen zu haben glaubt: und ja nicht böse darüber werden, wenn sichs von ungefähr entdeckt, dass wir falsch gesehen oder gehört […] haben. – Vor allem aber, liebe Brüder, hüten wir uns vor der Torheit, unsre *Meinungen* für *Axiome* und *unumstößliche Wahrheiten* anzusehen, und andern als solche vorzutragen.

Axiom: unmittelbar einleuchtendes Prinzip, absolut richtiger Grundsatz

1. Erläutert den Wahrheitsbegriff Wielands, eines Zeitgenossen Lessings.
- Besprecht, warum ein „offenherzig[er] und unbefangen[er]" Austausch hilfreicher ist als ein Streit um die Wahrheit.
- Vergleicht Wielands Auffassung von Wahrheit mit der in der Ringparabel (S. 166 f.).

Immanuel Kant (1724–1804): Was ist Aufklärung?

Die Gedanken Wielands und Lessings sind typisch für die Denkweise der Aufklärungszeit, in der sie lebten. Die wohl berühmteste Definition dessen, was „Aufklärung" bedeutet, stammt von Kant:

Aufklärung ist der Ausgang des Menschen aus seiner selbst verschuldeten Unmündigkeit. Unmündigkeit ist das Unvermögen, sich seines Verstandes ohne Leitung eines anderen zu bedienen. Selbst verschuldet ist diese Unmündigkeit, wenn die Ursache derselben nicht am Mangel des Verstandes, sondern der Entschließung und des Mutes liegt, sich seiner ohne

5 Leitung eines andern zu bedienen. Sapere aude! Habe Mut, dich deines eigenen Verstandes zu bedienen! ist also der Wahlspruch der Aufklärung.

Sapere aude!: latein. Sprichwort; Wage es, weise zu sein! Wage zu wissen!

2. Erläutert Satz für Satz die Definition Kants.

3. Beschreibt, wie sich diejenigen Menschen verhalten müssen, die sich dem Anspruch der Aufklärung verpflichtet fühlen.

Internetartikel zur Epoche der Aufklärung

Die Literatur der Aufklärung kann datiert werden auf die Zeit zwischen 1720 und 1800 […]. Die Aufklärung begründet ein neues, naturwissenschaftliches Weltbild,

5 das die Vernunft (den Rationalismus), die Wahrnehmung durch unsere Sinne (Sensualismus) und die Erfahrung (Empirismus) zu den Quellen aller Erkenntnis erhebt. Er-

kenntnis bedeutet die Erschließung wahrheitsgemäßer, überprüfbarer Aussagen über 10 alle Bereiche der Welt. […]

[Das Bürgertum] stellt das Wohl der Gesellschaft über das Wohl der Privilegierten und erklärt die Bildung des Individuums zu seinem wichtigsten Ideal. […] 15

Humanismus:
(auf das Bildungsideal der griechisch-römischen Antike gegründetes) Denken und Handeln im Bewusstsein der Würde des Menschen; Streben nach Menschlichkeit

Toleranz:
Duldsamkeit; meint ein Geltenlassen und Gewährenlassen anderer Überzeugungen, Handlungsweisen und Sitten

Die Literatur der Aufklärung begleitet diese Entwicklung und begünstigt sie. […] Ihre Schriftsteller fordern die Vermeidung des Fantastischen, sie wollen Klarheit
20 und Deutlichkeit in Aufbau und Stil und wünschen sich feste Gattungen. Das führt zu einer besonderen Vielzahl an neuen literarischen Gattungen. Die meisten haben gemeinsam, dass sie sich um die Bildung
25 und die Erziehung ihrer Leser zur Moral bemühen […] Auch das Drama zählt zu den Gattungen, die die Aufklärung bestimmen. […]

Lessings letztes Werk *Nathan der Weise* ist heute auch sein berühmtestes. Darin behan- 30 delt er die zentralen Ideen der Aufklärung, den Humanismus und den Toleranzgedanken […]

Realpolitisch gipfelt die Aufklärung in der Französischen Revolution 1789, die den 35 Absolutismus beendet und die Entwicklung der modernen Demokratien einleitet. […].

4. Erläutert die Aussagen des Internetartikels über die Aufklärung.
  – Beschreibt die Ideen, welche die Zeit der Aufklärung bestimmt haben.
  – Erläutert, inwiefern die Figur Nathans eine typische Figur der Aufklärung ist.
  – Begründet, warum neben Parabeln auch Fabeln in der Aufklärungszeit
    beliebt waren.

„Nathan der Weise" in der heutigen Zeit

Andrea Schneider: Straßenkampf mit Unterhaltungswert

Peter Lüders beziehungsreiche Inszenierung von „Nathan der Weise" im Westfälischen Landestheater (Westfälische Rundschau, 11.10.2004)

Bomben detonieren. Panzerfäuste und Gewehre werden abgeschossen. Die Einschläge rücken näher. Aus dem Schnürboden rieseln Sand und Kalk. Ein junger Mann
5 im Kampfanzug wirft sich Schutz suchend auf einen Haufen Sandsäcke. Ein älterer im Business-Outfit zieht eine junge Frau behütend in den Arm.

Eine Szene aus dem Nahen Osten, könn-
10 te man vermuten. Vielleicht aber auch aus Bagdad, aus Kabul oder doch aus dem mittelalterlichen Jerusalem? „Nathan der Weise" kommt in der neuen Inszenierung des Westfälischen Landestheaters Castrop-Rauxel
15 ohne zeitliche Vorgaben daher und gewinnt gerade daraus seine aktuelle Kraft. Denn unter der Regie von Peter Lüder verlieren populäre Wortkonstrukte wie „Achse des Bösen" oder „internationaler Terror" ihre Masken.
20 Die fanatischen Kontrahenten von einst und jetzt bekommen Gesichter, zeigen sich als Geschäftsmann (Nathan), als Warlord im Nadelstreifenanzug (Sultan) oder sehnender Teenager (Recha). Eben als Menschen, die – jeder für sich – auf der Suche nach persönli- 25 chem Glück und individueller Wahrheit sind.

Das Bühnenbild: angedeutete Säulen, kahle Wände, eine Schwingtür, weinrote Sessel. Ein bisschen Antike, ein bisschen Gegenwart. Die Geschichte um den Ju- 30 den Nathan, den Moslem Saladin und den christlichen Tempelherrn ist im Irgendwo angesiedelt. Gestern? Heute? Einerlei. Nur die von Monitoren flimmernden Bilder von Terroranschlägen und ausgebombten Stra- 35 ßenzügen erzählen, dass uns der Konflikt von einst auch heute noch etwas angeht.

Lüder setzt auf Leichtigkeit, ohne läppisch zu wirken. Seine Kontrahenten dürfen in Glücksmomenten swingen. Der Derwisch 40 trägt zu Riemchensandalen feinen Zwirn und dunkle Sonnenbrille, weil er sich in seiner neuen Rolle als Finanzverwalter des Sultans besonders cool vorkommen darf. Der Tempelherr in kriegerischer Montur pflegt seine Wunden. „Nathan der Weise" kommt gleichsam frisch und fröhlich, anrührend und traurig daher. Die Konflikte um Geld, Liebe und Religionen geraten zur zauberhaften Bühnenunterhaltung. Doch die Leichtigkeit hinterlässt Spuren. „Es sind nicht alle frei, die ihrer Ketten spotten", formuliert der Tempelherr. Was will man dem noch hinzufügen?

Westfälisches Landestheater Castrop-Rauxel, 2004

1. Erläutert die Formulierung des Tempelherrn: „Es sind nicht alle frei, die ihrer Ketten spotten." (Z. 51 f.).

2. Beurteilt, inwiefern die Modernisierung in dieser Inszenierung des Dramas dem Originaltext Lessings gerecht wird.

3. Beurteilt, ob das Einbringen aktueller politischer Zustände in eine Nathan-Inszenierung den Ideen der Aufklärung entspricht. Begründet eure Ansicht.

4. Extra

Fertigt ein Plakat zu den Dramen „Sechzehn Verletzte" von Eliam Kraiem und „Nathan der Weise" von Gotthold Ephraim Lessing an. Stellt dar, um welches Thema es jeweils geht, wer die Hauptfiguren sind und worin sich die Stücke ähneln bzw. unterscheiden.

 **Das könnt ihr jetzt!**

weitere Auszüge:
Andorra
S. 280–283

Achtung:
alte Rechtschreibung

Sakristei:
Nebenraum in der Kirche zur Vorbereitung auf den Gottesdienst und zur Aufbewahrung der dafür benötigten Gegenstände

Peider:
Figur im Drama, Soldat

Max Frisch: Andorra, Siebentes Bild (Ausschnitt, 1961)

Andri ist der uneheliche Sohn eines Lehrers. Da dieser sich für seine Vaterschaft schämt, gibt er Andri als ein Judenkind aus, das er gerettet und nach Andorra gebracht hat. In der Folge wird Andri von allen als Jude angesehen und er begegnet verschiedenen Formen des Antisemitismus. Als gegen Ende des Stücks (nach der vorliegenden Szene) die Judenverfolgung auch in Andorra einsetzt, gesteht der Lehrer zwar die Wahrheit, aber niemand glaubt ihm, sodass Andri schließlich umkommt.

Sakristei, der Pater und Andri

PATER: Andri, wir wollen sprechen miteinander. Deine Pflegemutter wünscht es. Sie macht sich große Sorge um dich
5 … Nimm Platz! *Andri schweigt.* […] Du willst dich nicht setzen? *Andri schweigt.* […] Ich verstehe, du bist zum ersten Mal hier. Sozusagen. Ich erinnere mich: Einmal als euer Fußball hereingeflogen ist,
10 sie haben dich geschickt, um ihn hinter dem Altar zu holen. *Der Pater lacht.*

ANDRI: Wovon, Hochwürden, sollen wir sprechen?

PATER: Nimm Platz! *Andri schweigt.* […]
15 **ANDRI:** Stimmt das, Hochwürden, daß ich anders bin als alle? *Pause*

PATER: Andri, ich will dir etwas sagen.

ANDRI: – ich bin vorlaut, ich weiß.

PATER: Ich verstehe deine Not. Aber du
20 sollst wissen, daß wir dich gern haben, Andri, so wie du bist. Hat dein Pflegevater nicht alles getan für dich? Ich höre, er hat Land verkauft, damit du Tischler wirst.
25 **ANDRI:** Ich werde aber nicht Tischler.

PATER: Wieso nicht?

ANDRI: Meinesgleichen denkt alleweil nur ans Geld, heißt es, und drum gehöre ich nicht in die Werkstatt, sagt der Tischler,
30 sondern in den Verkauf. Ich werde Verkäufer, Hochwürden.

PATER: Nun gut.

ANDRI: Ich wollte aber Tischler werden.

PATER: Warum setzest du dich nicht?

ANDRI: Hochwürden irren sich, glaub ich.
35 Niemand mag mich. Der Wirt sagt, ich bin vorlaut, und der Tischler findet das auch, glaub ich. Und der Doktor sagt, ich bin ehrgeizig, und meinesgleichen hat kein Gemüt.
40
PATER: Setz dich!

ANDRI: Stimmt das, Hochwürden, daß ich kein Gemüt habe?

PATER: Mag sein, Andri, du hast etwas Gehetztes.
45
ANDRI: Und Peider sagt, ich bin feig.

PATER: Wieso feig?

ANDRI: Weil ich ein Jud bin.

PATER: Was kümmerst du dich um Peider! *Andri schweigt.*
50 Andri, ich will dir etwas sagen.

ANDRI: Man soll nicht immer an sich selbst denken, ich weiß. Aber ich kann nicht anders, Hochwürden, es ist so. Immer muß ich denken, ob's wahr ist, was die
55 andern von mir sagen: daß ich nicht bin wie sie, nicht fröhlich, nicht gemütlich, nicht einfach so. Und Hochwürden finden ja auch, ich hab etwas Gehetztes. Ich versteh schon, daß niemand mich mag.
60 Ich mag mich selbst nicht, wenn ich an mich selbst denke. *Der Pater erhebt sich.* Kann ich jetzt gehn?

PATER: Jetzt hör mich einmal an!

ANDRI: Was, Hochwürden, will man von
65 mir?

PATER: Warum so mißtrauisch?

ANDRI: Alle legen ihre Hände auf meine Schulter.

70 PATER: Weißt du, Andri, was du bist? *Der Pater lacht.* Du weißt es nicht, drum sag ich es dir. *Andri starrt ihn an.* Ein Prachtskerl! In deiner Art. Ein Prachtskerl! Ich habe dich beobachtet,
75 Andri, seit Jahr und Tag –

ANDRI: Beobachtet?

PATER: Freilich.

ANDRI: Warum beobachtet ihr mich alle?

PATER: Du gefällst mir, Andri, mehr als
80 alle anderen, ja, grad weil du anders bist als alle. Was schüttelst du den Kopf? Du bist gescheiter als sie. Jawohl! Das gefällt mir an dir, Andri, und ich bin froh, daß du gekommen bist und daß ich es dir einmal sagen kann. 85

ANDRI: Das ist nicht wahr. […]

PATER: Wir müssen uns selbst annehmen, und das ist es, Andri, was du nicht tust. Warum willst du sein wie die andern? Du bist gescheiter als sie, glaub mir, 90 du bist wacher. Wieso willst du's nicht wahrhaben? […] Warum soll's nicht auch Geschöpfe geben, die mehr Verstand haben als Gefühl? Ich sage: Gerade dafür bewundere ich euch. Was siehst du 95 mich so an? […]

Prachtskerl: Person, die alle zu erwartenden Vorzüge aufweist

1. Erklärt, welche Folgen es für Andri in der andorranischen Gesellschaft hat, dass er für einen Juden gehalten wird.
   – Nennt Beispiele, die zum „Judenbild" der Andorraner gehören.
   – Erläutert, welches Bild Andri von sich selbst hat.

2. Erläutert anhand seiner letzten Aussagen (Z. 87–96), inwiefern auch der Pater ein „Judenbild" hat. Beurteilt sein Verhalten.

3. Untersucht und deutet die Dramenszene. Benennt das Thema. Geht auf den Handlungs- und Gesprächsverlauf sowie die Figuren und die Figurenkonstellation ein.

Die Aufklärung in den Aphorismen Lichtenbergs (1742–1799)

 Man spricht viel von Aufklärung und wünscht mehr Licht. Mein Gott, was hilft aber alles Licht, wenn die Leute entweder keine Augen haben, oder die, die sie haben, vorsätzlich verschließen?

 Wenn ein Buch und ein Kopf zusammenstoßen und es klingt hohl, ist das allemal im Buch?

 Es ist fast unmöglich, die Fackel der Wahrheit durch ein Gedränge zu tragen, ohne jemandem den Bart zu sengen.

 Es ist ja doch nun einmal nicht anders: Die meisten Menschen leben mehr nach der Mode als nach der Vernunft.

Aphorismus: schlagkräftig formulierte geistreiche Äußerung, meist mit einer zum Schmunzeln und Nachdenken anregenden Pointe

4. Erläutert, welche Erkenntnis Lichtenberg mit seinem Aphorismus jeweils vermitteln will. Erklärt, inwiefern sich in den Aphorismen das Ideengut der Aufklärung spiegelt.

Meinungsmache?
Medien untersuchen

 Das könnt ihr schon!

- Textsorten einer Tageszeitung unterscheiden
- Kommentare schreiben
- die Bedeutung der Presse beurteilen

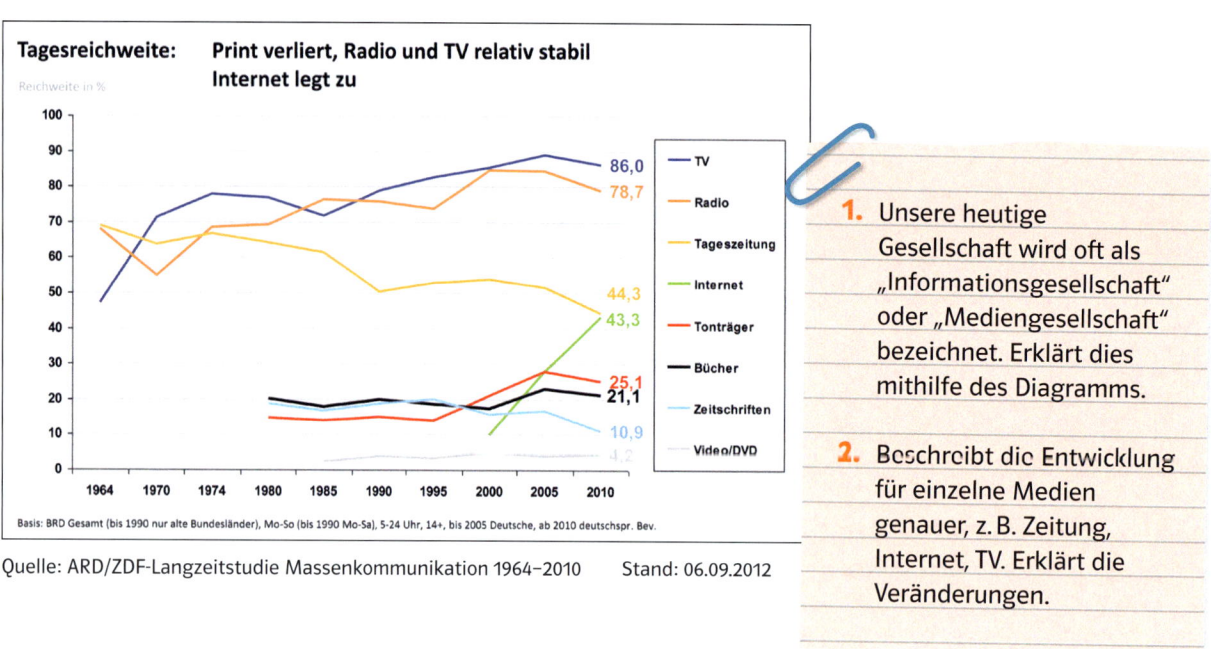

Tagesreichweite: Print verliert, Radio und TV relativ stabil Internet legt zu

Reichweite in %

- TV — 86,0
- Radio — 78,7
- Tageszeitung — 44,3
- Internet — 43,3
- Tonträger — 25,1
- Bücher — 21,1
- Zeitschriften — 10,9
- Video/DVD

Basis: BRD Gesamt (bis 1990 nur alte Bundesländer), Mo-So (bis 1990 Mo-Sa), 5-24 Uhr, 14+, bis 2005 Deutsche, ab 2010 deutschspr. Bev.

Quelle: ARD/ZDF-Langzeitstudie Massenkommunikation 1964–2010   Stand: 06.09.2012

1. Unsere heutige Gesellschaft wird oft als „Informationsgesellschaft" oder „Mediengesellschaft" bezeichnet. Erklärt dies mithilfe des Diagramms.

2. Beschreibt die Entwicklung für einzelne Medien genauer, z. B. Zeitung, Internet, TV. Erklärt die Veränderungen.

Katastrophe von Duisburg 2010:
Love-Parade-Betroffene klagen auf Schadenersatz (2014)

Love Parade:
großer Umzug mit Techno-musik in den 1990er und 2000er Jahren mit Hundert-tausenden Partygästen

21 Menschen starben bei der Love-Parade-Katastrophe in Duisburg vor vier Jahren. Juristisch ist das Unglück noch immer nicht aufgearbeitet. Jetzt wollen 30 Betroffene auf
5 **Schadenersatz klagen – es geht um Hundert-tausende Euro.**

Bochum/Duisburg – Vier Jahre nach der Love-Parade-Katastrophe von Duisburg ziehen 30 Betroffene vor Gericht: Über ein
10 zivilrechtliches Verfahren wollten sie beim Landgericht Duisburg Schadenersatz ein-klagen, sagte die Bochumer Opferanwältin

Bärbel Schönhof. Die Klage richtet sich demnach gegen die Stadt Duisburg, den Veranstalter Rainer Schaller und seine Fir- 15 ma Lopavent sowie gegen das Land NRW als Dienstherren der Polizei.

„Sie alle haben die Leute sehenden Au-ges in die Katastrophe gehen lassen", sagte Schönhof. Sie wolle, dass ihre Mandanten 20 nicht erst auf den Ausgang eines möglichen Strafverfahrens warten müssen. Es könne noch Jahre dauern, bis ein strafrechtliches Urteil erfolge. […]

Lerninsel:
Umgang
mit Medien
S. 284

⊕ Eingangstest
Zeitung
k4u7ur

Werden die Verantwortlichen zur Rechenschaft gezogen? (2014)

Die körperlichen Wunden mögen in vielen Fällen verheilt sein, doch die schrecklichen Bilder, die sie damals sahen, die Schreie, die sie hörten, verfolgen alle, die dabei wa-
5 ren. Die Opfer empfinden die heute vorgestellte Anklage der Staatsanwaltschaft als vollkommen unzureichend. Einer ihrer Anwälte sagte: „Die Opfer haben den Eindruck, dass man die Großen laufenlässt und
10 die Kleinen hängt."

Ich kann dieses Gefühl sehr gut verstehen. Aber mit den Instrumenten des Strafrechts lässt sich die moralische Schuld, die die Verantwortlichen auf sich geladen
15 haben, nicht bewältigen. Die Staatsanwälte hatten keine andere Chance als zu prüfen, wer hat die Veranstaltung so geplant, und wer hat sie mit seiner Unterschrift so genehmigt. Großmannssucht und Arroganz,
20 ein unvorstellbarer Leichtsinn und der

fehlende Mut, sich Vorgesetzten zu widersetzen, führten zu der Katastrophe. Doch strafrechtlich können nur diejenigen zur Verantwortung gezogen werden, die die Veranstaltung planten, und diejenigen, die 25 sie genehmigten. Auch die Polizei hat an dem Tag der Katastrophe Fehler gemacht. […]

Lerninsel:
Sich in Zeitungen orientieren
S. 287

3. Ordnet die beiden Artikel einer journalistischen Textsorte zu. Begründet eure Zuordnung anhand konkreter Textstellen.

Willkommen bei den Grimaldis
In diese blaublütige Sippe würden Charlènes Zwillinge hineingeboren. »

Wie gefährlich sind K.o.-Tropfen?
Der „Tatort" im Check: So wirkt die Droge tatsächlich. »

Comeback für die Hooligan-Szene?
Fanverband befürchtet nach Krawallen neue Gewaltexzesse. »

4. Beurteilt den Informationswert der drei abgedruckten Meldungen auf der Startseite eines E-Mail-Portals.

die „Grimaldis": Fürstenfamilie in Monaco

5. Klickt die aktuellen Nachrichten auf der Start- oder Abschlussseite eines E-Mail-Portals durch. Notiert, welche Meldungen eurer Ansicht nach wichtige Informationen vermitteln und welche nicht.

Das lernt ihr jetzt! ☆

· Informationsvermittlung in verschiedenen Medien vergleichen
· Bilder und Texte kritisch untersuchen
· medienkritische Positionen verstehen

Schwarz auf weiß
Informationsvermittlung in verschiedenen Medien untersuchen

1. Beschreibt die Wirkung der Fotos. Würdet ihr gerne bei einem solchen Event mitmachen? Begründet eure Antwort.

Als die Love Parade laufen lernte (Zeitungsartikel, 2014)

Sponti-Spruch: als Spontis galten in den 1970er und 1980er Jahren linksgerichtete Aktivisten, die die „Spontanität der Massen" als riesiges Potenzial ansahen. Sie prägten eine Reihe von Sprüchen, z.B. *Macht kaputt, was euch kaputt macht!*, oder: *Stell dir vor, es ist Krieg und keiner geht hin.*

Ku'damm: eigentlich „Kurfürsten-damm", belebte Geschäftsstraße im Zentrum von Berlin

Das Motto des Umzugs, der als politische Demonstration angemeldet war: „Friede, Freude, Eierkuchen". Feierwütige mit Blumen und Smileys auf der Kleidung zogen
5 am 1. Juli 1989 tanzend bei Nieselregen über den Ku'damm. Der Fotograf Erik-Jan Ouwerkerk war dabei, weil ihn die mit Herzen dekorierten Plakate unter den Yorckbrücken neugierig gemacht hatten.
10 [...]

„Mit Technomusik und Clubs hatte ich selbst gar nichts am Hut", erzählt der Fotograf, der aus den Niederlanden stammt. „Ich fand es aber interessant, die Leute
15 dieser Szene, die sonst nachts in den Clubs versteckt waren, mal tagsüber auf der Straße zu sehen. Sie waren offen und freundlich, es herrschte eine befreiende, geradezu mitreißende Stimmung." Die freiheitliche
20 Stimmung vier Monate vor dem Mauerfall spiegelte sich auch in der Kleidung der zuckenden und wippenden Menschen: enge Klamotten aus der Schwulenszene, weite von den Hippies, grelle Aufdrucke und
25 Sonnenblumen, das Symbol der House-Bewegung. [...] „,Friede, Freude, Eier-

kuchen' klingt wie ein alberner Sponti-Spruch, passte aber in die damalige Zeit. Es lag etwas in der Luft. Vielleicht hatten wir Clubgänger die Antennen dafür, dass 30 die Geschichte sich dreht", sagt Birkelbach, der heute 52 Jahre alt ist. Die anderen Demonstranten, von denen fast täglich einige durch Berlin zogen, seien immer gegen etwas gewesen, gegen Ausländerfeindlichkeit 35 oder Krieg.

„Wir hingegen traten für etwas ein: für eine weltoffene, tolerante Gesellschaft." Ein Tresen aus Bierkisten mit einer Holzplatte darüber, ein DJ-Pult und etwas Nebel: Das 40 sei damals eine Technoparty gewesen, erzählt Birkelbach. [...]

Etwa 500 Leute seien damals in den Clubs unterwegs gewesen, 150 von ihnen trauten sich, bei Tageslicht auf der Straße 45 zu tanzen. „Wir kannten uns alle, waren eine Family. Eine Stimmung wie bei einem Kindergeburtstag." Mit Staunen hätten die Passanten reagiert, „cool" die Polizisten, und ein paar Touristen seien sogar spon- 50 tan mitspaziert. Danach feierte die Gruppe im Ufo-Club weiter, in dem auch Love-

Parade-Gründer DJ Motte damals auflegte. Beim Durchhalten hätten ihnen vor allem Cola und Kaffee geholfen, erzählt Birkelbach. Drogen seien damals noch kein fester Bestandteil der Szene gewesen.

Die kleine Feier war der Beginn eines globalen Phänomens. Schon 1991 kamen 6000 Technofans aus ganz Deutschland, um die dritte Love Parade zu feiern. Die Millionenmarke war 1997 rund um die Siegessäule erreicht, als der Ku'damm zu eng geworden war. […] Von 2007 an fand die Love Parade in verschiedenen deutschen Städten statt.

Mit dem Unglück in Duisburg im Jahr 2010 endete die Partyreihe, die schon in den Jahren zuvor vor allem mit Müll, Drogen und Verletzten Aufsehen erregt hatte. Helge Birkelbach hatte schon bei der letzten Love Parade am Ku'damm mit einer halben Million Teilnehmern genug. Aber an die erste Love Parade erinnert er sich trotzdem gern.

2. Erklärt, wie die Informationen in den Zeitungsartikel eingebunden werden.

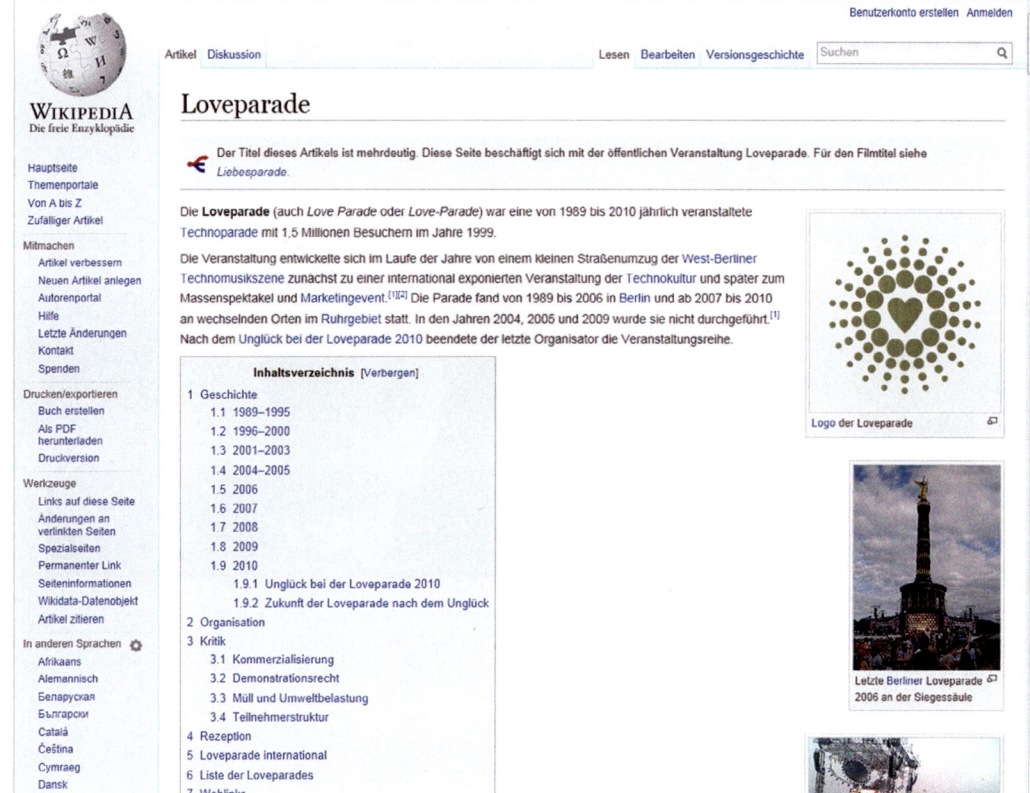

3. Beschreibt die Unterschiede in der Gestaltung der Artikel in der Zeitung und im Internetlexikon. Achtet z. B. auf die Menge der Informationen (vom Internet-Artikel ist nur ein Ausschnitt abgebildet) und auf zusätzliche Elemente.

4. Beschreibt, welche Anreize zum Weiterlesen die Anfänge der beiden Artikel bieten.

5. Findet Erklärungen für die Unterschiede (S. 177, Aufgabe 3 und 4):
  – Welche Unterschiede lassen sich durch das jeweilige
    Medium – Zeitung bzw. Internetseite – erklären?
  – Welche anderen Besonderheiten weisen die Texte jeweils auf?

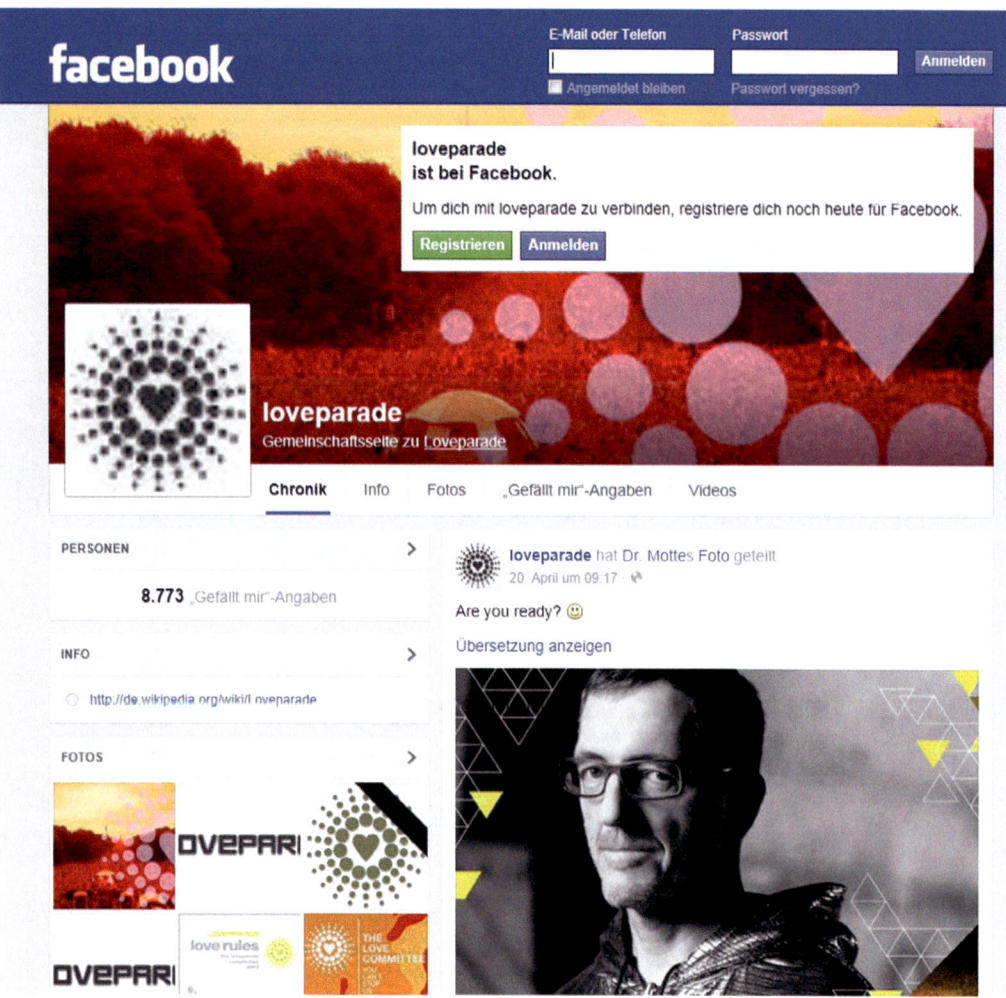

6. Vergleicht die Seite aus dem sozialen Netzwerk mit dem Internetlexikon (S. 177):
  – Welche Informationen über die Love Parade findet ihr?
  – Welche Funktion hat die jeweilige Seite?

7. Klärt mithilfe der folgenden Frage, wie verlässlich eine Information in den folgenden
    Medien ist: Welche Korrekturen bzw. Kontrollen durchläuft eine Information, bevor
    sie im jeweiligen Medium veröffentlicht wird?
  – Sachbuch
  – Zeitung oder Zeitschrift
  – Internetlexikon
  – soziales Netzwerk
  – Homepage

Lerninsel:
Umgang mit
Medien
S. 284 ff.

8. Beschreibt die Vor- und Nachteile der beiden Vorgehensweisen bei den Recherchen
für ein Referat.

Lerninsel:
Sich und
andere
informieren
S. 241 ff.

*Für ein Referat informiere
ich mich nur in Sachbüchern
und Lexika. Nur da sind
die Informationen verlässlich.*

*Ich nutze nur das Internet. Das geht
viel schneller. Außerdem bekomme
ich viel mehr Informationen und
die Informationen sind immer auf dem
neuesten Stand.*

Informationsgehalt von Texten in verschiedenen Medien beurteilen

Wissen und
Können

Zeitungen, Zeitschriften und Bücher: Die Informationen werden von ausgebildeten **Journalisten** recherchiert und vor der Veröffentlichung von der **Redaktion** kontrolliert bzw. überarbeitet.

Internetlexika: Internetlexika enthalten oft ungeprüfte Informationen. Beim größten Internetlexikon Wikipedia **darf jeder mitschreiben**. Wikipedia gibt aber **Richtlinien** vor. Andere Nutzer sind die Kontrolleure der Artikel. Änderungen in einem Artikel kann man über die **Versionsgeschichte** einsehen.

Soziale Netzwerke: Hier darf jeder Nutzer Informationen einstellen. Nur bei **konkreten Beschwerden** werden Einträge gelöscht.

Homepages: Die Informationsqualität von Homepages hängt davon ab, **wer sie veröffentlicht.** Homepages von Einzelpersonen können verlässliche Informationen bieten, wenn der Autor/die Autorin **Experte** auf einem Gebiet ist. Häufig finden sich auf Internetseiten jedoch ungenaue und ungesicherte Informationen.

Lerninsel:
Umgang mit
Medien
S. 284 ff.

9. Zum Differenzieren ▪ ▪ ▪ ▪

A Erstellt eine Checkliste, mit der man die Verlässlichkeit von Informationen im Internet überprüfen kann.

B Erläutert, welche Vor- und Nachteile es haben kann, wenn ein Artikel auf einer Internetseite mit vielen anderen Artikeln verlinkt ist.

C Vergleicht einen Artikel aus einer Tageszeitung mit dessen Online-Version auf der Internetseite der gleichen Zeitung. Stellt eure Ergebnisse vor.

Überall Nachrichten

Formen der Nachrichtenpräsentation untersuchen

1. Sammelt, wo euch im Alltag Nachrichten begegnen. Tauscht euch darüber aus, welche Nachrichtenpräsentationen ihr ignoriert und welche ihr weiterlest bzw. weiterschaut.

2. Sortiert die oben dargestellten Nachrichtenpräsentationen unter den Gesichtspunkten:
   – Seriosität der Informationen
   – Unterhaltungsfaktor

Stern.de
Auf STERN.DE finden Sie aktuelle Nachrichten, spannende News und Hintergründe sowie bildstarke Reportagen aus allen Bereichen: von Politik und Wirtschaft bis Kultur und Wissenschaft.

BRISANT
BRISANT ist auf den Laufstegen von Paris ebenso zu Hause wie in Europas Königshäusern. Hier finden Sie Artikel, Galerien und Videos zu …

WDR.de
WDR.de bietet die wichtigsten Nachrichten aus und für NRW multimedial aufbereitet, begleitende Informationen zu Fernsehsendungen und Radioprogrammen sowie zahlreiche Audios und Videos auf Abruf.

Radio Z: Nachrichten
Nachrichten sind in der Informationsgesellschaft ein kostbares Gut, das gehandelt, verkauft und um dessen Aktualität gekämpft wird. Doch was steht hinter den Schlagzeilen? Kritische Einschätzungen, die Meinungen von Minderheiten und die „Stimmen der Ungehörten" aus der Nachrichtenflut herauszufiltern, das haben wir uns zur Aufgabe gemacht. Wir berichten aus den globalen sozialen Bewegungen und über lokale Proteste. Die internationalistische Perspektive ist uns dabei genauso wichtig. Nachrichten bei Radio Z bringen stündlich das Neueste vom Tage aus einem anderen Blickwinkel.

11freunde.de
Das Magazin für Fußballkultur digital: Alles, was auf und neben dem Platz wichtig ist. Unter anderem mit dem Liveticker zu allen wichtigen Partien …

3. Untersucht die Selbstaussagen zu den Nachrichtenseiten bzw. -sendungen:
   – Welche Zielgruppen werden angesprochen?
   – Welche Themen kann man erwarten?

In unserer heutigen Informationsgesellschaft wissen die Menschen mehr über wichtige aktuelle Themen als die Menschen in früheren Zeiten.

Die Unmenge an Nachrichten führt heutzutage dazu, dass alle Nachrichten nur oberflächlich wahrgenommen und schnell wieder vergessen werden.

4. Erklärt die beiden Aussagen durch Beispiele. Welche Position entspricht am ehesten eurer Meinung? Begründet.

Tagesschau in 100 Sekunden (Dauer: ca. 100 Sekunden)

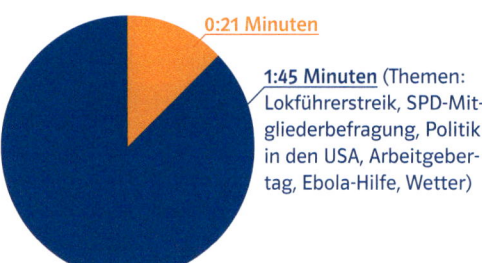

0:21 Minuten

1:45 Minuten (Themen: Lokführerstreik, SPD-Mitgliederbefragung, Politik in den USA, Arbeitgebertag, Ebola-Hilfe, Wetter)

Tagesschau:
Alle drei Diagramme beziehen sich auf die entsprechenden Sendungen vom 04.11.2014.

Tagesschau um 20 Uhr (Dauer: ca. 15 Minuten)

1:04 Minuten

0:51 Minuten

1:03 Minuten

2:09 Minuten

11:04 Minuten (Themen: Lokführerstreik, SPD-Mitgliederbefragung, Politik in den USA, Arbeitgebertag, Ebola-Hilfe, Flüchtlinge in der EU, Überflutungen in Frankreich, Wetter)

Tagesthemen um 22.15 Uhr (Dauer: ca. 30 Minuten)

1:31 Minuten

1:21 Minuten

2:29 Minuten

1:38 Minuten

3:25 Minuten

19:08 Minuten (Themen: Lokführerstreik, SPD-Mitgliederbefragung, Politik in den USA, Personalnot durch Rente mit 63, Ebola-Hilfe, Überflutungen in Frankreich, Fußball, Wetter)

MAZ:
Kurzwort für **M**agnet**a**uf**z**eichnung (ein kurzer Filmbeitrag)

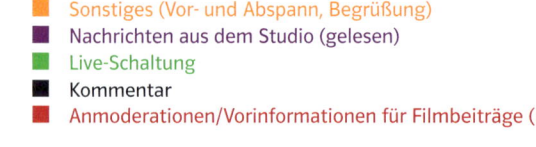

- ■ Filmbeiträge (MAZ)
- ■ Sonstiges (Vor- und Abspann, Begrüßung)
- ■ Nachrichten aus dem Studio (gelesen)
- ■ Live-Schaltung
- ■ Kommentar
- ■ Anmoderationen/Vorinformationen für Filmbeiträge (MAZ)

5. Vergleicht die Diagramme zu den Nachrichtensendungen der ARD.
  – Welche Bestandteile haben alle Sendungen? Welche gibt es nur vereinzelt?
  – Welche Nachrichtenteile haben jeweils einen besonders großen Zeitanteil?

6. Die MAZ zum Lokführerstreik dauert unterschiedlich lange:
  – bei der Tagesschau in 100 Sekunden: 0:18 Minuten,
  – bei der Tagesschau um 20 Uhr: 1:54 Minuten,
  – bei den Tagesthemen: 3:54 Minuten (zwei Beiträge – Gründe und Folgen des Streiks).
  Erklärt ausgehend von diesem Beispiel, welche Vor- und Nachteile die verschiedenen Sendeformate haben.

7. Welche Form der Nachrichtennutzung erscheint euch am sinnvollsten: eine überregionale Tageszeitung lesen, eine Nachrichtensendung im Fernsehen schauen, sich durch die Nachrichten im Internet klicken? Begründet aus Sicht dreier Nutzertypen:
  a) Nutzertyp 1 wünscht sich umfassende Informationen zu verschiedenen Themen.
  b) Nutzertyp 2 interessiert sich nur für das Spiel seines Lieblingsvereins.
  c) Nutzertyp 3 möchte sich vorstellen können, wie es vor Ort aussieht.

Formen der Nachrichtenpräsentation gezielt nutzen

Zu den **Nachrichten des Tages** könnt ihr euch auf **verschiedene Weise** informieren: in Tageszeitungen, in Nachrichtensendungen, im Fernsehen, im Radio oder im Internet. Meist werden die Nachrichten zusammenhängend präsentiert. Manchmal werden sie auch unterbrochen, z. B. durch **Werbung**. Die **sinnvolle Nutzung** der Nachrichtenformen hängt von eurem **Interesse** ab: Möchtet ihr euch allgemein informieren oder sucht ihr Nachrichten zu einem bestimmten Thema?

Den **Informationsgehalt** der Nachrichten und ihren Wert für die **Meinungsbildung** könnt ihr folgendermaßen prüfen:
– Werden **verschiedene Positionen** zu einer Nachricht genannt oder nur eine einzige?
– Werden Zusammenhänge durch **Hintergrundinformationen** erläutert?
– Kommen **betroffene Personen** selbst zu Wort oder werden ihre Aussagen zusammenfassend wiedergegeben?
– Werden die **Informationen** nur präsentiert oder auch **kommentiert**?

Wissen und Können

Lerninsel:
Umgang mit Medien
S. 284 ff.

8. Zum Differenzieren ■ ■ ■ ■

A Viele Menschen meinen, dass sie von Informationen geradezu überflutet werden. Wie seht ihr das? Begründet eure Meinung.

B Wertet das Diagramm aus, indem ihr seine zentralen Aussagen formuliert. Welches Medium hättet ihr genannt, wenn ihr befragt worden wäret? Begründet.

C Sammelt Gründe dafür, dass sich viele Menschen besonders durch das Fernsehen von Informationen überflutet fühlen.

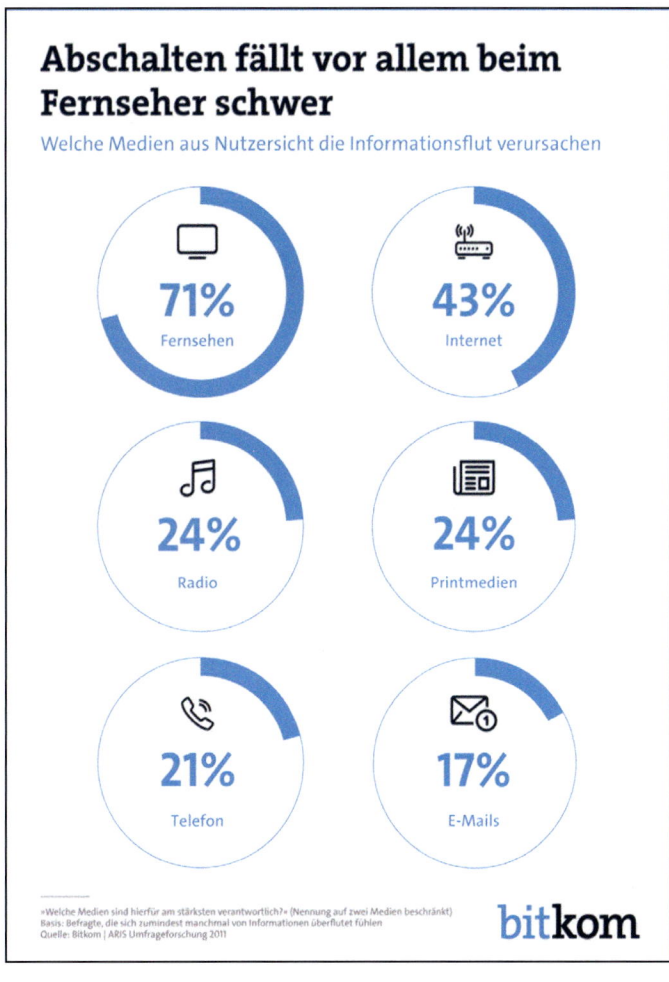

Abschalten fällt vor allem beim Fernseher schwer

Welche Medien aus Nutzersicht die Informationsflut verursachen

71% Fernsehen

43% Internet

24% Radio

24% Printmedien

21% Telefon

17% E-Mails

»Welche Medien sind hierfür am stärksten verantwortlich?« (Nennung auf zwei Medien beschränkt)
Basis: Befragte, die sich zumindest manchmal von Informationen überflutet fühlen
Quelle: Bitkom | ARIS Umfrageforschung 2011

bitkom

Die Macht der Bilder und Worte

Bilder und Texte kritisch untersuchen

Originalfoto: Tempel im ägyptischen Luxor

Am Tempel in Luxor hatte im November 1997 ein Anschlag auf mehrere Touristen stattgefunden. Die harmlose Wasserpfütze wurde durch die Bildredaktion rot eingefärbt. Das Schweizer Boulevard-Blatt „Blick" bildete das rechte Foto einen Tag nach dem Anschlag ab.

Zeitungsausschnitt aus der „Blick"

1. Beschreibt die Wirkung des Zeitungsausschnitts. Beachtet die Veränderung des Originalbildes und die Wortwahl.

In Syrien herrscht seit 2011 Krieg. Links das Originalbild, aufgenommen nahe der syrischen Stadt Aleppo, rechts die Montage in der „Kronen Zeitung" vom 28. Juli 2012

Kronen Zeitung: auflagenstärkste österreichische Boulevard-Tageszeitung

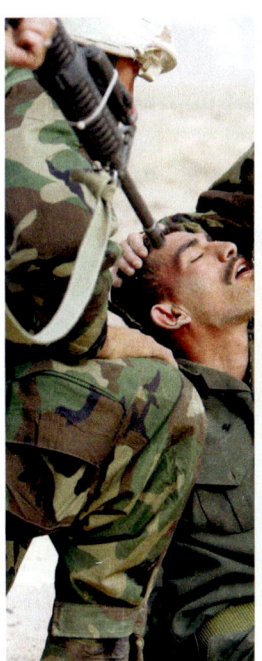

Das Originalbild in der Mitte zeigt einen irakischen Soldaten umgeben von US-Soldaten während des Irak-Kriegs 2003. Alle drei Fotos wurden – in verschiedenen Zeitungen – veröffentlicht.

2. Beschreibt die Bilder und ihre Wirkungen.

3. Erläutert, wie sich die Aussage der Bilder durch den jeweiligen Eingriff verändert.

4. Sammelt Gründe, warum sich die Zeitungsredaktionen beim Foto aus dem Irak-Krieg jeweils für die Veröffentlichung des linken, mittleren oder rechten Bildausschnitts entschieden haben könnten.

Lerninsel: Umgang mit Medien S. 284 ff.

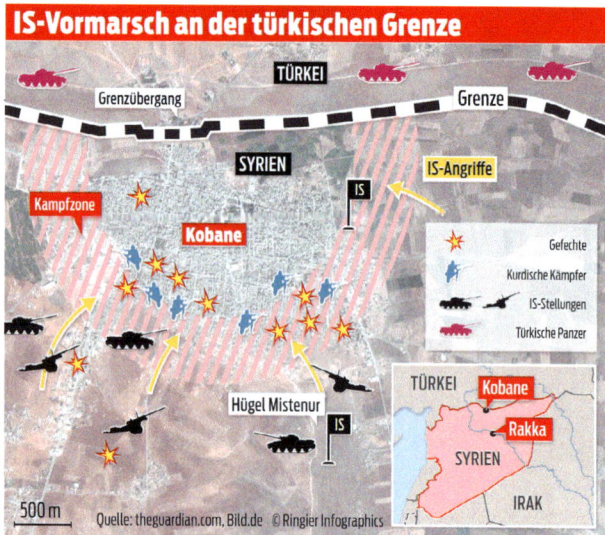

Die vier Abbildungen stehen im Zusammenhang mit dem Angriff der Terrormiliz IS (Islamischer Staat) auf die syrische Stadt Kobane im Oktober 2014.

5. Beschreibt die Wirkung der vier Abbildungen.

6. Welche Abbildung würdet ihr auswählen und zusammen mit einem Bericht über den Angriff in einer überregionalen Tageszeitung abdrucken? Begründet eure Auswahl.

7. „Bildmanipulationen sind nur die Spitze des Eisberges. Denn es ist schon Manipulation, ein bestimmtes Foto auszuwählen, auch wenn man es korrekt abdruckt."
Nehmt Stellung zu dieser Aussage.

8. Noam Chomsky hat sich oft kritisch zu den Militäreinsätzen der USA geäußert. Erklärt, worin die Manipulation von Chomskys Verlag besteht, der das Zitat des *New York Times Book Review* zu Werbezwecken verwendet.

> Aussage des *New York Times Book Review*: „Noam Chomsky ist der wichtigste Intellektuelle der Gegenwart. Wenn dies der Fall ist, wie kann er dann solchen Unsinn über die amerikanische Außenpolitik schreiben?"

> Werbung des Verlags für Chomskys Bücher: Noam Chomsky ist laut *New York Times Book Review* der „wichtigste Intellektuelle der Gegenwart".

Noam Chomsky: amerikanischer Sprachwissenschaftler und Gesellschaftskritiker

---

Bilder und Texte in den Medien kritisch betrachten

Wissen und Können

Medien sind wichtig, um **Informationen** zu **erhalten** und sich eine eigene **Meinung** zu **bilden**. In seriösen Medien werden die Informationen gründlich recherchiert und wahrheitsgetreu dargeboten.
Man sollte sich aber bewusst sein, dass **Bilder** und **Texte** manipuliert sein können und damit auch die Leser manipulieren.

Prüft zum Beispiel:
– Manipuliert eine Zeitung durch die Art und die Aufmachung der **Schlagzeile**?
– Wird die Wirkung eines Textes durch ein **Bild** beeinflusst?
– Werden in einem Text **verschiedene Positionen** zitiert oder nur eine?
– Gibt es Hinweise darauf, dass Informationen **bewusst weggelassen** oder aus dem **Zusammenhang gerissen** wurden?
– Werden die Zusammenhänge durch **Hintergrundinformationen** erläutert?

---

9. Zum Differenzieren ■ ■ ■ ■

A Beim Deutschen Presserat kann man sich über unangemessene Berichterstattung beschweren. Schreibt eine solche Beschwerde zu einer der Manipulationen auf den Seiten 184–187.

B Recherchiert einen aktuellen Fall, in dem das Zitat einer prominenten Person (z. B. Politikerin, Fußballtrainer) verfälscht wiedergegeben oder aus dem Zusammenhang gerissen wurde. Erklärt, worin genau die Manipulation besteht.

C Erklärt, was Chomsky meint. Stellt mögliche Unterrichtsinhalte für einen solchen Selbstverteidigungskurs zusammen.

> Eigentlich sollte jeder Selbstverteidigungskurse gegen Manipulation und Kontrolle besuchen.
> *Noam Chomsky*

10. Extra

Informiert euch über die wichtigsten Grundsätze des Pressekodex und stellt sie der Klasse vor.

Unfug? Chance? Gefahr?

Medienkritische Positionen verstehen

Mediale Phänomene kritisch beurteilen

200 Menschen in Boston

Barbara Schöneberger und TV Moderator Günther Jauch

Heidi Klum hilft Tim Gunn (US-amerikanischer Modeberater)

Schauspielerin Natascha Ochsenknecht

Ice Bucket Challenge lässt Obama kalt (spiegel.de)

22.08.2014 – Edgartown – George W. Bush machte nur unfreiwillig mit, und auch sein Nachfolger als US-Präsident hat keine Lust auf kaltes Wasser: Barack Obama beteiligt
5 sich nicht an der Ice Bucket Challenge, dem derzeitigen Netzhype. Die ungewöhnliche Wohltätigkeitsaktion zielt darauf, dass sich möglichst viele Prominente mit eiskaltem Wasser übergießen, um möglichst viele Vi-
10 deos davon im Netz zu verbreiten – und so neue Spender für eine Stiftung zur Bekämpfung der Krankheit Amyotrophe Lateralsklerose (ALS) zu rekrutieren.

Obama ließ sich zumindest auf diesen
15 Teil der Aktion ein: Er will der Stiftung eine Summe zukommen lassen, meldet die Nachrichtenagentur AP. Dass Obama überhaupt in die Kampagne geriet, verdankt er Ethel Kennedy: Die 86-Jährige aus dem
20 ruhmreichen Kennnedy-Clan hat Obama für die Teilnahme an dem Kontest nominiert – nachdem sie sich selbst vor der Kamera mit eiskaltem Wasser begossen hatte.

Denn das ist Teil der Regeln der Wohl-
25 tätigkeitsaktion, die sich seit mehr als zwei Wochen in den sozialen Netzwerken verbreitet: Ein Herausgeforderter leert einen Eimer mit Eiswasser über sich und darf dann weitere Menschen nominieren, die binnen
30 eines Tages dasselbe tun müssen. Wer sich weigert, soll 100 Dollar an die ALS-Stiftung spenden. Bislang sollen so schon 40 Millionen Dollar zusammengekommen sein.

Ganz überraschend kam Obamas Absa-
35 ge allerdings nicht, denn hohe US-Beamte etwa dürfen an der Aktion auch nicht teilnehmen: Das Außenministerium hat laut der Nachrichtenagentur AP Botschaftern und hochrangigen Vertretern der USA im Ausland ein Mitmachverbot auferlegt. Das
40 öffentliche Amt dürfe nicht für private Anliegen genutzt werden, teilte die Behörde mit – „unabhängig davon, wie sehr es die Sache wert wäre".

Andere Prominente haben sich indes in
45 Scharen an der Aktion beteiligt: Fußballprofi Marco Reus nominierte etwa Schlagersängerin Helene Fischer, und auch Microsoft-Pionier Bill Gates und Popstar Lady Gaga haben sich beteiligt. In Deutschland be-
50 gossen sich zudem unter anderem Matthias Schweighöfer und Natascha Ochsenknecht mit Eiswasser. Von Bundeskanzlerin Angela Merkel ist hingegen nicht bekannt, ob sie in irgendeiner Form die Aktion unterstützt:
55 „Ich bitte um Verständnis, dass wir grundsätzlich nicht darüber berichten, wem die Bundeskanzlerin persönlich Geld spendet", schrieb Regierungssprecher Steffen Seibert auf Twitter.
60

rekrutieren: zur Mitarbeit gewinnen

Matthias Schweighöfer, Natascha Ochsenknecht: deutsche Schauspieler

---

1. Fasst zusammen, was die Ice Bucket Challenge ist. Nennt andere Netzhypes.

2. Hättet ihr bei der Aktion mitgemacht, wenn euch jemand nominiert hätte? Begründet eure Entscheidung.

3. Sammelt Gründe, die für und die gegen die Teilnahme folgender Personengruppen sprechen: a) Prominente; b) Politiker/Politikerinnen.

4. Nehmt Stellung zur Äußerung des deutschen Regierungssprechers (Z. 56 ff.).

5. Der Regierungssprecher hat seine Äußerung auf Twitter veröffentlicht. Erläutert, was das über die Bedeutung sozialer Netzwerke aussagt.

6. Erklärt, inwiefern der Cartoon (S. 188) eine Kritik an der Ice Bucket Challenge ist.

Gerald Reischl: Warum die Ice Bucket Challenge nervt (2014)

Es geht vielen schon längst nicht mehr darum, auf ALS aufmerksam zu machen, sondern darum, ein möglichst ausgefallenes Kurzvideo online zu stellen, das von der
5 Community viele „Likes" erhält. Wer auf Facebook ist, wird regelrecht zugemüllt von diesen #IceBucketChallenge-Kurzvideos, es gibt leider keinen Filter, mit dem man diese Filmchen aufhalten kann. Und ein Vi-
10 deo in meiner „Timeline" hat mir schließlich gereicht: Statt einen Kübel mit Wasser und Eis zu verwenden, schüttete sich der Nominierte geschmolzenes Vanille-Speiseeis über den Kopf. Wenn er wenigstens
15 geschmolzenes Schokoladeneis genommen hätte – das hätte optisch gleich ausgedrückt, was ich von Selbstdarstellern mittlerweile halte … […]

Ich behaupte mal, dass nach wie vor die
20 wenigsten wissen, wofür ALS steht – nämlich für Amyotrophe Lateralsklerose, und das ist eine degenerative Erkrankung des motorischen Nervensystems. Es werden jene Nervenzellen irreversibel geschädigt,
25 die für die Bewegung des Muskel-Apparats verantwortlich sind. Der wohl „berühmteste" Patient ist Stephen Hawking, auch der verstorbene deutsche Maler Jörg Immendorff litt an ALS.
30 Grundsätzlich ist ja nichts dagegen einzuwenden, dass auf ein Problem aufmerksam gemacht wird, wenn eine Aktion innerhalb weniger Monate eine globale Reichweite schafft […]
35 Ich habe aber etwas gegen Selbstdarstellungsversuche und eine „wer-schüttet-sich-den-Eiskübel-am-coolsten-über-den-Schädel"-Challenge. Es geht den meisten nur noch darum, das lustigste,
40 schrägste und abnormalste Video zu präsentieren. Ich habe mittlerweile vor allen Respekt, die sich ohne einen Kübel Eiswasser über den Schädel zu schütten, spenden. Die grundsätzlichen Spielregeln lauten ja Eis über den Kopf oder spenden. Das
45 „oder" ist mir bei weitem sympathischer und macht mehr Sinn.

Die Zahl derer, die sich von der Challenge, die zu einer regelrechten Massenbewegung mutiert, genervt fühlen, wächst, und
50 mit jeder Stunde steigt die Gefahr, dass das Ziel – auf ALS aufmerksam zu machen – in weite Ferne rückt. ALS ist nur eine von vielen Krankheiten, in deren Heilung Medizin und Pharmaindustrie viel Geld stecken soll-
55 ten […]. Zudem gibt es nicht nur todbringende Krankheiten auf dieser Welt, sondern generell viel Not und Leiden […]

Stimmt schon, die ALSA hätte nie so viele Spendengelder zusammengebracht,
60 wäre der Hype nicht von berühmten US-Bürgern wie Mark Zuckerberg oder Bill Gates verbreitet worden. Angeblich wurde heuer um das Fünfzigfache (angeblich bereits 75 Millionen Dollar) mehr gespendet
65 als im Vergleichszeitraum des Vorjahres, damals waren es 1,7 Millionen Dollar. Die Befürworter der Challenge bzw. Kritiker der Challenge-Kritiker vergessen aber, dass die wenigsten der Herausgeforderten tatsäch-
70 lich auch spenden und dass denen wirklich die Heilung von ALS am Herzen liegt.

degenerativ:
auf Degeneration (körperlichem oder geistigem Verfall, Rückbildung von Organen) beruhend

irreversibel:
nicht umkehrbar

7. Erläutert, wie der Autor seine Kritik an der Aktion begründet.

8. Ordnet beide Zeitungsartikel (S. 189 und S. 190) einer der folgenden Textsorten zu:
Reportage, Bericht, Meldung, Kommentar, Glosse, Interview.
Begründet mithilfe konkreter Textbelege.

Lerninsel:
Sich in Zeitungen orientieren
S. 287

Medienkritische Positionen kennenlernen

Umberto Eco: Der Verlust der Privatsphäre (Ausschnitt, 2007)

[…] Was mir Sorgen macht, ist die Tatsache, dass der durch seinen Auftritt im Fernsehen glorifizierte Tor zu einem universalen Vorbild wird. Er hat sich zur Schau gestellt, also
5 kann jeder andere das auch. Die Zurschaustellung des Toren bringt das Publikum zu der Überzeugung, dass nichts, nicht einmal das schändlichste aller Missgeschicke, das Recht hat, privat zu bleiben. […]
10 Ein ähnliches Phänomen spielt sich im Internet ab. Die Durchsicht vieler Homepages zeigt, dass die Erstellung einer Website oft dazu dient, die eigene schale Normalität zur Schau zu stellen, wenn es sich nicht um Ab-
15 normität handelt. Vor einigen Jahren fand ich die Homepage eines Herrn, der ein Foto seines Grimmdarms präsentierte (und vielleicht noch immer präsentiert). […]
Das Problem ist, dass die Grimmdärme
20 aller Menschen (außer in Fällen von Tumor im Endstadium) einander gleichen. Daher kann man sich in gewisser Weise für das Foto des eigenen Grimmdarms interessieren, aber der Anblick des Grimmdarms anderer lässt
25 einen kalt. Dennoch hat der Herr, von dem ich spreche, sich die Mühe gemacht, eine Homepage zu installieren, um aller Welt das

Umberto Eco,
italienischer Schriftsteller

glorifizierter Tor:
Mensch, der für dumme Handlungen Aufmerksamkeit und Lob erhält

Grimmdarm:
mittlerer Abschnitt des Dickdarms

Foto seines Grimmdarms zu zeigen. Es handelt sich offensichtlich um jemanden, dem das Leben nichts geschenkt hat, keine Er- 30 ben, an die er seinen Namen weitergeben kann, keine Partner, die sich für sein Gesicht interessieren, keine Freunde, denen er seine Urlaubsfotos zeigen könnte, sodass er zu dieser letzten verzweifelten Möglichkeit 35 gegriffen hat, um ein Minimum an Sichtbarkeit zu ergattern. […]

1. Sammelt aktuelle Beispiele für „glorifizierte Toren", die ihr aus dem Fernsehen oder aus anderen Medien kennt. Erklärt, wie ihr zu diesem Phänomen steht.

2. Formuliert Ecos Aussagen zur Grimmdarm-Homepage allgemeiner, sodass sie für alle Menschen gelten, die viel von sich im Internet preisgeben.

Paul Good: Netz und Mündigkeit (Ausschnitt, 2010)

In meiner Generation lernte jeder in der Schule das eine oder andere Gedicht auswendig. „Auswendig" heißt im Französischen „par coeur": Man lernt etwas mit dem Herzen, nicht allein mit dem Gehirn, was soviel besagt, dass man es mit der eigenen Lebenserfahrung konfrontiert, in sie integriert, mit Fantasie anreichert, in individuelle Empfindung umsetzt. Die neue, speziell virtuell genährte Generation kennt kaum mehr ein Gedicht eines Lyrikers auswendig. Sie eignet sich die technische Fähigkeit an, etwa Rilkes Herbst- oder Panther-Gedicht aus dem Internet herunterzuladen. Man muss nicht das Gedicht lernen, man muss nur den Weg kennen, wie man es suchen und finden kann. Vom Netz herunterladen und speichern heißt aber vergessen. Das mobile Internet macht den Zugriff weltweit überall jederzeit möglich. Warum noch sein Gedächtnis damit belasten und trainieren? Das individuelle Gedächtnis wird sozusagen in die viel effizientere Maschine ausgelagert. Und dieses maschinelle Gedächtnis ist riesig.

Nun stellt sich die biologische und die kulturanthropologische Frage: Verändert solches Verhalten, wenn es das gesamte Gedächtnis als Maschinenspeicherung betreibt, die Kapazität des Gedächtnisses, das nicht mehr trainiert wird, und was passiert mit dem Kulturgedächtnis der Menschheit? Betrifft der Gebrauch der digitalen Medien auch die neuronale Verfassung des Gehirns selbst? Und in zweiter Linie auch das geistige Verständnis einer Sache, etwa Zugang und Nähe zu einer Kunst- und Kulturform wie z.B. „Lyrik", das Verständnis von Form und Inhalt eines Gedichts? Oder reicht es völlig, den Weg zu kennen, bei Bedarf das Gedicht elektronisch abzurufen? Man „besitzt" es dann nur als nackte Information, noch lange nicht als Kunst. Und wenn der Strom ausfällt? Dann gibt es eben kein Gedicht. Wenn die mobile Maschine ins Wasser fällt? Dann sind auch alle persönlichen Adressen und

kulturanthro-pologisch: Forschung, die den Menschen und das Verhältnis zu seiner Kultur untersucht

Paul Good: Schweizer Philosoph

Telefonnummern weg. Was macht jemand mit meinen privaten Daten, der mein Handy stiehlt? Wir gehen täglich mit diesen Gedächtnis-Maschinen um. Wir müssen. Wie verändert sich dadurch unser Denken? […]

Bislang waren Lehrer, Ärzte, Psychologen analoge „Menschenleser". Sie eruierten aus Gesprächen, Symptomen, Beobachtungen, was für Menschen gut ist, woran sie leiden, was sie begehren. Heute erstellen Rechner, die neuen digitalen „Menschenleser", aufgrund von Modellen der empirischen Meinungs- und Sozialforschung von den Menschen Profile, die diese für Gesellschaft, Markt, Verwaltung, Beruf definieren und klassifizieren. Der Rechner kennt meine Reise-Vorlieben, meine Partner-Wünsche, mein Konsum- und Wählerverhalten. Aber bald auch mein genetisches Programm, meine Lebenserwartung, meine Zukunft.

Der ganz aus Daten bestehende Mensch wird durchsichtig. Man spricht schon von einer Tyrannei der Transparenz. Man hat doch bitte nichts zu verbergen. Alles Private wird öffentlich. Dank allerlei sozialer Netzwerke wie Facebook, Twitter, Chatrooms, Foren geben viele Nutzer ihre persönlichen Daten hemmungslos preis, betreiben viele den Striptease der Gefühle […]. Man sucht die virtuelle Bestätigung. Man gehört dazu. Was sonst noch mit diesen Daten gemacht wird, wie sie weiter vermarktet werden, entzieht sich meist diesen Usern.

3. Was haltet ihr davon, ein Gedicht oder einen Songtext auswendig zu lernen? Begründet eure Meinung.

4. Erläutert die Aussagen von Paul Good zum Gedächtnis (Z. 1–50).

5. Untersucht den letzten Teil des Textes (Z. 51–78): Welche Ähnlichkeiten zu Ecos Position lassen sich finden? Welche zusätzlichen Aspekte werden genannt?

Medienkritische Positionen verstehen

Die Medienkritik setzt sich **mit positiven und negativen Aspekten** der modernen und klassischen Medien auseinander. Im Mittelpunkt stehen die Auswirkungen der Medien auf **den Einzelnen** und **die ganze Gesellschaft**.
Medienkritiker/Medienkritikerinnen kommen aus verschiedenen wissenschaftlichen Disziplinen wie Medienwissenschaften, Philosophie, Psychologie, Pädagogik, Biologie und Medizin.

Beim Verstehen der Position können euch folgende Leitfragen helfen:
– Welche medialen **Phänomene** werden erörtert?
– Welche **Beispiele** oder **Fakten** belegen die Schlussfolgerungen des Autors/der Autorin?
– Stehen die Chancen oder die Probleme des Mediums im **Vordergrund**?
– Wird klar **Stellung bezogen** oder bleiben die Schlussfolgerungen offen bzw. dem Leser/der Leserin überlassen?

Wissen und Können

Lerninsel:
Umgang mit Medien
S. 284 ff.

Sachtext-
analyse
S. 22

---

6. Zum Differenzieren ■ ■ ■ ■

A Prominente beklagen häufig den Verlust ihrer Privatsphäre. Schreibt in einer Stellungnahme, wie eurer Ansicht nach das Verhältnis zwischen dem Recht auf Privatsphäre und dem Recht auf Berichterstattung geregelt werden sollte.

B „Einige Prominente nutzen die sozialen Netzwerke auch, um andere über ihr Privatleben zu informieren. Damit werden sie für die Klatschpresse uninteressant." – Nehmt begründet Stellung zu dieser Aussage.

Notwendig privat (Ausschnitt, sueddeutsche.de, 2014)

Corinna Schumacher muss es sich nicht gefallen lassen, voller Sorge und Angst um ihren verunglückten Ehemann Michael in Klatschillustrierten abgebildet zu werden. Die Pressekammer am Landgericht München I hat am Mittwoch die Zeitschriften Bunte sowie Neue Woche und Super Illu zur Unterlassung verurteilt. [...]

Das Gericht erklärt ausdrücklich, „dass das Berichtsinteresse auch ein Unterhaltungsinteresse sein kann und eine Niveaukontrolle insoweit nicht stattfinden darf". Allerdings trügen die Fotos nicht wesentlich dazu bei, die Textberichterstattung mit Fakten zu unterlegen. Zudem erscheine die Art der Präsentation der Fotos unverhältnismäßig.

Michael Schumacher: siebenfacher Formel-1-Weltmeister, lag nach einem Skiunfall monatelang im Koma

C Erläutert, inwieweit Corinna Schumachers Klage mit dem Verlust der Privatsphäre zusammenhängt (nach Eco, S. 191).

Wenn ich zu entscheiden hätte, ob wir eine Regierung ohne Zeitungen oder Zeitungen ohne eine Regierung haben sollten, würde ich ohne Zögern das Letztere vorziehen.

Hans-Dietrich Genscher, deutscher Politiker, Bundesaußenminister 1974–1992

Journalismus, wenn er erfolgreich sein soll, lässt sich nicht ohne Verkürzung und Vereinfachung, Polemik und Emotion betreiben […]

Horst Stern, Journalist

1. Erläutert mit eigenen Worten, welche positiven und negativen Aspekte in Bezug auf die Medien in den beiden Zitaten angesprochen werden.

2. Nehmt zu einem der Zitate ausführlich Stellung.

Roland Kirbach: Zum Abschuss freigegeben (Ausschnitt, zeit.de, 2005)

Entdeckt, zur Schau gestellt, fallen gelassen: Wie nie zuvor setzen Fernsehen und Zeitungen auf Menschen, Schicksale, Emotionen – und hinterlassen jede Menge Opfer.

Der Tag, an dem ihre Tochter eingeschult wurde, sollte ein ganz besonderer Tag für
5 die Deutsch Türkin Nil Schaller werden. Es war der 31. August vergangenen Jahres, das Fernseh-Regionalmagazin vom Hessischen Rundfunk war in die Kirchner-Grundschule im Frankfurter Stadtteil Bornheim gekom-
10 men, um über den Ehrentag der Erstklässler zu berichten. Doch dann nahm das Verhängnis seinen Lauf. Für einen kurzen Moment nahm Nil Schaller die Schultüte ihrer Tochter in die Hand, weil die Kleine sich die Schuhe
15 zubinden sollte. In diesem Augenblick filmten die Leute die stolze Mutter. Sechs Tage später lief die kurze Passage aus dem hessischen Lokalfernsehen erneut über den Bildschirm – diesmal bundesweit, auf ProSieben.
20 Nil Schaller war Stefan Raab und seinem Team in die Hände gefallen. „Mir ist eine Erstklässlerin aufgefallen, die meines Erachtens nach vielleicht ein bisschen zu alt dafür ist", sagte Raab grinsend. Im Bild erschien
25 Nil Schaller, die Schultüte im Arm. „Unfassbar, oder?", kommentierte Raab dazu. „Die Dealer tarnen sich immer besser."

Ein harmloser Scherz? 1,13 Millionen Menschen sahen Raabs Sendung. Was das bedeutet, hat Nil Schaller in den folgenden 30 Tagen und Wochen erlebt. Von fremden Menschen sei sie auf der Straße gefragt worden, ob sie ihnen „Stoff" verkaufen könne, berichtet ihr Essener Anwalt Frank Roeser. Zu dem Imbiss, in dem sie als Bedienung 35 arbeitete, seien die Menschen gepilgert, um sich über die „Drogendealerin" lustig zu machen. Bis es dem Inhaber zu dumm geworden sei und er die Frau entlassen habe. Nil Schaller ist eine einfache Frau. Dem 40 Wirbel nach Raabs Sendung stand sie hilflos gegenüber. […]

Ein Volk von Voyeuren ist so herangezogen worden, das vor allem eines sehen will: Sieger und Verlierer. Und ein Heer 45 von Exhibitionisten stellt sich nur zu gern zur Verfügung. Geltungsbedürfnis, der Wunsch, wenigstens für einige Momente prominent zu sein, drängten den „kleinen Mann" vor die Kamera – und sei es als Loser 50 oder Taugenichts, [so] der Zürcher Psychologe Gmür.

Lerninseln:
Umgang mit
Medien
S. 284 ff.

„Sich über jemanden lustig zu machen ist legitim", meint Jörg Grabosch, der Brainpool-Chef. „Wir nehmen ja nie Leute, die noch nie im Fernsehen waren. Wir zeigen sie im besten Fall in einem neuen Kontext." […] Dabei kann der „neue Kontext", in den Raab seine Opfer stellt, ein völlig anderer sein und, wie im Fall Lisa Loch, zum Albtraum werden.

Für die damalige Schülerin wurde zum Verhängnis, dass sie vor drei Jahren in Köln an einer Miss-Wahl teilnahm und einem Team von RTL Explosiv den schlichten Satz in die Kamera sprach: „Guten Tag, mein Name ist Lisa Loch, und ich bin 16 Jahre alt." Zwei Tage später zeigt Raab die kurze Sequenz, kündigt sie an mit den Worten: „Es geht um die Kandidatinnen einer Miss-Wahl, und … eine hat einen sehr interessanten Namen, schauen Sie mal." Auf dem Bildschirm erscheint Lisa mit ihrem Satz. Ins Gelächter des Studiopublikums hinein fährt Raab fort: „Ja, die Lisa Loch, meine Damen und Herren! Man muss doch heute nicht Lisa Loch heißen! So was kann man doch heutzutage notariell ändern lassen, zum Beispiel Lotti Loch, oder vielleicht war Lisa Loch ihr Künstlername, und die heißt nämlich Petra Pussy." Das Publikum lacht, Raab ist nicht mehr zu bremsen: „Toller Name, auch wenn man ins Pornogeschäft einsteigen will. Der neue Film von Lisa Loch. Hallöchen!"

Auch an den folgenden zwei Tagen gefällt es Raab, seine Sendung mit Späßen über den Namen des Mädchens zu bestreiten. Sie habe sich schon gar nicht mehr getraut, den Fernseher einzuschalten, sagt ihr Anwalt Frank Roeser, der auch sie schon gegen Raab vertrat. Wohin seine Mandantin auch gekommen sei, in die Schule, auf Feiern oder zu Freunden – jeder Gang sei für sie zu einem Spießrutenlauf geworden. Bei ihr zu Hause in Essen meldeten sich anonyme Anrufer mit „Hey, Petra Pussy!" und legten auf. […]

Der Zürcher Therapeut Gmür vergleicht Medienopfer mit Traumaopfern – nur dass sie nicht „körperliche Todesangst", sondern „soziale Todesangst" litten. Sie fühlten sich tatsächlich als Sündenbock. Sie fürchteten, Job, Ansehen, Freunde zu verlieren – ihre ganze Existenz. Und die Angst höre nie auf: „Bei den körperlichen Bedrohungen ist das äußere Trauma einmal beendet und wird in verinnerlichter Form als Erinnerung weitergelebt", sagt Gmür. Beim Medienopfer dagegen bestehe die Bedrohung fort, denn die einmal in die Welt gesetzten Behauptungen und Schmähungen könnten nicht wieder gelöscht werden. Die Angst vor einer Wiederkehr des traumatischen Erlebnisses äußere sich in Überempfindlichkeit, Schamgefühlen und Verfolgungswahn. […]

Brainpool:
Fernseh-Produktions-firma

3. Erläutert, welche Entwicklungstendenz der Medien im Text kritisiert wird.

4. Nehmt Stellung zu dieser Kritik.

5. Nennt aktuelle Sendungen, bei denen die Würde der Kandidatinnen und Kandidaten kaum oder gar nicht geachtet wird. Erörtert mit Bezug auf Artikel 1 des Grundgesetzes, ob der Staat gegen solche Sendungen vorgehen sollte.

> Die Würde des Menschen ist unantastbar. Sie zu achten und zu schützen ist Verpflichtung aller staatlichen Gewalt.
>
> *Artikel 1, Grundgesetz der BRD*

Das könnt ihr schon!

· regionale und soziale Varianten der deutschen Sprache unterscheiden
· die Verwendung von Jugendsprache beurteilen
· historische Texte lesen und verstehen

1. Betrachtet die Karte und tauscht euch darüber aus, welche der Sprachen ihr kennt: Welche Sprachen werden in eurer Klasse gesprochen? Welche Sprachen habt ihr schon einmal gehört?

2. Vergleicht die Sprachen miteinander.
– Tragt einige Wörter (z. B. *Mutter*) aus Sprachen zusammen, die ihr kennt. Welche Sprachen ähneln sich?
– Äußert Vermutungen, warum in der Karte verschiedene Sprachen mit derselben Farbe unterlegt sind. Nennt die Sprachen, die sich keiner Farbgruppe zuordnen lassen.

Lerninsel:
Sprache
betrachten
S. 289 ff.

⊕ Eingangstest
Sprache
betrachten
u83a6t

Jugendsprache(n) in Europa (2008)

Ein vergleichender Blick über die Grenzen unserer Natio-
nalsprache hinaus führt rasch zu der Erkenntnis, dass
Jugendliche auch in den skandinavischen Ländern […],
in Frankreich, Spanien und Italien sowie in anderen,
5 zum Teil noch weniger gut untersuchten Ländern einen
besonderen, von der jeweiligen Standardsprache unterschiedlichen Sprachgebrauch ausgebildet haben.

Kontrastive Analysen haben ähnliche Strukturmerkmale
von Jugendsprachen verschiedener Nationen herausgear-
10 beitet, darunter: die Bildung von Abkürzungen und neu-
artigen Zusammensetzungen, Prozesse von Bedeutungs-
veränderungen sowie Entlehnungen. Dabei zeigt sich,
dass der Einfluss des Englischen auch in anderen National-
sprachen nachzuweisen ist (frz. *se shooter*; span. *shootear*;
15 frz./engl./dt. *cool, trip*). Auch die Vorliebe für bildliche
Ausdrucksweisen, witzige Redensarten und Sprachspiele
[…] scheint sich als ein generelles Generationsspezifikum
im Sprachgebrauch Jugendlicher zu erweisen. Ebenso
wird deutlich, dass Jugendliche aus den verschiedenen Län-
20 dern in vergleichbaren Gegenstandsfeldern (z. B. Musik,
Freizeit, Sozialkontakte) differenzierte Wortschatzregister
ausgebildet haben. […]

3. Weist nach, dass es sich um einen fachsprachlichen Text handelt. Begründet mit Textstellen.

4. Erklärt einem Partner/einer Partnerin mit eigenen Worten, inwiefern Jugendsprache als ein internationales Phänomen bezeichnet werden kann.
– Erschließt dazu die Bedeutung der unterstrichenen Wörter aus dem Kontext.
– Klärt die Bedeutung euch unbekannter Wörter mithilfe eines Wörterbuchs.

| fabelhaft, knorke, tadellos, … | dufte, wonnig, flott, … | bombastisch, hip, top, … | fett, endgeil, läuft bei dir, … |

1900 — 1930 — 1960 — 1970 — 1980 — 1990 — 2000

delicat, splendid, famos, … | oberaffengeil, astrein, galaktisch, … | ultrakrass, verschärft, …

5. Der Zeitstrahl stellt die Entwicklung des Begriffs „sehr gut" innerhalb der Jugendsprache dar.
– Ergänzt eigene Beispiele aus eurem aktuellen Sprachgebrauch.
– Diskutiert, warum sich Sprache im Allgemeinen und Jugendsprache im Besonderen verändern.

Das lernt ihr jetzt!

- Beziehungen zwischen germanischen, romanischen und slawischen Sprachen erkennen
- Perioden der Sprachgeschichte des Deutschen unterscheiden
- Entwicklungstendenzen der deutschen Gegenwartssprache beschreiben

Eine Familie?
Sprachverwandtschaft in Europa untersuchen

Amtssprache:
Sprache, in der
EU-Verträge,
Dokumente
u.Ä. verfasst
werden

**Minderheiten-
sprache:**
von der Amts-
sprache abwei-
chende Sprache
einer Bevölke-
rungsgruppe

*In der Europäischen Union gibt es 24 Amtssprachen (Stand 2014). Hinzu kommen über
60 Minderheitensprachen, zum Beispiel Sorbisch, Friesisch und Romanes.*

		Offizielle Website der Europäischen Union	Bitte wählen Sie eine Sprache
bg	Bulgarisch	Oficialen uebsajt na Evropejskija s'jus	Molja, izberete ezik
cs	Tschechisch	Oficiální internetové stránky Evropské unie	výběr jazyka
da	Dänisch	Den Europæiske Unions officielle websted	Vælg sprog
es	Spanisch	Web oficial de la Unión Europea	Elija una lengua
et	Estnisch	Euroopa Liidu ametlik veebisait	Valige palun keel
fi	Finnisch	EU:n virallinen verkkosivusto	Valitse kieli
fr	Französisch	Site web officiel de l'Union européenne	Veuillez choisir une langue
hr	Kroatisch	Službene web-stranice Europske unije	Odaberite jezik
hu	Ungarisch	Az Európai Unió hivatalos honlapja	Válasszon nyelvet
it	Italienisch	Sito ufficiale dell'Unione europea	Scegli una lingua
pl	Polnisch	Oficjalny portal Unii Europejskiej	Proszę wybrać język
pt	Portugiesisch	Sítio Web oficial da União Europeia	Escolha uma língua
ro	Rumänisch	Site-ul oficial al Uniunii Europene	Selectați limba
sk	Slowakisch	Oficiálna webová lokalita Európskej únie	Výber jazyka
sl	Slowenisch	Uradno spletišče Evropske unije	Izberite jezik
sv	Schwedisch	Officiell EU-webbplats	vänligen välj språk

1. Sucht in der linken Tabellenspalte unter „Offizielle Website der Europäischen Union"
   nach Wörtern, die sich ähneln.
   - Benennt Themenbereiche, in die sich diese Wörter einordnen lassen.
   - Sucht mögliche Gründe, warum diese Wörter in vielen Sprachen ähnlich sind.

2. Untersucht das Wort „Sprache" in der rechten Spalte der Übersicht.
   Ordnet ähnliche Schreibweisen einander zu, indem ihr Gruppen bildet.
   - Überprüft euer Ergebnis anhand der Karte auf Seite 196.
   - Übernehmt die folgende Tabelle und vervollständigt sie.

germanische Sprachen	slawische Sprachen	romanische Sprachen
Englisch, Deutsch, …	*Tschechisch, …*	*Französisch, …*

3. Diskutiert, inwiefern Ähnlichkeiten zwischen Sprachen beim Lernen einer Fremdsprache
   nützlich oder hinderlich sein können. Geht in eurer Diskussion auch auf folgende Beispiele
   ein:

   englisch: *become* (werden)

   niederländisch: *doof* (taub)

   dänisch: *bløD* (weich, sanft)

Sprachverwandtschaften in Europa untersuchen

Viele europäische Sprachen weisen **Ähnlichkeiten** im Wortschatz, im Lautbestand und in der Grammatik auf. Man geht heute davon aus, dass diese Sprachen einen **gemeinsamen Ursprung** haben. Sie bilden die **indoeuropäische Sprachfamilie**. Nicht zur indoeuropäischen Sprachfamilie zählen Ungarisch, Estnisch, Finnisch, Maltesisch und Türkisch.

Lerninsel:
Sprach-
verwandt-
schaften
S. 289

Indoeuropäische Sprachfamilie

germanische Sprachen	romanische Sprachen	slawische Sprachen	baltische Sprachen		
Deutsch, Englisch, …	*Französisch, Italienisch, …*	*Russisch, Tschechisch, …*	*Lettisch, Litauisch, …*	*Griechisch*	*Albanisch*

Unabhängig von der Sprachverwandtschaft sind **Internationalismen** wie *Website*, *Union* oder *Europa* oft über die Grenzen von Sprachfamilien weit verbreitet.

4. Zum Differenzieren ■ ■ ■ ■

⊕
Differenzieren
Sprach-
verwandt-
schaften
m776za

A Vergleicht die folgenden Wörter und ergänzt jeweils die deutsche Bezeichnung. Beschreibt Gemeinsamkeiten und Unterschiede zwischen den Sprachen.

Italienisch	*gatta*	*madre*	*nuovo*	*rosa*	*sette*
Tschechisch	*kočka*	*matka*	*nový*	*růže*	*sedm*
Englisch	*cat*	*mother*	*new*	*rose*	*seven*
Polnisch	*kotka*	*matka*	*nowy*	*róża*	*siedem*
Niederländisch	*kat*	*moeder*	*nieuw*	*roos*	*zeven*

B Ordnet die folgenden Wörter in eure Tabelle aus Aufgabe 2 ein. Ergänzt die deutschen Bezeichnungen.
– Beschreibt Gemeinsamkeiten und Unterschiede in der Lautgestalt der Wörter.
– Begründet, warum sich ungarisch *nap* (Sonne) und finnisch *jö* (Nacht) nicht einordnen lassen.

englisch: *night*	tschechisch: *tři*	englisch: *wolf*	russisch: *солнце (solnce)*
tschechisch: *noc*	französisch: *soleil*	niederländisch: *drie*	kroatisch: *vuk*
polnisch: *trzy*	italienisch: *notte*	niederländisch: *wolf*	tschechisch: *slunce*
italienisch: *tre*	tschechisch: *vlk*	englisch: *sun* dänisch: *nat*	spanisch: *tres*
englisch: *three*	italienisch: *sole*	niederländisch: *zon*	russisch: *ночь (noč')*

Eine Vergangenheit?
Perioden der Sprachgeschichte unterscheiden

Die Herausbildung des Deutschen: Althochdeutsch

Die Geschichte der deutschen Sprache beginnt mit der Herausbildung des Althochdeutschen. Den Übergang vom Germanischen zum Althochdeutschen markiert die **hochdeutsche Lautverschiebung,** *die sich vom 5. bis 8. Jahrhundert vom Südwesten des deutschen Sprachraumes mit abnehmender Stärke nach Norden ausbreitete. In den niederdeutschen Dialekten und in anderen germanischen Sprachen (z. B. Niederländisch, Englisch) kam die Lautverschiebung nicht an.*

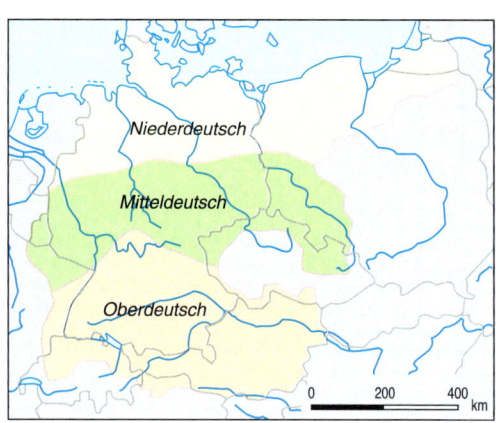

Lautverschiebung: Konsonanten und/oder Vokale verändern sich nach bestimmten Regeln (Beispiele: *p* wird *pf*; *k* wird *ch*)

Althochdeutsches Vaterunser (Fulda, um 830)

Fater unser, thū thār bist in himile, sī giheilagōt thīn namo, queme thīn rīhhi, sī thīn uuillo, sō her in himile ist, sō sī her in erdu, unsar brōt tagalīhhaz gib uns
5 hiutu, inti furlāz uns unsara sculdi […]

Vater unser, (der) du da bist im Himmel, geheiligt sei dein Name, dein Reich komme, dein Wille sei, so (wie) er im Himmel ist, so sei er auf Erden, unser tägliches Brot gib uns heute, und erlass uns unsere Schuld […]
10

1. Sucht aus dem Textausschnitt zehn althochdeutsche Wörter heraus, in denen die heutige Lautgestalt zu erkennen ist. Beschreibt Unterschiede zur heutigen Lautgestalt.

2. Findet bei den folgenden Wortpaaren heraus, welche Laute von der hochdeutschen Lautverschiebung betroffen sind und wie sie sich jeweils verändert haben.

rīhhi: Reich
ih: ich
zala: Zahl
wa33ar: Wasser
wi33an: wissen
uf: auf
helfan: helfen
pfunt: Pfund

Lautstand des Germanischen	Althochdeutsch
rīki, ik	*rīhhi, ih*
tala, salt, watar, witan	*zala, salz, wa33ar, wi33an*
up, helpan, pund	*uf, helfan, pfunt*

3. Vergleicht die folgenden Wörter und erklärt die Unterschiede. Nutzt eure Ergebnisse aus Aufgabe 2.

englisch: make, water, pepper, cook, pan, deep, ten, twelve, hope
niederländisch: maken, water, peper, koken, pan, diep, tien, twaalf, hopen
deutsch: machen, Wasser, Pfeffer, kochen, Pfanne, tief, zehn, zwölf, hoffen

Das Hochmittelalter: Mittelhochdeutsch

Zu den wichtigsten Sprachdenkmälern des Mittelalters zählt die um 1300 in Zürich entstandene Manessische Liederhandschrift.

Reinmar von Zweter diktiert seine Verse. (Heidelberger Liederhandschrift, circa 1300 bis 1340)

1 **Reinmar von Zweter: Vaterunser** (um 1230)

Got vater unser, dâ du bist in dem himelrîche gewaltic
alles des dir ist, geheiliget sô werde dîn nam, zuo müeze
uns komen das rîche dîn. Dîn wille werde dem gelîch Hie
ûf der erde als in den himeln, des gewer unsich, nu gip uns
5 unser tegelîch brôt und swes wir dar nâch dürftic sîn. Ver-
gip uns allen sament unser schulde, alsô du wilt, daz wir
durch dîne hulde vergeben, der wir ie genâmen dekeinen
schaden, swie grôz er sî: vor sünden kor sô mache uns vrî
und lœse uns ouch von allem übele. âmen.

1. Vergleicht die folgenden mittelhochdeutschen Wörter mit den entsprechenden Wörtern des althochdeutschen Vaterunsers. Beschreibt die Unterschiede.

giheilagōt → geheiliget, namo → nam, rîhhi → rîche, uuilllo → wille, erdu → erde,
himile → himeln, tagalīhhaz → tegelîch, unsara → unser, sculdi → schulde, ubile → übele

Auf dem Weg zum Neuhochdeutschen

2 **Martin Luther: Vaterunser** (1534)

Unser Vater jnn dem himel. Dein name werde geheiliget. Dein Reich kome. Dein wille
geschehe auff erden wie im himel. Unser teglich brod gib uns heute. Und vergib uns
unsere schulde wie wir unsern schuldigern vergeben. Und füre uns nicht jnn versuchung
sondern erlöse uns von dem ubel. Denn dein ist das Reich und die krafft und die herrlich-
5 keit jnn ewigkeit. Amen.

2. Vergleicht Inhalt und sprachliche Gestaltung des Vaterunsers von Zweter und Luther.

> mhd. *versuochunge* → fnhd. *Versuchung*

> mhd. *hiute* → fnhd. *heute*

> mhd. *vüeren* → fnhd. *füren*

3. Ordnet die Beispiele nach Monophthongierungen und Diphthongierungen.
  – Sucht in Text **2** nach weiteren Diphthongierungen.
  – Nutzt dazu vergleichend Text **1**.

Beispiel: *Monophthongierung: mhd. zuo → fnhd. zu
        Diphthongierung: mhd. gelîch → fnhd. gleich*

4. Vergleicht die Schreibweise im Text **2** mit der heutigen Rechtschreibung.

Beachtet:
mhd. *iu*
spricht man
wie langes *ü*

**Lerninsel:
Monophthongierung,
Diphthongierung**
S. 289

fnhd.:
frühneu-
hochdeutsch

Wem hat Luther „aufs Maul geschaut"? – Luthers Einfluss auf die Sprache (Interview mit dem Sprachforscher Hartmut Günther)

„Mehr als ein paar kluge Redewendungen" hat Martin Luther den Deutschen nach Ansicht des Sprachforschers Hartmut Günther hinterlassen. Der Reformator und Bibelübersetzer hörte genau hin, wie den Leuten um ihn herum der Schnabel gewachsen war und rang um jedes Wort. Der Wortschatz der Lutherbibel einte die vielfältigen Dialekte des deutschen Sprachraums,

5 *sodass sich heute Friesen und Bayern überwiegend derselben Vokabeln bedienen.*

Wie würden wir heute sprechen, wenn Luther nicht gewesen wäre?

GÜNTHER: Ohne diese Begriffe: Lückenbüßer, friedfertig, wetterwendisch, Machtwort, Feuereifer, Langmut, Lästermaul, Morgenland. Stammen alle von Luther. […] Fraglich ist auch, ob wir die Redewendungen kennen würden, die er populär gemacht hat: Sein Licht unter den Scheffel stellen. Ein Stein des Anstoßes sein. Mit Blindheit geschlagen sein […].

10

Würden wir uns auch weniger deftig ausdrücken?

GÜNTHER: „Warum furzet und rülpset Ihr nicht? Hat es Euch nicht geschmacket?" ist natürlich ein tolles Zitat, wenn auch nicht sicher ist, ob es von ihm ist. […] Umso bemerkenswerter, dass Luther in der Bibelübersetzung auf solche Ausdrücke fast völlig verzichtet. Sein Bibeldeutsch war gehoben. Statt „Es war einmal" schreibt er „Es begab sich".

15

Haben einzelne Wörter durch ihn auch ihre Bedeutung verändert?

GÜNTHER: „Pfaffe" wurde erst durch ihn negativ besetzt. Für seine Zeitgenossen war das ganz wertfrei ein „Weltgeistlicher". Ebenso: „Götze", das war ein Heiligenbildchen. Und „ruchlos", was schlicht „rücksichtslos" bedeutete. […]

20

Hatte Luther auch Spaß und Lust an der Sprache?

GÜNTHER: Ja, das glaube ich. Er war ein sehr wortgewaltiger Prediger. Seine Wirkung erzielte er in erster Linie durch seine Worte. Er war ja auch im Lateinischen sehr versiert. Seine berühmten Tischreden waren zweisprachig, da hat er ein ganz spezifisches Gemisch aus Latein und Deutsch. Und er war ja auch ein sehr musikalischer Mensch.

25

Schätzungen zufolge lag Luthers Bibel bald in jedem fünften Haushalt. Aber lesen konnten zu seiner Zeit doch die wenigsten?

GÜNTHER: Wahrscheinlich hat sich die Familie oder der Hof abends versammelt und einer, der es konnte, hat vorgelesen. Luther hat sich ja auch außerordentlich für Bildung eingesetzt, und Bürgermeister und Rathäuser dazu angehalten, in deutschen Städten christliche Schulen einzurichten. Er wollte, dass die Leute selbst lesen können.

30

Wie lange dauerte es, bis Luthers Einheitsdeutsch wirklich zur Sprache aller Deutschen wurde?

GÜNTHER: Es vergingen noch drei- bis vierhundert Jahre, bis sie sich so durchgesetzt hat, dass Schriftsteller, Gelehrte und Pfarrer sie in ihren Texten verwendeten und die Kinder in der Schule lernten, so zu schreiben. Erst im 19. Jahrhundert bildete sich auch auf der gesprochenen Ebene, jenseits der Dialekte, eine gemeinsame deutsche Sprache heraus. Diese verändert sich natürlich immer weiter. […]

35

5. Erklärt, was sich hinter folgenden Begriffen und Redensarten verbirgt:
- *Lückenbüßer, Feuereifer, Langmut* und *wetterwendisch,*
- *Sein Licht unter den Scheffel stellen. Ein Stein des Anstoßes sein.*

6. Fasst zusammen, worin die Bedeutung Luthers für die deutsche Sprache besteht.

Perioden der Sprachgeschichte unterscheiden

Indoeuropäisch	Das Deutsche hat eine lange Entwicklungs-geschichte.	**pod*	**rēĝ*
↓		↓	↓
Germanisch	Aus dem **Indoeuropäischen** entwickelt sich um 500 v. Chr. das Germanische.	*fōt*	*rikja*
↓		↓	↓
Althochdeutsch (ca. 500–1050)	Die **hochdeutsche Lautverschiebung** führt zur Herausbildung des **Althochdeutschen**. Die übrigen germanischen Sprachen machen diese Lautverschiebung nicht mit.	*fuoz*	*rīhhi*
↓		↓	↓
Mittelhochdeutsch (ca. 1050–1350)	Auffällige Veränderungen im **Mittelhochdeutschen** sind die Abschwächung der unbetonten Neben-silben, die Entwicklung der Umlaute und die Ent-stehung des sch-Lautes.	*vuoz*	*rīch(e)*
↓		↓	↓
Frühneuhochdeutsch (ca. 1350–1650)	In die Zeit des **Frühneuhochdeutschen** fallen vor allem die neuhochdeutsche Monophthongierung und Diphthongierung.	*Fuß*	*Reich*
↓			
Neuhochdeutsch			
	Im Laufe dieser Entwicklung haben zahlreiche Wörter auch eine andere Bedeutung erhalten.		

Wissen und Können

Lerninsel:
Sprache betrachten
S. 289
Bedeutungs-wandel
S. 290

7. Zum Differenzieren ▪ ▪ ▪ ▪

A Beschreibt die Bedeutungsveränderung des Wortes *Zunge* und erklärt die Veränderungen in der Lautgestalt:
germ. **tungōn* (Sprache, Zunge) – ahd. *zunga* (Sprache, Rede, Zunge) – mhd. *zunge* (Sprache, Zunge, Volk, Land, Heimat)

B Die folgenden Wortpaare gehören jeweils zu einer Wortfamilie. Das markierte Wort wurde jedoch viel später aus dem Niederdeutschen in die hochdeutsche Sprache übernommen.
– Erklärt, inwieweit man dies an der Lautgestalt erkennen kann.
– Beschreibt, welche Ähnlichkeiten die Wörter in der Bedeutung aufweisen.

wippen / Wipfel   *fließen / flott*   *piepen / pfeifen*

C Im Laufe der Sprachgeschichte sind immer wieder Wörter aus anderen Sprachen (z. B. aus dem Lateinischen) ins Deutsche entlehnt worden. Überlegt, inwiefern man in den folgenden Beispielen aufgrund der Lautgestalt den Zeitraum der Übernahme ins Deutsche eingrenzen kann. Begründet.

lat. *porta* → dt. *Pforte*   lat./frz. *portale* → dt. *Portal*   lat. *tēgula* → dt. *Ziegel*

Differenzieren
Perioden der Sprach-geschichte
p9wz52

Ist das noch Deutsch?
Entwicklungstendenzen der Gegenwartssprache beschreiben

„Schreibt bitte bald!"

Othmar Schoeck (1886–1957): Komponist und Dirigent, zählt zu den bekanntesten schweizerischen Liedkomponisten des 20. Jahrhunderts

Am 7. April 1907 kommt der junge Schweizer Othmar Schoeck nach Leipzig, um am Leipziger Konservatorium Musik zu studieren. Den folgenden Brief schreibt er noch am Ankunftstag an seine Eltern.

Leipzig, den 7. April 1907
[…]

Liebste Eltern!

Heute früh ½ 8 Uhr kam ich hier in ziemlich
5 schlaftrunkenem Zustand an. Mein erstes war
eine Tasse heisser Thee. Es ist ein eigenes Gefühl um das Ankommen in einer wildfremden
Stadt, um eine Zeit wo noch der grösste Teil
der Bevölkerung das Gestern verträumt. Ich
10 trank also meinen Thee, hauptsächlich aus
dem Grunde, um nicht zu früh die Leute zu
stören, zu welchen ich zu gehen die Absicht
hatte. Nun frug ich mich bis zur Dresdnerst-
rasse 24 glücklich durch und wurde hier von
15 2 alten Damen, bei denen mich Freund Frey
aus Zürich in so liebenswürdiger Weise empfohlen, aufs herzlichste empfangen. Ich scheine

Othmar Schoeck

einen guten Eindruck auf die beiden gemacht zu haben, denn sie waren soffort
bereit, ein Zimmer für mich herzurichten, das sie sonst jedenfalls nicht vermieten.
20 Es ist ein grosses Eckzimmer mit Erker und 3 grossen Fenstern etc. direkt wun-
dervoll! Und das Schönste bei der ganzen Herrlichkeit ist, dass das Zimmer incl.
Frühstück und anderen Notwendigkeiten für die leibliche Wohlfahrt genau so viel
kostet wie das bedeutend einfachere Zimmer meines freundlichen Vorgängers und
Empfehlers: 26 Mark pro Monat. Klavierspielen darf ich auch nach Herzenslust,
25 die Entfernung vom Conservatorium ist nicht zu nah und nicht zu weit, ich denke,
mein glühender Wunsch an einem ordentlichen Ort unterzukommen ist hier in
idealer Weise erfüllt. […]

Viele, viele Grüße alle Lieben, besonders aber an Euch von Euerem dankbaren
Sohne. Schreibt bitte bald!

30 Othmar

Johanna nimmt an einem dreimonatigen Schüleraustausch in Frankreich teil. Gleich nach ihrer Ankunft in Paris schreibt sie die folgende E-Mail an ihre Eltern.

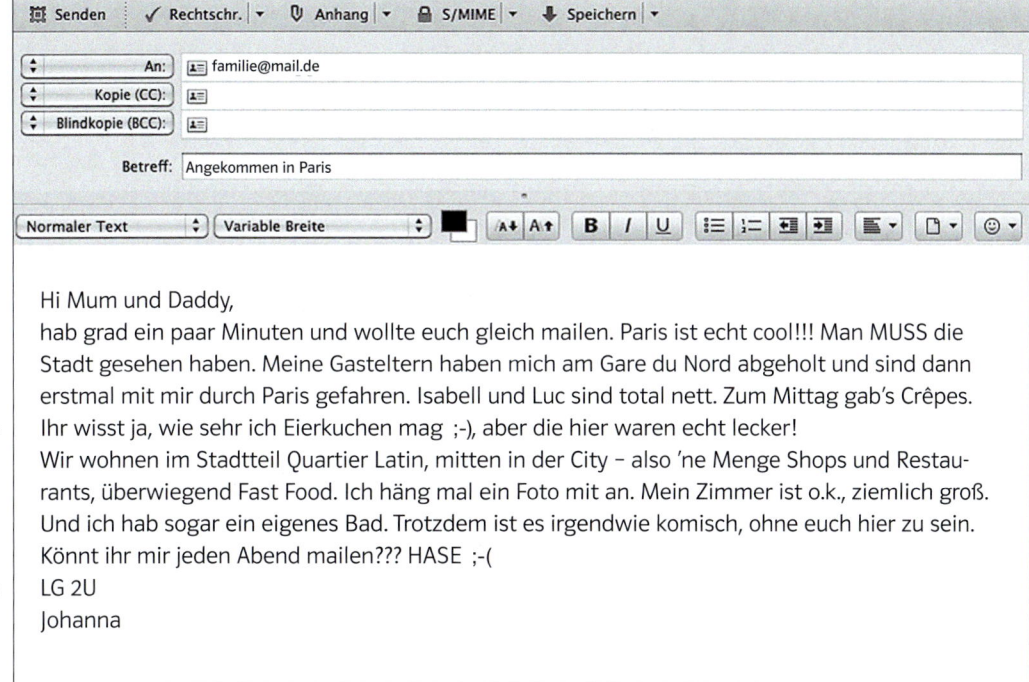

Hi Mum und Daddy,

hab grad ein paar Minuten und wollte euch gleich mailen. Paris ist echt cool!!! Man MUSS die Stadt gesehen haben. Meine Gasteltern haben mich am Gare du Nord abgeholt und sind dann erstmal mit mir durch Paris gefahren. Isabell und Luc sind total nett. Zum Mittag gab's Crêpes.

5 Ihr wisst ja, wie sehr ich Eierkuchen mag ;-), aber die hier waren echt lecker!

Wir wohnen im Stadtteil Quartier Latin, mitten in der City – also 'ne Menge Shops und Restaurants, überwiegend Fast Food. Ich häng mal ein Foto mit an. Mein Zimmer ist o.k., ziemlich groß. Und ich hab sogar ein eigenes Bad. Trotzdem ist es irgendwie komisch, ohne euch hier zu sein. Könnt ihr mir jeden Abend mailen??? HASE ;-(

10 LG 2U

Johanna

HASE:
HAbe
SEhnsucht

1. Welche Kommunikationsformen verwendet ihr, um euren Eltern oder Freunden aus der Ferne, zum Beispiel aus dem Urlaub, zu schreiben:
   Karte, E-Mail, SMS, …?
   Begründet, warum ihr gerade diese Kommunikationsform(en) bevorzugt.

2. Obwohl beide Texte (S. 204, 205) geschriebene Texte sind, hat einer der beiden eher Merkmale einer mündlichen Äußerung.
   – Stellt fest, auf welchen Text das zutrifft.
   – Belegt eure Aussage durch Textbeispiele.

3. Sucht Stellen aus der E-Mail heraus, die einer mündlichen Äußerung entsprechen.
   Erklärt, warum Johanna einen eher mündlichen Stil bevorzugt.

4. Erklärt die Besonderheiten der SMS.
   – Welche Smileys/Abkürzungen benutzt ihr am häufigsten?
   – Erklärt, welche Funktionen solche Zeichen in SMS, sozialen Netzwerken und E-Mails haben.

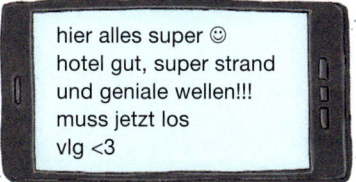

5. Untersucht die Sprache der drei Texte (S. 204, 205) genauer.
Übernehmt die folgende Tabelle und vervollständigt sie.

	Brief von 1907	E-Mail von 2015	SMS von 2015
Wortschatz	– gehobene Sprache *(bei der ganzen Herrlichkeit, …)* – …	– Abkürzungen und Kurzwörter *(LG)*, zum Teil spielerische Formen *(2U)* – Wörter aus dem Englischen *(Mum, Daddy, cool, …)* – …	– viele Adjektive – …
Satzbau	…	…	…
Formenbildung	– Dativ-e *(aus dem Grunde, …)* – …	– Wegfall von Endungen (…) – …	– Prädikate fehlen
Sonstige Auffälligkeiten	…	– Hervorhebung durch Großbuchstaben (…) – …	– alles klein geschrieben – …

6. Welche Entwicklungstendenzen der deutschen Gegenwartssprache lassen sich aus der Tabelle (Aufgabe 5) ablesen? Sucht mögliche Gründe für diese Veränderungen.

7. Äußert anhand der folgenden Beispiele Vermutungen:
- In welchen Wortschatzbereichen ist der Einfluss des Englischen besonders groß?
- Ist der Einfluss des Englischen ein deutsches oder ein internationales Phänomen?

tschechisch: *emailovat* (e-mailen)

russisch: *сейл (sejl)* für *распродажа* (Schlussverkauf)

niederländisch: *de ball stoppen* für *de bal tegenhouden*

portugiesisch: *shopping centre* für *centro de compras*

russisch: *компьютер (kompjuter)*

slowenisch: *drink* für *(alkoholna) pijača* (alkoholisches Getränk)

schwedisch: *skateboard*

französisch: *internet*

italienisch: *laptop* für *computer portatile* (tragbarer Computer)

slowakisch: *downloadovat* (downloaden)

tschechisch: *surfovat* (surfen)

polnisch: *faulować* (foulen)

ungarisch: *szupermarkt* für *ABC-áruház*

8. Ergänzt zu den in Aufgabe 7 ermittelten Wortschatzbereichen weitere Anglizismen der deutschen Gegenwartssprache. Nennt mögliche Gründe für die Entlehnung dieser Wörter.

Entwicklungstendenzen der deutschen Gegenwartssprache beschreiben

Eine lebendige Sprache ist niemals „fertig", sie entwickelt sich stets weiter.
Die vielfältigen Veränderungen, die das Deutsche in jüngster Zeit geprägt haben,
lassen sich im Wesentlichen **drei allgemeinen Entwicklungstendenzen** zuordnen:

- **Ausgleich** (Einebnen von Unterschieden), z. B.
  - zwischen Schriftlichkeit und Mündlichkeit
  - zwischen Stilebenen
- **Ökonomisierung** (Vereinfachung und Kürzung), z. B.
  - Kurzwortbildung: *LG, Info*
  - Vereinfachung der Formenbildung: *er triefte* (statt: *er troff*), *auf dem Land*
    (statt: *auf dem Lande*)
  - Telegrammstil: *Habe gerade ein paar Minuten.*
- **Internationalisierung**, z. B.
  - Entlehnungen aus dem Englischen (Anglizismen): *E-Mail, Shop*

Lerninsel:
Entwicklungs-
tendenzen
S. 291

9. Zum Differenzieren ■ ■ ■ ■

⊕
Differenzieren
Entwicklungs-
tendenzen
au4g2t

A Untersucht die Werbeslogans und prüft, welche aktuellen Entwicklungstendenzen
der deutschen Sprache sich in ihnen widerspiegeln. Ordnet die Slogans dazu in die
folgende Tabelle ein. (Manche Slogans lassen sich mehrfach zuordnen.)

Bekloppt, wer online ohne shoppt! (PAYBACK)

Die behalt' ich gleich an. (Reno)

Design your life (Samsung)

Einmal hin. Alles drin. (real)

Ich seh was Besseres (Sky)

Schrei vor Glück! (Zalando)

Ohne Schnickschnack. Ohne teuer. (real)

Simply clever (Škoda)

Ausgleich	Ökonomisierung	Internationalisierung
Einmal hin. Alles drin. (Umgangssprache)	…	…

B Notiert aktuelle Werbeslogans, aus denen sich Entwicklungstendenzen
der deutschen Gegenwartssprache ablesen lassen. Tragt sie in eine dreispaltige Tabelle
wie in Aufgabe A ein.

C *„Bewunderung ein Schuh erregt, der ständig mit Eg-Gü gepflegt"* (um 1920)
- Vergleicht die Sprache des Werbeslogans der Schuhcreme-Firma Eg-Gü
  mit der Sprache aktueller Werbeslogans.
- Haltet Gemeinsamkeiten und Unterschiede in einer Tabelle fest.

Martin Luther: Biblia. Die gantze Heilige Schrifft: Deudsch, Buch 1, Mose 11
(übersetzt um 1545)

[…] ES hatte aber alle Welt
einerley zungen vnd sprache.
Da sie nu zogen gen Morgen
/ funden sie ein eben Land
5 / im lande Sinear / vnd wo-
neten daselbs. Vnd sprachen
vnternander / Wolauff /
lasst vns Ziegel streichen vnd
brennen / Vnd namen ziegel
10 zu stein / vnd thon zu kalck
/ vnd sprachen / Wolauff
/ Lasst vns eine Stad vnd
Thurn bawen / des spitze bis
an den Himel reiche / das
15 wir vns einen namen machen
/ Denn wir werden vieleicht
zerstrewet in alle Lender.

Sinear:
Gebiet um
Babylon

Pieter Bruegel: Turmbau zu Babel (1563)

DA fur der HERR ernider / das er sehe die Stad vnd Thurn / die die Menschenkinder
baweten. Vnd der HERR sprach / Sihe / Es ist einerley Volck vnd einerley Sprach vnter
20 jnen allen / vnd haben das angefangen zu thun / sie werden nicht ablassen von allem das
sie furgenomen haben zu thun. Wolauff / lasst vns ernider faren / vnd jre Sprache da selbs
verwirren / das keiner des andern sprache verneme.
Also zerstrewet sie der HERR von dannen in alle Lender / das sie musten auffhören die
Stad zu bawen / […]

1. Übertragt den Text ins Neuhochdeutsche.

2. Findet heraus, wie der Sprachwissenschaftler auf
   dem Bild heißt, der 1822 den Lautwandel vom
   Indoeuropäischen zum Germanischen beschrieben hat.
   – Löst dazu das Rätsel auf Seite 209, indem ihr –
     ohne ein Wörterbuch zu benutzen – das entspre-
     chende deutsche Wort aufschreibt.
   – Die markierten Buchstaben ergeben von oben
     nach unten gelesen das Lösungswort.

Lerninseln:
Sprache
betrachten
S. 289 ff.

⊕ Diagnose-
bogen
Sprache
betrachten
tb72gr

⊕ Training
interaktiv
Sprache
betrachten
6e4q8u

niederländisch *jaar*; schwedisch *år*
griechisch *pateras* [*πατέρας*]
schwedisch *skepp*, norwegisch *skip*
italienisch *sole*, russ. *sólnce* [*солнце*]
niederländisch *bijten*; schwedisch *bita*

dänisch *grøn*, schwedisch *grön*
niederländisch *breken*
niederländisch *diep*
französisch *mer*; slowenisch *morje*
schwedisch *måndag*

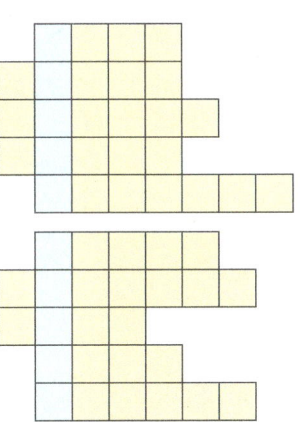

3. Schreibt den folgenden Text um, indem ihr alle Anglizismen und umgangssprachlichen
Ausdrücke vermeidet.
Begründet, in welchen Fällen das besonders gut gelingt und wo es schwierig ist.

> (...) Die Mutter holte die Kids aus dem Bett, sie kriegten ihr Lunchpaket, das aber voll klein war.
> Unterwegs zerbröselte Hänsel sein Brot und ließ die Krümel immer mal heimlich offroads
> fallen. „Hänsel, was guckst du dauernd?", sagte der Vater. „Du sollst weitergehn!" „Ich guck
> doch nur nach meiner Taube. Die sitzt auf dem Dach und ruft CU", meinte Hänsel clever. „Voll-
> horst", sagte die Mutter, „das ist nicht deine Taube. Das ist die SONNE!" (...)

4. Beschreibt den Eindruck, den der unten abgedruckte Dialog bei euch erweckt.
Welche Anglizismen würdet ihr durch deutsche Wörter ersetzen? Begründet.

> Hast du meine Mail bekommen? Ne, sorry, habe meine Mails noch nicht gecheckt, hatte vorher
> 'n Meeting mit meinem Boss. Ich hab' total schlechtes Feedback von ihm wegen des Briefings
> bekommen. Mein Handy hat auch nicht funktioniert. Achso, no problem, dann eben bis später.
> Ok! Habe nämlich 'n richtig cooles Video downgeloadet und auf deinen Account upgeloadet,
> kannst du dann einfach online streamen. I like! Die Tickets fürs Kino kann ich dir dann auch
> mailen oder faxen, falls dein Internet immer noch nicht geht, also don't worry.

Verbrechen mit „Stil"
Zusammenhänge zwischen Grammatik und Stil erkennen

 Das könnt ihr schon!

· Wortarten und Satzglieder bestimmen
· Satzglieder umstellen
· die Wirkung grammatischer Formen
  in Texten beurteilen

1. Nennt bekannte Detektive aus Literatur, Film oder Fernsehen und erläutert, worauf sich die Beliebtheit dieser Figuren zurückführen lässt.

2. Bestimmt für den Filmtipp (**1**) und den Lexikonartikel (**2**) die zentralen Textfunktionen (informieren, argumentieren, appellieren).

3. Beschreibt, wie die Textfunktionen (Aufgabe 2) durch Grammatik und Wortwahl unterstützt werden. Untersucht zum Beispiel Wortarten, Tempusformen und Satzbau.

Filmbild aus „Sherlock", 2012

1

Marc Hippler:
Rolls-Royce mit iPhone-Anschluss (2012)

Wäre Sherlock Holmes ein Automodell, sagen wir von Rolls-Royce, er hätte bis zum vergangenen Sommer nur noch historischen Wert für mich gehabt. So nach dem Motto: Gut zu wissen, dass man sich früher beim
5 Herstellen mal so viel Mühe mit präziser Technik und elegantem Design gegeben hat. Aber zeitgemäß war das ja wohl schon lange nicht mehr. Doch dann setzte die BBC […] einen derart modernen Schlitten auf die Straße, dass man sich ans alte Modell gar nicht mehr
10 erinnern musste, um fasziniert zu sein. Wer trotzdem die Aura von damals entdeckt, hat vermutlich noch ein bisschen mehr davon. Dieser Sherlock ist der richtige Detektiv fürs 21. Jahrhundert: schnell, cool und blitzgescheit. […] Ein Rolls-Royce mit Brennstoffzelle
15 und iPhone-Anschluss. Ungefähr das ist „Sherlock".
Unbedingt ansehen!

2

Sherlock Holmes [ˈʃɜːlɔk ˈhəʊmz]
fiktive literarische Figur, geschaffen vom britischen Autor Sir Arthur Conan Doyle (1859–1930). Als Privatdetektiv
5 ist Holmes die zentrale Figur zahlreicher Romane und Kurzgeschichten. Besondere Bedeutung – nicht nur für die englischsprachige Kriminalliteratur – erlangt er durch sein für das ausgehende
10 19. Jh. neuartiges analytisches Vorgehen, welches ausschließlich auf exakter Beobachtung, rationalem Denken und logischer Schlussfolgerung beruht. Von der Popularität der Figur zeugen zahl-
15 reiche literarische Nachahmungen, Verfilmungen und Hörspielfassungen.

Lerninsel:
Grammatik
S. 292 ff.

⊕ Eingangstest
Grammatik
5e8x7b

erfolgreiche Krimiserie der BBC

Produktion der ersten Staffel: 2010

jede Folge hat Spielfilmlänge mit einer in sich geschlossenen Handlung

Sherlock: Detektiv mit herausragenden Fähigkeiten, der mit dem ehemaligen Militärarzt Dr. John Watson eine WG in der Londoner Baker Street 221b gründet

4. Schreibt für ein Filmlexikon einen kurzen Lexikonartikel zur Serie „Sherlock".
– Nutzt die Stichpunkte links und die Informationen aus Text 1 (S. 210).
– Beachtet bei der Wortwahl, den grammatischen Formen und dem Satzbau die Textsorte.

Erfolg der Serie: zahlreiche Preise, z. B. Prix Europa 2011, Emmy 2014 für das beste Drehbuch sowie die beste Haupt- und Nebenrolle

Idee: Steven Moffat und Mark Gattis

Komm zur Baker Street – jetzt
SH

Komm jetzt zur Baker Street
SH

5. Vergleicht und beurteilt die beiden Varianten der Kurznachricht. Prüft, welche Wirkung die Veränderung der Satzgliedstellung hat.

6. Fügt die Ergänzungen in den Text links ein und setzt geeignete Satzzeichen (Komma, Klammer, Doppelpunkt oder Gedankenstrich).
Begründet eure Wahl.

Titelheld der bekannten Detektiv-geschichten des britischen Autors Arthur Conan Doyle 1859–1930

Sherlock Holmes   war schon immer ein moderner Mann es ist die Welt um ihn herum die alt geworden ist. Jetzt ist Sherlock Holmes zurück   .

mit Smartphone, Tablet und Skype

Das lernt ihr jetzt!

· **Verknüpfungen in Texten erkennen und herstellen**
· **Wissen über Wortfamilien und Wortfelder für die Textgestaltung nutzen**
· **Satzstrukturen und ihre Wirkung untersuchen sowie gezielt verändern**

Mord à la carte
Verknüpfungen in Texten erkennen und herstellen

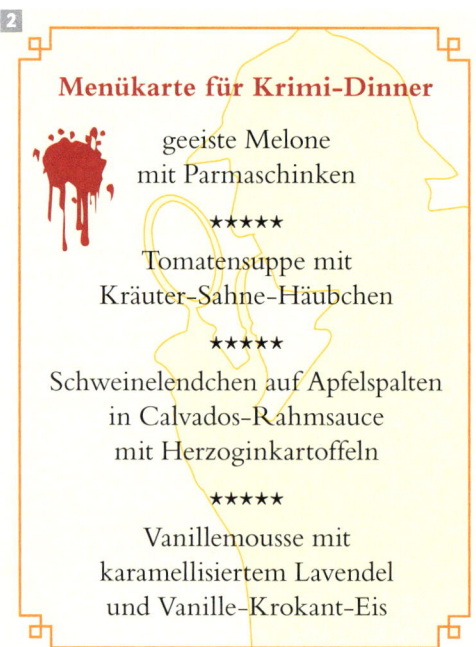

Menükarte für Krimi-Dinner

geeiste Melone
mit Parmaschinken

★★★★★

Tomatensuppe mit
Kräuter-Sahne-Häubchen

★★★★★

Schweinelendchen auf Apfelspalten
in Calvados-Rahmsauce
mit Herzoginkartoffeln

★★★★★

Vanillemousse mit
karamellisiertem Lavendel
und Vanille-Krokant-Eis

3 Wer schon immer einmal in die Rolle eines Sherlock Holmes schlüpfen wollte, der ist
bei diesem Dinner genau richtig! Denn beim Krimi-Dinner erwartet den Hobbydetektiv
Gaumenschmaus und Gänsehaut – und womöglich eine Leiche zum Dessert. Im Verlauf
des exklusiven Vier-Gänge-Menüs im Kaminzimmer des altehrwürdigen Schlosses wird
5 den Gästen einiges aufgetischt – Delikates wie Dubioses: Lady Miller, die Schlossherrin,
ist verstorben. Doch starb die alte Lady tatsächlich eines natürlichen Todes oder hat
möglicherweise einer der Gäste irgendetwas mit dem plötzlichen Tod zu tun? Bevor der
Fall beim abschließenden Dessert schließlich auf Eis gelegt wird, haben sich die miträtseln-
den und mitspielenden Gäste vielleicht selbst noch verdächtig gemacht, haben sich in die
10 Irre führen lassen und wahrscheinlich die eine oder andere Leiche in den Keller getragen.
Aber sicherlich haben sie vor allem eines erlebt: einen kurzweiligen Krimi-Abend voll
gefährlich-guter Unterhaltung.

1. Erklärt, was euer Interesse an einem Krimi-Dinner am ehesten weckt:
Bild, Menükarte oder Text?

2. Untersucht in Text 3, durch welche sprachlichen Mittel die einzelnen Sätze
zu einem zusammenhängenden Text verknüpft werden. Achtet besonders auf:
– Konjunktionen und Pronomen,
– Wiederholungen.

3. Sammelt textverknüpfende Konjunktionen und Adverbien. Ordnet sie nach ihrer inhaltlichen Funktion. Übernehmt dazu die folgende Tabelle.

Inhalt	Konjunktionen/Adverbien
Gegensatz	*aber, dagegen, …*
Zeit	*als, bevor, …*
Ursache/Grund	*deshalb, …*
Einschränkung	*obgleich, allerdings, …*
Bedingung	*wenn, …*
Hinzufügung	*und, ferner, …*

4. Sucht aus Text **3** (S. 212) sinnverwandte und stammverwandte Wörter heraus und ordnet sie zu Wortfeldern und Wortfamilien. Erklärt, welche Funktion diese für die inhaltliche Gestaltung von Texten haben.

Beispiel: Wortfeld „Schloss"

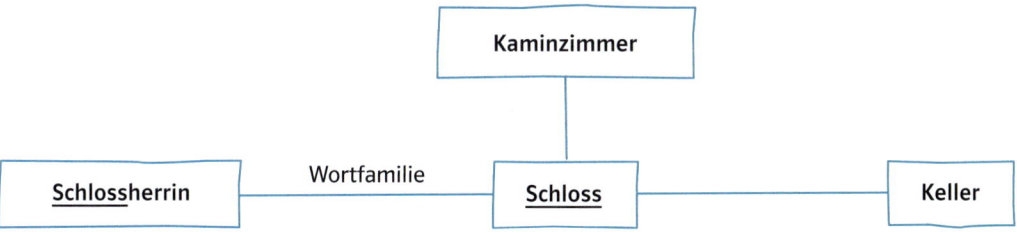

5. Die folgenden Wörter aus Text **3** (S. 212) bezeichnet man als Modalwörter: *womöglich* (Z. 3) – *möglicherweise* (Z. 7) – *vielleicht* (Z. 9) – *wahrscheinlich* (Z. 10) – *sicherlich* (Z. 11).
   – Beschreibt, was mit ihnen ausgedrückt wird.
   – Erklärt, warum in diesem Text so viele Modalwörter vorkommen.
   – Sucht weitere sprachliche Mittel, die diese Funktion unterstützen. Überprüft dazu zum Beispiel die Pronomen.

Lerninsel: Modalwörter S. 293

6. Äußert Vermutungen darüber, wie das Krimi-Dinner ablaufen könnte. Benutzt Modalwörter.

7. Schreibt einen kurzen Werbetext für ein Krimi-Event, z. B. eine Krimi-Stadtrallye oder eine Krimi-Lesenacht. Verwendet geeignete Mittel der Textverknüpfung. Ihr könnt die blaue Box (S. 214) als Hilfe nutzen.

Wissen und Können

Lerninsel:
Text-
verknüpfung
S. 293

Verknüpfungen in Texten erkennen und herstellen

Um einen **zusammenhängenden Text** zu produzieren, müsst ihr einzelne Sätze miteinander **verknüpfen**. Nutzt dabei zum Beispiel als **Verknüpfungswörter**:

– **Konjunktionen** *(denn, aber, nachdem, …)*
*Krimi-Dinner sind nichts für schwache Nerven, **denn** neben den Gaumenfreuden wird auch eine gehörige Portion Spannung serviert.*

– **Adverbien** *(deshalb, infolgedessen, damit …)*
*Die Gäste werden zu Verdächtigen mit möglichen Tatmotiven. **Deshalb** weiß man oft kaum noch, wem man trauen kann.*

– **Pronomen** *(diese, jener, ihre, …)*
*Schauplätze des Dinners sind oft Schlösser oder Burgen, **deren** besondere Atmosphäre zur Spannung beiträgt.*

Differenzieren
Textver-
knüpfung
s4dy9m

8. Zum Differenzieren ■ ■ ■ ■

A Füge in den Text passende Verknüpfungswörter ein. Nutze die Auswahl.

> dieser – von wo – auch – nachdem – infolgedessen – bei dem – denn – dabei – dadurch –
> aber – auch – welches – als

Die Serie „Sherlock"

Nicht nur die Londoner Polizei bittet Sherlock Holmes bei kniffligen Fällen um Hilfe, _____ Privatpersonen suchen immer wieder den Rat des genialen Ermittlers. So Sebastian Wilkes, _____ es in seiner Bank zu einem merkwürdigen Einbruch gekommen war, _____ zwar nichts gestohlen, _____ ein Gemälde bedrohlich entstellt worden war.
Holmes und Dr. Watson finden heraus, dass die Drohung offenbar an den Hong-Kong-Experten des Geldinstituts gerichtet war. _____ wird kurz darauf unter rätselhaften Umständen tot aufgefunden. _____ wird Holmes' Neugierde angestachelt, umso mehr, _____ kurz darauf ein Journalist unter ähnlich mysteriösen Vorzeichen ums Leben kommt. _____ beginnen Holmes und Watson ihre Recherche auf eigene Faust. _____ stellt sich heraus, dass beide Opfer regelmäßig einen Trödelladen in Chinatown aufsuchten, _____ sie die Spur ins National Antiquities Museum führt, _____ eine große Sammlung alter chinesischer Kulturgüter beherbergt. _____ hier wird eine Mitarbeiterin bedroht: Soo Lin Yao gibt Holmes und Watson den Hinweis, dass ein chinesischer Geheimbund hinter der Mordserie steckt – eine wertvolle Information, _____ dessen Bosse setzen alles daran, die zwei unliebsamen Schnüffler mundtot zu machen.

B Zeigt am Text **1** auf Seite 210, wie mithilfe von Verknüpfungen ein zusammenhängender Text entsteht.

C Schreibt zu einem Fernsehkrimi eine Empfehlung. Achtet auf Verknüpfungen.

Mit kriminalistischer Genauigkeit
Satzstrukturen und ihre Wirkung untersuchen

Harry Kemelman: Der Neun-Meilen-Marsch (Ausschnitt, 1963)

Nicholas Welt, genannt Nicky, ist Professor für englische Sprache, betätigt sich aber bisweilen als Hobbydetektiv. Bei einem gemeinsamen Frühstück im „Blue Moon" fordert er den Ich-Erzähler, einen befreundeten Staatsanwalt, zu einer Wette heraus. Der Freund solle ihm einen Satz mit zehn bis zwölf Wörtern nennen und Nicky werde daraus eine Kette von Folgerungen ableiten, an die der Freund bei der Bildung des Satzes im Traum nicht gedacht habe. Während Nicky seine Rechnung bezahlt, wartet der Freund, da neue Gäste hereinkommen, vor dem Restaurant. Als der Professor schließlich aus dem Restaurant tritt, sagt der Freund unvermittelt: „Ein Fußmarsch von neun Meilen ist kein Vergnügen, besonders im Regen."

„Das kann ich mir vorstellen", erwiderte er geistesabwesend. Dann blieb er plötzlich stehen und blickte mich scharf an. „Was, zum Teufel, meinst du eigentlich damit?" […]

5 „Du sagtest vorhin, ich solle dir einen Satz mit zehn oder zwölf Wörtern nennen …"

„Ach so." Misstrauisch blickte er mich an. „Woher hast du den Satz?"

„Er ist mir gerade eingefallen. Aber los
10 jetzt – ich möchte deine Folgerung hören."
[…] „Schon gut." Seine Stimme wurde lebhaft, während er das Problem in Gedanken umkreiste. „Erste Folgerung: Der Sprecher ist gekränkt."

15 „Einverstanden", sagte ich, „obwohl es kaum eine Folgerung sein dürfte. Es liegt bereits in der Feststellung selbst."

Er nickte ungeduldig. „Nächste Folgerung: Der Regen kam unerwartet, denn
20 sonst hätte er wohl gesagt: ,Ein Neun-Meilen-Marsch im Regen ist kein Vergnügen'. So aber gebrauchte er das Wort ,besonders' als eine Art Hintergedanken."

„Einverstanden", sagte ich, „obwohl auch
25 das ziemlich klar ist."

„Die ersten Folgerungen sollten immer klar sein", sagte Nicky bissig. Ich beließ es dabei. Er schien noch im Dunkeln zu tappen, und ich wollte ihn nicht unnötig reizen.
30

„Nächste Folgerung: Der Sprecher ist kein Sportler und auch kein Mensch, der viel im Freien ist."

1. Äußert Vermutungen darüber, wie Nicky auf die dritte Folgerung (Z. 31ff.) kommt.

2. In dem ersten markierten Satz wird „besonders im Regen" als Adverbialbestimmung, in dem zweiten markierten Satz „im Regen" als Attribut gebraucht.
  – Prüft, inwiefern Art und Anordnung der Satzglieder die inhaltliche Aussage beeinflussen.
  – Erklärt Nickys Folgerungen.

Der Professor wird am Ende durch logisches Denken
und durch die genaue Analyse des Satzes einen echten Mord aufklären.

3. Probiert aus, wie sich der Schwerpunkt der Satzaussage durch das Umstellen
der Satzglieder verändert.
- Lest den Satz jeweils betont vor.
- Findet heraus, in welcher Position ein Satzglied besonders hervorgehoben wird.

Nachfeld:
nach der rechten
Satzklammer
stehendes Satz-
glied

4. Bestimmt die Satzgliedfunktion der unterstrichenen Satzglieder und
beschreibt, welche Wirkung die Stellung dieser Satzglieder im Nachfeld hat.
Wendet die Umstellprobe an und vergleicht die so entstandenen Sätze
mit den Ausgangssätzen. Nutzt die blaue Box auf Seite 219.

In seinen Detektivgeschichten lässt Harry Kemelman den Leser aktiv teilnehmen <u>an der
Aufklärung eines Verbrechens</u>. Und ein solches Verbrechen klärt der Held der Erzählung
„Der Neun-Meilen-Marsch" am Ende auf – <u>durch die genaue sprachliche Analyse eines
Satzes</u>. Wie sein berühmter Vorgänger Sherlock Holmes greift auch Nicholas Welt bei der
Lösung seiner Fälle zurück <u>auf logisches Denken</u>.

Harry Kemelman: Der Neun-Meilen-Marsch (Ausschnitt, 1963)

*Der Professor leitet aus dem Satz weitere Folgerungen ab: Der Marsch müsse nach Mitter-
nacht stattgefunden haben, da der Sprecher andernfalls in der dicht besiedelten Gegend auf
eine Ortschaft gestoßen wäre, von der Bahn oder Busse fahren. Der Sprecher habe ferner zu
einem bestimmten Zeitpunkt am Bestimmungsort eintreffen müssen, sonst hätte er vermutlich auf den ersten Bus gewartet, der um fünf Uhr dreißig fährt. Und er sei wahrscheinlich
aufgehalten worden oder habe noch irgendein Zeichen, vielleicht einen Anruf, abwarten
müssen, da er sonst den letzten Bus um halb eins genommen und am Zielort gewartet hätte,
statt vier Stunden lang durch den Regen zu laufen.*

An der Wand hing eine große Karte der Gegend, und ich ging hinüber und betrachtete
sie. „Du hast Recht, Nicky", sagte ich, ohne
mich umzudrehen. „In einem Umkreis von
5 neun Meilen gibt es nicht einen Ort, an
dem man nicht vorüberkäme. Fairfield liegt
genau in der Mitte einer Gruppe kleinerer
Städte."
   Er trat ebenfalls an die Karte. „Du weißt,
10 dass es nicht unbedingt Fairfield zu sein
braucht", sagte er ruhig. „Wahrscheinlich
musste er zu einer der weiter entfernten
Städte. Versuche es mal mit Hadley."
   „Wieso Hadley? Was soll man denn um
15 fünf Uhr morgens in Hadley?"
   „Um diese Zeit hält dort der Washington Flyer und übernimmt Wasser", sagte er
ruhig.

**„übernimmt
Wasser":**
Eine Dampflok
benötigt für
die Dampf-
erzeugung große
Mengen Wasser,
das unterwegs
wieder aufgefüllt
wird.

„Das stimmt allerdings", sagte ich. „Ich habe den Zug schon mehr als einmal gehört, wenn ich nicht schlafen konnte. Ich konnte genau hören, wie er hielt, und wenig später schlug dann die Uhr der Methodistenkirche fünf."

Ich ging an meinen Schreibtisch und holte den Fahrplan heraus. „Der Flyer verlässt Washington um null Uhr siebenundvierzig und ist morgens um acht in Boston."

Nicky stand immer noch vor der Karte und maß die Entfernungen mit einem Bleistift. „Genau neun Meilen von Hadley entfernt liegt das Old Sumter Inn", verkündete er.

„Old Sumter Inn", wiederholte ich. „Aber das wirft doch die ganze Theorie über den Haufen. Dort findet man doch genauso leicht eine Fahrgelegenheit wie in einer Stadt!"

Er schüttelte den Kopf. „Die Wagen stehen auf einem bewachten Parkplatz, und um ihn zu betreten, muss man an einem Wächter vorbei. Dieser Wächter erinnert sich bestimmt an jeden, der seinen Wagen zu ungewöhnlicher Zeit abholt. Es geht dort ziemlich konservativ zu. Möglich ist allerdings, dass der Mann auf seinem Zimmer wartete, bis er aus Washington einen Anruf wegen irgendeines Mannes im Zug bekam – vielleicht die Nummer des Wagens und des Schlafwagenabteils. Dann konnte er heimlich das Hotel verlassen und zu Fuß nach Hadley gehen." Hypnotisiert starrte ich ihn an.

„Während der Zug Wasser übernimmt, dürfte es nicht schwer sein, in irgendeinen Wagen zu steigen, und wenn er die Nummer des Wagens und des Abteils kannte …"

„Nicky", sagte ich in böser Ahnung, „als District Attorney, der von der Reform Party gestellt wird und für Sparsamkeit eintritt, werde ich jetzt das Geld der Steuerzahler zum Fenster hinauswerfen und ein Ferngespräch nach Boston anmelden. Es ist lächerlich, es ist blödsinnig – aber ich telefoniere mit Boston!"

Seine kleinen blauen Augen funkelten, und mit der Zungenspitze feuchtete er seine Lippen an. „Dann tu's doch!", sagte er heiser.

Ich legte den Hörer wieder auf die Gabel. „Nicky", sagte ich, „das ist wahrscheinlich der merkwürdigste Zufall in der Geschichte der Kriminalistik: In dem Zug, der um null Uhr siebenundvierzig aus Washington abfuhr, wurde heute Nacht ein Mann in seinem Schlafwagenabteil ermordet. Er war seit etwa drei Stunden tot – und das stimmt genau mit dem Aufenthalt in Hadley überein."

„Ich hatte mir schon irgendetwas Ähnliches gedacht", sagte Nicky. „Aber wegen des merkwürdigen Zufalls befindest du dich in einem Irrtum. Das kann es nicht sein. Wo hattest du diesen Satz her?"

„Woher soll ich denn das wissen? Er ist mir einfach eingefallen."

„Das ist völlig unmöglich! Das war kein Satz der einem plötzlich einfällt. Wenn du so lange Satzbau unterrichtet hättest wie ich wüsstest du dass man auf die Frage nach einem Satz mit ungefähr zehn Wörtern ganz allgemeine Feststellungen zu hören bekommt ‚Ich trinke gern Milch.' Und mit den restlichen Wörtern wird dann irgendeine Art von Nebensatz gebildet weil es gut für meine Gesundheit ist. Der Satz den du nanntest bezog sich dagegen auf eine ganz besondere Situation."

„Aber wenn ich dir sage dass ich heute Morgen noch mit niemandem gesprochen habe! Und im Blue Moon war ich nur mit dir zusammen."

„Aber nicht die ganze Zeit als ich meine Rechnung bezahlte" sagte er scharf. „Bist du irgendjemandem begegnet als du draußen auf dem Bürgersteig wartetest?"

Ich schüttelte den Kopf. „Ich habe höchstens eine Minute gewartet, bis du dann ebenfalls herauskamst. Als du dein Kleingeld zusammensuchtest, kamen nämlich zwei Männer herein, und einer der beiden rempelte mich an, als ich gerade überlegte, ich könnte schließlich …"

„Kanntest du sie?" […]

Methodisten:
im 18. Jh. in England entstandene kirchliche Bewegung

Old Sumter Inn (engl.): Name eines Gasthauses

District Attorney (engl.): Staatsanwalt eines Bundesstaates in den USA

Reform Party (engl.): politische Partei in den USA, die u. a. für einen massiven Abbau der Staatsschulden eintritt

5. „Ich hatte mir schon so etwas Ähnliches gedacht." (S. 217, Z. 78 f.)
- Weist an den Textausschnitten (S. 215–217) nach, dass der Professor, schon bevor er von dem Mordfall erfährt, mehr weiß, als sein Freund ahnt.
- Überlegt, wer der oder die Täter sein könnte(n). Begründet.

6. Untersucht in dem gelb markierten Dialog (S. 216 f.) die Stellung der Satzglieder.
- Beachtet vor allem, welches Satzglied jeweils die erste Position im Satz einnimmt.
- Erklärt, welche Funktion dies für den Textzusammenhang hat.

Beispiel: „Was soll man denn um fünf Uhr morgens in Hadley?"
„Um diese Zeit hält dort der Washington-Flyer und übernimmt Wasser."

7. Schreibt den Text (S. 217) weiter bis zur Ergreifung der Täter. Achtet darauf, dass die Satzgliedstellung die Aussageabsicht des Textes stützt. Nutzt dazu die Tabelle:

Vor-feld	linke Satz-klammer	Mittelfeld	rechte Satz-klammer	Nachfeld
Nicky	*sah*	*mich*	*an*	*mit forschendem Blick.*
„Ich	*habe*	*sie hier in der Gegend noch nie*	*gesehen."*	

Vorfeld:
vor der linken Satzklammer stehendes Satzglied

8. Überarbeitet den folgenden Text, indem ihr Vor- und Nachfeld bewusst gestaltet.
- Achtet auf die Herstellung des Textzusammenhangs und auf die Hervorhebung bestimmter Satzglieder im Vor- oder Nachfeld. Nutzt die blaue Box auf Seite 219.
- Begründet anschließend, warum ihr euch für diese Satzgliedstellung entschieden habt.

Wir waren am Stadthaus, in dem mein Büro lag, angekommen. Jedes Streitgespräch, das im Blue Moon begonnen hatte, endete normalerweise am Eingang dieses Gebäudes. Nickys Beweisführung interessierte mich heute jedoch. Ich machte ihm deshalb den Vorschlag, er solle noch auf ein paar Minuten in mein Büro kommen. Er nickte schweigend und nachdenklich. Ich hatte aus irgendeinem merkwürdigen Grund, den ich nicht erklären kann, das Gefühl, seine Überlegungen nicht stören zu dürfen.

9. Begründet die Kommas in den Abschnitten auf Seite 216, Zeile 1–6, und Seite 217, Zeile 105–111.

Lerninsel: Regeln der Kommasetzung S. 295 f.

10. Setzt im grün markierten Abschnitt (S. 217) die fehlenden Kommas und begründet eure Entscheidung. Bestimmt die Satzgliedfunktion der Nebensätze.

Differenzieren Satzstrukturen 56t6mq

11. Zum Differenzieren ■ ■ ■ ■

A Untersucht im Abschnitt auf Seite 217, Zeile 39–53, die Besetzung von Vorfeld und Nachfeld. Beschreibt die Wirkung, die dadurch entsteht.

B Der Schluss der Erzählung ist dem Übersetzer nicht gelungen. Überarbeitet den folgenden Text, indem ihr die Satzgliedstellung verändert.

Ich fragte gespannt: „Glaubst du etwa, dass sie es waren?" Schmal wurden Nickys Augen. „Es ist möglich." Und er fuhr fort nach einem Blick auf die Uhr: „Im Blue Moon sind sie vielleicht noch. Ziemlich langsam ist die Bedienung dort."

Nach dem Telefon griff ich. „Sofort rufen Sie mich an, wenn Sie jemanden verhaften",
5 beendete ich das Telefonat schließlich und legte den Hörer auf. Wir warteten dann. Ein Wort sprach keiner von uns. Das Telefon läutete endlich. Den Hörer nahm ich ab und lauschte gespannt. Ich sagte „o.k." und wandte mich an Nicky: „Durch die Küche hat einer versucht zu entwischen. Aber geschnappt haben sie ihn." „Eine Art von Beweis scheint das ja zu sein", entgegnete Nicky lächelnd. Zustimmend nickte ich.

Wissen und Können

Lerninsel:
Satzstrukturen
bewusst
gestalten
S. 294

Die Stellung der Satzglieder untersuchen und gezielt verändern

Durch das **Verschieben** von Satzgliedern können einzelne Satzglieder besonders hervorgehoben werden:
Ein Bankier ist unter rätselhaften Umständen tot aufgefunden worden. – Unter rätselhaften Umständen ist ein Bankier tot aufgefunden worden.
Die **Klammerstruktur** vieler Sätze ist eine Besonderheit der deutschen Sprache.
Im **Mittelfeld** eines Satzes können **mehrere Satzglieder** stehen. Durch die Stellung im Vor- bzw. Nachfeld wird ein Satzglied in der Regel besonders **hervorgehoben**.

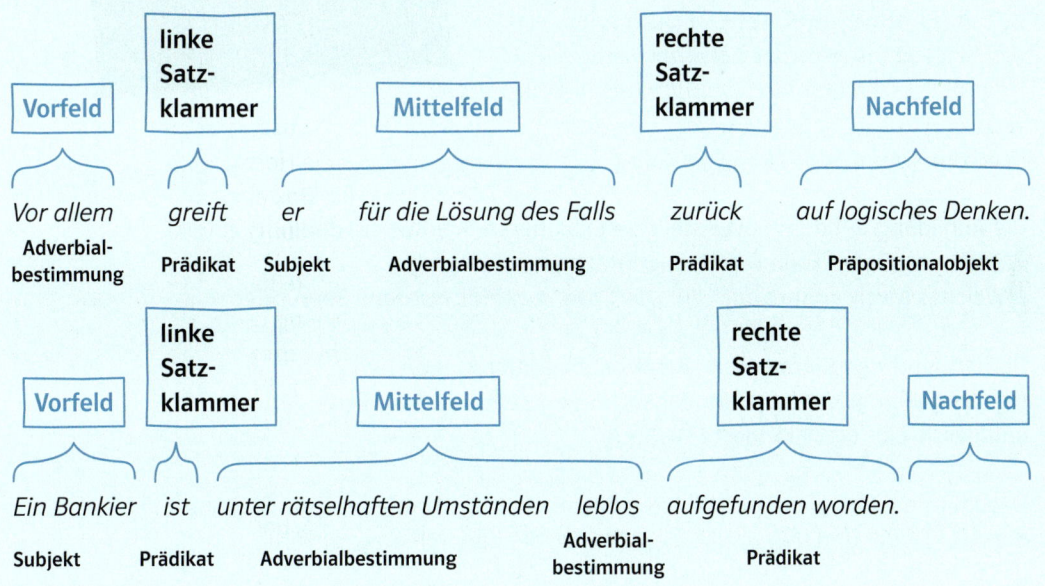

Vor- und Nachfeld haben eine wichtige Funktion bei der Textgestaltung.
- Im **Vorfeld** stehen oft Satzglieder, die bereits **Bekanntes** bezeichnen oder die eine **Verknüpfung zum vorangegangenen Satz** herstellen sollen.
- Satzglieder im **Nachfeld** stellen eine **Verknüpfung zum folgenden Satz** her. Im Deutschen bleibt das Nachfeld aber häufig **unbesetzt**.

E. T. A. Hoffmann: Das Fräulein von Scuderi (Klappentext)

Paris im Jahre 1680. Die Stadt wird von einer rätselhaften Mordserie erschüttert. Die Morde werden alle von ein und demselben Täter verübt. Sie folgen alle dem gleichen
5 Muster: Die Opfer sind adlige junge Männer. Sie haben bei dem berühmten Goldschmied René Cardillac kostbaren Schmuck anfertigen lassen. Sie werden auf dem Weg zur Geliebten nachts des Schmucks beraubt und er-
10 mordet. Das 73-jährige Fräulein von Scuderi, Hofdichterin König Ludwigs XIV., gerät durch Zufall (oder Schicksal?) in den Strudel dieser Verbrechen. Sie findet sich schon bald in der Rolle der Ermittlerin wieder …
15 E. T. A. Hoffmanns Novelle „Das Fräulein von Scuderi" ist eine der berühmtesten Kriminalgeschichten der Weltliteratur. Sie vermag den Leser zu faszinieren – bis zum heutigen Tag.

1. Die Abbildung auf dem Cover stellt den kostbaren Schmuck in den Mittelpunkt.
   – Prüft, wie dieses Thema im Klappentext entfaltet wird.
   – Welches Motiv könnte auch für das Cover gewählt werden? Begründet.

2. Überarbeitet den Klappentext. Achtet auf Verknüpfungen und fügt an geeigneten Stellen Modalwörter ein. Begründet die Veränderungen und beschreibt die veränderte Wirkung.

3. Bestimmt die Satzglieder des letzten Satzes (Z. 17 ff.). Untersucht die Stellung der Satzglieder und beschreibt die Wirkung, die dadurch erzeugt wird.

E. T. A. Hoffmann: Das Fräulein von Scuderi (Anfang, 1819/21)

In der Straße St. Honoré war das kleine Haus gelegen, welches Magdaleine von Scuderi, bekannt durch ihre anmutigen Verse, durch die Gunst Ludwig des XIV. und der
5 Maintenon, bewohnte.

Spät um Mitternacht – es mochte im Herbste des Jahres 1680 sein – wurde an dieses Haus hart und heftig angeschlagen, dass es im ganzen Flur laut widerhallte. – Baptiste, der in des Fräuleins kleinem
10 Haushalt Koch, Bedienten und Türsteher zugleich vorstellte, war mit Erlaubnis seiner Herrschaft über Land gegangen zur Hochzeit seiner Schwester, und so kam es, dass

Maintenon: Mätresse, Geliebte Ludwigs des XIV.

 Lerninsel:
Grammatik
S. 292 ff.

 Diagnose-
bogen
Grammatik
8jq6n6

Training
interaktiv
Grammatik
fr84gg

15 die Martiniere, des Fräuleins Kammerfrau, allein im Hause noch wachte. Sie hörte die wiederholten Schläge, es fiel ihr ein, dass Baptiste fortgegangen und sie mit dem Fräulein ohne weitern Schutz im Hause 20 geblieben sei […]. Unterdessen donnerten die Schläge immer fort, und es war ihr, als rufe eine Stimme dazwischen: „So macht doch nur auf um Christus willen, so macht doch nur auf!" Endlich in steigender Angst 25 ergriff die Martiniere schnell den Leuchter mit der brennenden Kerze und rannte hinaus auf den Flur; da vernahm sie ganz deutlich die Stimme des Anpochenden: „Um Christus willen, so macht doch nur auf!" In 30 der Tat, dachte die Martiniere, „so spricht doch wohl kein Räuber; wer weiß, ob nicht gar ein Verfolgter Zuflucht sucht bei meiner Herrschaft, die ja geneigt ist zu jeder Wohltat. Aber lasst uns vorsichtig sein!" – Sie öff-35 nete ein Fenster und rief hinab, wer denn da unten in später Nacht so an der Haustür tobe und alles aus dem Schlafe wecke, indem sie ihrer tiefen Stimme so viel Männliches zu geben sich bemühte als nur möglich. 40 In dem Schimmer der Mondesstrahlen, die eben durch die finstern Wolken brachen, gewahrte sie eine lange, in einen hellgrauen Mantel gewickelte Gestalt, die den breiten Hut tief in die Augen gedrückt hatte. Sie rief 45 nun mit lauter Stimme, so, dass es der unten vernehmen konnte: „Baptiste, Claude, Pi-

erre, steht auf und seht einmal zu, welcher Taugenichts uns das Haus einschlagen will!" Da sprach es aber mit sanfter, beinahe kla-gender Stimme von unten herauf: „Ach! la 50 Martiniere, ich weiß ja, dass Ihr es seid, liebe Frau, so sehr Ihr Eure Stimme zu verstellen trachtet, ich weiß ja, dass Baptiste über Land gegangen ist und Ihr mit Eurer Herrschaft allein im Hause seid. Macht mir nur getrost 55 auf, befürchtet nichts. Ich muss durchaus mit Eurem Fräulein sprechen, noch in dieser Minute. […] Öffnet mir die Türe, fürch-tet doch nur nichts von einem Elenden, der schutzlos, verlassen von aller Welt, verfolgt, 60 bedrängt von einem ungeheuern Geschick, Euer Fräulein um Rettung anflehen will aus drohender Gefahr!" Die Martiniere vernahm, wie der Untenstehende bei die-sen Worten vor tiefem Schmerz stöhnte und 65 schluchzte […]. Sie fühlte sich im Innersten bewegt, ohne sich weiter lange zu besinnen, holte sie die Schlüssel herbei.

Sowie sie die Türe kaum geöffnet, dräng-te sich ungestüm die im Mantel gehüll-70 te Gestalt hinein und rief, der Martiniere vorbeischreitend in den Flur, mit wilder Stimme: „Führt mich zu Euerm Fräulein!" Erschrocken hob die Martiniere den Leuch-ter in die Höhe, und der Kerzenschimmer 75 fiel in ein todbleiches, furchtbar entstelltes Jünglingsantlitz. […]

4. Besprecht, wie der Beginn der Novelle auf euch wirkt.
   – Wodurch wird diese Wirkung erzielt?
   – Untersucht im letzten Absatz (Z. 69–77) genauer, durch welche
     grammatischen Mittel die Wirkung unterstützt wird.

5. Untersucht die Besetzung des Vor- und Nachfeldes in den
   gelb markierten Sätzen.
   – Formuliert die Sätze um, indem ihr Satzglieder umstellt.
   – Beschreibt die Wirkung.

Das könnt ihr schon!

- Eigennamen richtig schreiben
- Abkürzungen und Kurzwörter verstehen und richtig schreiben
- Fehlerschwerpunkte erkennen und eigene Texte korrigieren

Hotel sucht Hofnarren

Ein Wellnesshotel in Österreich sucht Personal: einen Koch, einen Spa-Mitarbeiter […] und einen Hofnarren. Letzterer soll redegewandt sein, musikalisches Talent mitbringen und eine kommunikative Ader haben. Ihm winken eine Vollzeitbeschäftigung „mit geregelten Arbeitszeiten" und 1400 Euro Bruttogehalt. Sein Arbeitsplatz: das Gelände des Hotels.

Online-Magazin: Frau Franke, wollen Sie Ihre Kunden mit Ihrer Stellenanzeige zum Narren halten?

Franke: Nein, das meinen wir ernst. Wir wollen einen Hofnarren einstellen, der unsere Gäste empfängt. Seit eineinhalb Jahren planen wir, diese Stelle zu besetzen.

5 Wir haben schon eine wunderschöne Berufskleidung entwerfen lassen.

Online-Magazin: Wie lautet die Jobbeschreibung für Ihren Hofnarren?

Franke: Er wird den Gästen bei der Ankunft ihre Fragen beantworten und sie auf das einstimmen, was sie erwartet. Er wird sie über das Restaurant-, Spa- und Sport-angebot informieren und erklären, warum die Gebäude bei uns so bunt sind.

10 Viele unserer Gäste haben uns zu verstehen gegeben, dass sie auf unserem 42 Hektar großen Gelände die Orientierung verlieren – zwischen all den Arkaden, Dachgärten und Wasserflächen passiert das schon mal.

Online-Magazin: Warum muss diese Person ein buntes Kostüm tragen?

Franke: Es muss jemand sein, der auffällt und eine fröhliche Stimmung verbreitet.

15 Wir hätten theoretisch auch einen Pagen, einen Portier oder einen Sicherheitsdienst an den Eingang des Geländes stellen können. Aber so jemand würde untergehen.

Online-Magazin: Wie viel Prestige wird der Hofnarr bei Ihnen genießen?

Franke: Seine Aufgabe ist wichtiger als die, die ich als Hoteldirektorin habe. Denn der Hofnarr steht mit meinem Gast als Erster in Kontakt – das ist der ent-

20 scheidende Moment für den gesamten Aufenthalt.

Online-Magazin: Was muss jemand mitbringen, der sich bei Ihnen bewerben möchte?

Franke: Ausstrahlung und Herzlichkeit. Unser Hofnarr sollte Spaß daran haben, auf Menschen zuzugehen und sich mit ihnen zu unterhalten. Welches Instrument er spielt, ist zweitrangig – es könnte eine Flöte, Gitarre, eine kleine Trommel oder

25 ein Dudelsack sein. Hauptsache, es passt zu ihm und ist authentisch. […]

Lerninsel:
Recht-
schreibung
S. 297 ff.

🌐 Eingangstest
Recht-
schreibung
4pi7fu

1. Sprecht darüber, wie ihr das Stellen-
   angebot findet und ob ihr den „Hofnarren"
   für einen Traumjob haltet. Begründet eure
   Meinung.

2. Im Text auf Seite 222 sind einige Wörter
   farbig markiert. Klärt, was sie bedeuten.
   Nutzt bei Unsicherheit ein Wörterbuch.

3. Verfasst eine Stellenanzeige, in der
   ihr für das Hotel einen Hofnarren sucht.
   Achtet auf die Orthografie.

4. Beurteilt das sogenannte Motivations-
   schreiben, das einer Bewerbung auf
   die Stellenanzeige beigelegt wurde.
   Diskutiert, ob ihr den Bewerber als
   Hofnarren einstellen würdet.

5. Entscheidet, ob die gekennzeichneten
   Wörter im Text (S. 223) jeweils groß-
   oder klein-, getrennt oder zusammengeschrieben werden müssen. Begründet
   die jeweilige Schreibweise.

Die große Stärke der Narren ist es, dass sie keine Angst haben, Dummheiten zu sagen.
(Jean Cocteau)

… und ganz in diesem Sinne fasse ich den Mut, mich auf (i/Ihre) Anzeige hin zu bewerben.
Denn glauben (s/S)ie mir: Ich bin genau der (r/R)ichtige für (i/I)hr Hotel!

5 Mein Mundwerk hat mich schon in manch schwierige Situationen gebracht – aber
genau/so schnell bin ich auch wieder heraus/gekommen. Ich rede gern und viel – und sollte
niemand zum (z/Z)uhören da/sein, rede ich eben mit mir selbst. Darüber/hinaus kann ich
singen (in allen gewünschten Schräg- und Schieflagen), tanzen und musizieren. Meine In-
strumente sind die Ukulele und die Sackpfeife. Auch die Maultrommel ist für mich einfach
10 zu/hand/haben … und ganz nebenbei: Im Narrenkostüm sehe ich wirklich umwerfend aus!
Wie (s/S)ie vielleicht schon ahnen, ist es mir ein Anliegen, meine Mitmenschen zum
(l/L)achen (oder wenigstens zum (s/S)chmunzeln) zu bringen, selbst/redend ohne (s/S)ie dabei bloß/zu/stellen. Das dafür nötige schauspielerische Talent wird mir zumindest nach/gesagt.

Am (b/B)esten überzeugen (s/S)ie sich selbst von meinen Qualitäten.

15 (i/I)hr künftiger Hofnarr

Konstantin Lustmann

Ukulele:
kleine Gitarre
mit vier, sechs
oder acht Seiten

Sackpfeife:
anderes Wort für
Dudelsack

Maultrommel:
kleines Musik-
instrument
(meist aus
Metall), das mit
dem Mund
gespielt wird

Das lernt ihr jetzt!

· Nachschlagewerke und den Computer zur
  Kontrolle und Korrektur der Orthografie nutzen
· individuelle Rechtschreibfehler erkennen
  und vermeiden

Wissen, wo etwas steht
Nachschlagewerke und PC zur Kontrolle und Korrektur nutzen

Mit dem folgenden Aushang möchte sich eine Schülerin
den Eltern im Kindergarten als Praktikantin vorstellen.

HALLO,

mein Name ist Johanna Ziegler;
ich bin 15 Jahre alt und besuche die
9. Klasse des Heinrich-Heine-Gymnasiums
in Wesel.
Ich freue mich darüber, dass ich in den
nächsten drei Wochen hier im Kindergarten ein Praktikum absolvieren werde und
Zeit mit Ihren Kindern verbringen kann.
Dabei werde ich hoffentlich mit den
k/Kleinen beim gemeinsamen s/Spielen
viel Spass haben. Wir werden zusammen
viel i/Interessantes unternehmen und
natürlich auch etwas n/Neues lernen. Ich
bin schon aufs ä/Äußerste gespannt,
wie die Kinder auf mich reagiren werden.

Wenn Sie noch Fragen an mich haben,
sprechen Sie mich am b/Besten direkt an.

Johanna Ziegler

1. Beurteilt den Aushang.

2. Die Schülerin hat den Aushang am Computer geschrieben.
   Das Rechtschreibprogramm hat zwei Wörter rot unterstrichen.
   Erklärt, wie man die Orthografie dieser Wörter am Computer
   überprüfen und korrigieren kann.

3. Erläutert, welche Art von Fehlern das Rechtschreibprogramm erkennt
   und welche nicht. Leitet daraus Möglichkeiten und Grenzen eines solchen
   Programms ab.

4. Die Schülerin ist bei der Groß- oder Kleinschreibung der markierten Wörter
   unsicher. Nutzt die Ausschnitte aus dem Nachschlagewerk auf Seite 225 oben,
   um die Schreibweise der Wortgruppe *„viel i/Interessantes"* zu klären.

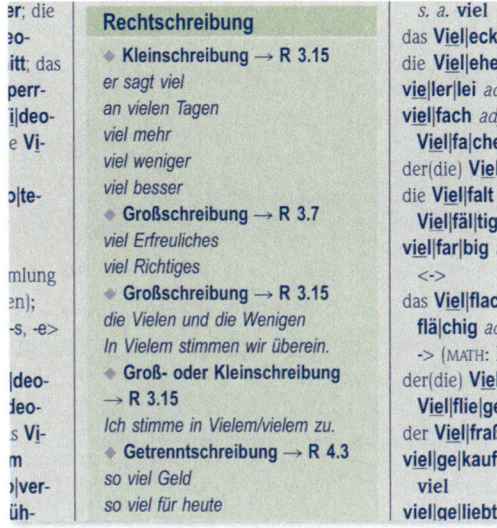

Rechtschreibung

◆ Kleinschreibung → R 3.15
er sagt viel
an vielen Tagen
viel mehr
viel weniger
viel besser
◆ Großschreibung → R 3.7
viel Erfreuliches
viel Richtiges
◆ Großschreibung → R 3.15
die Vielen und die Wenigen
In Vielem stimmen wir überein.
◆ Groß- oder Kleinschreibung
→ R 3.15
Ich stimme in Vielem/vielem zu.
◆ Getrenntschreibung → R 4.3
so viel Geld
so viel für heute

s. a. **viel**
das Viel|eck
die Viel|ehe
vie|ler|lei
viel|fach *ad*
Viel|fa|che
der(die) **Viel**
die Viel|falt
Viel|fäl|tig
viel|far|big
<->
das Viel|flac
fläc|hig *ac*
-> (MATH:
der(die) **Viel**
Viel|flie|ge
der Viel|fraß
viel|ge|kauf
viel
viel|ge|liebt

3.2.4 Besonderheiten der Substantivierung bei Adjektiven, adjektivisch gebrauchten Partizipien und Zahladjektiven

R 3.7 Substantivierte Adjektive, Partizipien und Zahladjektive werden großgeschrieben.
der Kleine, die Schreiende, der Dritte, im Allgemeinen, im Einzelnen, das Folgende,
ein Fest für Junge und Alte, am Ersten des Monats, der Nächste, bitte!

Sie werden häufig auch von **unbestimmten Zahl- oder Mengenangaben** begleitet; der Zusatz einer solchen Angabe kann als **Probe** dienen.
alles Übrige, *etwas* Schwieriges, *manches* Gute,
wenig Interessantes, *viel* Erfreuliches
Der Geehrte hat *viel/etwas* Hervorragendes geleistet.

5. Klärt, bei welchem anderen Wort in dem Aushang (S. 224) diese Regel angewendet werden kann. Begründet.

6. Benutzt das Wörterbuch, um auch die anderen Rechtschreibunsicherheiten zu klären. Begründet jeweils mithilfe der Regeln.

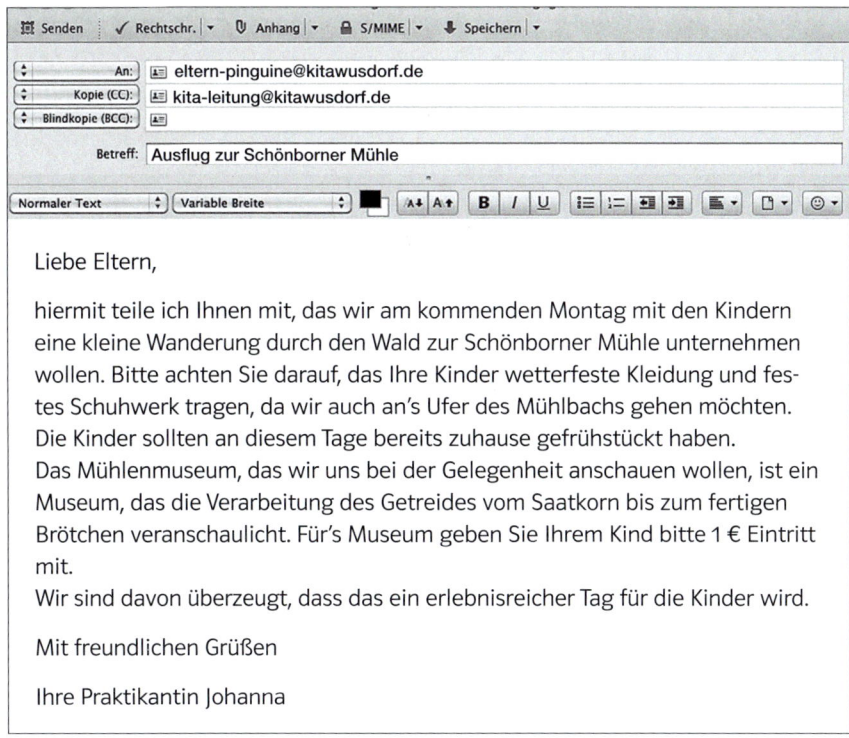

7. Überarbeitet und korrigiert die E-Mail. Begründet eure Korrekturen mithilfe eines Nachschlagewerks.

Übung macht den Meister
Individuelle Rechtschreibfehler erkennen und vermeiden

Fehlerschwerpunkt: Fremdwörter

Differenzieren
Fremdwörter
f69u8i

„Da gehe ich mit Ihnen ganz chloroform."

„Ich habe ihn nur ganz leicht retuschiert."

„Die Sanitäter haben mir gleich eine Invasion gelegt."

1. Besprecht, warum die Äußerungen aus der Welt des Fußballs zum Schmunzeln anregen. Wählt aus den folgenden Fremdwörtern inhaltlich passende aus und schreibt die Zitate korrekt auf.

toupieren   akkurat   konform   touchieren   Indikation

torpedieren   Infusion   kontrastiv   Induktion

2. Bildet durch Ableitung und/oder Zusammensetzung Wortverwandte zu folgenden Fremdwörtern. Orientiert euch an dem Beispiel: *Konfession, konfessionslos, …*

Konfession   innovativ   akribisch   Optimierung   Option   aktuell

kontrastiv   euphorisch   Innovation   Sympathie   pragmatisch

3. Viele Bereiche unserer heutigen Lebenswelt kommen ohne Fremd- und Fachwörter nicht aus, zum Beispiel die Medien, Kunst und Technik. Sucht möglichst viele Fremdwörter, die einem dieser Bereiche zuzuordnen sind. Schreibt sie korrekt auf und erklärt einem Partner/einer Partnerin ihre Bedeutung.

4. Ordnet den Sätzen der linken Tabellenspalte die entsprechende Erklärung in der rechten Spalte zu. Begründet eure Zuordnung.

A Ballistische Experimente mit kristallinem H_2O auf dem Areal der pädagogischen Institution unterliegen strengster Prohibition!	**1** Liebe macht blind.
B Populanten von transparenten Domizilen sollen mit fester Materie keine transzendenten Bewegungen durchführen.	**2** Schneeballwerfen auf dem Schulhof ist verboten!
C Die Struktur ambivalenter Beziehungen beeinträchtigt das visuelle und kognitive Wahrnehmungsvermögen extrem.	**3** Wer im Glashaus sitzt, sollte nicht mit Steinen werfen.

Fehlerschwerpunkt: Groß- und Kleinschreibung

🌐 **Differenzieren**
Groß- und
Kleinschreibung
k7uq2j

Fußballclub Bollingen 07 - **Home**

Unsere Sportgruppen:

➤ Fußball
➤ Judo
➤ Volleyball
➤ Turnen

Unsere Partner
Kontakt
Bilder
Gästebuch

Willkommen
auf der Homepage des

FCB 07

Herzlich Willkommen bei einem der Ältesten Sportvereine der Region. Auf dieser Seite können sie sich über unsere vielfältigen Angebote für jung und alt informieren. Wir haben ihnen viel abwechslungsreiches zu bieten. Vielleicht kommen sie demnächst einfach persönlich vorbei? Wir freuen uns auf sie!

In dieser Sparte bieten unsere ehrenamtlichen Trainer und Trainerinnen das turnen an Geräten und rhythmische Sportgymnastik an. Das Training findet in der örtlichen Schulsporthalle statt und richtet sich an interessierte im Alter von 6 bis 99 Jahren. Regelmäßig messen wir unser können bei Wettkämpfen mit Anderen.

Der Nachwuchssport liegt uns sehr am Herzen. Daher freuen wir uns, dass wir derzeit neben der Herrenmannschaft auch Jugendmannschaften der Alterskategorien von D–B anbieten können.

Trainingszeiten:
D-Junioren: dienstags und Donnerstags
          von 16.30–18.00 Uhr

C-Junioren: jeden Dienstag und Freitagsnachmittags
          von 16.30–18.30 Uhr

B-Junioren: wöchentlich am Montag und am Mittwoch
          von 16.30 – ca. 18.00 Uhr

Hinweise zum Start der Halbsaison: Am 05.03. beginnt die Rückrunde der Spielsaison 2015/16. Die Herrenmannschaft trifft sich gleich samstag früh, um alle Vorbereitungen zu treffen.

---

1. Sucht aus den beiden Informationstexten alle orthografischen Fehler heraus. Korrigiert sie und begründet mithilfe der entsprechenden Regeln.

2. Verwendet die folgenden Wortgruppen in sinnvollen Sätzen und überprüft die Schreibweise mithilfe des Wörterbuchs.

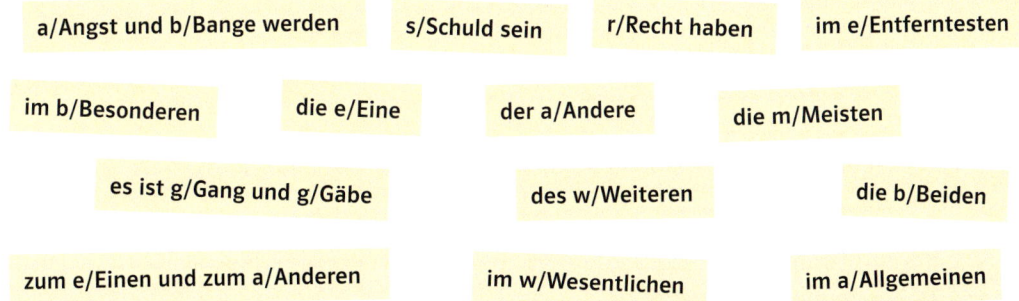

a/Angst und b/Bange werden	s/Schuld sein	r/Recht haben	im e/Entferntesten
im b/Besonderen	die e/Eine	der a/Andere	die m/Meisten
es ist g/Gang und g/Gäbe		des w/Weiteren	die b/Beiden
zum e/Einen und zum a/Anderen		im w/Wesentlichen	im a/Allgemeinen

Fehlerschwerpunkt: Getrennt- und Zusammenschreibung

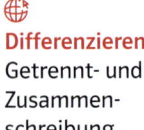

Differenzieren
Getrennt- und Zusammenschreibung
d7y9us

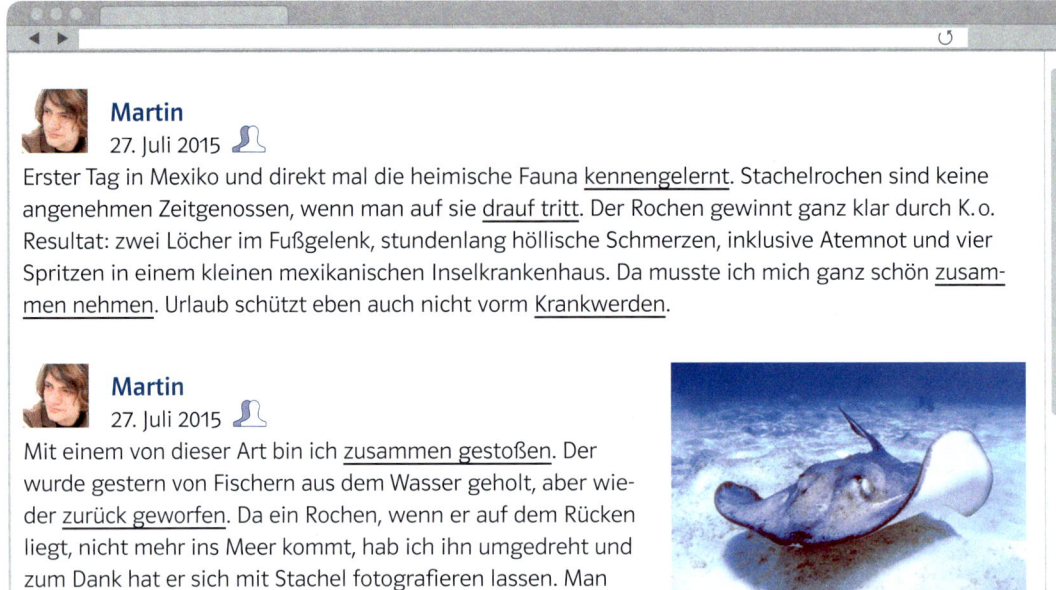

Martin
27. Juli 2015

Erster Tag in Mexiko und direkt mal die heimische Fauna <u>kennengelernt</u>. Stachelrochen sind keine angenehmen Zeitgenossen, wenn man auf sie <u>drauf tritt</u>. Der Rochen gewinnt ganz klar durch K. o. Resultat: zwei Löcher im Fußgelenk, stundenlang höllische Schmerzen, inklusive Atemnot und vier Spritzen in einem kleinen mexikanischen Inselkrankenhaus. Da musste ich mich ganz schön <u>zusammen nehmen</u>. Urlaub schützt eben auch nicht vorm <u>Krankwerden</u>.

Martin
27. Juli 2015

Mit einem von dieser Art bin ich <u>zusammen gestoßen</u>. Der wurde gestern von Fischern aus dem Wasser geholt, aber wieder <u>zurück geworfen</u>. Da ein Rochen, wenn er auf dem Rücken liegt, nicht mehr ins Meer kommt, hab ich ihn umgedreht und zum Dank hat er sich mit Stachel fotografieren lassen. Man beachte die schönen Augen … und den Stachel!

1. In den Einträgen sind Wörter unterstrichen.
Überprüft ihre Schreibweise mit einem Nachschlagewerk.

2. Ordnet die unterstrichenen Wörter in folgende Tabelle ein.
Formuliert eine Regel für jede Tabellenspalte.

Adjektiv + Verb		Verb + Verb	Substantiv + Verb	Adverb + Verb
krank werden	wahrnehmen	spazieren gehen	Rad fahren	hinauswerfen
…	…	…	…	…

3. Ergänzt alle Spalten der Tabelle mit mindestens zwei weiteren Beispielen.

4. Klärt die Schreibung folgender Wörter und Wortgruppen mithilfe eines Nachschlagewerks.
Verwendet diese Wörter oder Wortgruppen in Sätzen.

jederzeit – jeder Zeit; seinerzeit – seiner Zeit; zurzeit – zur Zeit – zu der Zeit;
derzeit – der Zeit; einmal – ein Mal; vielmal – viele Male; hundertmal – hundert Mal;
wievielmal – wie viel Mal; dabei sein – dabeibleiben – dabeisitzen

5. Verfasst einen eigenen Eintrag im Internet über ein Urlaubserlebnis.
Verwendet Verbindungen mit Verben, die mit anderen Wörtern zusammen- oder getrennt geschrieben werden.

Fehlerschwerpunkt: gleich- und ähnlich klingende Laute, das/dass

Arbeitsgemeinschaften stellen sich am Tag der offenen Tür vor:

Anstatt en __los vieler Worte, hier kurz und prägnant:

Nach den Gra __wanderungen und En __täuschungen der letzten Jahre hat unsere Schule en __lich wieder eine Theater-AG!
Sei __ Kurzem kooperieren wir mit dem Theater unserer Sta __. Kommt doch aufs Gera __ewohl bei uns vorbei. Ihr sei __ herzlich willkommen!

Aufführungen:
10.00 Uhr und 12.00 Uhr in Raum 124.

AG Natur- und Artenschutz

Niemand wird uns wi __dersprechen: Es ist wichti __ und unbedingt nöti __, dass wir uns um die Erhaltung unserer Natur kümmern! Immer wi __der sehen wir uns mit den negativen Folgen unseres unachtsamen Handelns konfrontiert. Das kann keiner wi __derlegen. Noch ist die Natur an vielen Stellen herrli __ und prächti __ anzusehen, der Pflanzenwuchs ist üppi __ und die Flüsse sind klar, doch schon bald werden wir selbst unsere nähere Umgebung nicht mehr wi __dererkennen. Noch zu viele Bürger wi __dersetzen sich den Bestimmungen des Umweltschutzes oder halten diese gar für überflüssi __!

Damit muss Schluss sein! Naturschutz ist wichti __!

Alle Interessenten sind zu unserer Informationsveranstaltung um 13.00 Uhr in Raum 38 eingeladen.

🌐
Differenzieren
das/dass; gleich- und ähnlich klingende Laute
ge6k65

Bei uns ist da __ Bauen von Robotern nicht länger Zukunftsmusik!

Es ist bekannt, da __ heute schon Roboter Staub saugen, Rasen mähen oder Autos lackieren. Könnt ihr euch vorstellen, da __ ihr selbst einen Roboter zum Leben erweckt? Da __ ist in unserer AG tatsächlich möglich! Wer schon immer ein Faible für Technik hatte, ist hier genau richtig! Da __ da __ Bauen von Robotern aus ganz unterschiedlichen Materialien seinen Reiz hat, da __ erlebt ihr in unserer AG. Am besten zeigen wir euch da __, wenn ihr bei uns vorbeikommt:
AG Technik, Raum 65

1. Ergänzt die fehlenden Buchstaben auf den Plakaten.
   – Tragt zusammen, welche Verfahren ihr kennt, um Unsicherheiten bei der Rechtschreibung zu klären.
   – Wendet die Verfahren an, die euch bei diesem Fehlerschwerpunkt helfen.

2. Gestaltet selbst einen Aushang zu einer AG oder einem Verein. Verwendet dabei Wörter aus diesem Fehlerschwerpunkt.

Rechtschreibmeister gesucht!

In Frankfurt stellen sich jedes Jahr Teams aus Gymnasien, der Eltern- und Lehrerschaft, aber auch der städtischen Prominenz einer ganz besonderen Herausforderung:
Bei dem Wettbewerb „Frankfurt schreibt. Der große Diktatwettbewerb" küren sie die Rechtschreibasse.
Nachfolgend ist der erste Teil des Finaldiktats von 2014 abgedruckt.

Constanze Angermann liest „Frankfurt schreibt"

Mühseliger Konsens

Teil I:

In puncto Abschlussfahrt war man übereingekommen, nicht zu Stätten wie dem renommierten Schiefen Turm von Pisa, den libyschen Felsmalereien oder gar in die abu-dha-
5 bische Welt des ungenierten Glamours zu reisen, sondern einen Trip in die Frankfurter Peripherie zu favorisieren.
Ein sechsköpfiges Schülerkomitee sollte unentgeltlich ein alles in allem hochinteressantes Programm zusammenstellen und für die drittletzte Stunde des Mittwochvormittags eine dreiviertelstündige Konferenz arrangieren. Um verpönte Ad-hoc-Entscheidungen zu ver-
10 meiden, wurde ein Exposé bis aufs i-Tüpfelchen mit brillanten Tipps präpariert.
Aber zum Termin des Sichtscheidens geschah der Super-GAU: Die Delegierten hatten das Traktat verschusselt und nicht prophylaktisch an ein Duplikat gedacht. Statt den Fauxpas zuzugeben, blufften sie aus Angst vor dem Bloßgestelltwerden, als ob sie aus dem Stegreif etwas Vorzeigbares in petto hätten.

1. Erklärt die Schreibung der gelb markierten Wörter mithilfe von Regeln und Verfahren der Rechtschreibung.

2. Ergänzt die Tabelle. Sucht in den Teilen I und II des Textes weitere Fremdwörter. Schlagt im Wörterbuch deren Bedeutung nach.

	Fremdwort	Bedeutung
Zeile 4 f.	abu-dhabisch	(Adjektiv) abgeleitet von Abu-Dhabi, der Hauptstadt der Vereinigten Arabischen Emirate
Zeile 6	Peripherie	nähere Umgebung
Zeile 12	Traktat	
…	prophylaktisch	…

Lerninsel:
Recht-
schreibung
S. 297 ff.

⊕ Diagnose-
bogen
Recht-
schreibung
gw867m

⊕ Training
interaktiv
Recht-
schreibung
ky96bh

15 **Teil II:**

Für ein Fahrt ins Grüne/ins grüne wollte
sich dann ein wettergegerbter/Wetter ge-
gerbter Biker aus dem Lehrerkollegium
starkmachen/stark machen. „Die mäand-
20 rierenden Auen der Nidda, in denen Lär-
chen/Lerchen wachsen, offerieren ein pit-
toreskes Lokalkolorit, wenngleich sie auch
nicht mit spektakulären/specktakulären
Geysiren verblüffen", dozierte der beredte
25 Pädagoge, der ein augenfälliges Revers
und Fleecejacken/Fleecjacken in Beige/
beige hatte.

Teilnehmer/Teilnehmerinnen bei „Frankfurt schreibt"

Andere widersprachen/wiedersprachen oder wollten sich krummlachen/krumm lachen,
und es setzte ein ekstatisches Gegröle ein. Anstelle/An Stelle eines kultivierten Disputs
30 hatte ein ohrenbetäubendes/Ohren betäubendes Tohuwabohu überhandgenommen/
über Hand genommen. „Herrjemine, das ist ja zum Haareraufen/Haare raufen! Nun mal
Schluss mit diesen hanebüchenen Fisimatenten, sonst ziehen wir andere Seiten auf", rief
jemand griesgrämig.
Zu guter Letzt/letzt gab es kein Fifty-fifty-Ergebnis, sondern schwarz auf weiß/Schwarz
35 auf Weiß eine numerische/nummerische Mehrheit für eine Stippvisite zum Römerkastell
der Saalburg. Die Triumphierenden waren infolgedessen/infolge dessen quietschfidel, wo-
hingegen die Überstimmten todtraurig/tod traurig ihre Misere ertrugen.

3. Im Teil II des Diktats tauchen einige Worte
in doppelter Schreibweise auf.
Entscheidet euch jeweils für eine Schreibweise
und begründet eure Wahl.

4. Sucht euch zehn der doppelt geschriebenen Worte aus
und verwendet sie richtig geschrieben in einem kurzen
zusammenhängenden Text.

5. Diskutiert, ob man Wörter wie „Tohuwabohu" (Z. 30)
oder „hanebüchenen Fisimatenten" (Z. 32)
richtig schreiben können muss. Erklärt, wie ihr vorgeht,
wenn ihr solche Wörter schreiben sollt.

Lern- und Arbeitstechniken

Lerninsel: Was du wissen und können musst

Lern- und Arbeitstechniken helfen dir dabei, erfolgreich zu lernen.
Auf den folgenden Seiten sowie in den anderen Lerninseln kannst du
wichtige Lern- und Arbeitstechniken nachschlagen. Übrigens: Viele
dieser Arbeitstechniken helfen dir auch in anderen Unterrichtsfächern.

Einen Vortrag halten

Mit Lampenfieber umgehen

Lampenfieber ist eine normale Stressreaktion des Körpers.
Selbst große Künstler/Künstlerinnen, die oft auftreten, haben Lampenfieber.
Folgende Tipps können dir helfen:

- Bereite dich so gut vor, dass du dich sicher fühlst. Wenn du mehr weißt, als du vorträgst, gibt dir das **Selbstvertrauen**.
- Halte dein Referat als **Generalprobe** vor einem Freund/einer Freundin und lass dir ein Feedback geben.
- Mach dir **Mut**: Die anderen bekommen viel weniger von deiner Aufregung mit, als du glaubst.

Sicher auftreten

Das hilft dir, Sicherheit zu gewinnen:

- Baue Spannungen ab, indem du einmal tief **ein-** und **ausatmest**.
- Achte auf deine **Körperhaltung** und bewege deine Arme und Hände bewusst.
- Mach keine unnötigen Gesten. Das stört und wirkt hektisch.
- Am **Anfang des Vortrags** ist die Aufregung meist am größten. Stelle dich darauf ein, indem du zum Beispiel die ersten Sätze auswendig lernst.
- Bemühe dich, **ruhig** und **langsam** zu sprechen.
- Achte auf deine **Stimme**:
  Sie sollte weder leiser noch höher werden.
  Du solltest nicht nuscheln oder leiern.
  Bei Aufregung neigen viele Menschen dazu, immer schneller zu sprechen. Mach **bewusst Pausen**.

Pannen (ein)planen

So kannst du Pannen vorbeugen:

- Überlege, welche **Fragen** deine Mitschülerinnen und Mitschüler stellen könnten.
- Überlege, welche technischen Möglichkeiten deine Schule hat (Dateiformate!) und wie du darauf reagieren könntest, wenn die Technik ausfällt („**Plan B**").
- **Probiere** vor deinem Vortrag rechtzeitig die **Technik** aus.
- Wenn du einmal „den Faden verloren" hast, dann **gewinne Zeit**:
  Leg eine Pause ein, wiederhole den letzten Punkt oder stelle eine Frage.
- Wenn eine Frage auftaucht, die du nicht beantworten kannst, dann sage das offen.

Das ist eine wirklich interessante Frage, über die ich selbst noch einmal nachdenken muss. Die Antwort reiche ich nächste Woche nach.

Sprechen und zuhören

Fishbowl-Diskussion

- Arbeitstechnik für Gruppen
- Bildet mit euren Stühlen einen kleinen Innenkreis und einen größeren Außenkreis. Im Innenkreis bleibt ein Stuhl frei. Die Diskussion findet nur im Innenkreis statt.
- Alle im Außenkreis beobachten die Diskussion. Möchte sich jemand aus dem Außenkreis am Streitgespräch beteiligen, setzt er sich auf den freien Platz im Innenkreis. Nach seinem Beitrag kehrt er wieder in den Außenkreis zurück.
- Nach der Diskussion geben die Beobachterinnen und Beobachter den Diskutierenden ein Feedback über ihr Diskussionsverhalten.

Interviews vorbereiten und führen

- Interviews müsst ihr gut vorbereiten. Überlegt euch zuvor:
  - Worüber kann der Interviewte Auskunft geben? Worüber nicht?
  - Was interessiert das Publikum?
  - Welche Ziele sollen mit dem Interview erreicht werden?
  Notiert Stichpunkte.
- Im Interview könnt ihr verschiedene Fragetechniken einsetzen:
  - Offene Fragen bringen den Gesprächspartner dazu, aus seiner Sicht zu antworten. Die Antwort kann Zeit kosten.
    - Erlebnisfrage: *Erzählen Sie, wie haben Sie … erlebt?*
    - Motivationsfrage: *Sie sind doch ein erfahrener Trainer: Was … ?*
    - Prognosefrage: *Angenommen, … würde passieren. Wie würden Sie reagieren?*
  - Halbgeschlossene Fragen führen eher zu präzisen und knappen Antworten.
    - Bestätigungsfrage: *Habe ich Sie richtig verstanden, dass … ?*
    - Konkretisierungsfrage: *Sehen Sie eher … oder … ?*
    - Suggestivfrage: *Ist nicht der Fahrradfahrer an … schuld?*
      (Achtung: Suggestivfragen geben eine Meinung vor.)
  - Geschlossene Fragen dürft ihr nur sehr selten einsetzen.
    - Entscheidungsfrage: *Sind Sie für das Verbot?*

Placemat

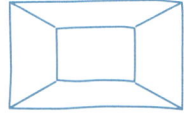

- Arbeitstechnik für Gruppen
- Nehmt ein großes Blatt Papier und teilt es zum Beispiel in vier gleich große Bereiche auf (für eine Viergruppe). In der Mitte lasst ihr ein Feld frei.
- Jeder schreibt drei Antworten zur gestellten Frage in sein Feld.
- Lest euch die Antworten der anderen durch.
- Diskutiert alle Antworten und notiert das Ergebnis im Zentrum des Placemats.

Ein Feedback geben

- Formuliere das Feedback sachlich und konstruktiv. Gib Tipps, anstatt nur Kritik zu üben.
- Wende die Sandwich-Methode an. Beginne und ende mit einem positiven Aspekt.
- Verwende Ich-Botschaften. Verdeutliche, dass es sich um deine Meinung handelt.
- Nutze eine Checkliste mit genauen Kriterien für die Rückmeldung und Beurteilung.
- Unterbreite konkrete Verbesserungsvorschläge.

Schreiben

Eigene Texte überprüfen

- Überprüfe nacheinander Inhalt, Ausdruck, Rechtschreibung und Zeichensetzung.
- Lies deinen Text mit zeitlichem Abstand Korrektur.
- Verwende ein Wörterbuch.

Mindmap

- Notiere alle wichtigen Wörter zu einem Thema. Ordne diese dann verschiedenen Bereichen zu und suche weitere Begriffe, die passen.
- Schreibe das Thema in die Mitte. Ziehe davon Äste und beschrifte sie mit Oberbegriffen. Die Äste verzweigen sich dann mit den verschiedenen Unterbegriffen.

So geht's
Mindmap
n6ti9u

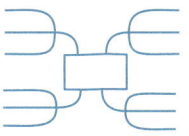

Schreibkonferenz

- Damit könnt ihr in Gruppen selbstgeschriebene Texte besprechen und überarbeiten.
- Nehmt für die Beurteilung Checklisten mit Gesichtspunkten zu Hilfe, zum Beispiel: Inhalt, Aufbau, Ausdruck (Satzanfänge, Satzverknüpfungen, Wortwahl), Rechtschreibung, Zeichensetzung, Grammatik.

Textlupe

- Untersuche und verändere den Text nacheinander unter einzelnen Gesichtspunkten (z. B. Inhalt, Aufbau, Ausdruck, Grammatik, Rechtschreibung, Zeichensetzung).

Zitieren

Arbeitstechnik
S. 77

- Mit Textzitaten kannst du deine Aussagen belegen und bekräftigen.
- Wörtliche Zitate stehen in Anführungszeichen. Sie werden originalgetreu, d. h. ohne Änderungen übernommen.
- Die Fundstelle wird in Klammern durch genaue Seiten- und Zeilen- bzw. Versangaben nachgewiesen (Abkürzungen: S., Z., V.). Bei Gedichten müssen Versende (/) und Strophenende (//) durch Schrägstriche kenntlich gemacht werden.
- Zitate sollten angemessen (z. B. nicht zu lang) und aussagekräftig sein.
- Auslassungen müssen durch eckige Klammern kenntlich gemacht werden.
- Grammatische Änderungen müssen in eckige Klammern gesetzt werden.
- Es ist auch möglich, Textpassagen nur sinngemäß wiederzugeben (zu paraphrasieren) und auf die Fundstelle in Klammern zu verweisen: *Der Erzähler nennt M. einen bösen Mann (Z. 24).*

Lesen und Verstehen

Ein Exzerpt erstellen

In einem Exzerpt sammelst du aus einem Buch oder Text wichtige Informationen zu einem bestimmten Untersuchungsaspekt. Beim Lesen musst du deshalb darauf achten, welche Informationen für das Thema wichtig sind.

Ein Standbild bauen und auswerten

1. Bestimmt den Standbildbauer/die Standbildbauerin und die Figuren.
2. Verdeutlicht die Beziehung der Figuren durch:
   – räumliche Nähe bzw. Distanz
   – Zugewandtheit/Abgewandtheit und Blickrichtungen
   – Höhe (liegen, sitzen, stehen, …)
   – Gesten (Umarmung, Wegschieben, Schulterklopfen, …)
3. Der Standbildbauer/die Standbildbauerin entscheidet über die Anordnung der Figuren. Wenn er/sie mit dem Standbild zufrieden ist, frieren die Figuren in ihrer Haltung ein.
4. Wertet das Standbild aus.
5. Die Beobachter/die Beobachterinnen können das Standbild verändern.

Rollenbiografie

- Denke dir interessante Fragen an eine Figur aus der jeweiligen Geschichte aus.
  Viele Antworten findest du direkt im Text. Notiere die Antworten in Stichpunkten.
- Schreibe aus deinen Antworten einen Text in der Ich-Form.

Fünf-Schritt-Lesemethode

Die Fünf-Schritt-Lesemethode vereint verschiedene Lesetechniken.

So geht's
Fünf-Schritt-
Lesemethode
w58ju4

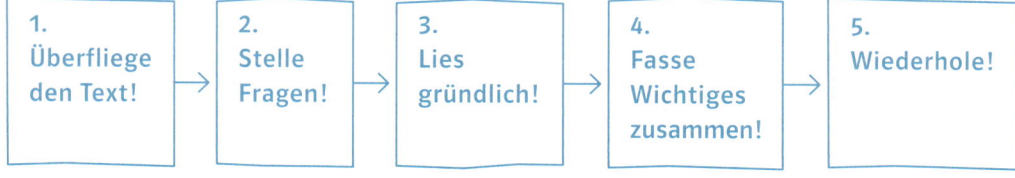

| 1. Überfliege den Text! | 2. Stelle Fragen! | 3. Lies gründlich! | 4. Fasse Wichtiges zusammen! | 5. Wiederhole! |

Flussdiagramm

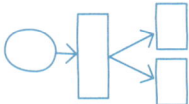

- Um eine Kette von Vorgängen und Ereignissen zu veranschaulichen, schreibe sie in der Reihenfolge auf, in der sie ablaufen. Verbinde sie mit Pfeilen.
- Bei gleichzeitigen Ereignissen können sich Flussdiagramme auch verzweigen.

Informationen darstellen (Tabelle, Zeitleiste, Diagramm)

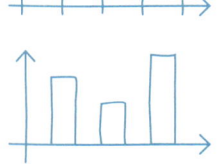

- Eine Zeitleiste sorgt für einen schnellen zeitlichen Überblick über Ereignisse.
- Eine Tabelle ist eine geordnete Zusammenstellung von Daten und Texten.
- Ein Diagramm ist eine grafische Darstellung von Daten.
  Du kannst damit Zusammenhänge verdeutlichen. Es gibt zum Beispiel
  Säulen-, Kurven- und Kreisdiagramme.

Lesestrategien und Lesetechniken

Lerninsel: Was du wissen und können musst

Sachtexte musst du in vielen Situationen lesen und verstehen, zum Beispiel beim Kauf eines Produkts, beim Lernen oder wenn du im Internet nach Informationen suchst. Hier bekommst du einen Überblick über verschiedene Lesestrategien und Lesetechniken. Wichtig ist immer, dass du die passende Strategie auswählst. Diese hängt davon ab, welchen Zweck der Text für dich hat und wofür du die Informationen benötigst.

Fortlaufend geschriebene Sachtexte bezeichnet man als kontinuierliche Texte; Diagramme, Tabellen, Schaubilder und andere schematische Darstellungen als diskontinuierliche Texte. Deren Funktion ist es, Informationen grafisch und besonders anschaulich darzustellen. Auf dieser Lerninsel wiederholst du auch, solche diskontinuierlichen Texte auszuwerten.

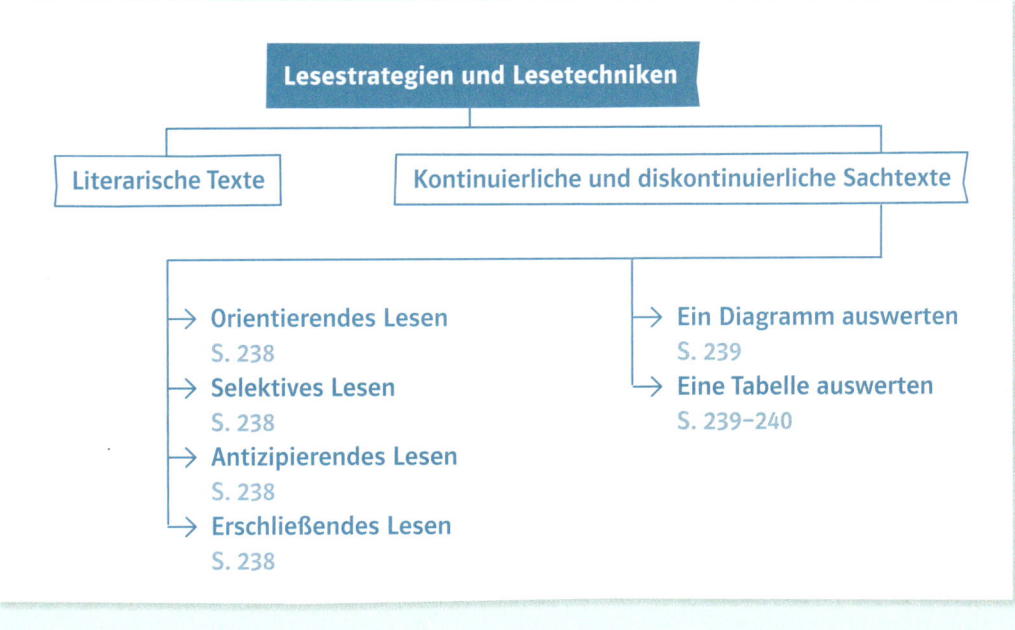

Orientierendes Lesen

Jetzt habe ich für mein Referat so viele Texte. Ich muss sie erst einmal orientierend lesen, um die wirklich geeigneten Texte zu finden.

Beim orientierenden oder überfliegenden Lesen willst du dir in kürzester Zeit einen Überblick über den gesamten Text verschaffen. Dabei liest du den Text nicht Wort für Wort. Vielmehr suchst du nach Überschriften sowie nützlich erscheinenden und auffallenden Informationen (zum Beispiel Name des Autors/der Autorin, Zwischenüberschriften, Hervorhebungen, Abbildungen). Mithilfe des orientierenden Lesens kannst du entscheiden, ob und wie du dich anschließend näher mit dem Text beschäftigen willst.

Selektives Lesen

So geht's
Selektives
Lesen
i3nm2q

Selektives Lesen ist eine wichtige Strategie, wenn du nur nach bestimmten Informationen suchst. Das heißt, du hast eine ganz bestimmte Frage und suchst Antworten darauf im Text. Denke deshalb beim Lesen immer an deine Frage.

Antizipierendes Lesen

Beim antizipierenden Lesen stellst du mithilfe von Hinweisen aus einem Textabschnitt Vermutungen an, worum es im weiteren Verlauf gehen könnte. Dazu ist es notwendig, den Text Abschnitt für Abschnitt zu lesen.

- Formuliere nach jedem Abschnitt kurz Vermutungen, wie der Text weitergehen könnte.
- Markiere nach der Bearbeitung des gesamten Textes alle Hinweise auf den thematischen und gedanklichen Verlauf.
- Lies deine Vermutungen noch einmal.
- Besprich mit einem Partner, warum ihr bestimmte Hinweise aus dem Text beim ersten Lesen genutzt oder nicht genutzt habt.

So geht's
Erschließen-
des Lesen
y6gs8t

Erschließendes Lesen

Beim erschließenden Lesen möchtest du den gesamten Text lesen und verstehen und dich mit seinen Einzelheiten auseinandersetzen. Dabei helfen dir verschiedene Lesetechniken:

- unbekannte Wörter klären: ableiten, kontextuieren, nachschlagen
- Fragen an den Text stellen
- Schlüsselwörter markieren
- Überschriften für Textabschnitte formulieren
- Sachverhalte paraphrasieren
- den Text zusammenfassen

So geht's
Sachtext
zusammen-
fassen
y4c3ax

Ein Diagramm auswerten

1. Überblick verschaffen

- Um welches Thema geht es? Woher stammen die Daten?
- Welche Diagrammart wurde gewählt?
- Welche Beschriftungen und Maßeinheiten wurden verwendet?

2. Diagramm beschreiben

- Welche Werte kannst du ablesen? Welche Einzelaussagen kannst du treffen?
- Welche Entwicklungen kannst du erkennen?

3. Diagramm erklären und Schlussfolgerungen ziehen

- Welche Schlussfolgerungen kannst du ableiten?
- Wie sind die Aussagen zu erklären? Welche Fragen lässt das Diagramm offen?
- Wie bewertest du das Diagramm?

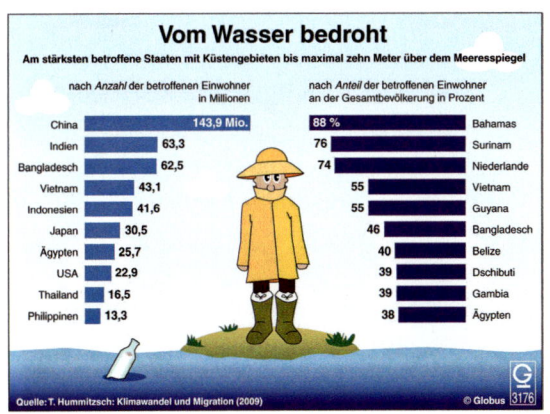

Vom Wasser bedroht

Am stärksten betroffene Staaten mit Küstengebieten bis maximal zehn Meter über dem Meeresspiegel

nach *Anzahl* der betroffenen Einwohner in Millionen

China	143,9 Mio.
Indien	63,3
Bangladesch	62,5
Vietnam	43,1
Indonesien	41,6
Japan	30,5
Ägypten	25,7
USA	22,9
Thailand	16,5
Philippinen	13,3

nach *Anteil* der betroffenen Einwohner an der Gesamtbevölkerung in Prozent

88 %	Bahamas
76	Surinam
74	Niederlande
55	Vietnam
55	Guyana
46	Bangladesch
40	Belize
39	Dschibuti
39	Gambia
38	Ägypten

Quelle: T. Hummitzsch: Klimawandel und Migration (2009)   © Globus 3176

Diagrammart, Quelle, Thema:
Balkendiagramm, Anzahl der betroffenen Einwohner in den verschiedenen Staaten, Anteil der betroffenen Bevölkerung an der Gesamtbevölkerung, ...
Einzelaussagen, Werte:
Viele Menschen sind bedroht von ...
Küstenstaaten sind besonders betroffen ...
offene Fragen: *Das Diagramm beantwortet nicht die Frage, bei welcher Höhe ...*

Eine Tabelle auswerten

Gefährdete Küsten bei einem Meeresspiegelanstieg von 1 m in ausgewählten europäischen Ländern

	gefährdete Fläche in km²	Anteil an der gesamten Staatsfläche in %	gefährdete Bevölkerung in Mio.
Niederlande	20.277	48,4	5,14
Dänemark	3.177	7,4	0,16
Deutschland	13.910	4	1,57
...	...	...	...

Quelle: http://de.statista.com/statistik/daten/studie/157921/umfrage/gefaehrdete-kuesten-durch-den-meeresspiegelanstieg-beim-klimawandel/

1. Überblick verschaffen

- Welches Thema wird dargestellt?
- Woher stammen die Daten?
- Welche Daten wurden erhoben?
- Welche Maßeinheiten wurden verwendet?

2. Tabelle beschreiben

- Welche Werte kannst du ablesen?
- Welche Einzelaussagen kannst du treffen?
- Welche Entwicklungen kannst du erkennen?

3. Tabelle erklären und Schlussfolgerungen ziehen

- Welche Schlussfolgerungen kannst du ableiten?
- Wie sind die Aussagen zu erklären?
- Welche Fragen lassen die statistischen Daten offen?
- Wie bewertest du die Aussagen der Tabelle?

So geht's

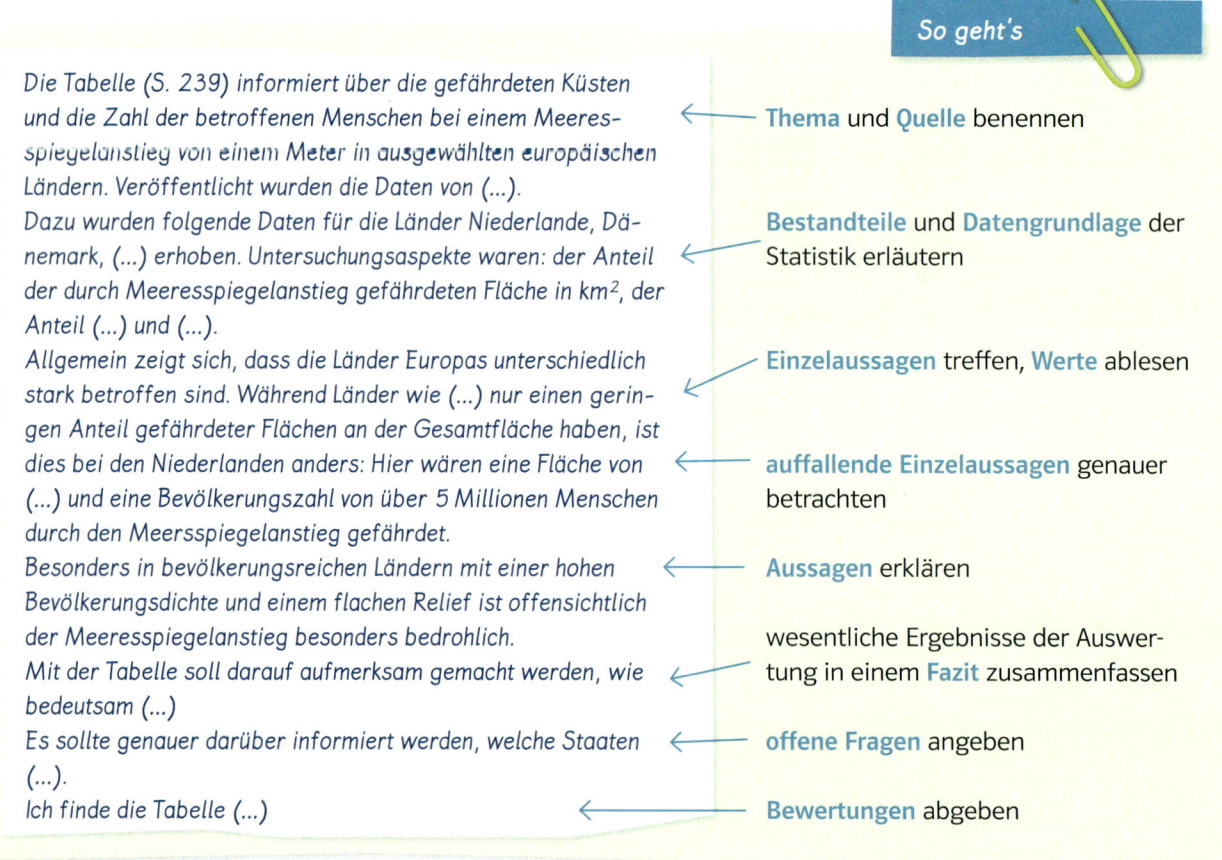

Die Tabelle (S. 239) informiert über die gefährdeten Küsten und die Zahl der betroffenen Menschen bei einem Meeresspiegelanstieg von einem Meter in ausgewählten europäischen Ländern. Veröffentlicht wurden die Daten von (...).
← **Thema** und **Quelle** benennen

Dazu wurden folgende Daten für die Länder Niederlande, Dänemark, (...) erhoben. Untersuchungsaspekte waren: der Anteil der durch Meeresspiegelanstieg gefährdeten Fläche in km², der Anteil (...) und (...).
← **Bestandteile** und **Datengrundlage** der Statistik erläutern

Allgemein zeigt sich, dass die Länder Europas unterschiedlich stark betroffen sind. Während Länder wie (...) nur einen geringen Anteil gefährdeter Flächen an der Gesamtfläche haben, ist
← **Einzelaussagen** treffen, **Werte** ablesen

dies bei den Niederlanden anders: Hier wären eine Fläche von (...) und eine Bevölkerungszahl von über 5 Millionen Menschen durch den Meeresspiegelanstieg gefährdet.
← **auffallende Einzelaussagen** genauer betrachten

Besonders in bevölkerungsreichen Ländern mit einer hohen Bevölkerungsdichte und einem flachen Relief ist offensichtlich der Meeresspiegelanstieg besonders bedrohlich.
← **Aussagen** erklären

Mit der Tabelle soll darauf aufmerksam gemacht werden, wie bedeutsam (...)
← wesentliche Ergebnisse der Auswertung in einem **Fazit** zusammenfassen

Es sollte genauer darüber informiert werden, welche Staaten (...).
← **offene Fragen** angeben

Ich finde die Tabelle (...)
← **Bewertungen** abgeben

Sich und andere informieren

Lerninsel: Was du wissen und können musst

Um Fragen zu einem bestimmten Thema beantworten zu können oder um dich auf ein Referat im Unterricht vorzubereiten, musst du wissen, wo und wie du dich informieren, wie du diese Informationen auswerten und weitergeben kannst. Diese Lerninsel hilft dir dabei.

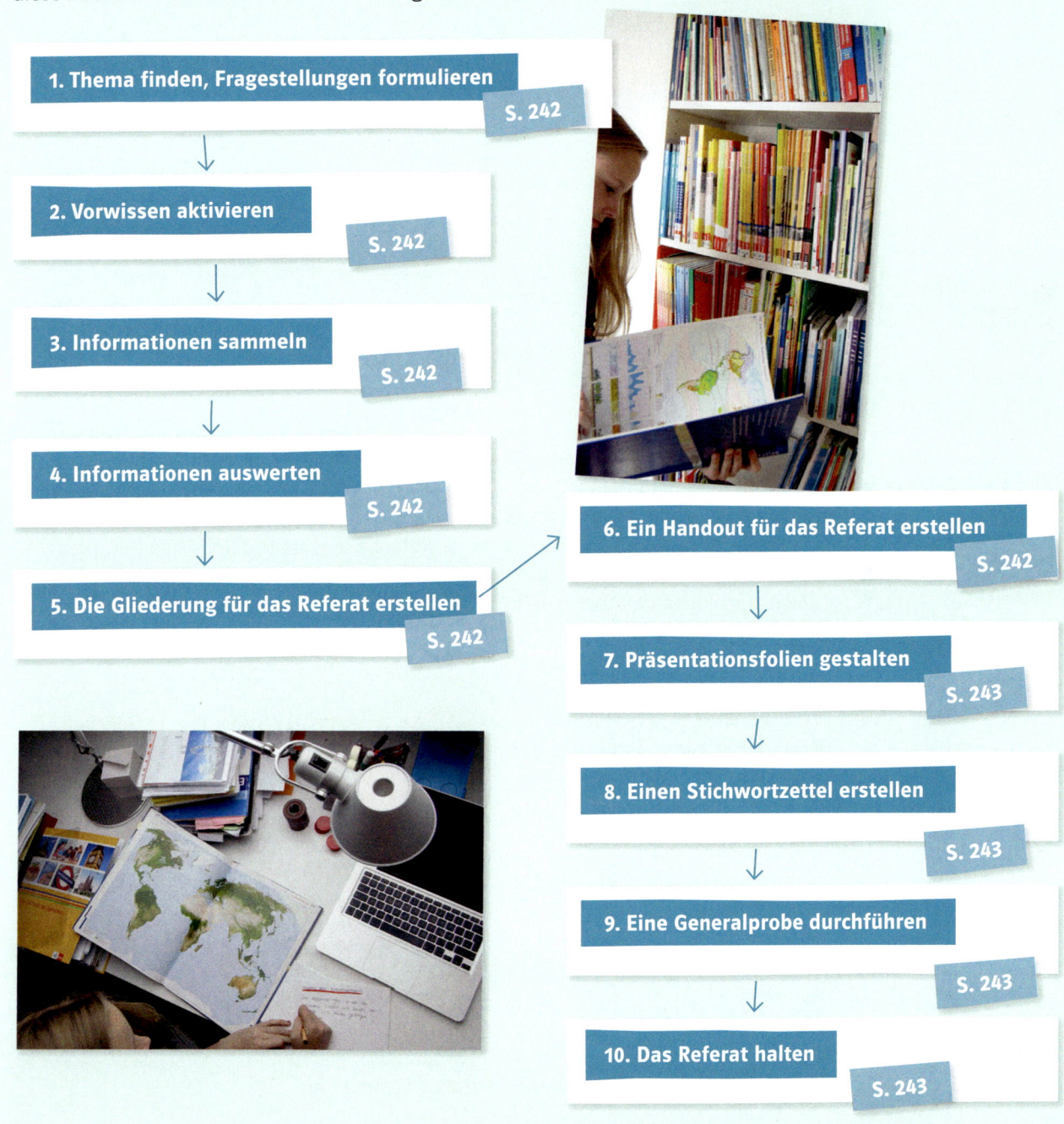

1. Thema finden, Fragestellungen formulieren — S. 242

↓

2. Vorwissen aktivieren — S. 242

↓

3. Informationen sammeln — S. 242

↓

4. Informationen auswerten — S. 242

↓

5. Die Gliederung für das Referat erstellen — S. 242

6. Ein Handout für das Referat erstellen — S. 242

↓

7. Präsentationsfolien gestalten — S. 243

↓

8. Einen Stichwortzettel erstellen — S. 243

↓

9. Eine Generalprobe durchführen — S. 243

↓

10. Das Referat halten — S. 243

1. Thema finden, Fragestellungen formulieren

- Grenze das Thema deines Referats ein und formuliere genaue Fragestellungen.
- Nutze die W-Fragen oder eine Mindmap.

2. Vorwissen aktivieren, 3. Informationen sammeln

- Überlege und stelle zusammen, was du bereits zu dem Thema weißt.
- Informiere dich zu deinen Fragen zum Beispiel in Lexika, Sachbüchern und Zeitschriftenartikeln.
- Recherchiere in Bibliothekskatalogen (auch online) und im Internet.
- Notiere zu den gefundenen Informationen immer die Quelle (Autor/Autorin, Titel, Erscheinungsjahr, Ort, Seitenangabe bzw. Internetadresse mit Datum des Zugriffs).

4. Informationen auswerten

- Verwende für die Auswertung die Lesestrategien und Lesetechniken (S. 237–240).
- Lies die Materialien orientierend und prüfe, ob sie sich eignen. Entscheide dich für Materialien, die verständlich sind.
- Arbeite Auffälligkeiten, Zusammenhänge und Entwicklungen heraus.
- Ordne die Materialien nach den verschiedenen Teilfragen.
- Notiere die wichtigsten Informationen in Stichpunkten, z. B. in einem Exzerpt. Halte wichtige Textstellen in Form von Zitaten fest.

So geht's
Exzerpt
hu85hz

5. Die Gliederung für das Referat erstellen

- Ordne die Informationen. Achte auf eine nachvollziehbare Reihenfolge (roter Faden).
- Gliedere dein Referat immer in Einleitung, Hauptteil und Schluss.
  - Beginne mit einem interessanten Einstieg, der das Interesse deiner Zuhörerinnen und Zuhörer weckt. Nenne das Thema deines Referats und stelle deine Gliederung vor.
  - Im Hauptteil trägst du geordnet die Informationen vor. Gliedere nach wichtigen Gesichtspunkten des Themas bzw. nach deinen Teilfragen. Achte auf Überleitungen zwischen den einzelnen Teilen.
  - Der Schluss enthält eine Zusammenfassung, einen Ausblick oder deine eigene Meinung.
- Überlege, wie du das Referat interessant gestalten kannst. Verwende zum Beispiel Bilder, Musik, Filmausschnitte oder ein Tafelbild.

So geht's
Interessanter Einstieg
46mr7q

6. Ein Handout für das Referat erstellen

Als Handout bezeichnet man einen Handzettel mit den wichtigsten Informationen. Es wird bei Referaten ausgegeben. Du kannst ein Handout begleitend zu deinem Referat einsetzen oder nachträglich austeilen.

- **begleitender Einsatz:** Die Reihenfolge des Inhalts muss der Gliederung des Referats folgen. Vorteil: Die Zuhörenden können sich Notizen machen.
- **nachträgliches Austeilen:** Die Reihenfolge des Inhalts kann von der Gliederung des Referats abweichen; Informationen können zusammengefasst werden. Vorteil: Das Plenum konzentriert sich mehr auf den Vortrag und die Visualisierungen. Kündige aber am Anfang deines Referats das Handout an.

Achte auf eine **übersichtliche** und
einheitliche Gestaltung:

- Arbeite mit dem Computer.
- Gliedere durch Absätze und Teil-
  überschriften.
- Überfrachte das Handout nicht (nicht
  zu viele Schriftgrößen, Markierungen,
  Farben, Symbole verwenden).
- Achte darauf, dass dein Handout auch
  nach dem Kopieren gut lesbar ist
  (helle Farben sind zum Beispiel
  schlecht erkennbar).

Friedrich-Schiller-Schule, Kl. 9a   15.10.2015
Fachlehrer: Herr Henken
Referentin: Andrea Hupe

Der Meeresspiegelanstieg – eine unausweichliche Bedrohung

Einleitung: Anstieg des Meeresspiegels:
„Fakt ist: Der Meeresspiegel ist von der letzten Eiszeit bis heute um etwa 125 Meter gestiegen. Das hat auch natürliche Ursachen. Der durch den Menschen verursachte Treibhauseffekt aber verstärkt diesen Prozess. Wesentliche Folgen sind die Wärmeausdehnung des Wassers und das Abschmelzen von Gletschern. Dadurch könnte der Meeresspiegel in nur 300 Jahren um weitere 5 Meter steigen. Was bedeutet dies für uns Menschen auf der Erde?"

Ursachen des Meeresspiegelanstiegs:
- *Eustatischer Anstieg*: Abschmelzen von Gletschern und den Abfluss dieser Wassermassen ins Meer
- *Isostatischer Anstieg*: Tektonische Bewegungen wie etwa das Heben und Senken von Erdkrustenplatten.
- *Thermische Expansion*: Ausdehnung des Meerwassers aufgrund der Erderwärmung

Prognosen für den zukünftigen

*Ausschnitt aus
einem Handout*

7. Präsentationsfolien gestalten

Präsentationsfolien fassen wichtige Informationen zusammen.
Sie helfen deinem Zuhörerkreis auch, dem Referat besser zu folgen.

- Gestalte sie **strukturiert**, **übersichtlich** und **verständlich**.
- Bekannte Computerprogramme zur Erstellung von Präsentationsfolien sind
  PowerPoint oder **Prezi**. Setze diese Programme überlegt ein und übe
  vor dem Referat ihren Einsatz gründlich.

⊕
So geht's
Präsenta-
tionsfolien
gestalten
w89z8s

8. Einen Stichwortzettel erstellen

Der Stichwortzettel dient dir beim Vortragen als **Wegweiser** und **Gedächtnisstütze**.

- Gestalte den Stichwortzettel übersichtlich und gut lesbar.
- Du kannst Karteikarten verwenden,
  die du nummerierst.
- Notiere Regieanweisungen für dich
  in einer anderen Farbe.
- Hebe Zusammenhänge und Gelenk-
  stellen mit Unterstreichungen oder
  Markierungen hervor.

9. Eine Generalprobe durchführen, 10. Das Referat halten

- Lies nicht einfach nur die Texte vor, sondern **sprich** beim Referat **frei**.
  Ein guter **Stichwortzettel** hilft dir dabei. So kannst du auch **Blickkontakt**
  zu deinen Zuhörerinnen und Zuhörern halten.
- **Sprich laut** und **deutlich**, sodass dich jeder im Raum gut verstehen kann.
- Überlege, welche **Fragen die Zuhörer/Zuhörerinnen** haben könnten, und
  bereite dich auf die Antworten vor.
- Gehe am Ende auf **Rückfragen** und **Diskussionsbeiträge** ein.

Lerninsel:
Einen Vortrag
halten
S. 233

Schreiben

Lerninsel: Was du wissen und können musst

Schreiben dient vor allem dazu, anderen etwas mitzuteilen. Es kann dir aber auch dabei helfen, schwierige Texte und Themen besser zu verstehen.

```
                          ┌─────────────┐
                          │  Schreiben  │
                          └─────────────┘
              ┌──────────────────┴──────────────────────┐
  ┌───────────────────────┐      ┌──────────────────────────────────────┐
  │ Schreiben für andere  │      │ Schreiben, um etwas besser zu verstehen │
  └───────────────────────┘      └──────────────────────────────────────┘
```

→ **Einen Kommentar schreiben** S. 261

→ **Einen offiziellen Brief/eine offizielle E-Mail schreiben** S. 262

→ **Ein Protokoll schreiben** S. 263

→ **Ein Bewerbungsschreiben verfassen** S. 264

→ **Einen literarischen Text schriftlich analysieren** S. 245–253
- Einen erzählenden Text schriftlich analysieren S. 245–247
- Ein Gedicht schriftlich analysieren S. 248–250
- Einen dramatischen Text schriftlich analysieren S. 251–253

→ **Einen Sachtext schriftlich analysieren** S. 254–256

→ **Ein Thema schriftlich erörtern** S. 257–260

→ **Einen inneren Monolog schreiben** S. 273

→ **Eine Dramenszene um- oder weiterschreiben** S. 283

Kommentar
S. 261

Unglücklich? Du hast wohl nicht aufgepasst!
„Mama, ich brauche Nachhilfe in Glück, sonst werde ich nicht versetzt!" (...)

offizieller Brief
S. 262

Sehr geehrte Damen und Herren,
von einem Freund, der das letzte Jahr an einer Highschool in Alberta/Kanada verbringen durfte, (...)

Bewerbungs-schreiben
S. 264

Bewerbung um einen Praktikumsplatz vom 6.–24. A

Sehr geehrte Frau Wegner,

mit Interesse habe ich Ihr Praktikumsangebot auf der Intern NRW.de gelesen. Besonders angesprochen hat mich dabei Freude im Umgang mit Stoffen mit meinem Interesse an Bürokauffrau verknüpfen zu können. Aus diesem Grund bew um einen Praktikumsplatz im Zeitraum vom 06.–24.04.201

Das Brecht-Gymnasium in Bochum bietet mir als Schül

Wer kennt das nicht: Man sitzt in einer Mathestunde und träumt sich an einen sommerlichen Badesee. Von einem Tagtraum der ganz anderen Art erzählt Katrin Hinrichs in ihrer Kurzgeschichte „Blaue Nacht", in der es (...)

Analyse
S. 245–253

Der Text „Mobilität im Wandel: Umwelt-schonend in die Zukunft", erschienen am (...) auf (...), hat die Funktion (...)

Sachtext-analyse
S. 254 ff.

„Willst du etwa auch ein Schuljahr im Ausland verbringen?" Fragen wie diese höre ich derzeit immer wieder: Soll ich nach der 9. Klasse diesen Schritt wagen? Klar ist: (...)

dialektische Erörterung
S. 257–260

Einen literarischen Text schriftlich analysieren

Einen erzählenden Text schriftlich analysieren

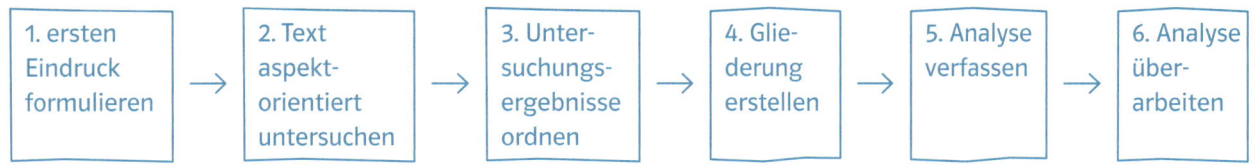

| 1. ersten Eindruck formulieren | → | 2. Text aspekt-orientiert untersuchen | → | 3. Unter-suchungs-ergebnisse ordnen | → | 4. Glie-derung erstellen | → | 5. Analyse verfassen | → | 6. Analyse über-arbeiten |

Eine Analyse vorbereiten

1. **Formuliere erste Eindrücke vom Text.**
   Thema, Auffälligkeiten, Deutungshypothese, …
2. **Untersuche den Text nach ausgewählten Aspekten.** (Aufgabenstellung beachten)
   - **Inhalt:** innere und äußere Handlung, zentraler Konflikt, Figuren/Figurenkonstellation, Ort und Zeit, zentrale Motive, …
   - **Form/Gestaltung:** Textsorte, Aufbau, Erzählweise, …
   - **Sprache:** Satzbau, Wortschatz, Sprachbilder, …

> *Mein erster Eindruck: Den Winter scheint sich die Frau nur einzubilden.*

So geht's

Katrin Hinrichs: Blaue Nacht (Ausschnitt)

Dieser Tag zählte seine Stunden durch und verschwand in der Dunkelheit. So vieles gesehen, so vieles hinter sich gelassen und bedeckt. Lang ausgestreckt lag ich im Wohnzimmer auf den harten Dielen und träumte mich in den Winter hinein, um wenigstens
5 für einen Moment einen klaren Gedanken zu fassen. Die Laterne vor dem kleinen Fenster zur Ostseite flackerte leise im Takt meiner Gedanken. Eis zog sich über den Schreibtisch, Schnee bedeckte den Wohnzimmerboden, und Eisblumen sonnten sich am Fenster und plapperten aufgeregt durcheinander. Ich atmete tief die schwere,
10 klare Kälte und beobachtete, wie sich ganz langsam die Gänsehaut meinen Körper eroberte und besetzte. Kleine Siegesfahnen auf meiner linken Hand, am Bauchnabel und dem rechten Zeh flatter-ten still. […]
Mein Rivale erschien in der Tür. „Liebling. Der Kaffee ist fertig."
15 Das Licht ging an, der Schnee war schon längst getaut, die Eisblu-men waren verschwunden, als wären sie nie dagewesen. Trotzdem hatte ich das Gefühl, ich hörte sie weiterreden, sich beschweren über den plötzlichen Einbruch des Frühlings.
„Kommst du nun?" Ich stand auf, es schien, als wären alle meine
20 Gelenke eingefroren.
„Meine Güte, ist das eine Hitze hier, hast du die Heizung schon wieder voll aufgedreht?" Verwundert starrte ich ihn an, zog mir einen dicken Pulli über und wischte vorsichtig den letzten Schnee von meinen Füßen.

Inhalt
Ort: Wohnzimmer
Zeit: später Nachmittag, Frühlingsbeginn
Handlung: während des Aus-ruhens, Frau träumt sich „in den Winter hinein", möchte Klarheit, Ruhe, in ihrer Traum-welt bleiben, wird durch Partner und Alltagsrealität (Außenwelt) gestört
Konflikt:
Innenwelt ↔ Außenwelt

Form/Gestaltung
Erzählweise: personale Ich-Erzählerin, Wechsel von Innen- und Außensicht
Textsorte: Kurzgeschichte, offenes Ende

Sprache
Gegensätze: Kälte und Hitze
Sprachbilder: Personifikatio-nen *(Eisblumen „plapperten")*, Metapher *(„Siegesfahnen")*

3. **Ordne die Ergebnisse deiner Textuntersuchung.**

 Stelle die Ergebnisse deiner Untersuchung in einen Zusammenhang mit deiner Deutungshypothese und überarbeite diese gegebenenfalls.

4. **Erstelle eine Gliederung (Schreibplan).**

 Notiere Stichpunkte zu:

 – Einleitung:
 - · Wähle einen möglichst interessanten Einstieg.
 - · Nenne Textsorte, Autor/Autorin, Titel, Thema/Gegenstand (TATT) und ggf. Erscheinungsjahr.
 - · Führe zu deiner Deutungshypothese hin.

 – Hauptteil:
 - · Informiere kurz über den Inhalt.
 - · Beschreibe wesentliche inhaltliche und gestalterische Merkmale, erkläre ihre Wirkung und begründe damit deine Deutungshypothese.
 - · Stütze deine Aussagen durch nachvollziehbare Argumente und Textbelege.

 – Schluss:
 - · Fasse wesentliche Ergebnisse deiner Deutung zusammen.
 - · Beziehe dich auf deine Einleitung.
 - · Bewerte den Bedeutungsgehalt (z. B. *für das eigene Leseinteresse*).
 - · Bewerte evtl. den erzählenden Text (z. B. *Erzählweise, Leseerlebnis*).

So geht's

Einleitung:

– *interessanter Einstieg: ein eigener Tagtraum*

– *Informationen über den Text, TATT*

– *Hinführung zur Deutungshypothese: „(...) träumte mich in den Winter hinein" (Z. 4) → Tagtraum*

Hauptteil:

– *Handlung*

– *innerer Konflikt: Wunsch nach Ruhe, Klarheit (über die eigene Situation, die eigenen Wünsche, ...)*
 ↔ Forderungen der Alltagsrealität (des Partners, Berufs, ...)

– *äußerer Konflikt: Ende des Tagtraums durch die Alltagswirklichkeit (Licht, Partner, Kaffeetrinken)*

– *Gestaltungsweise*
 - · *Sprachbilder: Personifikationen (Eisblumen „plapperten" Z. 9); Metaphern („Siegesfahnen" Z. 11)*
 - · *inhaltliche Gegensätze (Wortfelder „Kälte" ↔ „Hitze")*

– *offene Fragen: Warum „dicker Pulli", warum „vorsichtig"? (Z. 23)*

Schluss:

– *Bedeutungsgehalt: Tagträume als Möglichkeit, das eigene Innere vor der Realität zu schützen; aber auch: Gefahr der Flucht*

– *Bewertung: typische Kurzgeschichte, viele Leerstellen → geheimnisvoll*

Eine Analyse schreiben und überarbeiten

Es fehlen Aussagen zur Gestaltungsweise. Das muss ich noch ergänzen.

So geht's

Wer kennt das nicht: Man sitzt in einer Mathestunde und träumt sich an einen sommerlichen Badesee. Von einem Tagtraum der ganz anderen Art erzählt Katrin Hinrichs in ihrer Kurzgeschichte „Blaue Nacht", in der es heißt: „... und träumte mich in den Winter hinein".
Erzählt wird von einer Frau, die zu Beginn des Frühlings in ihrem Wohnzimmer auf dem Boden
5 liegt und sich „in den Winter hinein" (Z. 4) träumt. Sie folgt damit ihrem Wunsch, „einen klaren Gedanken zu fassen" (Z. 5). An der Art, wie hier aus der Innenperspektive einer personalen Ich-Erzählerin das verschneite Wohnzimmer beschrieben wird, ist zu erkennen, dass für die Frau der Winter mit Klarheit („klare Kälte" Z. 10) und Ruhe (Laterne, die „leise im Takt meiner Gedanken" flackert Z. 6 f.) verbunden ist. Es scheint die ruhige und klare Stimmung
10 einer sternklaren Nacht zu sein, nach der sie sich sehnt. Sie steht dabei in einem Konflikt mit ihrer Umwelt: Die Haare, die sich aufgrund der Kälte aufstellen, werden als „Siegesfahnen" (Z. 11) und ihr Partner als „Rivale" (Z. 14) bezeichnet.

> *dessen* — — — — — — — — — — — — — — *tatsächliche*
> Mit ~~seinem~~ Erscheinen kommt die ~~langweilige~~ Umgebung der Frau in
> — — — — — — — — — *Frühling*
> den Blick: Es ist ~~Früling~~ und im Raum herrscht Hitze. Die Frau steht zwar auf, dennoch bleibt

15 ihr Verhalten merkwürdig: Trotz Hitze zieht sie sich einen dicken Pulli über und wischt „vorsichtig den letzten Schnee" (Z. 23) von ihren Füßen.
Dies erinnert mich an die Verwirrung, wenn ich etwas benommen aus meinen Tagträumen erwache. Noch erfüllt von der Stimmung eines Badesees kehrt man zurück in die Eintönigkeit des Alltags. (...)

Einleitung:
– interessanten Einstieg gewählt ✔
– TATT genannt ✔
– Überleitung vorhanden ✔

Hauptteil:
– Handlungsverlauf erfasst ✔
– Untersuchungsergebnisse mit Deutung verbunden ✔
– Textbelege genutzt ✔

Schluss:
– Bedeutungsgehalt für mich gezeigt ✔
– Deutung zusammengefasst

Ein Gedicht schriftlich analysieren

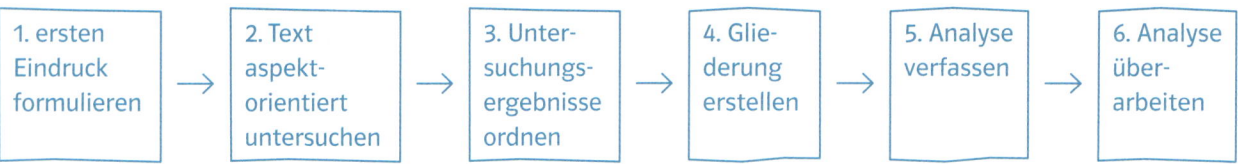

| 1. ersten Eindruck formulieren | → | 2. Text aspekt-orientiert untersuchen | → | 3. Unter-suchungs-ergebnisse ordnen | → | 4. Glie-derung erstellen | → | 5. Analyse verfassen | → | 6. Analyse über-arbeiten |

Eine Analyse vorbereiten

1. **Formuliere erste Eindrücke vom Text.**
   Thema, Auffälligkeiten, Bilder, …
2. **Untersuche den Text nach ausgewählten Aspekten.**
   (Aufgabenstellung beachten)
   - **Inhalt:** Thema, zentrale Vorgänge, Bilder oder Gedanken, Sprecher, Grundstimmung, …
   - **Form/Gestaltung:** Vers- und Strophenbau, Reim, Metrum, …
   - **Sprache:** Satzbau (z.B. Parallelismen, Inversion), sprachliche Bilder/Bildfiguren, Klangfiguren (z.B. Alliteration, Anapher), …

> Paul Tibbets war der Pilot des Bombers, aus dem am 6.8.1945 die Atombombe über Hiroshima abge-worfen wurde. Durch den Einsatz kamen samt Spätfolgen zwischen 70.000 und 166.000 Menschen ums Leben. Paul Tibbets wurde später mit vielen Auszeichnungen geehrt.

Marie Luise Kaschnitz: Hiroshima (1957)

Der den Tod auf Hiroshima warf
Ging ins Kloster, läutete dort die Glocken.
Der den Tod auf Hiroshima warf
Sprang vom Stuhl in die Schlinge, erwürgte sich.
5 Der den Tod auf Hiroshima warf
Fiel in Wahnsinn, wehrte Gespenster ab.
Hunderttausend, die ihn angehen nächtlich
Auferstandene aus Staub für ihn.

Nichts von alledem ist wahr.
10 Erst vor kurzem sah ich ihn
Im Garten seines Hauses vor der Stadt.
Die Hecken waren noch jung und die Rosenbüsche zierlich.
Das wächst nicht so schnell, daß sich einer verbergen könnte
Im Wald des Vergessens. Gut zu sehen war
15 Das nackte Vorstadthaus, die junge Frau
Die neben ihm stand im Blumenkleid
Das kleine Mädchen an ihrer Hand
Der Knabe der auf seinem Rücken saß
Und über seinem Kopf die Peitsche schwang.
20 Sehr gut erkennbar war er selbst
Vierbeinig auf dem Grasplatz, das Gesicht
Verzerrt vor Lachen, weil der Photograph
Hinter der Hecke stand, das Auge der Welt.

Achtung: alte Recht-schreibung

Inhalt

1. Strophe: Erwartungen, dass Pi-lot Schuldgefühle haben müsste
2. Strophe: Pilot zeigt keine Schuldgefühle, führt normales Leben, Vorstadtidylle, aber Ge-gensatz zwischen dem Versuch, sich hinter einer scheinbar un-beschwerten Familienidylle zu verstecken („verzerrtes Lachen") und dem Blick der „Welt" auf den Schuldigen

Form/Gestaltung/Sprache

- Aufbau: V. 9 verbindet Strophen, 2. Strophe z.T. Enjambements
- 1. Strophe: auffälliger Satzbau, Anapher
- 2. Strophe: Wortfelder: jung, Garten/Natur, erkennbar (Stei-gerung von „sah" zu „sehr gut erkennbar"), Sprachbild: „Auge der Welt"

3. Ordne die Ergebnisse deiner Textuntersuchung.

Stelle die Ergebnisse deiner Untersuchung in einen Zusammenhang mit deiner Deutungshypothese und überarbeite diese gegebenenfalls. Beziehe eventuell zusätzliche Informationen (z. B. historische oder biografische) ein.

weiterer Text S. 116

4. Erstelle eine Gliederung (Schreibplan).

Notiere Stichpunkte zu:

– **Einleitung:**
  · Wähle einen möglichst **interessanten Einstieg**.
  · Nenne **T**extsorte, **A**utor/Autorin, **T**itel, **T**hema/Gegenstand (**TATT**) und ggf. Entstehungsjahr.
  · Führe zu deiner **Deutungshypothese** hin.

P. Tibbets am 6.8.1945

– **Hauptteil:**
  · Informiere kurz über das **Thema**, die **dargestellte Situation**, **zentrale Vorgänge**, **Bilder** oder **Gedanken** des Gedichts.
  · Beschreibe **wesentliche inhaltliche** und **gestalterische Merkmale**, erkläre ihre Wirkung und begründe damit deine Deutungshypothese.
  · Stütze deine Aussagen durch nachvollziehbare Argumente und **Textbelege**.

– **Schluss:**
  · Fasse **wesentliche Ergebnisse** deiner Deutung zusammen.
  · Beziehe dich auf deine Einleitung.
  · Bewerte den **Bedeutungsgehalt** (z. B. *für das eigene Leseinteresse*).
  · Bewerte evtl. das Gedicht (z. B. *Leseerlebnis, persönliche Bedeutung*).

So geht's

Einleitung:
– *interessanter Einstieg: aufzeigen, wie sehr mich das Gedicht betroffen macht*
– *Informationen über den Text, TATT*
– *Hinführung zur Deutungshypothese: Empörung über die Art, wie der Pilot mit seiner Schuld umgeht*

Hauptteil:
1. Strophe:
– *Vorstellungen, wie der Pilot mit der Schwere seiner Schuld umgehen müsste*
– *eindringlicher Ton durch Wiederholung (V. 1, 3, 5) bzw. beängstigendes Bild V. 6 ff.*
2. Strophe:
– *V. 9: knappe Aussage, die alles bisher Gesagte als falsch bezeichnet*
– *V. 11– 23: Fotobeschreibung (Pilot mit Familie im Garten) → erschreckend normal*
– *Aufbau: Gegensatz zwischen Familienidylle und Schuld in den Augen der Öffentlichkeit (Wortfelder: „jung", „Garten/Natur", „sehen")*
– *Sprache: rhythmische Prosa (ohne Reim), Wiederholung des Satzbaus in der 1. Strophe, Metapher in 2. Strophe („Auge der Welt" V. 23)*
– *textüberschreitender Aspekt: Hinweis auf P. Tibbets (evtl. seine öffentliche Auszeichnung)*
– *Empörung, dass P. Tibbets öffentlich keine Schuldgefühle zeigt/zu zeigen braucht*

Schluss:
Zusammenfassung: Gegenüberstellung von Erwartungen und Wirklichkeit → Empörung
Bedeutungsgehalt: Kann man, wenn man so viel Leid verursacht hat, normal leben?

Eine Analyse verfassen und überarbeiten

Checkliste

Überarbeite deinen Text in drei **Kontrollschritten**:

1. Inhalt überprüfen

✔ Bezieht sich meine Deutung auf das Thema/den Sinngehalt
  des ganzen Textes oder nur auf einen Teilaspekt?

✔ Habe ich meine Deutung durch nachvollziehbare Textstellen belegt und
  entsprechend erläutert?

✔ Habe ich die wesentlichen inhaltlichen und gestalterischen Auffälligkeiten
  (z. B. *Sprecher, Vers- und Strophenbau, sprachliche Bilder, Klangfiguren*) berücksichtigt?

✔ Endet meine Interpretation in klar formulierten Aussagen zum Bedeutungsgehalt?

2. Ausdruck überprüfen

✔ Ist ein roter Faden erkennbar (Überleitungen und Schlussfolgerungen)?

✔ Habe ich unnötige Wiederholungen vermieden?

✔ Habe ich Fachbegriffe richtig verwendet?

✔ Habe ich die Sätze mithilfe von Scharnierwörtern sinnvoll verknüpft?

3. Rechtschreibung und Zeichensetzung überprüfen

So geht's

Selten hat mich ein Gedicht so betroffen gemacht wie „Hiroshima" von Marie Luise Kaschnitz,
in dem (…). Aus dem Gedicht spricht große Empörung über das Fehlen eines Schuldbewusst-
seins, es klagt an.
In der ersten Strophe geht es um Erwartungen, wie der Hiroshima-Pilot mit seiner Schuld
5 umgehen könnte. Die Bilder, die dabei entstehen, sind erschreckend und weisen auf die Größe
der Schuld hin, die der Pilot auf sich geladen hat. Da sich die Aussagen zum Teil gegenseitig
ausschließen, ahnt man schon, dass (…).
Es folgt eine längere Beschreibung eines Fotos, auf dem (…). Diese Vorstadtidylle ist angesichts der Bilder vom Anfang des Gedichts erschreckend normal. Auffällig ist neben diesem
10 Kontrast die Steigerung von „sah"(V. 10), über „gut zu sehen" (V. 14) hin zu „sehr gut erkennbar" (V. 20). (…) Die Erwartung, genährt durch die erste Strophe, der Pilot würde an seinem
Militäreinsatz leiden, wird hier alles andere als erfüllt. (…) Diese Empörung lässt sich auf
den US-Soldaten Paul Tibbets beziehen, der (…). Ein Bild von ihm in seinem Bomber zeigt,
dass auch er nicht unter seiner Tat gelitten zu haben scheint, sondern dass er dafür auch noch
15 öffentliche Anerkennung erhielt.

  einer nachgestellten Metapher („Auge der Welt" V. 23).   √noch einmal,[1]
Das Gedicht endet mit ~~einem Bild~~. Hervorgehoben wird dadurch ~~dass der~~
                          öffentlich
~~Mann sich nicht nur so verhalten hat, sondern es auch öffentlich geduldet wird~~.
Ich kann die Empörung des lyrischen Ichs über eine derartige Gleichgültigkeit verstehen und
frage mich, ob man, wenn man so viel Leid mitverursacht hat, normal leben kann. (…)

20 Anm. 1: dass der Pilot zwar offiziell für seine Tat gelobt wird, in den Augen der moralischen
Welt aber als Schuldiger dasteht.

Einleitung:
– interessanten
  Einstieg ge-
  wählt ✓
– TATT genannt ✓
– Überleitung
  vorhanden ✓

Hauptteil:
– Inhalt erfasst ✓
– Untersuchungs-
  ergebnisse
  mit Deutung
  verbunden ✓
– Textbelege
  genutzt ✓

Schluss:
– Deutung zusam-
  mengefasst ✓
– Bedeutungsgehalt
  für mich gezeigt ✓

Einen dramatischen Text schriftlich analysieren

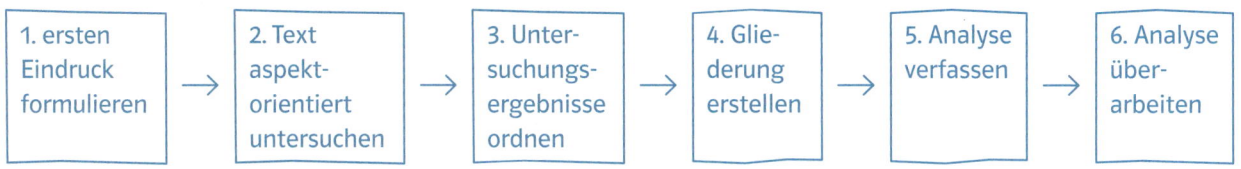

| 1. ersten Eindruck formulieren | → | 2. Text aspekt-orientiert untersuchen | → | 3. Unter-suchungs-ergebnisse ordnen | → | 4. Glie-derung erstellen | → | 5. Analyse verfassen | → | 6. Analyse über-arbeiten |

Eine Analyse vorbereiten

1. **Formuliere erste Eindrücke vom Text.**
   Thema, Auffälligkeiten, Deutungshypothese, …
2. **Untersuche den Text nach ausgewählten Aspekten.** (Aufgabenstellung beachten)
   – **Inhalt:** Handlung, Gesprächsverlauf, Entwicklung des äußeren und inneren Konflikts, Figuren/Figurenkonstellation, Ort und Zeit, …
   – **Form/Gestaltung:** Dialoggestaltung, …
   – **Sprache:** Satzbau, Wortwahl, Sprachstil, …

Andorra
S. 172, 279–282

Achtung:
alte Recht-
schreibung

So geht's

Max Frisch: Andorra, 3. Bild (Ausschnitt, 1961)

Das Drama handelt von Andri, der unehelich gezeugt wurde und von seinem Vater als jüdischer Pflegesohn ausgegeben wird.

ANDRI: Wegen meiner Lehrlingsprobe. Sie haben gesagt: Am letzten Sonnabend in diesem Monat.
Hier ist mein erster Stuhl.
Der Tischler nimmt einen Stuhl.
Nicht dieser, Meister, der andere!
5 **TISCHLER:** Tischler werden ist nicht einfach, wenn's einer nicht im Blut hat. Nicht einfach. Woher sollst du's im Blut haben. Das habe ich deinem Vater aber gleich gesagt. Warum gehst du nicht in den Verkauf? Wenn einer nicht aufgewachsen ist mit dem Holz, siehst du,
10 mit unserem Holz – lobpreiset eure Zedern vom Libanon[1], aber hierzulande wird in andorranischer Eiche gearbeitet, mein Junge.
ANDRI: Das ist Buche.
TISCHLER: Meinst du, du mußt mich belehren?
15 **ANDRI:** Sie wollen mich prüfen, meinte ich. *Tischler versucht ein Stuhlbein auszureißen.* Meister, das ist aber nicht meiner!
TISCHLER: Da – *Der Tischler reißt ein erstes Stuhlbein aus.* Was hab ich gesagt? *Der Tischler reißt die anderen drei Stuhlbeine*
20 *aus.* – wie die Froschbeine, wie die Froschbeine. Und so ein Humbug soll in den Verkauf. […] *Der Tischler wirft ihm die Trümmer vor die Füße.* Schau's dir an!
ANDRI: Sie irren sich.

[1] Anspielung auf die jüdische Herkunft von Andri

Inhalt
– **Handlung:** Tischler nimmt den falschen Stuhl, um Andri zeigen zu können, dass er schlecht gearbeitet hat.
– **zentraler Konflikt:** Rassismus/ Vorurteile
– **Figuren: Tischler**
   · Sprechabsicht: Er will mit seinen Vorurteilen recht behalten (Z. 20).
   · Strategie: Er geht nicht auf Einwände ein.
   Er spielt die Machtkarte aus durch Betonung der Beziehung, durch harten Vergleich (Z. 21 f.) und Handlungen (Z. 16 f.).
   · Sprache: belehrend, abwertend
– **Figuren: Andri**
   · Sprechabsicht: Er will Anerkennung.
   · Strategie: Er bleibt bei seiner Position, erkennt aber die Autorität an.
   · Sprache: sachlich, höflich

Form/Gestaltung: Dialoggestaltung
– gestörte Kommunikation, da:
   · mangelnde Hörbereitschaft (Tischler) aufgrund von Vorurteilen
   · unterschiedliche Sprechabsichten

3. **Ordne die Ergebnisse deiner Textuntersuchung.**

   Stelle die Ergebnisse deiner Untersuchung in einen Zusammenhang mit deiner Deutungshypothese und überarbeite diese gegebenenfalls.

4. **Erstelle eine Gliederung (Schreibplan).**

   Notiere Stichpunkte zu:
   - Einleitung:
     · Wähle einen möglichst interessanten Einstieg.
     · Nenne Textsorte, Autor/Autorin, Titel, Thema/Gegenstand (TATT) und ggf. Entstehungsjahr.
     · Führe zu deiner Deutungshypothese hin.
   - Hauptteil:
     · Informiere kurz über den Handlungs- oder Gesprächsverlauf.
     · Benenne die Stellung der Szene im Drama.
     · Beschreibe wesentliche inhaltliche und gestalterische Merkmale, erkläre ihre Wirkung und begründe damit deine Deutungshypothese.
     · Stütze deine Aussagen durch nachvollziehbare Argumente und Textbelege.
   - Schluss:
     · Fasse wesentliche Ergebnisse deiner Deutung zusammen.
     · Beziehe dich auf deine Einleitung.
     · Bewerte den Bedeutungsgehalt (z. B. *für das eigene Leseinteresse*).
     · Bewerte evtl. die dramatische Szene (z. B. *Leseerlebnis, persönliche Bedeutung*).

So geht's

Einleitung:
- *interessanter Einstieg: Wie äußert sich Rassismus?*
- *TATT/Hinführung zur Deutungshypothese*

Hauptteil:
- *Handlung: Tischler lässt nicht zu, dass Andri die Prüfung besteht → Ausdruck seiner Vorurteile gegenüber Juden → Wie äußert sich dieser Rassismus?*
- *kurze Information über Stellung der Szene im Stück*
- *Dialoganalyse:*
  · *Tischler: will von Vorurteilen nicht abweichen → geht auf Einwände nicht ein, betont seine Machtposition, ungerechte Vergleiche (Z. 21 f.), aggressiv (Z. 16 f.);*
    Sprache: belehrend, unechte Fragen → dominant, ungerecht
  · *Andri: will Anerkennung → bleibt bei seiner Position, erkennt aber Autorität an*
    Sprache: sachlich, höflich

Schluss:
- *Zusammenfassung: bewusste Kommunikationsstörung durch Tischler*
- *Bedeutungsgehalt bewerten: Was kann man gegen derartiges Unrecht tun?*
- *Bewertung der Szene: weckt Gerechtigkeitsgefühl → aufrüttelnde Szene*

Eine Analyse verfassen und überarbeiten

So geht's

Fremd ist man fast überall auf der Welt – und immer wieder werden Fremde ausgesperrt und unterdrückt. Solche Verhaltensweisen zeigt auch der Schweizer Dramatiker Max Frisch in seinem Stück „Andorra". (...) In dem 3. Bild wird deutlich, wie hilflos man ist, wenn andere sich von ihren Vorurteilen bestimmen lassen.

5 *In dem Ausschnitt greift sich der Tischler einen schlecht gebauten Stuhl, zerlegt diesen vor Andris Augen und behauptet fälschlicherweise (...). Er lässt sich dabei von seinem Vorurteil leiten, Menschen jüdischer Abstammung könnten keine guten Tischler sein (siehe Z. 6 f.). Er geht auf Andris sachlichen Einspruch nicht ein, reagiert stattdessen auf der Beziehungsebene und demonstriert Stärke, indem er Andri „die Trümmer vor die Füße"*

10 *(Z. 23 f.) wirft.*

     aggressive   *weiterhin*

Auf dieses ~~übertriebene~~ Verhalten[1] reagiert Andri ~~erstaunlich~~

       indem   *ruhig bleibt*

sachlich, ~~in dem~~ er ~~gelassen antwortet~~. Er will von seinem „Meister" (Z. 17)

Anerkennung für die Arbeit und bleibt bei seiner Position, ohne unhöflich zu werden: „Meister, das ist aber nicht meiner!" (Z. 17 f.).

15 *Zusammenfassend kann man sagen, dass Andri keine Chance erhält, gerecht behandelt zu werden, weil der Tischler die Wirklichkeit nicht akzeptieren kann, wenn sie nicht zu seinem Vorurteil passt. Andri steht hier für jemanden, der völlig hilflos der Willkür eines anderen ausgeliefert ist. (...)*

Anm. 1: „verstärkt durch einen bedrohlich klingenden Vergleich,

Einleitung:
- interessanten Einstieg gewählt ✔
- TATT genannt ✔
- Überleitung vorhanden ✔

Hauptteil:
- Inhalt erfasst ✔
- Untersuchungsergebnisse mit Deutung verbunden ✔
- Textbelege genutzt ✔

Schluss:
- Deutung zusammengefasst ✔
- Bedeutungsgehalt für mich gezeigt

Einen Sachtext schriftlich analysieren

Eine Sachtextanalyse vorbereiten

Lerninsel:
Fünf-Schritt-
Lesemethode
S. 236

Du kannst die ersten Schritte der Fünf-Schritt-Lesemethode anwenden:
Inhalt verstehen, Ziele und Absichten entschlüsseln (Funktion der einzelnen Abschnitte
und Zielgruppe bestimmen), sprachliche Gestaltung untersuchen

So geht's

Mobilität im Wandel: Umweltschonend in die Zukunft

Die Mobilitätsgewohnheiten der Europäer haben sich in den vergangenen Jahren grundlegend verändert. Mobilität ist mittlerweile mehr
bedarfs- als besitzorientiert. Junge Erwachsene sehen das Auto nicht
mehr als ein Statussymbol und immer weniger der unter 30-Jährigen
5 besitzen einen Pkw. […]
**Die Gewinner des Mobilitätswandels? Car-Sharing und die
öffentlichen Verkehrsmittel**
Sie prägen verstärkt das Stadtbild deutscher Großstädte: Car-Sharing-
Stationen. Der Fortschritt in der Technik macht's möglich, es gibt
10 zahlreiche Apps für Smartphone-Besitzer, die es mit ein paar Klicks ermöglichen, verfügbare Pkws in der jeweiligen Umgebung ausfindig zu
machen und die Bezahlung auch direkt mit der App abzuwickeln. Das
Geschäftsmodell boomt und die Car-Sharing-Branche wird bis Ende
2013 weltweit auf rund drei Millionen Mitglieder und 70.000 Fahr-
15 zeuge anwachsen. Bis 2020 wird der Markt auf rund 26,2 Millionen
Car-Sharer anwachsen. Der Markt hat also starkes Wachstumspotenzial.
Wenn Car-Sharing boomt, freuen sich auch die öffentlichen Verkehrsmittel, denn sie ergänzen das Konzept. Der Verband Deutscher Ver-
20 kehrsunternehmen berichtet nach einem Rekordhoch der Fahrgastzah-
len im Jahr 2012 für das erste Halbjahr 2013 wieder über einen Anstieg
in Höhe von 0,5%. […] Im Zuge der genannten Umweltveränderun-
gen sowie des Verbraucherverhaltens ist Car-Sharing in Ergänzung mit
den öffentlichen Verkehrsmitteln ein Trend mit großem Zukunftspo-
25 tenzial. Autos werden in Zukunft eher geliehen als gekauft. Und das ist
auch gut so, denn ein Car-Sharing-Auto kann laut Umweltbundesamt
zwischen 5 und 8 private Pkws ersetzen. **Der inoffizielle Gewinner
des Trendwandels? Unsere Umwelt.**

Leihwagenversicherung.de ist ein innovativer junger Versicherungs-
30 service, welcher stetig die aktuellen Trends im Bereich Mobilität beobachtet und darüber im Netz berichtet. Die Versicherungsangebote
sind transparent, weltweit gültig und eine günstige Alternative zu den
Angeboten von Mietwagenfirmen vor Ort.

Ausgangsthese:
grundlegender Wandel
bei Mobilität → weniger
Autobesitzer

These (als Überschrift):
– Car-Sharing (C.S.)
 + öffentliche Ver-
 kehrsmittel (ÖPNV) =
 Gewinner des Wandels
– **Beschreibung** C.S.
– **Erläuterung:** C.S.
 „boomt"
– **Stützung** durch Zahlen
– **Schlussfolgerung:** C.S.
 hat Wachstumspoten-
 zial
– **Verknüpfung** mit
 ÖPNV, ÖPNV profitiert
 von C.S.
– **Erläuterung:** Wachs-
 tumszahlen bei ÖPNV,
 Faktenargument

Wdh. der Ausgangsthese
positive Bewertung
**Argumentationsstütze
Autoritätsargument**

**Kernaussage
(Fettdruck):**
→ C.S. + ÖPNV dienen
der Umwelt

Fasse die **Kernaussage** knapp zusammen.

Skizziere die **gedankliche Struktur** des Textes.

So kannst du vorgehen:

So geht's
Aussage-
absichten in
Sachtexten
erkennen
q9eq4c

- Bestimme das **Thema** des Textes.
- Formuliere in einem Satz die **Kernaussage** des Textes.
- Informiere dich über die **Quelle** des Textes und den **Autor**/die **Autorin**. Leite Aussagen ab über die **Absichten** des Textes und die **Zielgruppe**.
- **Überprüfe** die Ergebnisse, indem du den Text erneut liest.
- Verschaffe dir anhand deiner Randbemerkungen einen Überblick über die **Informationen** und **Argumente** des Textes und die Art, wie diese im Text verwendet werden.
- Schreibe die **Funktion der einzelnen Abschnitte** untereinander und ergänze sie stichpunktartig mit den dazugehörigen Inhalten.
- Formuliere einen Satz, wie der Text **gedanklich aufgebaut** ist.

So geht's

Einleitung:

– interessanter Einstieg: Trend des Teilens (z.B. „Während es selbst für den Mars seit einiger Zeit innovative Transportkonzepte gibt, ist der Mobilitätswandel auf der Erde gerade in vollem Gange. ...")

– TATT, Quelle, Funktion des Textes, Kernaussage

– Hinführung zur Ausgangsthese: grundlegender Wandel bei Mobilität: weniger Autobesitzer

Hauptteil:

These (Fettdruck):

Car-Sharing (C.S.) + öffentliche Verkehrsmittel (ÖPNV) = Gewinner des Wandels

– Begriffserklärung C.S.

– Erläuterung I: C.S. „boomt"

– Stützung der Erläuterung I durch Zahlen

– Schlussfolgerung: C.S. hat Wachstumspotenzial

– Verknüpfung mit ÖPNV: ÖPNV profitiert von C.S.

– Erläuterung II: Wachstumszahlen bei ÖPNV

– Stützung der Erläuterung II durch Autoritätsargument (Verband Deutscher Verkehrsunternehmen)

– Wiederholung der These: C.S. + ÖPNV haben „Zukunftspotenzial" (Z. 24 f.)

Schluss:

Anknüpfung an Ausgangsthese: „Autos werden in Zukunft eher geliehen als gekauft." (Z. 25)

– positive Bewertung: „Und das ist auch gut so." (Z. 25 f.)

– Argumentationsstütze (Bundesumweltamt): C.S. = umweltfreundlich

Kernaussage (Fettdruck):

C.S. + ÖPNV → Umwelt = „inoffizieller Gewinner" (Z. 27 f.)

Thema/Gegenstand:
Car-Sharing

Autor:
Versicherungsfirma

Kernaussage:
Car-Sharing in Verbindung mit öffentlichen Verkehrsmitteln dient der Umwelt

Zielgruppe:
umweltbewusste Menschen, die Car-Sharing nutzen

Ziel/Absicht:
Zielgruppe soll Versicherungsangebote der Firma im Bereich Mietfahrzeuge nutzen

gedankliche Struktur:
appellativer Text mit argumentativer Struktur

Eine Sachtextanalyse schreiben und überarbeiten

So geht's
Äußerungen
anderer
schriftlich
wiedergeben
899t3q

> **Checkliste**
>
> 1. **Inhalt überprüfen**
> 2. **Ausdruck überprüfen**
> ✔ Ist ein roter Faden erkennbar (Überleitungen und Schlussfolgerungen)?
> ✔ Habe ich unnötige Wiederholungen vermieden?
> ✔ Habe ich Fachbegriffe richtig verwendet?
> ✔ Habe ich die Sätze mithilfe von Scharnierwörtern sinnvoll verknüpft?
> 3. **Rechtschreibung und Zeichensetzung überprüfen**

So geht's

Teilen statt kaufen. Dieser Trend ist jung und setzt sich auch beim Autofahren zunehmend durch. Der Text „Mobilität im Wandel: Umweltschonend in die Zukunft", erschienen am (...) auf (...) hat die Funktion, umweltbewusste Autofahrer im Zusammenhang mit dem wachsenden Car-Sharing-Angebot auf das Versicherungsangebot dieser
5 Internet-Firma hinzuweisen.

Der Text beginnt mit der Behauptung (...). „Gewinner" dieser Entwicklung seien Car-Sharing-Anbieter und öffentliche Verkehrsmittel, wie in einer fett gedruckten Zwischenüberschrift behauptet wird. Diese Behauptung wird erläutert, nachdem erklärt wird, dass unter Car-Sharing (...) zu verstehen sei. Die Car-Sharing-Branche boome,
10 was durch (...) unterstrichen wird. In der Form einer Schlussfolgerung verweist der Autor auf deren „Wachstumspotenzial" (Z. 16 f.). Über dieses würden sich auch die öffentlichen Verkehrsmittel freuen. Ohne diese Behauptung näher zu erläutern, belegt er mit aktuellen Zahlen (...). Der Hinweis, diese Zahlen stammten vom Verband Deutscher Verkehrsunternehmen, verleiht dieser Aussage Gewicht. Der argumentative Teil des
15 Textes endet mit der Wiederholung der schon genannten fett gedruckten These, wobei diesmal auf das große „Zukunftspotenzial" (Z. 24 f.) hingewiesen wird. Allein die Wiederholung des Ausdrucks „Potenzial" verstärkt den Eindruck, dass (...). Ebenso vermitteln Wörter aus den Bereichen „Zukunft", „modern" und „Umweltschutz" ein positives Bild von (...)

~~Am Ende des Textes~~   ~~wieder~~   ~~Diese Entwicklung~~
20 ~~Dann~~ wird die Ausgangsbehauptung ~~wider~~ aufgegriffen,[1] ~~Das Verhalten~~
                                        wobei   diese Bewertung
~~der Autofahrer~~ wird positiv bewertet, ~~wo bei~~ sich ~~das~~ auf eine Aussage des
Umweltbundesamtes stützt, nach der (...). Im letzten Satz heißt es dann: „Der inoffizielle Gewinner des Trendwandels? Unsere Umwelt." Durch die Wiederholung des Frage-Antwort-Schemas der fett gedruckten Zwischenüberschrift entsteht (...). Dadurch wird
25 die Botschaft vermittelt, dass Menschen, die Car-Sharing-Angebote nutzen, nicht nur im Trend seien, sondern sich auch umweltbewusst zeigten. (...)

Anm. 1: nach der Autos in Zukunft „eher geliehen als gekauft" (Z. 25) würden.

Einleitung:
– TATT benannt ✓
– Kernaussage/
  Funktion benannt ✓

Hauptteil:
– alle wichtigen Inhalte
  absatzweise erfasst ✓
– gedanklicher Aufbau
  nachvollziehbar wie-
  dergegeben ✓
– Funktion der einzelnen
  Ansätze aufgezeigt ✓
– sprachliche Mittel
  und ihre Funktion ge-
  nannt ✓
– Aussagen über den
  Text hinreichend be-
  legt ✓

Schluss:
– Absicht/Ziel des Textes
  genannt ✓
– Art der Darstellung
  thematisiert und be-
  wertet

Argumentierend schreiben

ein Thema schriftlich erörtern	argumentierend schreiben	andere schriftlich überzeugen

▪ lineare Erörterung
▪ dialektische Erörterung
  – Sanduhrprinzip
  – Ping-Pong-Prinzip
		▪ Leserbrief
		▪ E-Mail, Brief
		▪ Antrag
		▪ Plakat
		▪ Flyer

So geht's
Eine lineare
Erörterung
schreiben
kk7e5e

Ein Thema schriftlich erörtern

Eine dialektische Erörterung vorbereiten

Du setzt dich mit einem strittigen Thema in Pro- und Kontra-Argumenten auseinander und leitest aus der Abwägung der Argumente einen eigenen Standpunkt ab.

1. Thema und Entscheidungsfrage klären	→	2. Stoffsammlung erstellen	→	3. eigenständige Position entwickeln	→	4. Gliederung erstellen

1. **Kläre das Thema und die Entscheidungsfrage.**
   – Formuliere die Frage so um, dass du dich für oder gegen eine Position aussprechen kannst (Entscheidungsfrage).
   – Zerlege die Entscheidungsfrage in Teilfragen. Verwende die W-Fragen (*Wer? Was? Wann? Wo? Wie? Warum? …*).

So geht's

Thema: Auslandsschuljahr nach der 9. Klasse
Entscheidungsfrage: Sollte man nach der 9. Klasse für ein Jahr auf eine Schule im Ausland gehen?

Teilfragen:

– Was bedeutet „nach der 9. Klasse"?	– Klassengemeinschaft löst sich nach der 9. Klasse auf, 15 bis 16 Jahre alt
– Wo könnte man hinfahren?	– Länder in Europa und in Übersee
– Wie lange dauert der Aufenthalt?	– Schuljahr im Ausland: ca. zehn Monate
– Welche Angebote gibt es?	– professionelle Anbieter, Austauschprogramme, private Kontakte nutzen
– Wer hilft bei der Planung/vor Ort?	– Organisation/Anbieter, Eltern, Gasteltern
– Was bedeutet „Auslandsschule"?	– evtl. anderer Unterrichtsstil/-stoff
– Wozu sollte man das tun?	– Sprachkenntnisse verbessern, selbstständiger werden, neue Erfahrungen sammeln
– Welche Probleme könnte es geben?	– hohe Kosten, Freunde verlieren, Probleme durch verpassten Lernstoff

So geht's
Überzeugend
argumentieren
5z4p32

So geht's
Mindmap
n6ti9u

2. Erstelle die Stoffsammlung.
  – Sammle **Pro-** und **Kontra-Argumente**, z. B. in einer Mindmap.
  – Wähle die **überzeugendsten Argumente** aus. Sie sind überzeugend, wenn sie
    · Interessen und Wertvorstellungen vieler (Grundwerte, Grundrechte)
      berücksichtigen (normatives Argument),
    · sich auf Tatsachen stützen (Tatsachenargument),
    · die Meinung eines Experten wiedergeben (Autoritätsargument),
    · durch Vergleiche mit ähnlichen Sachverhalten nachvollziehbar sind
      (analoges Argument).
  – Notiere zu den gewählten Argumenten **Argumentationsstützen**.
3. Entwickle eine eigenständige Position zum Thema.

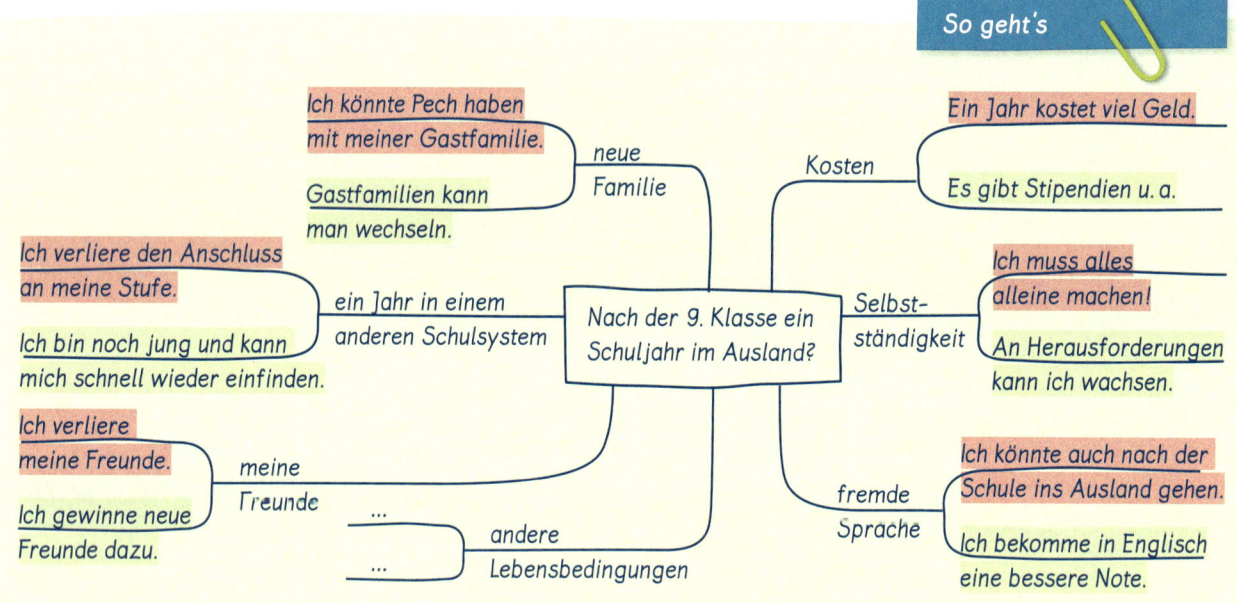

Argumentationsstützen

Pro-Argumente	Kontra-Argumente
1. An Herausforderungen kann ich wachsen. · *Schüler aus meiner Schule, die im Ausland waren, wirken selbstständiger.* 2. Ich erweitere meinen Horizont. · *Neue Erfahrungen können mir später helfen.* 3. Ich kann Englisch als Leistungskurs wählen. · *Höchstwahrscheinlich mache ich so ein besseres Abitur.*	1. Ich verliere meine Freunde. · *Freunde machen gemeinsame Erfahrungen, von denen ich nichts mitbekomme.* 2. Ich verliere den Anschluss an meine Klasse. · *Es wurde ein anderer Stoff behandelt. → Ich muss den Stoff nacharbeiten.* 3. Ein Jahr kostet viel Geld. · *Bsp. Kanada: 1000 € Flug + 6000 € Gastfamilie + 6000 € Schulgeld + Taschengeld*

4. Erstelle die Gliederung.
  – Entscheide, ob du deine Erörterung nach dem **Sanduhrprinzip** oder
    nach dem **Ping-Pong-Prinzip** schreiben willst.

Eine dialektische Erörterung nach dem Sanduhrprinzip schreiben und überarbeiten

Die Einleitung schreiben

- Führe zum Thema hin, indem du das Interesse weckst, zum Beispiel durch einen aktuellen Bezug oder ein provokantes Zitat.
- Formuliere die Entscheidungsfrage und kläre wichtige Begriffe.

Den Hauptteil schreiben

Achte dabei auf:

- einen sachlichen Stil
- Vollständigkeit der Argumentation (Argumente + Argumentationsstützen)
- sinnvolle gedankliche Verknüpfungen
- eine Überleitung von der Gegenthese zur These (**Drehpunkt**), die eine Zusammenfassung oder Infragestellung der Gegenthese beinhaltet und die eigene Position ankündigt

Den Schluss schreiben

Du hast verschiedene Möglichkeiten:

- Greife die Einleitung auf und entwickle eine neue Perspektive.
- Stelle die jeweils entscheidenden Gründe (pro und kontra) gegenüber und erläutere den wichtigsten Grund für deine Entscheidung.
- Begründe deine Unentschiedenheit und mache einen Kompromissvorschlag.

EINLEITUNG

stärkstes Argument für die Gegenthese

↓

schwächstes Argument für die Gegenthese

DREHPUNKT

schwächstes Argument für die These

↓

stärkstes Argument für die These

SCHLUSS

So geht's
Eine dialektische Erörterung nach dem Sanduhrprinzip schreiben
3gu9xg

So geht's

Einleitung:
– Strittigkeit des Themas aufgezeigt ✓

Hauptteil:
– alle wichtigen Argumente erfasst ✓
– Argumente hinreichend gestützt ✓
– Sanduhrprinzip erkennbar ✓

Schluss:
– fehlt noch

Überarbeiten:

Inhalt
Ausdruck
Rechtschreibung/
Zeichensetzung

„Willst du etwa auch ein Schuljahr im Ausland verbringen?" Fragen wie diese höre ich derzeit immer wieder: Soll ich nach der 9. Klasse diesen Schritt wagen? Klar ist: (...). Mitschüler, mit denen ich über dieses Thema spreche, fürchten vor allem, dass sie den Kontakt zu ihren Freunden verlieren. Ich kann dieses Argument gut verstehen. Gerade
5 im letzten halben Jahr haben sich in unserer Klassenstufe Freundschaften gebildet, die (...). Würde ich für ein Jahr weg sein, könnte ich zum Beispiel nicht (...). Gegen ein Auslandsjahr spricht auch, dass man im Ausland andere Themen im Unterricht behandelt. Ich müsste (...). Außerdem ist zu bedenken, dass ein Auslandsjahr viel Geld kostet. Ein Freund hat für seinen Kanada-Aufenthalt sogar (...) zahlen müssen. Es gibt
10 zwar Stipendien, dennoch (...).

√ starken Kontra-

Was treibt mich nun dazu, trotz dieser Argumente ins Ausland gehen zu wollen?
     reizt   Perspektive   Muttersprachler Englisch
Zunächst ~~reizt~~ mich die ~~Gewissheit~~, nach diesem Jahr wie ein ~~Engländer~~
sprechen zu können. Wenn ich[1] ~~z.B.~~ ~~nach Kanada~~ fliegen sollte, dann (...) ins Abitur
einbringen. Für ein Auslandsjahr sprechen auch die Erfahrungen mit fremden
15 Umgebungen. Ich würde meinen Horizont erweitern und hätte im Berufsleben (...).
Das entscheidende Argument aber für ein Auslandsjahr ist, dass man in dieser Zeit
stärker als zu Hause auf sich selbst gestellt ist. Diese Herausforderung trägt zur
Selbstständigkeit (...)

Anm. 1: zum Beispiel in ein englischsprachiges Gastland wie Kanada

Eine dialektische Erörterung nach dem Ping-Pong-Prinzip schreiben und überarbeiten

Die Einleitung schreiben
- Führe zum Thema hin, indem du Interesse weckst.
- Formuliere die Entscheidungsfrage und kläre wichtige Begriffe.

Den Hauptteil schreiben
Achte dabei auf:
- einen sachlichen Stil
- die Zuordnung zwischen den Pro- und Kontra-Argumenten
- eine sinnvolle, z. B. steigernde Anordnung der Argumente
- die Vollständigkeit der Argumentation (Argumente + Argumentationsstützen)
- sinnvolle gedankliche Verknüpfungen
- die Überleitung zwischen den Pro- und Kontra-Argumenten

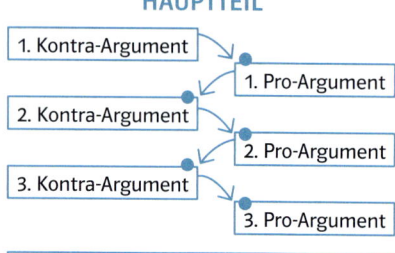

EINLEITUNG

HAUPTTEIL

1. Kontra-Argument
1. Pro-Argument
2. Kontra-Argument
2. Pro-Argument
3. Kontra-Argument
3. Pro-Argument

SCHLUSS

Den Schluss schreiben
Du hast verschiedene Möglichkeiten:
- Greife die Einleitung auf und entwickle eine neue Perspektive.
- Stelle die jeweils entscheidenden Gründe (pro und kontra) gegenüber und erläutere den wichtigsten Grund für deine Entscheidung.
- Begründe deine Unentschiedenheit und mache einen Kompromissvorschlag.

So geht's

„Willst du etwa auch ein Schuljahr im Ausland verbringen?" Fragen wie diese höre ich derzeit immer wieder: Soll ich nach der 9. Klasse diesen Schritt wagen? Klar ist: (...). Mitschüler, mit denen ich über dieses Thema spreche, fürchten vor allem, dass sie den Kontakt zu ihren Freunden verlieren würden. Ich kann dieses Argument gut verstehen, da
5 *(...). Angesichts der Tatsache, dass Jugendliche immer mehr über soziale Netzwerke und Skype kommunizieren, scheint mir diese Angst aber nur zum Teil begründet zu sein. Auch das Argument, man könne als Auslandsschüler den Anschluss verlieren, hat nur begrenzt Gewicht. Die Erfahrungen an meiner Schule haben gezeigt, dass sich die meisten Schülerinnen und Schüler schnell wieder einfinden und (...).*
10 *Ein nicht zu unterschätzendes Kontra-Argument sind die hohen Kosten, die (...). Wenn man sich aber rechtzeitig um ein Stipendium kümmert (...).*
Für ein Auslandsjahr spricht die Perspektive, nach einem Jahr wie ein Muttersprachler Englisch sprechen zu können. Der Einwand, dies könne man auch durch „Work and Travel" nach der Schule machen, ist zwar richtig, übersehen wird aber die bessere Englischnote im
15 *Abitur und die frühe Selbstständigkeit.*

..., die man in dieser Zeit mit Menschen einer anderen Kultur sammeln kann,
Auch die neuen Erfahrungen ~~in einem anderen Land~~ sprechen für einen Auslandsaufenthalt.
Zweifler   √als   einschätzen   dass
~~Manche~~ mögen dieses Argument nicht so wichtig ~~einschetzen~~, sie vergessen aber, ~~das~~
ein sicherer Umgang mit Menschen aus anderen Ländern auch im Beruf immer wichtiger wird.
Das entscheidende Argument für ein Auslandsjahr aber ist, dass man in dieser Zeit die
20 *Chance hat, selbstständiger zu werden. Bedenkt man, dass (...).*

Einleitung:
– Strittigkeit des Themas aufgezeigt ✓

Hauptteil:
– Argumente hinreichend gestützt ✓
– Ping-Pong-Prinzip erkennbar ✓
– alle wichtigen Argumente genannt ✓

Schluss:
– fehlt noch

Überarbeiten:
Ausdruck
Rechtschreibung/
Zeichensetzung

Einen Kommentar schreiben

Der Kommentar ist eine journalistische Form der Meinungsäußerung, mit der der Autor/
die Autorin Stellung zu Ereignissen, Sachverhalten oder strittigen Fragen nimmt.
Ein Kommentar soll den Leser/die Leserin von einer Meinung überzeugen oder dazu
anregen, einen eigenen Standpunkt zu entwickeln.

1. Einen Kommentar vorbereiten

- Wähle ein interessantes Thema. Achte auf Relevanz und Neuigkeitswert.
- Recherchiere wichtige Informationen und passende Zitate.

2. Einen Kommentar schreiben und überarbeiten

Einstieg: Wecke das Interesse (z. B. *durch Zitat, Provokation, Frage*).
Hauptteil:

- Informiere kurz über das Thema.
- Schreibe argumentierend (These + Argumente + Argumentationsstützen).
  Greife ggf. auch Kontra-Argumente auf und widerlege sie.
- Nimm eindeutige Wertungen vor. Nutze bewusst sprachliche Mittel.

Schluss:

- Beziehe dich auf den Einstieg.
- Appelliere an die Leser/Leserinnen.

So geht's

Nachricht

Schulfach „Glück" wird in Stundenplan aufgenommen (29.06.2012)

An einer Oberschule in Bremen soll „Glück" fester Bestandteil im Stundenplan werden. So soll Lebenskompetenz vermittelt werden.

Bremen. Seit Februar gibt es an einer Bre-
5 mer Schule das Pilotprojekt „Schulfach
Glück". Jetzt soll es weiterentwickelt werden. „Wir wollen es im Schuljahr 2013/2014
in den regulären Stundenplan aufnehmen",
sagte die Leiterin der Oberschule Schaum-
10 burger Straße, Annette McCallum, am Frei-
tag. Bislang werde das Fach als Profilstunde
in den 8. Klassen unterrichtet.
Dabei wird den 25 Schülern den Angaben
zufolge auf vielschichtige Weise Lebenskom-
15 petenz vermittelt. „Es geht uns um Ermutigung, Bestätigung und Wertschätzung",
sagte McCallum. Wünschenswert für die
weitere Entwicklung des Projekts sei eine
wissenschaftliche Begleitung. *(dapd)*

Kommentar

Unglücklich? Du hast wohl nicht aufgepasst!

„Mama, ich brauche Nachhilfe in Glück, sonst
werde ich nicht versetzt!" Derartige Szenen
könnten sich in Bremen bald häufiger abspielen,
seitdem an einer Oberschule (…).
5 Man stelle sich vor: Der ewig nölende Ober-
studienrat Müller erklärt mir, wie ich glücklich
zu sein habe! Dabei wäre schon viel für mein
Glücklichsein getan, wenn ich statt „Glück"
eine Freistunde hätte! Es soll in diesem Fach
10 „um Ermutigung, Bestätigung und Wertschätzung" gehen. Dieses Anliegen, formuliert von
der betreffenden Schulleiterin, ist zwar lobens-
wert, zeigt es doch, dass (…). Naheliegender
wäre es aber, wenn folgender Rat beherzigt
15 würde: Sorgen Sie als Leitung dafür, dass die
Müllers Ihrer Schule den Schülern im normalen
Unterricht Wertschätzung entgegenbringen.
Dann bräuchten vielleicht auch weniger Schüler
Nachhilfe. Und sie könnten die gewonnene Zeit
20 glücklich mit ihren Freunden verbringen!

So geht's
offizielle
E-Mail
i887qc

Einen offiziellen Brief/eine offizielle E-Mail schreiben

Für offizielle Briefe und E-Mails an Behörden, Firmen oder wichtige Personen gelten im Wesentlichen die gleichen Regeln. Abweichungen zwischen Brief und E-Mail ergeben sich vor allem beim Briefkopf und beim Adressfeld.

So geht's

Mirko Schuster
Rheinländer Weg 4b
53111 Bonn
Tel.: 0228/41078
E-Mail: m.schuster@mail.de

(drei Zeilen bis zur Anschrift des Empfängers)
An
AFS Interkulturelle Begegnungen e. V.
Postfach 50 01 42
22701 Hamburg

(drei Zeilen bis zur Datumsangabe)　　　　Bonn, 15.05.2015

Bewerbung um ein Auslandsschuljahr 2016/17 in Kanada

Sehr geehrte Damen und Herren,

von einem Freund, der das letzte Jahr an einer Highschool in Alberta/Kanada verbringen durfte, habe ich nur Gutes von dieser Zeit gehört. Besonders gelobt hat er die Zusammenarbeit mit Ihrer Organisation.
5 Insbesondere die drei Vorbereitungswochenenden sowie die Betreuung vor Ort hat er als sehr hilfreich empfunden. Derart beraten und mit der entsprechenden Lust, mich auf ein anderes Land einzulassen, bewerbe ich mich bei Ihnen um ein Auslandsschuljahr 2016/17 in Kanada.
Die entsprechenden Bewerbungsunterlagen habe ich mir von Ihrer In-
10 ternetseite heruntergeladen. Zusammen mit der ausführlichen Selbstbeschreibung und dem vertraulichen Schulgutachten liegen sie ausgefüllt diesem Brief bei. Ebenso finden Sie in der Anlage einen Beleg für die überwiesene Bearbeitungsgebühr.

Ich freue mich, bald von Ihnen zu hören.

15 Mit freundlichen Grüßen

(drei Zeilen freilassen für die Unterschrift)
Mirko Schuster

PS: Meine Familie ist gern bereit, für diese Zeit einen Gastschüler bzw. eine Gastschülerin aufzunehmen.

Anlagen

Briefkopf:
Absenderadresse
(evtl. weitere Kontaktdaten)

Adressfeld:
vollständige Adresse

Ort, Datum:
in der ersten Zeile rechts

Betreffzeile:
(ohne „Betreff"): Kurzinformation über dein Anliegen

Anrede:
respektvoll

Text:
sachlicher, informierender oder argumentativer Stil, Übersichtlichkeit durch Absätze
Die Höflichkeitsanrede *Sie* sowie die *dazugehörigen Pronomen* großschreiben

Grußformel und Unterschrift:
jeweils eine eigene Zeile

PS:
Anmerkungen, die über den Inhalt des Briefes hinausgehen oder einen wichtigen Punkt betonen

Anlage(n):
Hinweis darauf, dass dem Brief etwas beigelegt ist

Ein Protokoll schreiben

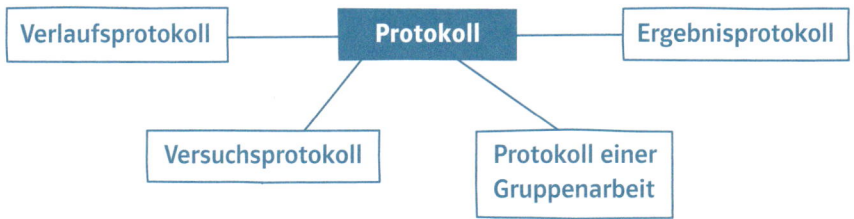

Verlaufsprotokoll — **Protokoll** — Ergebnisprotokoll

Versuchsprotokoll

Protokoll einer Gruppenarbeit

Ein Ergebnisprotokoll schreiben

Über die Ergebnisse einer Sitzung kannst du in einem Protokoll berichten.
Es dient als Gedächtnisstütze für die Teilnehmerinnen und Teilnehmer oder als Information für Abwesende.

So geht's

**Protokoll der Schülerratssitzung
am 14.04.2015**

Zeit/Ort: 12.00–13.25 Uhr (Musikraum)

Anwesende/Fehlende: Vertreter/innen sämtlicher Klassen, Ausnahmen: 7a (Klassenfahrt), 9b (Praktikum)

Gesprächsleitung: Kirsten Schwenk (Schulsprecherin)

Protokollant: Leonard Kahle

TOP 1: Schülerdisco am 09.05.2015

– Corinnas Planung wird einstimmig zugestimmt.
– Kirsten spricht mit der SL[1], da noch mindestens ein Aufsicht führender Lehrer fehlt.

TOP 2: Beteiligung der SV am Tag der offenen Tür

– Die Klassensprecher/innen klären bis zur nächsten Schülerratssitzung im Klassenrat, was die einzelnen Klassen am „Tag der offenen Tür" anbieten wollen.

TOP 3: „Glück" als Wahlpflichtangebot in Klasse 10

– Kirsten bittet um ein Votum hinsichtlich der geplanten Einführung des Faches „Glück" als Wahlpflichtangebot in Klasse 10.
– Mehrheit für den Vorschlag (14:7, 2 Enthaltungen).
– Kirsten wird beauftragt, folgende Frage an die SL weiterzugeben: Welche Bewertungskriterien sollen für dieses Fach gelten, z.B. bei Klausuren?

14.04.2015 *Leonard Kahle*

[1] SL = Schulleitung

Protokollkopf:
– Titel der Veranstaltung
– Datum und Uhrzeit (Beginn und Ende der Veranstaltung)
– Ort
– Anwesende/Fehlende
– (ggf.) Thema
– (ggf.) Vorsitzende/r
– Protokollant/in

Protokolltext:
– Gliederung in Punkte (z. B. Tagesordnungspunkte = TOP)
– Tempus: Präsens
– Redewiedergabe: indirekte Rede
– Sprachstil: klar, sachlich, ohne persönliche Wertung

Schluss:
– Datum, an dem das Protokoll erstellt wurde
– Unterschrift des Protokollanten bzw. der Protokollantin

Ein Bewerbungsschreiben verfassen

Achte darauf, dass du dich gut präsentierst und die formalen Kriterien einhältst.

So geht's

Nicola Böhringer
Blumenweg 4a
44707 Bochum
Tel.: 0234/123 456
E-Mail: n.boehringer@gmx.de

(drei Zeilen bis zur Anschrift des Empfängers)
Textilhandel Schneider
Frau Karin Wegner
Hartmannstraße 24
44894 Bochum

(drei Zeilen bis zur Datumsangabe)   Bochum, 04.02.2015

Bewerbung um einen Praktikumsplatz vom 6.–24. April 2015

Sehr geehrte Frau Wegner,

mit Interesse habe ich Ihr Praktikumsangebot auf der Internetseite Bildungsmarkt-NRW.de gelesen. Besonders angesprochen hat mich dabei die Möglichkeit, meine Freude im Umgang mit Stoffen mit meinem Interesse an dem Aufgabenfeld einer
5 Bürokauffrau verknüpfen zu können. Aus diesem Grund bewerbe ich mich bei Ihnen um einen Praktikumsplatz im Zeitraum vom 06.–24.04.2015.

Das Brecht-Gymnasium in Bochum bietet mir als Schülerin der 9. Klasse die Möglichkeit, im April ein dreiwöchiges Berufsfindungspraktikum zu absolvieren. Ich möchte diese Zeit nutzen, um in Ihrem Betrieb Einblicke in das Aufgabenfeld einer
10 Bürokauffrau zu gewinnen. Dabei reizen mich vor allem die Bereiche Organisation und Verwaltung, in denen ich in meiner Arbeit im Schülerrat erste Erfahrungen sammeln konnte. So war ich zuständig für die Planung und Durchführung von einem großen Schulfest. Dabei kamen mir sowohl meine gute Ausdrucksfähigkeit als auch meine PC-Erfahrungen zu Hilfe (siehe Zeugnis).

15 Ein Praktikum bei Ihnen wäre ein großer Gewinn für mich, zumal ich die Stoffe, die ich an meiner Nähmaschine verarbeite, oft in Ihrem Geschäft kaufe.

Auf eine Einladung zum persönlichen Gespräch freue ich mich sehr.

Mit freundlichen Grüßen

(drei Zeilen freilassen für die Unterschrift)
Nicola Böhringer

20 Anlagen

– vollständige Kontaktdaten

– Adresse des Empfängers, möglichst mit Ansprechpartner/ Ansprechpartnerin

– Ort und Datum

– Betreffzeile: Anliegen genau benennen

– persönliche Anrede

– Praktikumswunsch nachvollziehbar begründen

– eigene Stärken, die für das Unternehmen wichtig sind, betonen

– Bitte um Einladung zum Vorstellungsgespräch

– Grußformel ausformulieren

– handschriftliche Unterschrift (Vor- und Zuname)

Sprachlicher Umgang mit anderen

Lerninsel: Was du wissen und können musst

In Gesprächen kann es auch zu Missverständnissen kommen. Hier erfährst du, wie du die Ursachen von Kommunikationsstörungen erkennen und beheben kannst. Außerdem findest du Tipps, wie du deine Diskussionsbeiträge so aufbauen kannst, dass sie strukturiert und überzeugend sind.

Aspekte von Kommunikation

Inhalt
Welche Information enthält die Aussage?

Der Rechner ist weg.
Das Verhältnis ist gleichberechtigt.

Appell
Was soll der Angesprochene aufgrund der Aussage denken, fühlen oder tun?

Hilf mir.
Lass mich in Ruhe.

Aussage/Nachricht
Bruder: „Weißt du, wo mein Taschenrechner ist?"
Schwester: „Ich bin nicht deine Angestellte!"

Beziehung
Was sagt die Aussage über die Beziehung zwischen Sprecher und Angesprochenem aus?

Du weißt oft, wo ich meine Sachen liegen lasse.
Du kannst mich nicht für deine Aufgaben einspannen.

Einen Standpunkt mithilfe des Fünfsatzes vertreten
S. 266

Ursachen für Kommunikationsstörungen erkennen
S. 267

Einen Standpunkt mithilfe des Fünfsatzes vertreten

Du kannst deiner Position in einer Diskussion oder bei einer Erörterung mehr Überzeugungskraft geben, wenn du den Fünfsatz anwendest.

1. Satz	2.–4. Satz	5. Satz
Einleitung	**Hauptteil**	**Schluss/Zwecksatz**
Beschreibung der Ausgangssituation	drei argumentierende Schritte	Zielaussage, Schlussfolgerung

$\rightarrow$ zwischen 1 und 2–4, $\rightarrow$ zwischen 2–4 und 5

1. **Eigene Position (Zwecksatz) genau bestimmen**
   – Achte darauf, dass sich dein Zwecksatz auf das Problem bezieht.
   – Sammle Argumente, die deinen Standpunkt begründen.

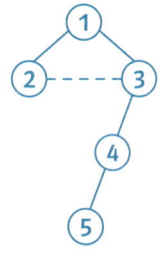

2. **Argumente nach einem der folgenden Modelle ordnen**
   – **Argumentationskette:** Du reihst Argumente in einer logischen oder zeitlichen Abfolge aneinander. Verwende z. B.: *Daraus folgt …, Das führt dazu …, Deshalb …*
   – **Ausklammerung:** Du nennst ein Kontra-Argument (2. Satz), entkräftest dieses (3. Satz) und stärkst anschließend die Pro-Position durch ein weiteres Argument (4. Satz). Verwende z. B.: *Man könnte die Ansicht vertreten, …; Dabei sollte man aber berücksichtigen, …*

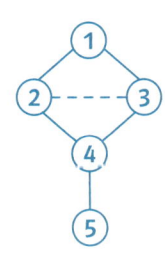

   – **Kompromiss:** Du benennst zwei gegensätzliche Positionen (2. und 3. Satz) und stellst anschließend deren Gemeinsamkeiten (Synthese) als möglichen dritten Weg dar (4. Satz). Verwende z. B.: *Einerseits … andererseits, Demgegenüber …, Beiden Positionen gemeinsam ist …*

3. **Argumentation in Stichpunkten aufschreiben**
   – Skizziere den Aufbau deiner Argumentation.
   – Notiere wichtige Formulierungen, z. B. die Verbindungen zwischen den argumentativen Schritten.

So geht's

Der Lärm in der großen Pause vor der Cafeteria ist unerträglich. Darüber sind sich alle Beteiligten einig. Lässt sich, wie die Lehrer fordern, das Problem dadurch lösen, dass Mitglieder der Schülervertretung zusammen mit (…)? Die Lehrer begründen ihren Vorschlag mit der Behauptung, (…). Dabei ist aber zu berücksichtigen, dass (…). Außerdem haben auch die Mitglieder der SV ein Recht auf Pause. Das Problem lässt sich unserer Meinung nach am besten dadurch lösen, dass die Lehrerschaft gemeinsam mit der SV in der Schulkonferenz den Antrag stellt ….

Ausklammerungsmodell

1. Ausgangssituation: Lärm in der Cafeteria $\rightarrow$ Vorschlag der Lehrer: SV + Lehrer sorgen für Ruhe
2. Kontra-Argument: „Die Lehrer begründen ihren Vorschlag mit …": SV hat Autorität bei Schülern
3. Entkräftung: „Dabei ist aber zu berücksichtigen, …" $\rightarrow$ SV wird nicht erkannt
4. Stärkung: „Außerdem …" $\rightarrow$ SV hat Recht auf Pause
5. Position: „Das Problem lässt sich lösen …": gemeinsamer Antrag von SV und Lehrerschaft auf Schulkonferenz $\rightarrow$ bauliche Lärmschutzmaßnahmen (z. B. Lärmdämmung)

Ursachen für Kommunikationsstörungen erkennen

Grundannahmen über Kommunikation	Erläuterung	mögliche Kommunikations- störungen
Man kann nicht nicht kommunizieren.	Auch mit einem bewussten Schweigen drückst du etwas aus.	Schweigen wird irrtümlich als Ablehnung verstanden.
Jede Kommunikation hat einen Inhalts- und einen Beziehungs- aspekt.	In jeder deiner Äußerungen sagst du auch etwas über deine Beziehung zum anderen aus. Letzteres kommt vor allem in der Art, wie du kommunizierst, zum Ausdruck.	– Gesprächspartner reden über einen Inhalt, meinen aber eigentlich ihre Beziehung. – Der eine Gesprächspartner redet auf der Inhaltsebene, wird vom anderen aber auf der Beziehungsebene verstanden.
Kommunikation kann symmetrisch und kom- plementär verlaufen.	Dein Gesprächsverhalten wird davon bestimmt, ob du das Verhältnis zu deinem Gesprächs- partner als gleichberechtigt (symmetrisch) oder nicht (kom- plementär) empfindest.	– Das Verhältnis zueinander wird unterschiedlich eingeschätzt. – Unterschiedliches Sprachver- halten kann zu Missverständ- nissen führen.
Kommunikation erfolgt sowohl digital als auch analog.	Du verständigst dich über Worte (digital) und über nonverbale (analoge) Mittel.	Die Körpersprache entspricht nicht dem gesprochenen Wort → Uneindeutigkeit.
Jede Mitteilung ist zugleich Reaktion und Reiz.	Jede deiner Äußerungen ergibt sich auch aus subjektiven Annah- men über die Situation bzw. über deinen Gesprächspartner.	– Es herrscht – unausgesprochen – keine Einigkeit über den Ge- sprächsgegenstand. – Es herrscht Uneinigkeit darü- ber, wer angefangen hat.

Die Brüder sollten über ihr Verhältnis zueinander sprechen.

So geht's

Tim und Paul

Tim hält einen Fahrradschlauch in der Hand und studiert die Anleitung zum Flicken eines kaputten Schlauches. Er hat sich vorgenommen, diese Aufgabe allein zu meistern. Sein großer Bruder Paul kommt dazu.

Paul: Na, kleiner Bruder, Probleme?

Tim: Du kannst mir helfen. Halt mal den Schlauch!

Paul sitzt da, wo vorher sein Bruder gesessen hat, und pumpt den kaputten Schlauch auf, um das Loch zu finden. Tim steht daneben und wirkt verärgert.

Paul: Zunächst muss man das Loch finden.

Tim: He, du solltest nur den Schlauch halten!

– Tim reagiert nicht auf den Inhalts-, sondern auf den Beziehungsaspekt in Pauls Belehrung.
– Paul reagiert auf seine Annahme, Tim könne das Problem nicht lösen.
– Tims Körpersprache ist nicht eindeutig.
– Tim will ein symmetrisches Verhältnis zu seinem Bruder. Paul fühlt sich überlegen (komplementär).

Umgang mit erzählenden Texten

Lerninsel: Was du wissen und können musst

Erzählende (auch: epische) Texte kannst du besser verstehen, wenn du diese unter bestimmten Aspekten untersuchst oder produktiv mit ihnen umgehst. Vieles hast du bereits in den Klassen 5 bis 8 gelernt. In dieser Lerninsel erhältst du weiteres Handwerkszeug, um erzählende Texte genauer untersuchen zu können.

So geht's:
Handlung, Handlungsmuster, zentraler Konflikt, Ort, erzählenden Text weiterschreiben, erzählenden Text dialogisieren

g9q9gd

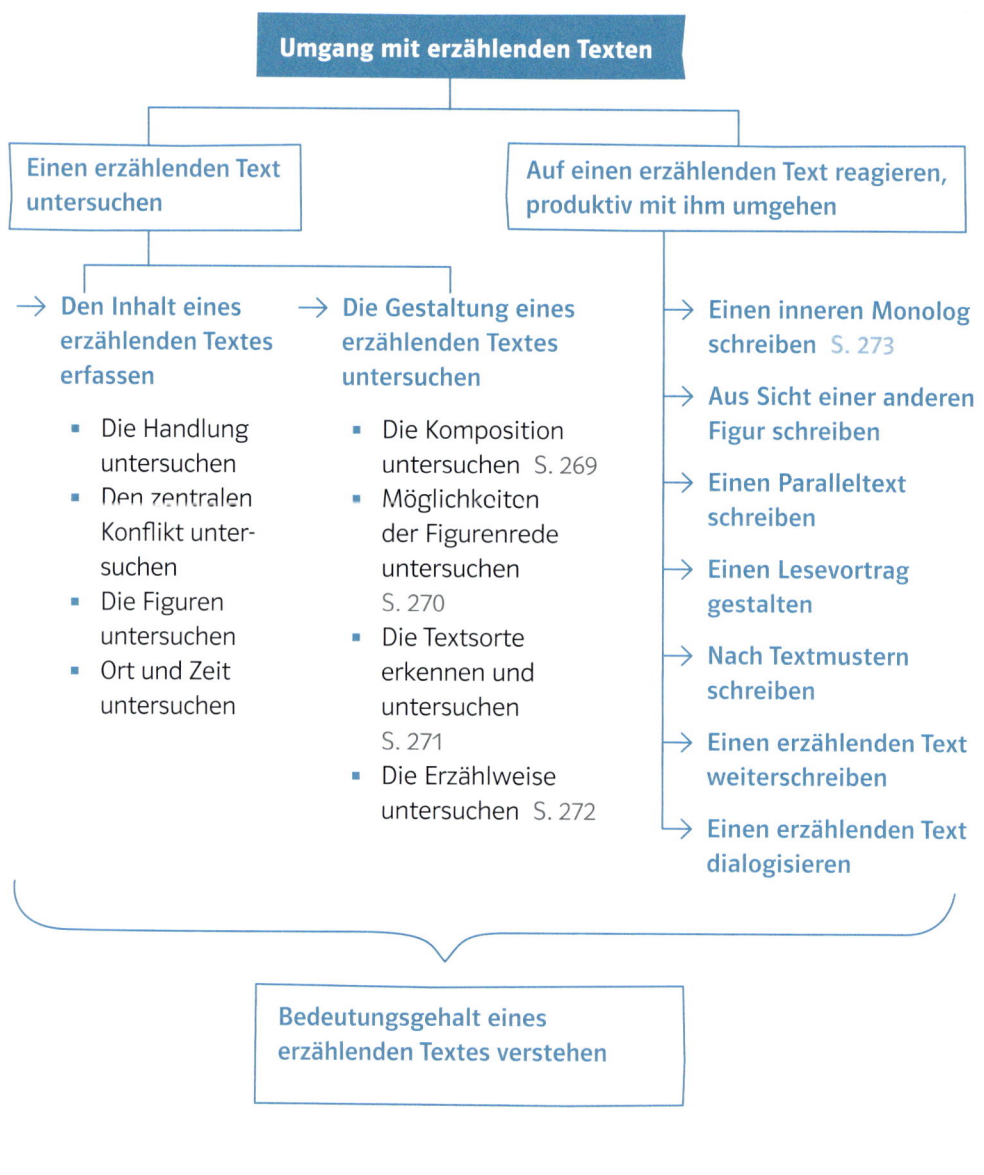

Umgang mit erzählenden Texten

Einen erzählenden Text untersuchen

→ **Den Inhalt eines erzählenden Textes erfassen**
- Die Handlung untersuchen
- Den zentralen Konflikt untersuchen
- Die Figuren untersuchen
- Ort und Zeit untersuchen

→ **Die Gestaltung eines erzählenden Textes untersuchen**
- Die Komposition untersuchen S. 269
- Möglichkeiten der Figurenrede untersuchen S. 270
- Die Textsorte erkennen und untersuchen S. 271
- Die Erzählweise untersuchen S. 272

Auf einen erzählenden Text reagieren, produktiv mit ihm umgehen

→ **Einen inneren Monolog schreiben** S. 273

→ **Aus Sicht einer anderen Figur schreiben**

→ **Einen Paralleltext schreiben**

→ **Einen Lesevortrag gestalten**

→ **Nach Textmustern schreiben**

→ **Einen erzählenden Text weiterschreiben**

→ **Einen erzählenden Text dialogisieren**

Bedeutungsgehalt eines erzählenden Textes verstehen

Die Gestaltung eines erzählendes Textes untersuchen

Die Komposition untersuchen

Chronologische Darstellung der Handlung
- Die Handlung wird in zeitlicher Abfolge des Geschehens (chronologisch) erzählt.
- Rückblenden bzw. Vorausdeutungen ermöglichen Reflexionen durch den auktorialen Erzähler, unterbrechen aber nicht grundsätzlich die zeitliche Abfolge der Handlung.
- Beispiel: *Annette von Droste-Hülshoff: Die Judenbuche*

Nichtchronologische Darstellung der Handlung
- Die Handlung wird in einer Reihenfolge erzählt, die sich aus der Erzählabsicht ergibt.
- Rückblenden bzw. Vorausdeutungen werden dazu genutzt, Spannung zu erzeugen, Auflösungen zu bieten oder Hintergründe aufzuzeigen.
- Beispiel: *Anne-Laure Bondoux: Die Zeit der Wunder*

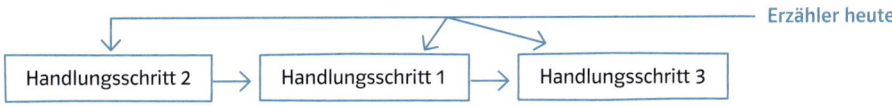

Komposition von zwei oder mehreren Handlungssträngen
- Die Vernetzung der Handlungsstränge geschieht durch wiederkehrende thematische Elemente (Ort, Figuren, Zeitpunkte, Themen oder Leitmotive).
- Diese Art des Erzählens ermöglicht z. B. die Darstellung unterschiedlicher Standpunkte zu dem Geschehen und fordert den Leser auf, eine eigene Sicht zu entwickeln.
- Beispiel: *Tatiana de Rosnay: Sarahs Schlüssel*

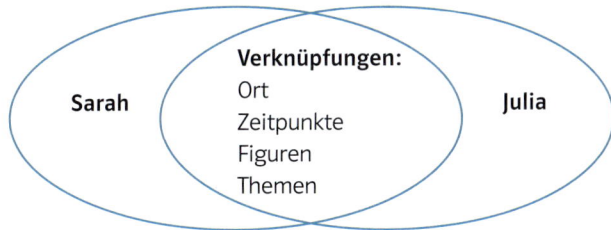

Komposition von Rahmen- und Binnenhandlung
- Die Rahmenhandlung dient oft dazu, die Binnenhandlung(en) glaubwürdiger erscheinen zu lassen.
- Beispiel: *Yann Martel: Schiffbruch mit Tiger*

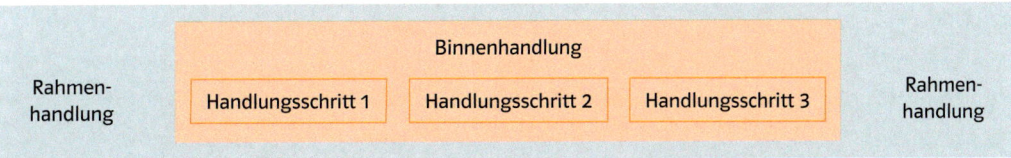

Möglichkeiten der Figurenrede untersuchen

Die Art und Weise, wie die Gedanken und Gefühle einer Figur wiedergegeben werden, beeinflusst dein Verständnis dieser Figur.

- **Direkte Rede/Gedankenrede:** Figur spricht bzw. denkt selbst (Redebegleitsatz, Anführungszeichen) → Der Leser erlebt direkt mit; ein Abstand des Lesers entsteht nur durch einleitende Formulierungen wie z. B. *Er sagte: „…"; Sie dachte „…".*
- **Indirekte Rede:** Erzähler gibt die Reden oder Gedanken der Figur wieder (einleitendes Verb, Nebensatz, Konjunktiv) → Für den Leser entsteht häufig zur Figur ein Abstand.
- **Innerer Monolog:** Wiedergabe der Gedanken einer Figur in der 1. Person Indikativ Präsens, in der Regel ohne Redebegleitsatz und Anführungszeichen → Der Leser erlebt die Gedanken direkt mit und fühlt oft eine größere Nähe zu der Figur.
- **Erlebte Rede:** Wiedergabe der Gedanken einer Figur in der 3. Person Indikativ Präteritum → Der Leser erlebt die Gedanken der Figur mit; der Abstand durch die Verwendung der 3. Person ist kaum zu spüren.

Koog:
an der Nordsee durch Deichbau gewonnenes Land

Karriole:
einachsiges Pferdefuhrwerk für maximal zwei Personen

So geht's

Theodor Storm: Der Schimmelreiter (Ausschnitt, 1888)

Da warf er seine Augen seitwärts nach dem neuen Koog; um ihn schäumte das Meer; aber in ihm lag es wie nächtlicher Friede. Ein unwillkürliches Jauchzen brach aus des Reiters Brust: „Der Hauke-Haien-Deich, er soll schon halten; er wird es noch nach hundert Jahren tun!"

5 Ein donnerartiges Rauschen zu seinen Füßen weckte ihn aus diesen Träumen; der Schimmel wollte nicht mehr vorwärts. Was war das? – Das Pferd sprang zurück, und er fühlte es, ein Deichstück stürzte vor ihm in die Tiefe. […]
Er sah noch mehr: ein Wagen, nein, eine zweirädrige Karriole kam wie toll gegen den Deich herangefahren; ein Weib, ja auch ein Kind saßen

10 darin. Und jetzt – war das nicht das kreischende Gebell eines kleinen Hundes, das im Sturm vorüberflog? Allmächtiger Gott! Sein Weib, sein Kind waren es; schon kamen sie dicht heran, und die schäumende

15 Wassermasse drängte auf sie zu. Ein Schrei, ein Verzweiflungsschrei brach aus der Brust des Reiters. „Elke!", schrie er, „Elke! Zurück! Zurück!"

In diesem Ausschnitt entwickelt sich ein höchst dramatischer Moment: Der Deichgraf Hauke Haien, glücklich, dass sein neuer Deich der Sturmflut trotzt, sieht plötzlich, wie der alte Deich bricht und seine Familie in große Gefahr gerät. In Form einer Gedankenwiedergabe in direkter Rede (Z. 3 f.) erlebt der Leser die anfänglich selbstbewussten Gedanken unmittelbar mit. Mit „Was war das? …" (Z. 6) wechselt der Erzähler plötzlich in die erlebte Rede. Der Leser erlebt Haukes innere Unruhe mit, bis diese in einen Schrei ausbricht, der in der direkten Rede wiedergegeben ist: „'Elke!' […], Elke! Zurück! Zurück!" (Z. 17 f.).

Die Textsorte erkennen und untersuchen

Du kannst Erzähltexte gezielter untersuchen, wenn du auf die typischen Merkmale der Textsorte (z. B. Novelle, Märchen) achtest. Beachte aber, dass nicht jeder Text alle Merkmale der Textsorte aufweist.

So geht's
erzählende
Textsorten
w5b2dd

So geht's

Wolfgang Borchert: Vielleicht hat sie ein rosa Hemd (1949)

Die beiden saßen auf dem Brückengeländer. Ihre Hosen waren dünn und das Brückengeländer war eisig. [...] Sie saßen und hielten Parade ab. Und weil sie einen Krieg lang nur Männer gesehen hatten, sahen sie jetzt nur Mädchen. [...]

5 Und dann kam sie. Sie war ganz anders. [...]
Vielleicht hat sie ein rosa Hemd, meinte Timm dann. Warum, sagte der andere.
Doch, antwortete Timm, die so sind, die haben meistens ein rosa Hemd. [...] Du kennst wohl eine?

10 Timm sagte nichts. Sie saßen da und das Brückengeländer war eisig durch die dünnen Hosen. Da sagte Timm:
Nein, ich nicht. Aber ich kannte mal einen, der hatte eine mitn rosa Hemd. Beim Kommiss. In Russland. In seiner Brieftasche hatte er immer so'n Stück rosa Zeug. Aber das ließ er nie sehen.

15 Aber einen Tag fiel es auf die Erde. Da haben es alle gesehen. Aber gesagt hat er nichts. Nur angelaufen ist er. Wie das Stück Zeug. Ganz rosa. Abends hat er mir dann erzählt, das hätte er von seiner Braut. Als Talisman, weißt du. Sie hat nämlich lauter rosa Hemden, hat er gesagt. Und davon ist es. Timm hörte auf.

20 Na und? fragte der andere.
Da sagte Timm ganz leise: Ich hab es ihm weggenommen. Und dann hab ich es hochgehalten. Und wir haben alle gelacht. Mindestens eine halbe Stunde haben wir gelacht. Und was die für Dinger gesagt haben, kannst du dir denken.

25 Und da? fragte der neben Timm.
Timm sah auf seine Knie. Er hat es weggeworfen, sagte er. Und dann sah Timm den andern an: Ja, sagte er, er hat es weggeworfen, und dann hat es ihn erwischt. Am nächsten Tag hat es ihn schon erwischt.

30 Sie sagten beide nichts. Saßen da so und sagten nichts. Aber dann sagte der andere: Blödsinn. Und er sagte es noch einmal. Blödsinn, sagte er.
Ja, ich weiß, sagte Timm. Natürlich ist es Blödsinn. Das ist ja ganz klar. Das weiß ich auch. Und dann sagte er noch: Aber komisch

35 ist es, weißt du, komisch ist es doch. Und Timm lachte. Sie lachten alle beide. Und Timm machte eine Faust in der Hosentasche. Dabei zerdrückte er etwas. Ein kleines Stück rosa Stoff. Viel Rosa war da nicht mehr dran, denn er hatte es schon lange in der Tasche. Aber es war noch rosa. Er hatte es aus Russland mitgebracht.

Merkmale einer Kurzgeschichte

unvermittelter Anfang:
→ Leser wird in das Geschehen „geworfen"

sparsame Darstellung von Ort/Zeit:
öffentlicher Ort, nach Kriegsende

wenige Figuren:
zwei ehemalige Soldaten
(wirken jung)

einsträngige Handlung:
zwei ehemalige Soldaten betrachten vorübergehende Mädchen; einer erzählt ein Erlebnis aus dem Krieg, das ihn belastet

Erzählweise:
– Er-/Sie-Erzähler
– Außenperspektive
– szenische Darstellung
– überwiegend neutrale Erzählhaltung
ab Z. 36
– Wechsel von szenischer Darstellung (Dialog) hin zur beschreibenden bzw. berichtenden Darstellung

überraschende Wende:
durch Wechsel der Darstellungsweise gewinnt man Einsicht in die Vorgeschichte → Timm hat den Talisman des gefallenen Soldaten in der Hosentasche → Hinweis auf seine Schuldgefühle

Kommiss:
Militärdienst

Die Erzählweise untersuchen

Die Erzählweise und ihre Wirkung kannst du anhand folgender Begriffe erfassen:

So geht's
Erzählperspektive, Erzählverhalten untersuchen
94v67s

- **Erzählform:** Ich-Erzähler oder Er-/Sie-Erzähler
- **Erzählperspektive:** Innensicht oder Außensicht
- **Erzählverhalten:** auktoriales, personales oder neutrales Erzählverhalten
- **Erzählhaltung:** Einstellung des Erzählers, mit der er das Geschehen und die Figuren darstellt und bewertet (z. B. *sachlich, humorvoll, kritisch*). Sie wird fassbar in:
  - der Art der Darstellung des Geschehens
  - der Charakterisierung der Figuren (direkte und indirekte)
  - der Wortwahl und im Satzbau
- **Zeitgestaltung:** erzählte Zeit/Erzählzeit; Zeitdehnung, Zeitraffung
- **Darstellungsweise:**
  - **Bericht:** straffe, geraffte, chronologische Darstellung von Vorgängen
  - **szenische Darstellung:** genaue Darstellung von Situationen, meist mit Figurenrede
  - **Beschreibung:** Veranschaulichung der Vorgänge durch Einzelheiten

So geht's

Ludwig Fels: Studie eines Mopedfahrers (1982)

Er ist noch jung. Die Haare wachsen ihm gerade bis zur Nasenwurzel. Bisher sah ich ihn nur ein einziges Mal laufen. Ansonsten fährt ihn ein Moped mit Gesundheitslenker. Da sitzt er drauf und fährt die ganze Zeit herum, mit Vollgas, damit das Moped nicht stehnbleibt. Er knattert durchs Dorf und meint vielleicht zu brausen. Sieben Häuser weit die Dorfstraße entlang zum Sportgelände
5 hinaus, vom Dorf zur Kirche, zurück zum Dorf und dann zum Friedhof, von dort zum Rathaus und zur Tankstelle und wieder das Berglein zum Elternhaus hoch, noch eine Ehrenrunde, zurück zum Anfang und bis spätnachts am Gemischtwarenladen vorbei aus jeder Richtung. Der Wind ist schneller, schleudert ihm die Frisur um die Ohren. Es passiert einfach nichts, und was geschieht, das findet schon seit Jahren so statt. Von kleinauf durchstreift er das Altbekannte, Längstvertraute. Er nimmt
10 nichts mehr wahr, nur die Bewegung der Räder. Er lockert eine Schraube, fährt, dreht eine andere fester an, fährt, verstellt den Sattel, fährt, […] legt sich auf den Lenker und fährt, fährt, auf den Auspuff horchend, fährt, aufs Getriebe lauschend, fährt dauernd die gleiche Strecke ab, aber immer so, als sei er nur auf der Durchreise. Er isst auf seinem Moped. Er trinkt keinen Tropfen, dem Führerschein zuliebe. Er schaut weder links noch rechts und sieht für sich kein Ende ab. Er zieht seine
15 Bahnen, ein scheppernder Satellit zwischen Traktoren und Autos aus der weiteren Umgebung.

Der Ich-Erzähler beschreibt einen Jugendlichen, dessen Hauptbeschäftigung darin besteht, ohne Ziel mit seinem Moped durch ein Dorf zu fahren. Wie in einer „Studie" veranschaulicht er seine Beobachtungen sehr genau, wobei er eine spöttische Haltung gegenüber dem Mopedfahrer einnimmt. Diese drückt sich vor allem in komisch wirkenden Gegensätzen aus. So wird das Wort „fährt" oft wiederholt, gleichzeitig wird aber das Nicht-von-der-Stelle-Kommen betont, die das dauernde Befahren der „gleiche(n) Strecke" (Z. 12) kennzeichnet. Ein weiterer Gegensatz kommt in der Metapher vom Satelliten (Z. 15) zum Ausdruck. Die Komik wird gesteigert, indem der Erzähler den Jungen als einen charakterisiert, der das Gefühl hat, brausend (Z. 4) unterwegs zu sein. Außerdem vermittelt er den Eindruck, er sei „auf der Durchreise" (Z. 13) und nicht auf seiner immer gleichen Dorftour.

Auf einen erzählenden Text reagieren, produktiv mit ihm umgehen

Einen inneren Monolog schreiben

1. **Auseinandersetzung mit der Figur in ihrer aktuellen Situation**
   - Versetze dich in die Lage der Figur (Ich-Form), indem du zum Beispiel leise ihre Gedanken und Gefühle erzählst.
   - Untersuche im Falle eines Konflikts dessen Hintergründe und weiteren Verlauf sowie die innere Haltung der Figur zu dem Konflikt.

2. **Den Schreibplan erstellen**
   - Notiere Stichpunkte zu folgenden Fragen:
     Welche Gedanken bewegen die Figur? Welche Gefühle herrschen in ihr vor?
     Was möchte sie tun?

3. **Den inneren Monolog verfassen**
   - Verwende beim Schreiben: die Ich-Erzählform; das Präsens; Alltagssprache (entsprechend der Figur); kurze, unvollständige, reihende Sätze; Gedankensprünge; Fragen und Ausrufe.

4. **Den eigenen Text überarbeiten**
   - Berücksichtige den inhaltlichen und sprachlichen Zusammenhang mit der Figur sowie Grammatik und Rechtschreibung.

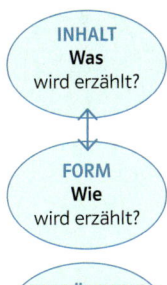

INHALT
Was
wird erzählt?

FORM
Wie
wird erzählt?

BEGRÜNDUNG
Warum
schreibe ich so?

So geht's

Wolfgang Borchert:
Vielleicht hat sie ein rosa Hemd (Ausschnitt, 1949)

[…] Da sagte Timm ganz leise: Ich hab es ihm weg-
genommen.
Und dann hab ich es hochgehalten. Und wir haben alle
gelacht. Mindestens eine halbe Stunde haben wir ge-
5 lacht. Und was die für Dinger gesagt haben, kannst du dir
denken.
Und da? fragte der neben Timm.
Timm sah auf seine Knie. Er hat es weggeworfen, sagte er.
Und dann sah Timm den andern an: Ja, sagte er, er hat es
10 weggeworfen, und dann hat es ihn erwischt. Am nächsten
Tag hat es ihn schon erwischt.
Sie sagten beide nichts. Saßen da so und sagten nichts. […]

Verhalten weist auf Schuldgefühle
hin (innerer Konflikt):
- Timm sieht Zusammenhang
  zwischen seinem Verhalten und
  dem Tod des Kameraden.
- Der Talisman hat Timm geholfen,
  nicht dem toten Kameraden!
  (siehe Schluss der Kurzgeschichte
  auf S. 271)

Ich bin schuld! Ich hab' ihn dazu gebracht, seinen Glücksbringer wegzuwerfen! Er wirft ihn weg und – tot! ...
Quatsch!! Außerdem, nur weil man ein bisschen geärgert wird, schmeißt man dann gleich seinen Glücks-
bringer weg? Hätte er ihn nicht weggeworfen, dann wäre er jetzt noch am Leben. Selber schuld! Ich habe
ihn aufgesammelt, deshalb habe ich überlebt! ... Oh Gott, ich lebe noch, weil ... Das habe ich nicht gewollt!

Gedichte sind klingende Kunstwerke, in denen Erlebnisse, Gedanken und Gefühle verdichtet zum Ausdruck kommen. Diese Lerninsel erinnert dich an das Gelernte und enthält weiteres Handwerkszeug, das dir hilft, Gedichte besser zu verstehen.

So geht's: lyrischer Sprecher, klangliche Mittel, Metapher und Personifikation
yd667u

So geht's: Gedicht vortragen, Parallelgedicht schreiben
z4i27k

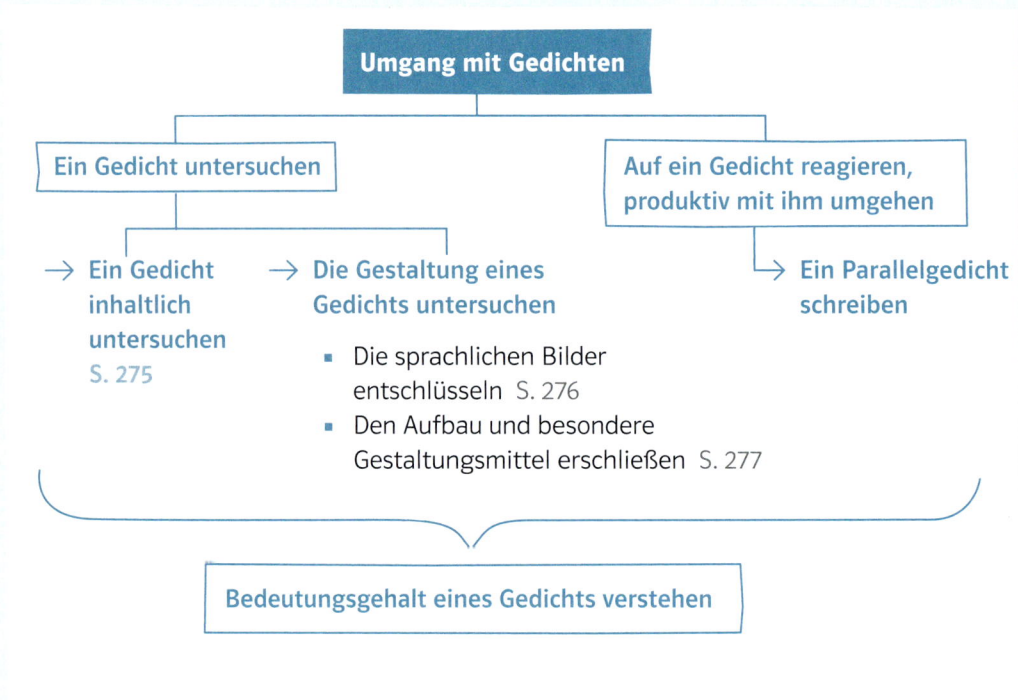

Umgang mit Gedichten

Ein Gedicht untersuchen

→ **Ein Gedicht inhaltlich untersuchen** S. 275

→ **Die Gestaltung eines Gedichts untersuchen**
- Die sprachlichen Bilder entschlüsseln S. 276
- Den Aufbau und besondere Gestaltungsmittel erschließen S. 277

Auf ein Gedicht reagieren, produktiv mit ihm umgehen

↳ **Ein Parallelgedicht schreiben**

Bedeutungsgehalt eines Gedichts verstehen

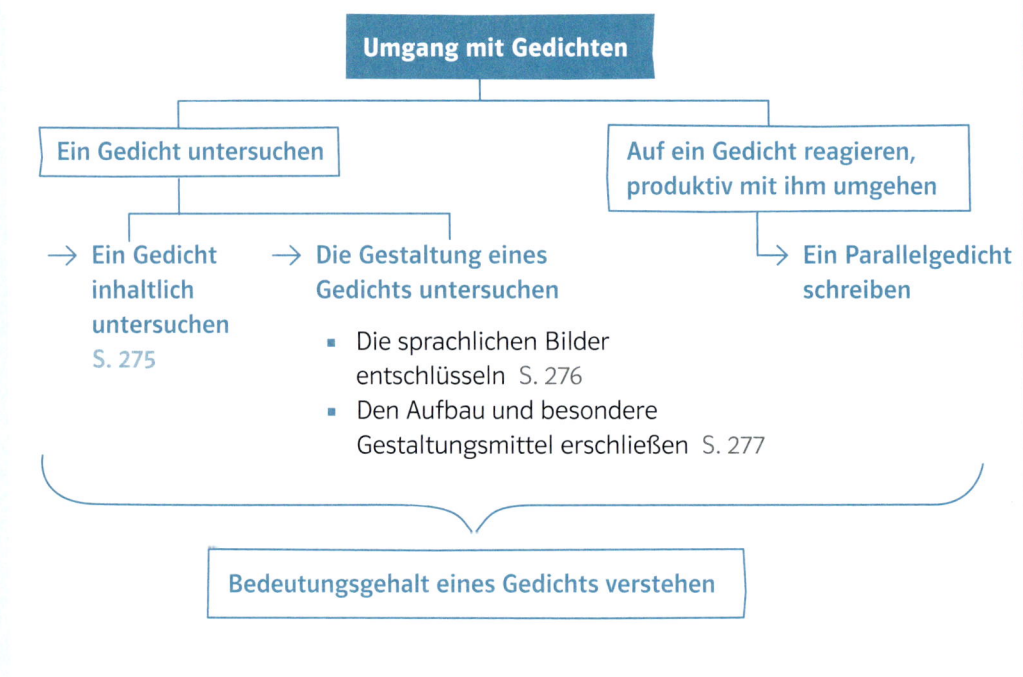

Bertolt Brecht: Der Rauch

Sprachbilder:
Symbol

Thema:
Lebendigkeit, Verbundenheit, Geborgenheit

Das kleine Haus unter Bäumen am See.
Vom Dach steigt Rauch.
Fehlte er
Wie trostlos dann wären
Haus, Bäume und See.

Gestaltungsmittel:
Wiederholung in Vers 1 und 5 als Rahmung
Inversion
Enjambement
Reihung

Ein Gedicht inhaltlich untersuchen

So kannst du vorgehen, um das **Thema** und den **Inhalt** eines Gedichts zu verstehen:

- die Überschrift beachten
- W-Fragen beantworten
- die Grundstimmung erschließen
- die zentralen Motive bestimmen
- den lyrischen Sprecher untersuchen
- Informationen über den Autor/die Autorin und die Entstehungszeit einbeziehen

> *Die Liebe erscheint hier wie ein nicht zu erreichender Traum.*

So geht's:
Informationen über Autor/Autorin und Entstehungszeit einbeziehen
yz6869

> *In Asien gilt die Lotusblume als Symbol für Reinheit und Treue.*

Rose Ausländer (1901–1988)
Deutsch-jüdische Lyrikerin, die 1941 bis 1944 in einem jüdischen Getto leben musste, in die USA auswanderte und von 1965 bis zu ihrem Tod in Düsseldorf wohnte. Von 1927 bis 1935 lebte sie mit Helios Hecht zusammen, einem Grafologen, den sie nie aufhörte zu lieben. Wiederkehrende Themen ihrer Gedichte sind die Trauer über die verlorene Heimat, Verfolgung und die Erfahrung von Einsamkeit in der Fremde.

So geht's

Rose Ausländer: Liebe VI (1984)

Wir werden uns wiederfinden
im See
du als Wasser
ich als Lotusblume

5 Du wirst mich tragen
ich werde dich trinken

Wir werden uns angehören
vor allen Augen

Sogar die Sterne
10 werden sich wundern:
hier haben sich zwei
zurückverwandelt
in ihren Traum
der sie erwählte

Überschrift → Liebesgedicht

Thema/Inhalt:
- Voraussage der Wiedervereinigung zweier Liebender
- Liebe als gemeinsamer Traum, der Grenzen überwindet

Grundstimmung:
teilweise schwermütig,
aber auch optimistisch
- Parallelismus und Wiederholung in Vers 1 und 7 → zuversichtlich
- „Sterne", „Traum" → sehnsüchtig

zentrales Bild: Lotusblume im See

lyrischer Sprecher → Liebende/r

mögliche Deutung: *das lyrische Ich trauert um den ehemaligen Geliebten*

Die Gestaltung eines Gedichts untersuchen

So geht's:
Metapher,
Personifika-
tion, Symbol
zn5zk3

Die sprachlichen Bilder entschlüsseln

Gedichte wirken vor allem durch ihre sprachlichen Bilder, die Empfindungen wecken und deine Fantasie anregen. Sprachbilder erkennst du daran, dass du sie nicht wörtlich nehmen darfst (zum Beispiel: *Ich werde dich trinken.*).

- **Personifikation:** Dinge oder Erscheinungen werden wie Lebewesen dargestellt (zum Beispiel: *Die Liebe sitzt in der Sonne.*).
- **Vergleich:** Etwas wird durch eine Verknüpfung zweier Bedeutungsbereiche mit „wie", „als ob" oder „so wie" veranschaulicht (zum Beispiel: *Wir gehen wie ein Paar.*).
- **Metapher:** Sprachbild, bei dem eine Vorstellung auf einen anderen Bedeutungsbereich übertragen wird (zum Beispiel: *Wüstenschiffe zogen durch die Sahara.* → *die Kamele als schwankende Schiffe*).
- **Symbol:** bildkräftiges Wort oder Zeichen (Wiedererkennungszeichen), das auf etwas Allgemeines verweist (zum Beispiel: *Lotusblume* → *Reinheit, Treue*).

So geht's

Conrad Ferdinand Meyer: Zwei Segel

Zwei Segel erhellend
Die tiefblaue Bucht!
Zwei Segel sich schwellend
Zu ruhiger Flucht!

5 Wie eins in den Winden
Sich wölbt und bewegt,
Wird auch das Empfinden
Des andern erregt.

Begehrt eins zu hasten,
10 Das andre geht schnell,
Verlangt eins zu rasten,
Ruht auch sein Gesell.

zwei Segel
→ Segel werden personifiziert und erhalten symbolische Bedeutung; Bild für Harmonie und Verbundenheit

Ein Ding (Segel) begehrt, verlangt zu rasten, wird als „Gesell" (V. 12) bezeichnet.
→ Personifikation

Das Bild aus der ersten Strophe steht zunächst für sich: In einer Bucht mit tiefblauem Wasser und ruhigem Seegang sind zwei Segel zu sehen. Die folgenden beiden Strophen beschreiben, wie harmonisch die Bewegungen dieser Segel aufeinander abgestimmt sind. Durch die Personifikationen ab Vers 7 kommt eine weitere Bedeutungsebene hinzu, in der es um liebende Menschen geht, deren „Empfinden" (V. 7) und Wünsche (siehe V. 9 ff.) miteinander harmonieren. Die Segel werden zu einem symbolischen Bild für eine perfekte Beziehung.

Den Aufbau und besondere Gestaltungsmittel erschließen

Wenn du die Gestaltung eines Gedichts untersuchen sollst, dann kannst du
den **Aufbau** (Aufteilung in Verse und Strophen) und **auffallende Gestaltungsmittel**
betrachten, z. B. Wiederholung von Lauten, Wörtern oder Satzbauformen sowie
die Wahl und Stellung einzelner Wörter.

- **Aufbau**
  - **Vers:** Gedichtzeile
  - **Strophe:** Sinnabschnitt aus mehreren Versen
  - **Enjambement (Zeilen- oder Verssprung):** Eine Sinneinheit greift auf den folgenden
    Vers über, wodurch der Zusammenhang verdeutlicht werden kann.

- **Besondere Gestaltungsmittel**
  - **Reim und Reimordnung:** Gleichklang zweier Wörter vom letzten betonten Vokal an
  - **Alliteration:** gleiche Anfangslaute von Wörtern, durch die diese Ausdrücke besonders
    hervortreten (zum Beispiel: *Lust und Leid und Liebesklagen*)
  - **Anapher:** Wiederholung eines Wortes oder einer Wortgruppe am Anfang von
    aufeinanderfolgenden Versen (zum Beispiel: *Wie herrlich leuchtet mir die Natur! /*
    Wie glänzt die Sonne! / Wie lacht die Flur!)
  - **Parallelismus:** Wiederholung von Wortfolgen oder/und Satzbauformen in zwei oder
    mehreren aufeinanderfolgenden Sätzen (zum Beispiel: *Kling hinaus ins Weite. //*
    Kling hinaus, bis an das Haus.)
  - **Inversion:** Abweichung der Wortfolge im Satz von der üblichen Wortstellung
    (zum Beispiel: *Leise zieht durch mein Gemüt / Liebliches Geläute.*)

So geht's
Reimordnung
hr79j4

So geht's
klangliche
Mittel
53j26x

So geht's

Ulla Hahn: Leises Licht

Ganz leise leise geht das Licht	a
Den ich nicht kenne geht an meiner Seite	b
Wir gehen wie ein Paar auf schöne Art	c
Und scheu schau ich ihm manchmal ins Gesicht	a
5 das neben meinem liegen wird wenn alles Licht	a
gegangen ist wird er an meiner Seite	b
mich lieben wie ein Mann auf schöne Art	c
und treu und bleiben und es gibt ihn nicht	a

Wiederholung von „leise",
Alliteration
Enjambements, Inversion,
Reihung, Parallelismus

identische Reimwörter in
beiden Strophen,
Ausnahme V. 8
→ Betonung des „nicht"

*In der ersten Strophe herrscht ein ruhiger Klang vor, der vor allem durch die Wiederholung von „leise" und den
umarmenden Reim hervorgerufen wird. Die zweite Strophe wirkt durch die Enjambements unruhiger. Diese Unruhe
steigert sich bis zur holprig wirkenden Aufzählung im letzten Vers. Alle Reimwörter der ersten Strophe wieder-
holen sich bis auf „nicht", das dadurch besonders betont wird. Im letzten Vers werden die Eigenschaften des
gewünschten Partners aufgezählt. Als Pointe erweist sich dieser jedoch als Illusion: Es gibt ihn nicht.*

Umgang mit dramatischen Texten
Lerninsel: Was du wissen und können musst

Dramatische Texte kannst du besser verstehen, wenn du sie unter bestimmten Aspekten untersuchst und produktiv mit ihnen umgehst. Vieles hast du bereits in den Klassen 7 und 8 gelernt. In dieser Lerninsel erhältst du weiteres Handwerkszeug, um dramatische Texte genauer untersuchen zu können.

So geht's:
Szene pantomimisch darstellen, ein Standbild bauen, szenisches Lesen, eine Szene spielen, die Figurenkonstellation untersuchen

pv57c8

Umgang mit dramatischen Texten

Einen dramatischen Text untersuchen

Auf einen dramatischen Text reagieren, produktiv mit ihm umgehen

→ **Den Inhalt eines Dramas erfassen**
- Die Handlung untersuchen S. 279
- Eine dramatische Figur untersuchen S. 280
- Die Figurenkonstellation untersuchen
- Die Konfliktentwicklung untersuchen

→ **Die Gestaltung eines Dramas untersuchen**
- Die Figurenrede untersuchen S. 281–282

→ **Eine Dramenszene um- oder weiterschreiben** S. 283

→ **Einen inneren Monolog schreiben** S. 273

→ **Eine Rollenbiografie schreiben**

→ **Szenisches Lesen**

→ **Ein Standbild bauen** S. 236

→ **Eine Szene pantomimisch darstellen**

→ **Eine Szene spielen**

Bedeutungsgehalt eines dramatischen Textes verstehen

Den Inhalt eines Dramas erfassen

Die Handlung untersuchen

In einem Drama (griech. *drama:* Handlung) ist die Handlung bestimmt
von einem dramatischen **Konflikt**, der aus dem **Aufeinandertreffen von Figuren**
mit unterschiedlichen Auffassungen und Absichten erwächst (**äußerer Konflikt**).
Der Konflikt kann aber auch in einer Figur angelegt sein (**innerer Konflikt**).

So geht's:
die Handlung
untersuchen
53v8nn

Hinführung zum Konflikt (Exposition) Einführung von Ort, Zeit, Figuren, Vorgeschichte, Andeutung des Konflikts	→	**Konfliktentwicklung** Steigerung des Konflikts, evtl. Spannungsumschlag, Verzögerung des Konfliktverlaufs	→	**Konfliktlösung** Konflikt endet in Katastrophe oder Happy End

Pinte:
Kneipe

Schwarzen:
Anspielung auf
die schwarzen
Uniformen der
SS im national-
sozialistischen
Deutschland

Achtung: alte Rechtschreibung   **Andorra** S. 172 f.

So geht's

Max Frisch: Andorra. Erstes Bild (Ausschnitt, 1961)

*Das Drama handelt von Andri, der von dem Lehrer unehelich mit einer
Ausländerin gezeugt wurde und von diesem als jüdischer Pflegesohn
ausgegeben wird. In der folgenden Anfangsszene streicht Barblin, die
Tochter des Lehrers, die Hausmauer.*

5 **BARBLIN:** Vater ist nicht zu Haus.
   PATER: […] Warum trinkt er soviel in letzter Zeit? Und dann be-
   schimpft er alle Welt. Er vergißt, wer er ist. Warum redet er immer solches Zeug?
   BARBLIN: Ich weiß nicht, was Vater in der Pinte redet.
10 **PATER:** Er sieht Gespenster. Haben sich hierzuland nicht alle entrüs-
   tet über die Schwarzen da drüben, als sie es trieben wie beim Kin-
   dermord zu Bethlehem, und Kleider gesammelt für die Flüchtlinge damals? Er sagt, wir sind nicht besser als die Schwarzen da
   drüben. Warum sagt er das die ganze Zeit? Die Leute nehmen es
15 ihm übel, das wundert mich nicht. Ein Lehrer sollte nicht so reden. Und warum glaubt er jedes Gerücht, das in die Pinte kommt?
   Pause
   Kein Mensch verfolgt euren Andri –
   Barblin hält inne und horcht.
20 – noch hat man eurem Andri kein Haar gekrümmt.
   Barblin weißelt weiter.

Exposition untersuchen

Ort/Zeit:
– vor dem Haus des Lehrers/
  Umstände ähneln der Zeit
  vor dem 2. Weltkrieg

Figuren:
– Barblin = Tochter des Lehrers
– Pater: zeigt sich besorgt
– Lehrer: trinkt, hat einen un-
  ehelichen Sohn, den er als
  jüdischen Pflegesohn ausgibt
– Andri: scheint bedroht

Vorgeschichte:
– Gerüchte, Andri werde
  verfolgt
– Andorraner standen
  Flüchtlingen aus dem
  Nachbarland bei

dramatischer Konflikt:
– Konflikt mit Nachbarstaat
– Andri droht Gefahr
  (Rassismus in Andorra?)

So geht's:
die Figuren-
konstellation
untersuchen
q355dy

Eine dramatische Figur untersuchen

Untersuche die **indirekten Charakterisierungen** (z. B. Äußerungen der Figur im Gespräch mit anderen) und die **direkten Charakterisierungen** (z. B. Äußerungen anderer über die Figur und das Verhalten der Figur).

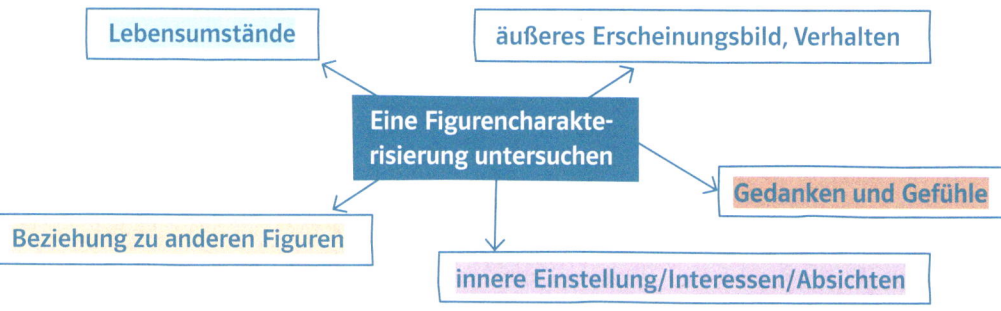

Andri kann sich gar nicht an der Liebe zu Barblin erfreuen, er erscheint mir sehr verunsichert.

Achtung:
alte Rechtschreibung

So geht's

Charakterisierung der Figur Andri

Max Frisch: Andorra. Zweites Bild (Ausschnitt, 1961)

Andri und Barblin auf der Schwelle vor der Kammer der Barblin.

[…]

BARBLIN: Soll ich sie ausziehen? – *Barblin zieht ihre Bluse aus.*
ANDRI: Meinesgleichen, sagen sie, ist geil, aber ohne Gemüt, weißt
5   du –
BARBLIN: Andri, du denkst zuviel!
Barblin legt sich wieder auf seine Knie.
ANDRI: Ich lieb dein Haar, […] ich werde sterben, wenn ich es verliere.
Andri küsst ihr Haar. […]
10 **ANDRI:** Bist du ganz sicher, Barblin, daß du mich willst?
BARBLIN: Warum fragst du das immer.
ANDRI: Die andern sind lustiger.
BARBLIN: Die andern!
ANDRI: Vielleicht haben sie recht. Vielleicht bin ich feig, sonst würde
15   ich endlich zu deinem Alten gehn und sagen, daß wir verlobt sind.
Findest du mich feig? […]
BARBLIN: Ich denke nicht an die andern. Andri, wenn du mich hältst
mit deinen Armen und mich küsst, glaub mir, ich denke nicht an sie.
ANDRI: – aber ich.
20 **BARBLIN:** Du mit deinen andern die ganze Zeit! […]
BARBLIN: Laß uns schlafen!
ANDRI: Ich langweile dich. […]
Das ist kein Aberglaube, o nein, das gibt's, Menschen, die verflucht
sind, und man kann machen mit ihnen, was man will, ihr Blick ge-
25 nügt, plötzlich bist du so, wie sie sagen.

Verhalten: zärtlich, zurückhaltend (nicht „geil", wie die anderen sagen)

Beziehung zu anderen Figuren: verlobt mit Barblin

innere Einstellung:
– unsicher, vergleicht sich mit den anderen
– scheint das Bild, das andere von ihm haben, zu übernehmen

Gedanken/Gefühle:
– Er denkt stets an die anderen (was sie über ihn sagen).
– Es gebe Menschen, die einen dazu bringen, so zu sein, wie sie sagen.

Die Gestaltung eines Dramas untersuchen

Die Figurenrede untersuchen

Durch die Figurenrede erfährst du etwas über die **unterschiedlichen Positionen** in einem **Konflikt** und gewinnst Einblicke in die **Charaktereigenschaften** und **Gedanken der Figuren**. Du musst zwischen **Monolog** und **Dialog** unterscheiden.

Einen Monolog untersuchen

Ein Monolog ist ein **Selbstgespräch einer Figur**, das die äußere Handlung unterbricht.

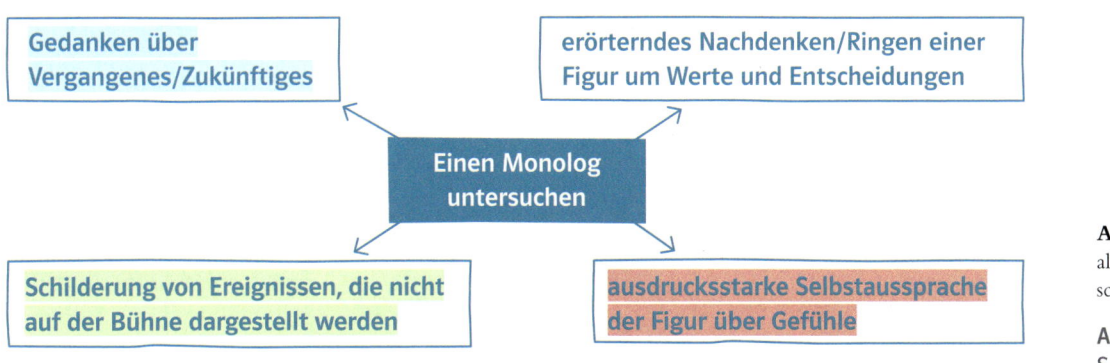

Achtung:
alte Recht-
schreibung

Andorra
S. 172 f.

So geht's

Max Frisch: Andorra. Erstes Bild (Ausschnitt, 1961)

ANDRI: Hörst du mich nicht?
Barblin erhebt sich.
ANDRI: Barblin?!
BARBLIN: Was ist?
5 **ANDRI:** – Ich werde Tischler!
Barblin folgt als letzte der Prozession, Andri allein.
ANDRI: Die Sonne scheint grün in den Bäumen heut. Heut läuten die Glocken auch für mich.
Er zieht seine Schürze ab.
Später werde ich immer denken, daß ich jetzt gejauchzt habe. Dabei zieh ich bloß meine Schürze
10 ab, ich staune, wie still. Man möchte seinen Namen in die Luft werfen wie eine Mütze, und dabei
steh ich nur da und rolle meine Schürze. So ist Glück. Nie werde ich vergessen, wie ich jetzt hier
stehe …

Andri hat offenbar erfahren, dass er Tischler werden kann. In dem Monolog kommt seine Freude darüber zum Ausdruck. Die anfängliche Schilderung zeigt, wie groß sein Glück ist. In seinen anschließenden Gedanken über die Zukunft wird aber spürbar, dass er sich nur verhalten freuen kann. Die Stille, die er empfindet, sowie der unpersönlich formulierte Wunsch, „seinen Namen in die Luft (zu) werfen" (Z. 10) deuten an, dass er seine Freude nur verhalten ausdrücken kann, obwohl sie für ihn unvergesslich erscheint.

So geht's:
den Dialog
untersuchen
m2f3pv

Einen Dialog untersuchen

Ein Dialog bezeichnet die Wechselrede zwischen zwei oder mehreren Figuren.
Durch ihn wird die Handlung vorangetrieben.

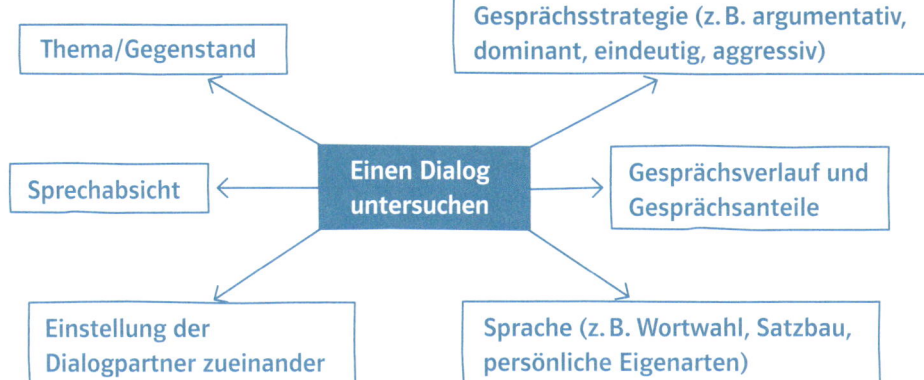

*Beide Figuren
haben Angst, den
Galgen direkt
anzusprechen.*

Achtung:
alte Recht-
schreibung

Andorra
S. 172 f.

So geht's

Max Frisch: Andorra. Erstes Bild
(Ausschnitt, 1961)

LEHRER: Wer hat diesen Pfahl hier aufgestellt?
WIRT: Wo?
LEHRER: Ich bin nicht immer betrunken, wie
    Hochwürden meinen. Ein Pfahl ist ein Pfahl. Je-
5 mand hat ihn aufgestellt. Von gestern auf heut.
    Das wächst nicht aus dem Boden.
WIRT: Ich weiß es nicht.
LEHRER: Zu welchem Zweck?
WIRT: Vielleicht das Bauamt, ich weiß nicht, das
10 Straßenamt, irgendwo müssen die Steuern ja hin,
    vielleicht wird gebaut, eine Umleitung vielleicht,
    das weiß man nie, vielleicht die Kanalisation –
LEHRER: Vielleicht.
WIRT: Oder das Telefon –
15 LEHRER: Vielleicht auch nicht.
WIRT: Ich weiß nicht, was du hast.
LEHRER: Und wozu der Strick dabei?
WIRT: Weiß ich's.
LEHRER: Ich sehe keine Gespenster, ich bin nicht
20 verrückt, ich seh einen Pfahl, der sich eignet für
    allerlei –
WIRT: Was ist dabei!

Thema/Gegenstand:
Galgen (der vorher nicht da war) auf dem
Marktplatz

Sprechabsicht:
Der Lehrer will wissen, wozu der Galgen
aufgestellt wurde.
Der Wirt will die Fragen nicht beantworten.
Er will den Galgen nicht wahrhaben.

Gesprächsstrategie:
Lehrer:
– benennt nicht eindeutig den Gegenstand
– widerspricht nicht offen
Wirt:
– weicht aus
– nutzt die Uneindeutigkeit des Lehrers,
  um über ein anderes Thema zu sprechen
  (Unberechenbarkeit behördlicher Maßnahmen)
– verweigert den Dialog

Sprache:
– Lehrer: z.T. unvollständige Sätze
  → uneindeutig
– Wirt: 4x kurz hintereinander „vielleicht" →
  Position bleibt vage, er sucht nach Ausreden

Auf einen dramatischen Text reagieren, produktiv mit ihm umgehen

Eine Dramenszene um- oder weiterschreiben

1. **Den literarischen Ausgangspunkt untersuchen** (siehe S. 279–282)
   - den Inhalt klären
   - die Gestaltung untersuchen

2. **Den Schreibplan erstellen**
   - Überprüfe deine Schreibidee am literarischen Ausgangstext.

3. **Den eigenen Text verfassen**

4. **Den eigenen Text überarbeiten**
   - Überarbeite deinen Text nach folgenden Kriterien: Berücksichtigung von Inhalt und Form des Ausgangstextes, Logik, Grammatik und Rechtschreibung.

INHALT
Was
wird dargestellt?

FORM
Wie
wird es dargestellt?

BEGRÜNDUNG
Warum
schreibe ich so?

Achtung:
alte Rechtschreibung

So geht's

Neugestaltung der Szene (zu „Andorra", Erstes Bild, siehe S. 282)

Lehrer: Wer hat diesen Galgen auf unserem Marktplatz aufgestellt?

Wirt: Ich sehe keinen Galgen.

Lehrer: Ich bin nicht immer betrunken, wie Hochwürden behaupten. Ein Galgen ist ein Galgen und ich weiß, was ich sehe. Jemand hat ihn aufgestellt. Von gestern auf heut. Das wächst nicht aus dem Boden.

Wirt: Ich weiß es nicht, es ist sicher gar kein Galgen.

Lehrer: Was soll das denn sonst sein?

Wirt: Vielleicht irgendwas vom Bauamt, irgendeine Kennzeichnung. Oder irgendwas für die Kanalisation. Irgendwie verschwenden die unsere Steuern schon.

Lehrer: Das kann doch nicht wahr sein! Das ist ganz klar ein Galgen. Und an so einem Ding hängt man Leute auf.

Wirt: Vielleicht auch was fürs Telefonnetz.

Lehrer: Tu doch nicht so, du weißt ganz genau, was das ist. Und auch für wen: Für die Juden. Das ist für meinen Andri, den wollen sie aufhängen.

Wirt: Ich weiß nicht, was du hast.

Lehrer: Ich sehe keine Gespenster! Ihr könnt es alle sehen. Ihr wollt es nur nicht wahrhaben, damit ihr nichts tun müsst. Aber ihr wollt wohl gar nichts tun. Vielleicht wollt ihr ja, dass sie die Juden aufhängen.

Wirt: Lass mich in Ruhe, du Spinner, du Saufnase! Von dir lass ich mich nicht beschimpfen. Und jetzt raus hier! Und komm erst wieder, wenn du nicht mehr so einen Schwachsinn erzählst.

Schreibplan

Idee: Der Lehrer konfrontiert den Wirt offener mit dem Galgen. Er lässt die Ausflüchte des Wirts nicht gelten und es kommt zum offenen Streit.

Lehrer:
- Sprechabsicht: Er will auf die Bedrohung (Galgen) aufmerksam machen.
- Strategie: Er sucht zunächst im Wirt einen Verbündeten, kritisiert ihn dann aber offen.
- Sprache: zunächst eher sachlich, dann offene Vorwürfe; Verallgemeinerung der Vorwürfe durch Verwendung der 2. Person Plural

Wirt:
- Sprechabsicht: Er will sich nicht mit dem Problem beschäftigen.
- Strategie: Er ignoriert das Problem. Auf Vorwürfe reagiert er nicht auf der Sachebene.
- Sprache: zunächst unverbindlich, dann beleidigend

Umgang mit Medien

Lerninsel: Was du wissen und können musst

Medien nutzt du täglich, zum Beispiel, wenn du eine Zeitung liest, fernsiehst, im Internet surfst oder dir Filme anschaust. In dieser Lerninsel erhältst du einen Überblick darüber, wie du Filme analysierst, nach welchen Kriterien du deine Mediennutzung sinnvoll steuern kannst und welche Manipulationsmöglichkeiten Medien haben. Außerdem wiederholst du, wie du dich in Zeitungen orientieren kannst und worauf du achten musst, wenn du einen Zeitungsartikel untersuchen sollst.

Umgang mit Medien

- **Mit Medien kritisch umgehen**
  - → **Medien kritisch nutzen**
    - Informationsgehalt S. 288
    - Nachrichtenpräsentation S. 288
    - Bilder und Texte S. 288
  - → **Medienkritische Positionen untersuchen**
    - Medienkritik S. 288
- **Filmisches Erzählen untersuchen**
  - → **Den Inhalt eines Films erfassen**
    - Plot, Story
    - Konflikt
    - Figurenkonstellation
  - → **Die Gestaltung eines Films untersuchen**
    - Kameraführung S. 285
    - Montagetechniken S. 286
    - Perspektivierung S. 286
    - Mise en Scène S. 286
  - → **Bedeutungsgehalt eines Films verstehen**
- **Zeitungen untersuchen**
  - → **Sich in Zeitungen orientieren**
    - Zeitungsarten S. 287
    - Ressorts S. 287
    - Textsorten S. 287

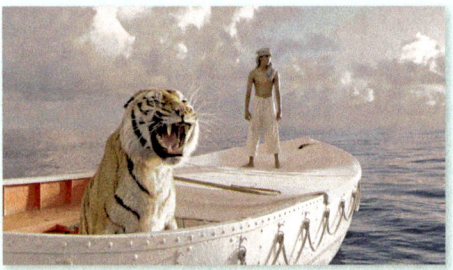

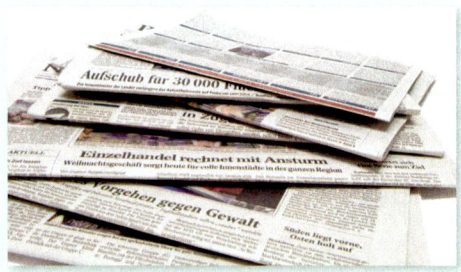

Die Gestaltung eines Films untersuchen

Kameraführung, Montage, Perspektivierung und **Mise en Scène** sind die wichtigsten
Gestaltungsmittel im Film. Das Publikum kann nur das sehen, was die Kamera ihm zeigt.
Und es kann nur in den Einstellungen sehen, die ihm die Montage vorgibt.
Für das Verständnis von Filmen ist es wichtig, diese Mittel bewusst wahrzunehmen und
in ihren unterschiedlichen Funktionen zu erfassen.

Kameraführung

Bei der Kameraführung sind drei verschiedene Techniken zu unterscheiden:
- Die **Kameraperspektive** bestimmt, aus welcher Position eine Person oder
  ein Gegenstand zu sehen ist.
  - Die **Aufsicht** („Vogelperspektive") betont die Überlegenheit der Perspektivfigur.
  - Die **Normalsicht** ermöglicht eine natürliche Wahrnehmung.
  - Die **Untersicht** („Froschperspektive") lässt andere Personen groß und bedrohlich wirken.
- Die **Kameraeinstellung** bestimmt, wie groß der Ausschnitt ist, den man im Film
  von einer Person oder einem Gegenstand sieht. Die **Einstellungsgröße** der Kamera
  bestimmt den Ausschnitt, der gezeigt wird.
  - Die **Totale** gibt den Überblick über den gesamten Handlungsort und vermittelt
    eine erste Orientierung.
  - Bei der **Halbtotalen** sind die Darsteller/Darstellerinnen vollständig zu sehen und
    werden in ihrer unmittelbaren Umgebung gezeigt. Das Publikum fühlt sich
    einbezogen.
  - **Halbnah** zeigt die Darsteller/Darstellerinnen etwa vom Kopf bis zur Mitte des
    Oberkörpers. Das entspricht der natürlichen Sehsituation und vermittelt Nähe.
  - Die Einstellung **Nah** zeigt die Darsteller/Darstellerinnen von der Schulter bis zum Kopf.
    Sie wird oft für Dialoge verwendet, weil die Mimik besonders gut zu erkennen ist.
  - Bei der **Großaufnahme** wird zum Beispiel nur der Kopf gezeigt.
    Das hebt Reaktionen und Emotionen besonders hervor.
  - Bei der Einstellung **Detail** wird nur ein kleiner Ausschnitt gezeigt, der besonders
    intensiv wahrgenommen wird.

> *Die verschiedenen Kameraeinstellungen lassen den Film erst richtig wirken.*

    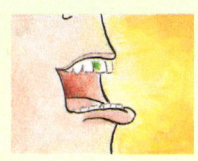

| Totale | Halbtotale | Halbnah | Nah | Großaufnahme | Detail |

- Bei der **Kamerabewegung** werden die verschiedenen Einstellungen und Perspektiven
  nicht nacheinander gezeigt, sondern mit einer Bewegung der Kamera.
  - Per **Zoom** kann die Kamera zum Beispiel schnell von der Halbtotalen
    zur Großaufnahme wechseln.
  - Mittels **Schwenk** kann die Kamera zum Beispiel ein Gebäude oder
    eine Person von unten nach oben in einer Bewegung zeigen.

So geht's
Montage-
techniken
jd8m3q

Montagetechniken

Ein Film besteht aus einzelnen Einheiten. Die **Einstellung** ist die kleinste Einheit im Film. Am Beginn und am Ende einer solchen Einstellung liegt ein **Schnitt**. Die geschnittenen Einstellungen werden anschließend aneinandergefügt. Diesen Vorgang nennt man **Montage**.

- **Schuss–Gegenschuss:** Hierbei zeigt die Kamera **im Wechsel** verschiedene Personen oder Ereignisse. Obwohl die Kamera ihre Position wechselt, versteht der Zuschauer dennoch den Zusammenhang. Dieses Verfahren wird häufig bei Gesprächen angewendet.
- **Parallelmontage:** Um Ereignisse zu zeigen, die an verschiedenen Orten zur gleichen Zeit geschehen, werden die Situationen **hintereinander** gezeigt. Obwohl Ort und Figuren unterschiedlich sind, bleibt der Zusammenhang für den Zuschauer verständlich. Die Parallelmontage wird häufig genutzt, um Spannung zu erzeugen.

Perspektivierung: Point of View

Welche Wirkungen ein Film erzielt, hängt auch von den Entscheidungen des Regisseurs/ der Regisseurin ab, ob die Bilder des Films **objektiv** oder eher **subjektiv** wahrgenommen werden sollen. Man nennt dies **Perspektivierung** oder auch **Point of View**.

- Bei der **objektiven Perspektive** betrachtet das Publikum das Geschehen von außen und hat dadurch eine Distanz zum Inhalt und zu den Figuren.
- Bei der **subjektiven Perspektive** nähert sich die Kamera der Handlung und den Figuren, sodass das Publikum intensiver empfindet. Die Kamera kann auch einen Standpunkt einnehmen, der dem Publikum einen Blick durch die Augen einer Figur ermöglicht oder ihn wie die Figur sehen lässt.

So geht's

Thema benennen:
Das Filmbild zeigt Pi, der versucht, sich bei stürmischem Seegang auf einem selbst gebauten Floß zu halten.

Kameraführung und Point of View beschreiben:
Durch die Normalsicht wird dem Zuschauer eine intensive Wahrnehmung der Spannung ermöglicht. Die Hauptperson ist durch die Halbtotale in der unmittelbaren Umgebung der Szene gut zu erkennen. Das Publikum nimmt das Geschehen von außen wahr.

Gesamteindruck zusammenfassen und deuten:
Der Point of View lenkt die Aufmerksamkeit auf die schwierige Situation der Hauptperson. Man wird als Zuschauer/Zuschauerin in das Geschehen hineingezogen und fühlt sich in die Situation subjektiv ein.

So geht's
Mise en Scène
5a8f45

Mise en Scène

Was das Publikum über die Bilder eines Films wahrnimmt, ist bewusst „in Szene gesetzt" (aus dem Französischen: Mise en Scène). Dabei werden die Personen und Gegenstände im Bild so angeordnet, dass ein **räumlicher Eindruck** entsteht und eine **bestimmte Atmosphäre** erzeugt wird.

Sich in Zeitungen orientieren

Zeitungsarten

Verschiedene Arten von Zeitungen unterscheiden sich durch bestimmte Merkmale. Oft erkennst du sie auch schon an der Gestaltung der Titelseite:

- **Boulevardzeitungen** (z. B. *Bild-Zeitung, Express*): viele Bilder, große Schrift, relativ kurze Artikel, viele Artikel über Prominente, sensationsorientierte Schlagzeilen
- **überregionale Tageszeitungen** (z. B. *Süddeutsche Zeitung, Frankfurter Allgemeine Zeitung, Die Welt*): vorwiegend lange Texte, großes Spektrum an Themen, viele Hintergrundinformationen, zurückhaltendere Aufmachung
- **regionale Tageszeitungen** (z. B. *Kölner Stadt-Anzeiger, Rheinische Post*): Texte unterschiedlicher Länge, mittelgroßes Spektrum an Themen und Hintergrundinformationen, in den verschiedenen Ressorts oft Themen und Personen aus der Region im Mittelpunkt
- **Wochenzeitungen** (z. B. *Die Zeit, Frankfurter Allgemeine Sonntagszeitung*): erscheinen nur einmal in der Woche, teilweise sehr lange Texte und viele Hintergrundinformationen, seriös erscheinende Aufmachung

Ressorts

Die Ressorts der Zeitung helfen dir, schnell Artikel zu Themen zu finden, die dich interessieren. Anhand des Umfangs der Ressorts kann man das Profil einer Zeitung erkennen.

- Die fünf **klassischen Zeitungsressorts**: Politik, Wirtschaft, Sport, Feuilleton/Kultur, Lokales
- **zusätzliche Ressorts** (je nach Zeitung und Tagesgeschehen): Medien, Technik, Wissenschaft, Finanzmarkt, Panorama/Gesellschaft, …
- **weitere Elemente:** Rätsel, Wetter, Comics, …

Textsorten

Informierende Textsorten	Meinungsäußernde Textsorten
Nachricht (Hauptgebiet der journalistischen Arbeit) - Inhalt: allgemein interessierender aktueller Sachverhalt mit Neuigkeitswert - Sprache: sachliche Darstellung - *Meldung* (Kurzform): nur wenige Sätze, nur die wichtigsten Informationen, oft im Wortlaut von Presseagenturen übernommen - *Bericht* (Langform): Informationen einer Meldung, zusätzlich: Zitate von Augenzeugen, Hintergrundinformationen zu den Ursachen eines Geschehens, Details zu den Folgen, … **Reportage** - Inhalt: Wahrnehmungen vor Ort, oft einzelne Personen im Mittelpunkt, Hintergrundinformationen eingestreut - Sprache: anschaulich beschreibend, zum Teil perspektivische Darstellung **Interview:** Abdruck eines Gesprächs in Dialogform	**Kommentar** - Inhalt: Meinung der Autorin/des Autors bzw. der Redaktion zu einem Ereignis - Sprache: rhetorische Fragen, Ironie, wertende Adjektive, Appelle, Irreales im Konjunktiv, … **Glosse** - Inhalt: kurze, witzige Meinungsäußerung - Sprache: bildhaft, polemisch, satirisch, erzählende Elemente, … **Rezension/Kritik:** Besprechung eines kulturellen Ereignisses (Buch, Film, Theaterinszenierung, Kunstausstellung, Computerspiel, …), inhaltliche Informationen werden mit der Wertung verknüpft

Medien kritisch betrachten und kompetent nutzen

Informationsgehalt von medialen Texten

Informationen lassen sich aus verschiedenen Medien entnehmen. Die Zuverlässigkeit der dargebotenen Informationen kann aber stark variieren.

- Zeitungen, Zeitschriften und Bücher: Informationen werden von Journalisten/Journalistinnen recherchiert und von einer Redaktion kontrolliert und überarbeitet.
- Internetlexika: Beim größten Internetlexikon Wikipedia darf jeder mitschreiben. Wikipedia gibt aber Richtlinien vor, an die man sich halten soll. Kontrolliert werden die Beiträge durch andere Nutzer/Nutzerinnen.
- Soziale Netzwerke: Hier darf jeder Nutzer/jede Nutzerin Informationen einstellen. Nur bei konkreten Beschwerden werden Einträge gelöscht.
- Homepages: Häufig finden sich auf Webseiten nur ungesicherte Informationen. Dennoch kann die Homepage einer Einzelperson verlässliche Informationen bieten, z. B. wenn sie Experte/Expertin auf einem bestimmten Gebiet ist.

Formen der Nachrichtenpräsentation

Verschiedene Medien berichten auf verschiedene Weise über die Ereignisse eines Tages. Es spielt also eine Rolle, ob du dich in Tageszeitungen, im Fernsehen, im Radio oder im Internet über die Nachrichten eines Tages informierst. Oft wirst du eine Form der Nachrichtenpräsentation bevorzugen. Das hängt davon ab, ob du dich z. B. ganz allgemein informieren möchtest oder ob du Informationen zu einem bestimmten Thema benötigst.

Bilder und Texte in den Medien

Seriöse Medien berichten in der Regel objektiv und wahrheitsgetreu. Bilder und Texte können eine Information bzw. deine Meinungsbildung aber manipulieren. Möglichkeiten der Manipulation können sein: Aufmachung einer Schlagzeile, Beeinflussung der Textaussage durch ein Bild oder einen Bildausschnitt, einseitige Wiedergabe von Zitaten und Positionen oder bewusstes Weglassen von Informationen.

Medienkritik

Die Medienkritik stellt die Frage nach den Auswirkungen der Medien/medialer Phänomene auf die Gesellschaft. Medienkritiker stammen aus ganz verschiedenen wissenschaftlichen Disziplinen (z. B. Medienwissenschaft, Pädagogik, Philosophie). Um eine medienkritische Position zu verstehen, ist es wichtig, dass du die Argumentation des Verfassers/der Verfasserin nachvollziehst. Du solltest auch prüfen, ob die Thesen durch Beispiele oder Fakten gestützt werden.

Sprache betrachten

Lerninsel: Was du wissen und können musst

Europa bietet eine große Sprachenvielfalt. Viele Sprachen weisen Ähnlichkeiten auf, da sie einen gemeinsamen Ursprung haben. Die Geschichte der deutschen Sprache lässt sich in verschiedene Perioden einteilen, die durch einen Lautwandel von Wörtern gekennzeichnet sind. Neben dem Lautwandel unterliegen die Wörter teilweise auch einem Bedeutungswandel. Auch heute entwickelt sich unsere Sprache stets weiter.

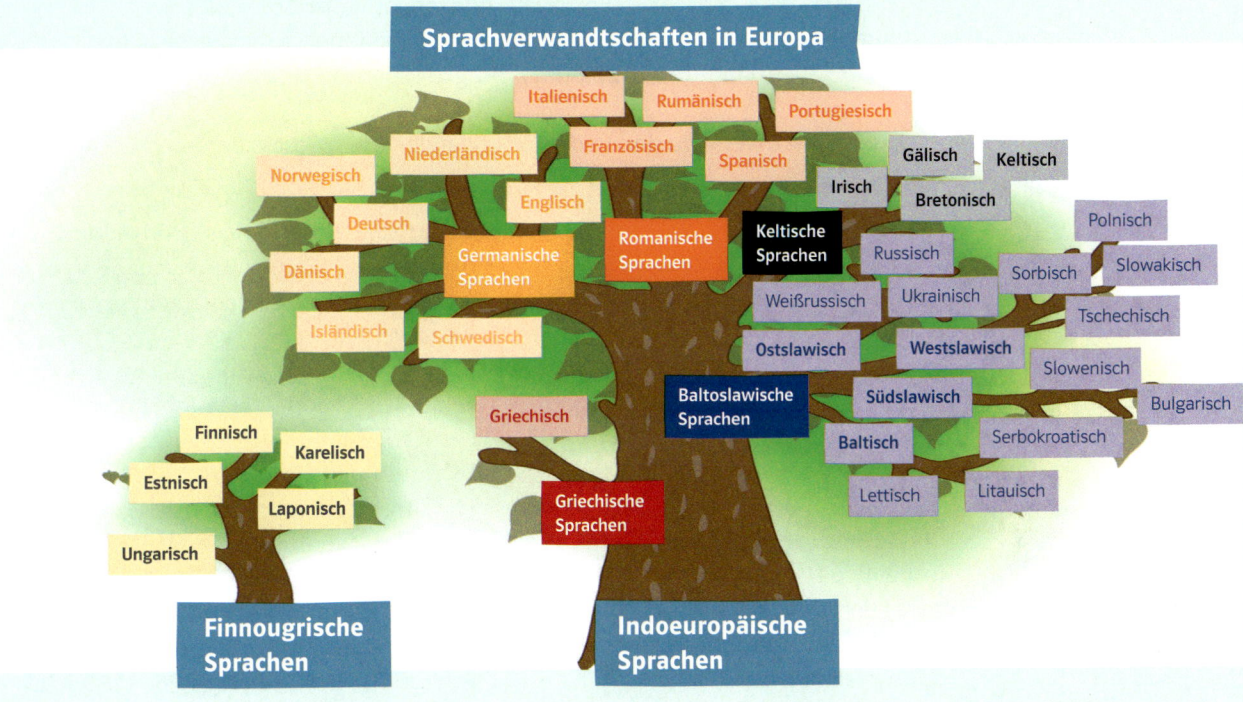

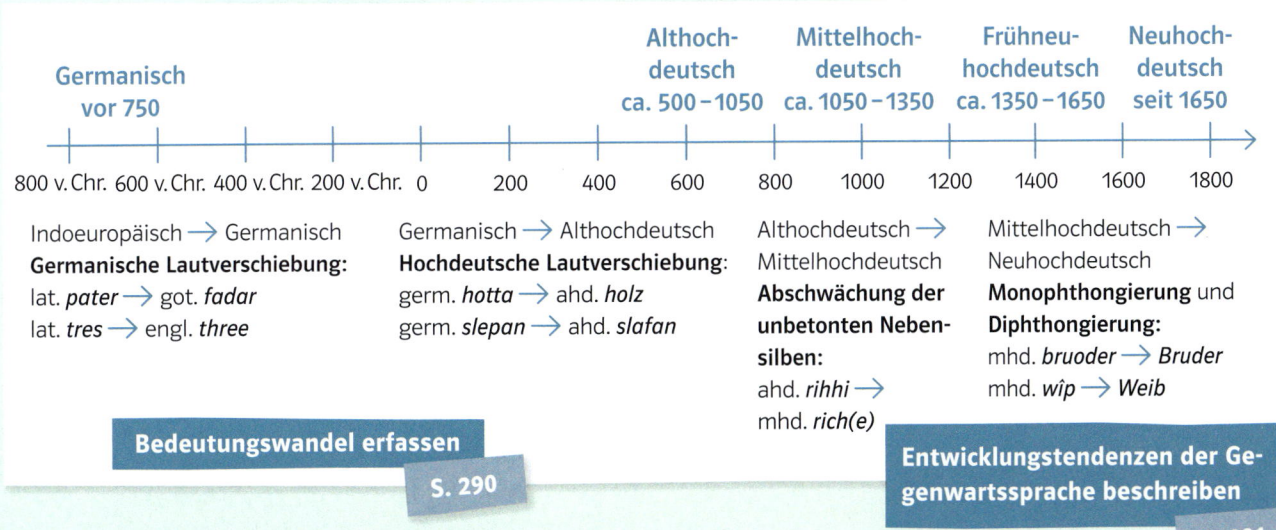

Indoeuropäisch → Germanisch
Germanische Lautverschiebung:
lat. *pater* → got. *fadar*
lat. *tres* → engl. *three*

Germanisch → Althochdeutsch
Hochdeutsche Lautverschiebung:
germ. *hotta* → ahd. *holz*
germ. *slepan* → ahd. *slafan*

Althochdeutsch →
Mittelhochdeutsch
Abschwächung der unbetonten Neben-silben:
ahd. *rihhi* →
mhd. *rich(e)*

Mittelhochdeutsch →
Neuhochdeutsch
Monophthongierung und **Diphthongierung:**
mhd. *bruoder* → *Bruder*
mhd. *wîp* → *Weib*

Bedeutungswandel erfassen
S. 290

Entwicklungstendenzen der Gegenwartssprache beschreiben
S. 291

Bedeutungswandel erfassen

Von Bedeutungswandel spricht man, wenn sich die Bedeutung einzelner Wörter im Laufe der Zeit verändert. Er kann in unterschiedlicher Form auftreten:

- **Bedeutungserweiterung**: der Bedeutungsumfang eines Wortes wird ausgedehnt, z. B. *Cäsar* (eine Person) → *Kaiser* (allgemeiner Titel)
- **Bedeutungsverengung**: der Bedeutungsumfang eines Wortes wird eingeschränkt, z. B. *Hochzeit* (jedes Fest) → *Hochzeit* (Eheschließungszeremonie), *maere* (*mhd.* erzählende Dichtung: Roman, Erzählung, Märchen u. a.) → *Märchen* (*nhd.* epische Kurzform fantastischen Inhalts)
- **Bedeutungsverschlechterung**: z. B. *gemein* (allgemein) → *gemein* (niederträchtig), *sleht* (*mhd.* aufrichtig, schlicht) → *schlecht* (*nhd.* negativ, nicht genießbar)
- **Bedeutungsverbesserung**: z. B. *toll* (verrückt) → *toll* (erstaunlich, ausgezeichnet), *arebeit* (*mhd.* Mühe, Plage) → *Arbeit* (*nhd.* Tätigkeit, Beruf)

So kannst du vorgehen, wenn du den Bedeutungswandel eines Wortes untersuchen willst:

1. Im etymologischen Wörterbuch nachschlagen

- frühere Bedeutung eines Wortes entnehmen (inklusive aller Nebenbedeutungen)

2. Eine Merkmalsanalyse durchführen

- die Bedeutung des Wortes in kleinere Bedeutungselemente zerlegen, z. B. *vrouwe: weiblich; erwachsen; verheiratet; sozial höhergestellt (Herrin)*

3. Bedeutungen vergleichen

Frau: *mhd.* vrouwe, *ahd.* frouwe sind (wie der *aisl.* Name der Göttin Freyja) weibliche Bildungen zu einem im Dt. untergegangenen *germ.* Wort für „Herr", das in *got.* frauja, *asächs.* frôio, *aengl.* friega und dem *aisl.* Namen des Gottes Freyr bewahrt ist [...]. Dieser Herkunft gemäß ist „Frau" im Dt. lange Zeit vor allem die Bezeichnung der Herrin und der Dame von Stand gewesen [...] Als Standesbezeichnung ist „Frau" seit dem 17. Jh. von „Dame" verdrängt worden, andererseits ist es in der Bed. „erwachsene weibliche Person, Ehefrau" an die Stelle von *mhd.* wîp getreten.

- klären, ob eine Bedeutungserweiterung, Bedeutungsverengung, Bedeutungsverschlechterung oder eine Bedeutungsverbesserung vorliegt

So geht's

vrouwe (*mhd.* Herrin, Dame von Stand) → Frau (*nhd.* allg. erwachsene weibliche Person, Ehefrau) Es hat bei dem Wort „Frau" im Vergleich zu mhd. vrouwe eine **Bedeutungserweiterung** stattgefunden, da es nicht mehr nur die adelige Frau bezeichnet.

Entwicklungstendenzen der Gegenwartssprache beschreiben

Neben **Vereinfachung** und **Verkürzung (Ökonomisierung)** als den wesentlichen Motoren des Sprachwandels finden sich noch zwei weitere Faktoren, die die Entwicklung der Gegenwartssprache vorantreiben: Die **Angleichung von Schriftlichkeit und Mündlichkeit (Ausgleich)** sowie die **starke Zunahme von Entlehnungen** aus anderen Sprachen **(Internationalisierung)**.

Diese Entwicklungstendenzen haben Auswirkungen auf die Rechtschreibung, auf die Grammatik, auf den Wortschatz und die Wortbedeutung sowie auf die Aussprache.

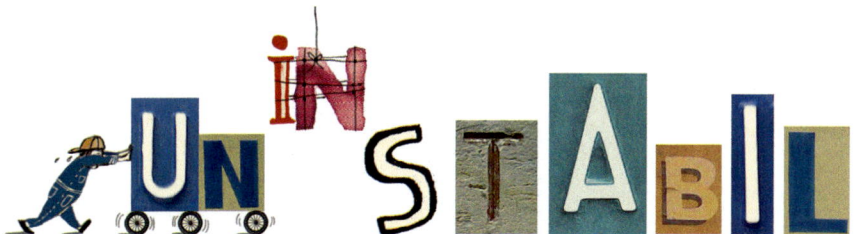

So geht's

Wenn man sehr lange Strecken mit dem Fahrrad zurücklegt, dann ist ein passender Sattel ein Muss!

Kleines Sattelproblemchen mit Adamo ISM

Mit jedem Sattel hatte ich bisher Einschlafprobleme (gelinde gesagt). Mit dem Adamo ISM war das vorbei. Hier tut sich aber son neues Problem auf. Ich sitze fast nur auf dem rechten Sitzknochen, fühlt sich irgendwie so an, als wär der tiefer oder größer, die Verteilung ist einfach nicht gleichmäßig. Dazu kommt, dass mein linkes Knie immer zu stark vom Oberrohr weg ist. Wenn ich es weiter rein ziehen will, habe ich das Gefühl, das geht wegen dem Sattel oder der Hüfte nicht. Wenn ich aber ganz vorrutsche auf dem ISM, dann geht's super, da ist es aber unbequem und vor allem unstabil, habe das Gefühl, dann keine richtige Auflageposition zu finden. Sitz ich also eher auf Mitte Sattel, ist es etwas bequemer, bekomm aber die Füße nicht zusammen, sitz ich weiter vorn, klappt das super, aber unstabil und anstrengend. Kann mir da jemand weiterhelfen?

Hallo,
ja, da kann dir jemand weiterhelfen! Was wirklich was bringt, und was ich selbst auch schon gemacht hab, ist ein „Bikefitting". Ich war bei XXX, und der hat meine Sitzposition komplett neu eingestellt, die Pedalplatten neu justiert und mir andere Einlagen in die Schuhe gesteckt. Ich musste mich ca. 300 km an die neue Position gewöhnen, (…) jetzt muss ich sagen: top! (Fahre übrigens auch Adamo)
Gruß Flo

Ausgleich:
so ein (wie *dieses*) →
son
Angleichung ans Mündliche

Ökonomisierung:
wegen des … →
wegen dem …
komplizierter Genitiv
→ einfacher Dativ

Internationalisierung:
instabil → unstabil
Fremdwort wird deutscher Wortbildung angepasst (Lehnwort)
Bikefitting
Fremdwort wird unverändert übernommen

Grammatik

Lerninsel: Was du wissen und können musst

Mithilfe deines grammatischen Wissens über Wortarten, Satzglieder und Zeichensetzung gelingt es dir, Texte besser zu verstehen und zu verfassen.

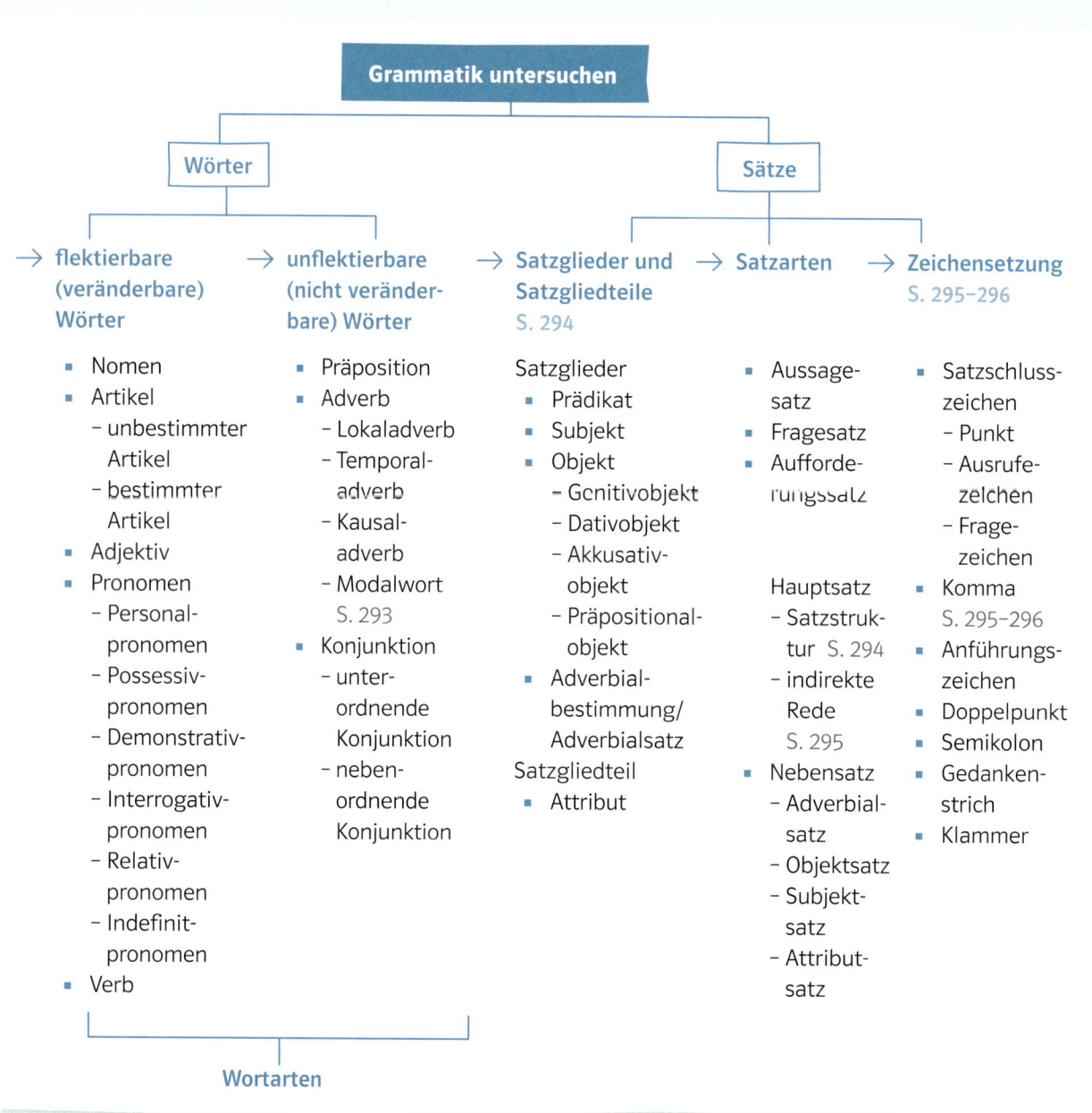

Grammatik untersuchen

Wörter

Sätze

→ **flektierbare (veränderbare) Wörter**

→ **unflektierbare (nicht veränderbare) Wörter**

→ **Satzglieder und Satzgliedteile** S. 294

→ **Satzarten**

→ **Zeichensetzung** S. 295–296

- Nomen
- Artikel
  - unbestimmter Artikel
  - bestimmter Artikel
- Adjektiv
- Pronomen
  - Personalpronomen
  - Possessivpronomen
  - Demonstrativpronomen
  - Interrogativpronomen
  - Relativpronomen
  - Indefinitpronomen
- Verb

- Präposition
- Adverb
  - Lokaladverb
  - Temporaladverb
  - Kausaladverb
  - Modalwort S. 293
- Konjunktion
  - unterordnende Konjunktion
  - nebenordnende Konjunktion

Satzglieder
- Prädikat
- Subjekt
- Objekt
  - Genitivobjekt
  - Dativobjekt
  - Akkusativobjekt
  - Präpositionalobjekt
- Adverbialbestimmung/ Adverbialsatz

Satzgliedteil
- Attribut

- Aussagesatz
- Fragesatz
- Aufforderungssatz

Hauptsatz
- Satzstruktur S. 294
- indirekte Rede S. 295
- Nebensatz
  - Adverbialsatz
  - Objektsatz
  - Subjektsatz
  - Attributsatz

- Satzschlusszeichen
  - Punkt
  - Ausrufezeichen
  - Fragezeichen
- Komma S. 295–296
- Anführungszeichen
- Doppelpunkt
- Semikolon
- Gedankenstrich
- Klammer

Wortarten

Wortarten unterscheiden und bestimmen

Modalwörter erkennen und verwenden

Modalwörter bringen die **Einstellung des Sprechers/der Sprecherin** zum Inhalt der Aussage zum Ausdruck.

- Sie gehören zur Wortart Adverb. Sie sind unflektierbar (nicht veränderbar).
- Sie können im Unterschied zu anderen Adverbien auf eine Entscheidungsfrage antworten. *Führt ihn der Tipp zu einer schnellen und einfachen Lösung?* Vermutlich.

> Modalwörter? Das sind doch Wörter wie bestimmt, natürlich, vielleicht, möglicherweise, zweifellos, sicherlich, hoffentlich, vermutlich, ...

So geht's

Rezension zu „Nachrichten aus einem unbekannten Universum"

Für seinen Bestseller „Der Schwarm" hat Frank Schätzing wahrscheinlich so viel Stoff zusammengetragen, dass daraus auch noch ein Sachbuch geschrieben werden konnte. *„Nachrichten aus einem unbekannten Universum"* ist zweifellos ein Buch für alle, die von Schätzings maritimem Ökothriller neugierig gemacht wurden. Und bestimmt gefällt es allen Lesern, die [...]

Das Modalwort *wahrscheinlich* vermittelt die Vermutung des Rezensenten, wie die Stoffbasis für das Buch zustande gekommen ist. Das Modalwort *zweifellos* bringt die Sicherheit des Schreibers hinsichtlich der Leserschaft zum Ausdruck. Das Modalwort *bestimmt* weist darauf hin, dass er von der Richtigkeit seiner Aussage überzeugt ist.

Konjunktionen und andere Mittel der Textverknüpfung nutzen

Um einen **zusammenhängenden (kohärenten) Text** zu schreiben, kannst du folgende sprachliche Mittel zur Textverknüpfung nutzen:

- Konjunktionen bzw. Adverbien, die Sätze bzw. Satzglieder verbinden: *denn, aber, nachdem, deshalb, infolgedessen, damit, ...*
- Pronomen, die sich auf Vorangehendes beziehen: *diese, jener, ihre, ...*
- klangliche Mittel, die Sätze, Wörter, Satzglieder in einen klanglichen Zusammenhang stellen: *Anapher, Alliteration, Reim, ...*
- Wiederholungen

> Wörter aus einem Wortfeld oder einer Wortfamilie schaffen auch Zusammenhänge.

So geht's
Adverbialsätze
jc84tp

So geht's

Praktikumsbericht

Für die Auswahl meiner Praktikumsstelle waren meine Interessen ausschlaggebend: Kunst, Kultur und Bildung. Einen diesen Interessen entsprechenden Praktikumsplatz zu finden, das war jedoch nicht einfach: Leider führte das von mir angefragte Theater zu dem vorgegebenen Termin keine Schülerpraktika durch. Leider verlief auch das Vorstellungsgespräch in der Buchhandlung für mich höchst unbefriedigend, weil Schüler lediglich für Hilfsarbeiten im Lager und keinesfalls im Publikumsverkehr eingesetzt werden. Deshalb entschied ich mich für ein Praktikum in der Vorschulklasse der Kreativitätsgrundschule (...)

Satzglieder unterscheiden und verwenden

⊕
So geht's
Umstellprobe,
Weglassprobe
8q8k9h

Das **Prädikat** ist Träger der Satzaussage. Es kann im Satz durch die Satzglieder **Subjekt, Objekt** und **Adverbialbestimmung** ergänzt sein. Diese lassen sich mithilfe der **Umstell-** und **Weglassprobe** oder durch die **grammatischen Fragen** (Satzgliedfragen) bestimmen.

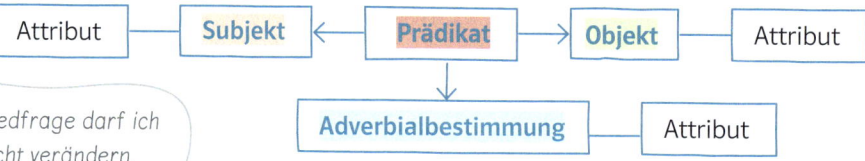

Bei der Satzgliedfrage darf ich das Prädikat nicht verändern.

So geht's

Heinrich Böll: Anekdote zur Senkung der Arbeitsmoral (Ausschnitt)

[…] Ein schick angezogener Tourist legt eben einen neuen Farbfilm ein, um das idyllische Bild zu fotografieren. […]

Wer legt eben einen neuen Farbfilm ein? → ein schick angezogener Tourist = Subjekt
Wann legt ein Tourist einen neuen Farbfilm ein? → eben = Adverbialbestimmung der Zeit (Temporalbestimmung)
Wen/Was legt ein Tourist in seinen Fotoapparat ein? → einen neuen Farbfilm = Akkusativobjekt
Zu welchem Zweck legt er ihn ein? → um das idyllische Bild zu fotografieren = Adverbialbestimmung des Zweckes (Finalbestimmung)

Satzstrukturen bewusst gestalten

Durch bewusste Setzung der ergänzenden Satzglieder innerhalb eines Satzes kannst du deine Aussageabsicht verstärken:

Zweifellos müssen wir mit den Ressourcen bewusst umgehen, wenn wir nachhaltig agieren wollen.

Vorfeld   Satzklammer   Nachfeld

So geht's

Viele Supermärkte haben früher Plastiktüten, die anschließend im Müll landeten, ohne die Kunden überhaupt zu fragen, verschenkt.
Plastiktüten, die anschließend im Müll landeten, haben viele Supermärkte früher, ohne die Kunden überhaupt zu fragen, verschenkt.
Viele Supermärkte haben früher Plastiktüten, die anschließend im Müll landeten, verschenkt, ohne die Kunden überhaupt zu fragen.

Satzglied ins Vorfeld setzen:
Oft steht das Subjekt im Vorfeld. Durch die Verschiebung eines anderen Satzgliedes (hier: Objekt mit Attributsatz) ins Vorfeld wird dieses Satzglied betont. Damit wird im Beispiel die Verschwendung und Umweltverschmutzung hervorgehoben.
Satzglied ins Nachfeld setzen:
Der erweiterte Infinitiv mit *zu* im Nachfeld verkürzt die Satzklammer und macht den Satz verständlicher.

Direkte Rede (wörtliche Rede) in indirekte Rede umwandeln

Die indirekte Rede kann wie die direkte Rede mit einem **Einleitungssatz** beginnen. Sie wird als Nebensatz angefügt. Die Verben werden in der indirekten Rede im **Konjunktiv I** wiedergegeben. Ist dieser mit dem Indikativ identisch, kann der Konjunktiv II oder die Umschreibung mit „würde" als Ersatzform gewählt werden. **Pronomina** sowie **Zeit- und Ortsangaben** werden der Sprecherperspektive angepasst. Das Tempus richtet sich nach dem Tempus in der direkten Rede.

> *Zum Glück hat der Konjunktiv I nur das Perfekt als Vergangenheitsform.*

So geht's

direkte Rede	indirekte Rede
Der Schulsprecher berichtete: „Ich konnte gestern in meinem Team euren Vorschlag für die Klassenfahrt vortragen."	Der Schulsprecher berichtete, er habe am Tag zuvor in seinem Team ihren Vorschlag für die Klassenfahrt vortragen können.

Regeln der Kommasetzung nutzen

So geht's
Regeln zur Kommasetzung nutzen
878p3y

Die Kommasatzung hilft dir, den Gedankengang übersichtlich zu gestalten.

Kommasetzung bei gleichrangigen Wörtern und Wortgruppen
- Die Glieder einer Aufzählung trennt man durch Kommas.
- Man setzt **kein Komma**, wenn **gleichrangige Wörter** oder **Wortgruppen** durch folgende Konjunktionen verbunden werden: *und, oder, beziehungsweise (bzw.), entweder – oder, sowie, sowohl – als (auch), weder – noch.*
- Wenn die **vergleichenden Konjunktionen** *als* oder *wie* nur Wörter und Wortgruppen verbinden (also keine Nebensätze einleiten), setzt man **kein Komma**.
- Bei den **entgegensetzenden** oder **einschränkenden Konjunktionen** *aber, sondern, einerseits – andererseits* **muss ein Komma** gesetzt werden.

Für dieses Rezept brauche ich nicht nur vier Eier, im Topf aufgelöste Butter, Mehl sowie Zucker, sondern auch Vanille, den Saft frisch gepresster Zitronen und Backpulver.

Kommasetzung bei Zusätzen oder nachgestellten Erläuterungen
Einschübe oder nachträgliche Erläuterungen trennt man vom restlichen Satz ab.
Seine, Peters, Stimmung war auf dem Tiefpunkt. (Apposition)
Am Mittwoch, es war ein kalter Herbsttag, kam er sehr spät nach Hause. (Parenthese)

Kommasetzung bei Satzgefügen

So geht's
Nebensätze unterscheiden
x77hs2

- Kommas trennen die Hauptaussage (**Hauptsatz**) von einer Nebenaussage (**Nebensatz**) **innerhalb eines Satzgefüges**.
  Während ich noch Hausaufgaben machte, saß Sara schon vor dem Computer.
- Kommas trennen die Nebenaussagen (**Nebensätze**) **innerhalb eines Satzgefüges** mit mehreren Satzgefügen.
  Ich weiß, dass alle schon in der Klasse sind, obwohl es noch nicht geklingelt hat.

Wenn der Satz dadurch übersichtlicher wird, setze ich auf jeden Fall ein Komma.

Kommasetzung bei satzwertigem Infinitiv

Du erkennst einen satzwertigen Infinitiv daran, dass die Aussage mit einem Infinitiv mit *zu* kein Subjekt enthält: *Jonas kam ins Zimmer, um mich zu wecken.* – *…, weil er mich wecken wollte.*

- Aussagen mit einem satzwertigen Infinitiv **können** durch Kommasetzung von anderen Aussagen im Satz abgegrenzt werden.
- Aussagen mit einem satzwertigen Infinitiv **müssen** durch Kommasetzung von anderen Aussagen im Satz getrennt werden, wenn die Infinitivgruppe mit *zu*
  - durch **als, anstatt, außer, ohne, statt** oder **um eingeleitet** wird:
    Er kam, um das Problem zu besprechen.
  - durch ein **hinweisendes Wort/eine hinweisende Wortgruppe angekündigt** wird:
    Er dachte nicht daran, seinem Trainer Vorwürfe zu machen.
  - von einem **Substantiv abhängt**:
    Mein Vorschlag, Mathe zu lernen, wurde sofort angenommen.

Kommasetzung bei satzwertigem Partizip

Du erkennst ein satzwertiges Partizip daran, dass trotz einer Erweiterung einer Partizipform kein Subjekt genannt wird: *Sie warfen sich(,) vor Müdigkeit gähnend(,) auf das Bett.* – *Sie gähnten vor Müdigkeit.*

Ich kann also nichts falsch machen, wenn ich ein Komma setze.

- Aussagen mit einem satzwertigen Partizip **können** durch Kommasetzung von anderen Aussagen im Satz abgegrenzt werden.
- Die Aussagen mit einem satzwertigen Partizip **müssen** durch Kommasetzung von anderen Aussagen im Satz getrennt werden, wenn die Partizipialgruppe
  - durch ein **hinweisendes Wort/eine hinweisende Wortgruppe angekündigt** oder wieder **aufgegriffen** wird: *Fröhlich lachend, so kam sie aus der Schule.*
  - als **nachgestellter Zusatz** eines Substantivs oder Pronomens anzusehen ist:
    Er, alles so genau nehmend, stand vor einem Rätsel.

So geht's

Durch verbrauchte Luft wird man müde, lustlos und vor allem unkonzentriert. Beim Lernen, zum Beispiel im Unterricht, ist regelmäßiges Lüften also wichtig. Nur sollte man beim Lüften darauf achten, dass nicht zu viel Wärmeenergie verloren geht. Das sogenannte Dauerlüften, bei dem zum Beispiel ein Oberfenster immer auf Kipp steht, sodass der Raum stets mit frischer Luft versorgt wird, kostet sehr viel Heizenergie. Achtet also darauf, die Fenster nur für kurze Zeit weit zu öffnen. Diese Art des Lüftens, man nennt sie auch Stoßlüften, bringt frischen Sauerstoff, ohne dass zu viel Heizenergie verloren geht.

Für ältere elektronische Geräte braucht man häufig noch Batterien, um sie betreiben zu können. Batterien enthalten giftige Schwermetalle. Deswegen ist nicht zu empfehlen(,) sie in den Müll zu werfen. Aber wer denkt schon daran, aufladbare Akkus statt Einwegbatterien zu benutzen? Sinnvoll kann es auch sein, sich ein Ladegerät für aufladbare Batterien zu kaufen.

Von Umweltverschmutzung spricht man auch im Zusammenhang mit Lärm. Eine Schulklasse, in die Pause entlassen, kann so laut sein wie ein Flugzeug, das die Turbinen hochfährt. Menschen, einem derartigen Lärm ständig ausgesetzt, können gesundheitliche Schäden davontragen.

Rechtschreibung

Lerninsel: Was du wissen und können musst

Rechtschreibfehler können jedem passieren. Um einen fehlerfreien Text zu schreiben, musst du die gelernten Strategien anwenden. Überprüfe deine Texte nach dem Schreiben immer auf formale Richtigkeit.

Bei der nachhaltigen Verbesserung deiner Rechtschreibergebnisse können dir auch Techniken helfen, mit denen du deine „persönlichen" Fehler gezielt vermeiden kannst.

So geht's:
Mitsprechen, die Schreibung von verwandten Wörtern ableiten, die Großschreibung testen ih8kj5

Wörter mitsprechen

Dadurch kannst du viele Fehler vermeiden:
– Flüchtigkeitsfehler, zum Beispiel
  aussprechen → aus-spre-chen
– Fehler im Silbengelenk, zum Beispiel
  komen → kom-men
– Wörter mit einem *h* am Silbenanfang,
  zum Beispiel *glüen → glü-hen*

Die Schreibung von verwandten Wörtern ableiten

Du suchst nach einem verwandten Wort, bei dem die richtige Schreibung deutlich wird, zum Beispiel:
Ber? g/k → *Berge* → *Berg*
wil? d/t → *wilde* → *wild*
schrei?t b/p → *schreiben* → *schreibt*
tr?men äu/eu → *Traum* → *träumen*

Das Rechtschreibprogramm am Computer nutzen; Im Wörterbuch nachschlagen

S. 299

Die Großschreibung testen

Adjektivprobe durchführen: Lässt sich vor das Wort ein Adjektiv setzen, das sich dabei verändert, schreibt man groß: *beim Laufen → beim schnellen Laufen*

Individuelle Fehlerschwerpunkte gezielt verbessern

S. 298

Regeln zur Getrennt- und Zusammenschreibung anwenden

– Verbindungen von zwei Verben werden meistens getrennt geschrieben (*spazieren gehen*).
– Verbindungen mit *sein* werden immer getrennt geschrieben (*fertig sein*).
– Verbindungen von Substantiv und Verb sowie von Adjektiv und Verb werden getrennt geschrieben, wenn die Wörter in ihrer ursprünglichen Bedeutung gebraucht werden (*Rad fahren, frei sprechen*). Sie werden zusammengeschrieben, wenn die Zusammensetzungen eine neue Gesamtbedeutung haben (*teilnehmen, freisprechen*).

Bei diesen Wendungen muss ich die Großschreibung beachten: alles Gute, nichts Brauchbares, wenig Neues, etwas Leichtes, im Allgemeinen, im Einzelnen, im Folgenden, auf Deutsch.

Diese Wörter habe ich schon so oft falsch geschrieben: wid̲erspiegeln, Verwand̲tschaft, Kri̲se, Masch̲ine, Rep̲aratur, tol̲erant, Si̲lvester, Stand̲ard.

Individuelle Fehlerschwerpunkte gezielt verbessern

Durch regelmäßiges Üben kannst du häufig auftretende Fehler beseitigen. Außerdem solltest du deine individuellen Fehlerschwerpunkte kennen, damit du gezielt die entsprechenden Rechtschreibstrategien einsetzen kannst.

Mit einer Merkwörterkartei arbeiten

Du kannst eine „persönliche" Merkwörterkartei anlegen. Lass dir die Wörter als Übung diktieren oder bilde mit jedem Wort eine möglichst große Wortfamilie.

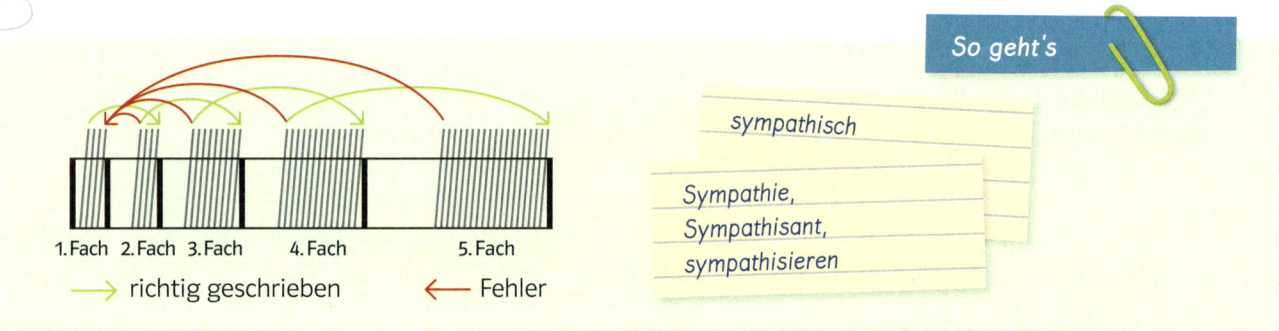

So geht's

1. Fach 2. Fach 3. Fach 4. Fach 5. Fach

→ richtig geschrieben ← Fehler

sympathisch

Sympathie, Sympathisant, sympathisieren

Merkwörter nach Besonderheiten in der Rechtschreibung sortieren

Erstelle eine Tabelle und trage Wörter ein, die du zum Beispiel in Klassenarbeiten falsch geschrieben hast. So erkennst du deine Fehlerschwerpunkte und kannst ermitteln, welche Rechtschreibstrategien du bei der Überarbeitung deiner Texte einsetzen musst.

So geht's

Parabel

Eine P. ist eine kurze lerhafte Geschichte, dem Gleichnis ehnlich, die eine allgemeine sittliche Wahrheit enthält. Im Gegensatz zu dieser anderen ephischen Kurzform wird der Vergleichspunkt (Tertium Comperationis) nicht ausdrücklich genannt. Ein par der bekanntesten P. stehen in der Biebel, wie zum Beispiel die Geschichte „Vom verlorenen Sohn".

→ lehrhafte
→ ähnlich
→ epischen
→ Tertium Comparationis
→ paar (aber: ein Paar Schuhe)
→ Bibel

Fremdwörter	unhörbares h	aa – ee – oo	v	nicht ableit-bares ä	chs	i statt ie	ai statt ei
Situation	lehrhafte	paar	entlarvt	ähnlich	wachsen	Krise	laienhaft
episch	Wahrheit	Himbeere	Kurve	ungefähr	wechseln	Bibel	Kaiser
…	…	…	…	…	…	…	…

Rechtschreibfehler vermeiden und korrigieren

Das Rechtschreibprogramm am Computer nutzen

Rechtschreibprogramme vergleichen die eingegebenen Buchstabenfolgen mit einer gespeicherten Wortliste. In vielen Fällen ergibt sich die richtige Schreibweise aber nur aus dem Satzzusammenhang. Deshalb werden manche Fehler von diesen Programmen nicht angezeigt. Du musst deinen Text also selbst noch einmal überprüfen.

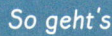
So geht's

Isst ihnen klar, das ein Rechtschreibprogramm nur etwa 30 Prozent der Falsch geschriebenen Wörter erkennt? Inn den Bereichen Groß- und Kleinschreibung, Zusammen- und Getrenntschreibung so wie bei der Komma Setzung, kommen die Programme schnell an ihre Grenzen. Auch bieten sie bei zu fehlerhaft gcshgribenen Wörtern keinen sinnvollen Verbesserungsvorschlag.

Nicht gefundene Fehler
- **in der Groß- und Kleinschreibung**
  ~~ihnen~~ → Ihnen (Höflichkeitsanrede)
  ~~Falsch~~ → falsch
- **bei der Getrennt- und Zusammenschreibung**
  ~~Komma Setzung~~ → Kommasetzung
  ~~so wie~~ → sowie (Konjunktion)
- **bei der Kommasetzung**
  Komma hinter Setzung ist falsch
- **sonstige**
  ~~Isst~~ (von essen) → ist (von sein)
  ~~das~~ (Artikel) → dass (Konjunktion)
  ~~Inn~~ (Flussname) → in (Präposition)

Im Wörterbuch nachschlagen

Damit du ein Wort im Wörterbuch schnell findest, beachte Folgendes:
- Schlage den **Hauptbegriff** nach (z. B. Quelle, nicht Literaturquelle).
- Die **Leit-** und **Kopfwörter** helfen dir, dich beim Suchen zu orientieren.
- Du musst den Suchbegriff **alphabetisieren**, das heißt, du schlägst nach Anfangs- und Zweitbuchstaben nach.
- **Ä, ö, ü** findest du zumeist bei den entsprechenden Vokalen a, o, u.
- Wenn du ein Wort im Wörterbuch **nicht findest**, überlege, wie es noch geschrieben werden könnte:
  - f-Laut → ph (P<u>h</u>antom, P<u>h</u>ysik), v (<u>V</u>orrichtung), pf (<u>Pf</u>und)
  - i-Laut → y (Lobb<u>y</u>), ea (L<u>ea</u>der), ee (J<u>ee</u>p)
  - j-Laut → y (<u>Y</u>acht, <u>Y</u>oga)
  - k-Laut → c (<u>C</u>lan), ch (<u>Ch</u>rom), ck (hi<u>ck</u>sen), qu (<u>C</u>la<u>qu</u>eur)
  - ks-Laut → x (He<u>x</u>ameter), chs (We<u>chs</u>el), cks (Kle<u>cks</u>e), gs (flu<u>gs</u>)
  - o-Laut → eau (Chat<u>eau</u>)
  - sch-Laut → ch (<u>Ch</u>ampagner)
  - t-Laut → th (An<u>th</u>ropologie)
  - ü-Laut → y (L<u>y</u>rik)
  - w-Laut → v (<u>V</u>itamin)

So geht's:
Im Wörterbuch nachschlagen
5f542w

Wenn ich ein Wort im Wörterbuch nicht finde, dann habe ich es wahrscheinlich falsch geschrieben.

Lösungen für die Abschlussseiten

**Palmen an der Nordsee · Sich und andere informieren;
S. 24, 25**

S. 25/1
Windenergie ist günstig; verursacht keine Schadstoffe; ist ein
erneuerbarer Rohstoff; muss nicht importiert werden; schafft
zusätzliche Arbeitsplätze; benötigt wenig Raum.
Beim Bau von Windparks auf dem Meer gibt es allerdings Konflikte mit dem Naturschutz, weil zum einen Naturschutzgebiete
betroffen sind und zum anderen Schweinswale durch den er-
höhten Lärm gestört werden.

S. 25/2
erschienen 2011, Quelle: DEWI; Zahl und Leistung der Windkraftanlagen in Deutschland aufgeschlüsselt nach Bundesländern;
zeigt Energiegewinnung durch Wind je Bundesland; Angaben
in Megawatt; **führende Bundesländer:** Niedersachsen, Bran-
denburg, Nordrhein-Westfalen; **Schlusslichter:** Berlin, Ostsee,
Nordsee, Hamburg; **Auffälligkeiten:** wenig Nutzung der Windenergie in Ost- und Nordsee; große Bundesländer wie Bayern
und Baden-Württemberg gewinnen viel weniger (< 1/10) Energie aus Wind als z. B. Niedersachsen; **offene Fragen/Recherche
nötig:** Entwicklung der Menge an gewonnener Energie im
Zeitverlauf; warum so wenig Nutzung in Nord- und Ostsee (Um-
weltschutzgründe?); Ursachen für unterschiedliche Nutzung in
Bundesländern recherchieren

S. 25/3
Freie Schülerarbeit

S. 25/4
Einleitung: TATT und Quelle nennen; informierend-argumen-
tierender Text mit These, dass Windparks im Meer die Tierwelt
stören und somit im Konflikt mit der Umwelt stehen; **Hauptteil: Überschrift:** metaphorisch, vgl. Vertreibung aus Paradies,
Handeln gegen die Natur → negative Folgen für Menschen →
Autor kritisch eingestellt; **Einleitung** (Z. 1–11): Informationen zu
„Butendiek"; **Hauptteil I** (Z. 12–62): rhetorische Fragen; Unrecht-
mäßigkeit des Bauvorhabens wird durch Zitieren von Autori-
täten aus Umweltschutzbereich untermauert, Aufzeigen von
Verfahrensfehlern; **Hauptteil II** (Z. 63–74): Wissenslücken → Fol-
gen für die Tierwelt, am Beispiel Schweinswale Verdeutlichung;
Kritik durch abwertende Wortwahl (z. B. „Sündenfall", „Altlast",
„Prestigeprojekt") → indirekte Beeinflussung des Lesers; **letzter
Absatz** (Z. 75–85): Position der Windparkbauer; durch Verwendung des Konjunktivs Distanz des Autors zum Projekt; **Schluss:**
Text will Leser für mögliche Auswirkungen des Offshore-Parks
auf die Umwelt sensibilisieren; kritische Haltung verdeutlicht
durch abwertende Wortwahl und durch Aufzeigen von Geneh-
migungsfehlern; zahlreiche Zitate lassen Autor gut informiert
erscheinen; sprachliche Gestaltung: Konjunktiv, Präsens, sachli-
ches Schreiben, abwertende Wortwahl

**Kommunikation ist alles · Sprachlicher Umgang mit
anderen; S. 36, 37**

S. 37/1
Wirkung auf Leser: rätselhaft (Z. 6–8, 25), abweisend (Z. 13,
27–30, 57–60), unwirsch, überheblich (Z. 20–23, 33–35, 39–41,
66–68), aber auch verletzlich (Z. 70–72, Z. 78); **Wirkung auf
Daniel:** geheimnisvoll (Z. 6–8, 37f.), ungewöhnlich, fremdartig
(Z. 39–41), interessant, anziehend (Z. 81f.), verletzlich (Z. 70–72,
Z. 78); **Vergleich:** unterschiedliche Eindrücke: interessierte
Haltung Daniels versus neutrale(re) Haltung des Lesers; Grund:
Verliebtheit Daniels (Z. 9, 81f.)

S. 37/2
Gesprächsverlauf: durchweg Dominanz Rachels, Folge: Kommunikationsstörungen; Annäherung (Z. 70, 74); **Beziehung der Gesprächspartner:** Überordnung Rachels, Unterordnung Daniels;

Rachel hält Daniel auf Distanz; Daniel ist verliebt und möchte
Rachel gefallen; **Gesprächsziele:** Daniel möchte Rachel gefallen,
ihr möglicherweise ein Liebesgeständnis machen; Rachel will
Daniel auf Distanz halten und allein darüber bestimmen, wie
viel Nähe sie zulässt; zur **Beschreibung** der Kommunikationssituation eignet sich am besten Watzlawicks Grundannahme (C),
dass Kommunikation entweder symmetrisch oder komplementär verlaufen kann: Überordnung Rachels versus Unterordnung
Daniels; **Ursachen:** Daniel und Rachel bringen sehr unterschiedliche Erfahrungen und Prägungen mit, Rachels Reserviertheit
hat möglicherweise eine Schutzfunktion; **Folgen:** die unvoll-
ständigen und uneindeutigen Äußerungen Rachels können Irri-
tationen, Missverständnisse und Kränkungen auslösen.

S. 37/3
Freie Schülerarbeit

S. 37/4
Ich-Botschaften, die Daniels Irritation zum Ausdruck bringen
oder die jene Äußerungen Rachels, die überheblich oder unan-
gemessen sind, zurückweisen

S. 37/5
Freie Schülerarbeit

So tickt Deutschlands Jugend? · Ein Thema erörtern; S. 54, 55

S. 55/1–2
Freie Schülerarbeit

S. 55/3
Pro-Argumente: Jugendliche verbringen extrem viel Zeit (über
acht Stunden am Tag) mit audiovisuellen Medien; wenn die
ganze Schule teilnimmt, ist niemand ausgeschlossen; man hat
mehr Zeit für andere, kreativere Aktivitäten, …
Kontra-Argumente: eine Woche ohne Medien führt nicht zu
einer Verhaltensänderung; man bekommt nur ein schlechtes Gewissen, … (Lösungshilfe: Lerninsel „Argumentierend schreiben")

S. 55/4
Pro: macht Spaß, motiviert, Anerkennung für Alltägliches, Mittel zur Aufgabenverteilung, zielorientiertes Handeln wird gefördert, Strukturierung des Alltags, Selbstständigkeit kann steigen;
Kontra: nur Erledigen von „spaßigen" Aufgaben, Gesellschafts-
problem: Spaß als Katalysator für Veränderung?, Motivation nur
von außen: Was passiert, wenn niemand mehr Aufgaben stellt?
(eigenes Leben), Weitergabe sensibler Daten; **durch Recherche
größerer Zusammenhang:** gesamter Tagesablauf als Abfolge
von Minispielen mit Wettbewerbscharakter: Sport(-Apps); Wege
(FourSquare) → weitere *Probleme*: Wettbewerbsmentalität;
Daten für Werbung, Überwachung, Macht, neues Phänomen?
Siehe auch Sternesammeln beim Einkaufen, Flugmeilen usw.

S. 55/5
Freie Schülerarbeit

**Bewerbung kommt von Werbung · Sich um ein Praktikum
bewerben; S. 66, 67**

S. 66/1
gleiche Maßstäbe wie für Papierbewerbungen, an konkretes
Unternehmen richten (keine Rundmail); Selbstdarstellung zu
positiv; Form zu persönlich

S. 66/2
richtig: B (aus Anstand), D (wirkt sonst unruhig), G (Zeit zum
Überlegen); **ungünstig:** A (angemessene Kleidung), C (wirkt
unruhig), E (nicht ständig trinken), F (wirkt nervös), H (stört Gespräch, Fragen besser am Ende)

S. 67/3
fehlend: Kontaktdaten (Anschrift, Telefon, E-Mail), praktische
Erfahrungen, besondere Fähigkeiten und Interessen; **unvoll-**

ständig: Schulbildung (Zeiträume), Unterschrift (Ort und Datum); **weglassen:** Staatszugehörigkeit, Religion, Familie

S. 67/4
Werbe- und Designeragentur: besondere Fähigkeiten im Bereich Kunst, Gestaltung, Fotografie, Kreativität, sprachlicher Ausdruck; **katholischer Kindergarten:** Religionszugehörigkeit (möglichst katholisch), Umgang mit Kindern; **Anwaltskanzlei:** sprachliche Gewandtheit, gute Orthografie/Grammatik, freundliches Auftreten, gute Umgangsformen

Zerplatzte Träume · Zu literarischen Texten schreiben; S. 98, 99

S. 99/1
Beleidigung: „Schlampe" (V. 33), „Dirne" (V. 18); **Gewaltandrohung:** „Mich juckt die Hand!" (V. 28); **Erpressung:** „Entweder du bist mein […] Sonst bettle" (V. 63f.) **Drohung:** „Denn […] ich kenn dich dann nicht mehr [verbanne dich]" (V. 65)

S. 99/2
ruhig, überlegt → fleht, sich erklären zu dürfen → Verzweiflung, erneutes Flehen, Todeswunsch (= Steigerung, Eskalation)

S. 99/3–4
Freie Schülerarbeit

S. 99/5
Mutter auf der Seite ihres Mannes, billigt sein Verhalten und ist bereit, Tochter zu verbannen; ist maßlos enttäuscht und wütend; Gefühle wie Empathie oder Mitleid sind nicht angelegt

S. 99/6
Charakterisierung: Romeo naiv und liebeskrank; von Liebe zu Julia so geblendet, dass er grob fahrlässig agiert; ironische Darstellungsweise; **Pro:** Überhöhung Julias: „Engel" (V. 8), „Geliebte Heilige" (V. 39); verharmlost Gefahren: „mehr Gefahr bringt mir dein Auge […] als/Zwanzig von ihren Schwertern" (V. 56f.); nimmt eigenen Tod in Kauf: „Denn besser wär der Tod" (V. 62); folgt Julia blind; **Kontra:** Romeos Glaube an die Liebe und Bereitschaft, für sie Opfer zu bringen, sind positive Eigenschaften; großes gegenseitiges Vertrauen als Merkmal von Liebe: „dir folg ich durch die Welt" (V. 140); Julia ist die treibende Kraft für die Heirat, die die beiden in Gefahr bringt; Stellungnahme zum vorgegebenen Zitat im Schlussteil

Spurensuche · Erzählende Texte untersuchen und deuten; S. 116, 117

S. 116/1
Freie Schülerarbeit

S. 116/2
indirekte Rede: Er fragt, ob dies seine Frau sei. Der Gefangene bejaht dies. Dann fragt er die Frau, ob dies ihr Mann sei. Sie bestätigt es. Dann deutet er ihnen mit der Hand und befiehlt ihnen wegzulaufen. **Wirkung:** redeeinleitende Verben lassen Erzähler als Vermittler des Geschehens deutlich werden → mehr Distanz zum Geschehen

S. 116/3
Darstellungsweise: Kurzgeschichte wird im Rückblick erzählt; Anspruch, über etwas zu berichten, was tatsächlich passiert ist → Authentizität; Abfolge: Bericht (Z. 1–16); szenische Darstellung mit wörtlicher Rede (Z. 17–24); Bericht (Z. 25–31); **Erzählhaltung:** sachlich; Figuren werden mit beschreibenden Adjektiven skizziert („verwahrloste Gefangene"), aber ebenso nicht bewertet wie ihr Verhalten oder das Geschehen insgesamt; **Deutung:** In anonymer Masse der Gefangenen wird bewachendem Soldaten persönliches Schicksal eines Mannes bewusst, zeigt menschliche Gefühle (Freilassen), beugt sich aber auch der Pflicht des unmenschlichen Auftrags (Platztausch); Bruta-

lität und Unmenschlichkeit des Krieges und seiner Folgen wird deutlich: Mensch wird instrumentalisiert und zu Handlungen verpflichtet, die er sonst nicht tun würde; Kurzgeschichte = Anklage gegen Krieg und seine Unmenschlichkeit

S. 117/4
Bewertung durch ironische Erzählhaltung und Untertreibung: Zerstörung japanischer Stadt ist keine Verteidigung Amerikas, sondern hohle Propaganda; Name der Bombe ist makabrer Todesgruß; Offizier wird als gefühlskalter Mörder kritisiert, der kein Bewusstsein für Ungeheuerlichkeit seiner Tat besitzt; mit letztem Satz deutet Erzähler an, dass nicht alle Menschen so denken

S. 117/5
Darstellungsweise bei Frisch: Geschehen wird als Bericht dargestellt (Z. 1); Leser hat den Eindruck, Augenzeuge eines Ereignisses zu werden, das ihm ohne ausschmückende Beschreibung oder moralische Wertung präsentiert wird; Unterscheidung zwischen Beobachtung und Vermutung; Gespräch zwischen dem russischen Soldaten und einem Gefangenen in szenischer Darstellung (Z. 9–15) als Wechsel von Rede und Gegenrede; **Darstellungsweise bei Schnurre:** tagebuchartige Notiz; stichwortartiger Stil, der direkt und authentisch wirkt; Charakterisierung des „netten Menschen" (Z. 1) durch vergleichende Beschreibung seines Äußeren (Z. 2f.) und ironisch kommentierte Wiedergabe seiner Aussagen (Z. 4f.); **Gemeinsamkeiten:** beide Texte erinnern an einen Tagebucheintrag; versteckte Kritik an der Logik des Krieges im jeweils letzten Satz; **Unterschiede:** Frischs Text bleibt in der Darstellung eher neutral und enthält sich einer Wertung; Schnurres Erzähler lässt eine ironische Distanz und deutliche Kritik an dem Zynismus des Interviewten erkennen.

S. 117/6
Freie Schülerarbeit

S. 117/7
Jugendbuch: durch Sarahs Perspektive Leid der Kinder in verschiedenen Facetten dargestellt; Leser durch Erzähler gelenkt; Kinder als Opfer; Geschichte: durch szenische Darstellung direktes Bild, das wie ein Blitzlicht Situation darstellt; Leser zieht selbst seine Schlussfolgerung

Gefährten · Erzählen im Film und Roman untersuchen; S. 134, 135

S. 134/1

	Bild 1	Bild 2	Bild 3
Standort	seitlich, hinter Figur	unmittelbar vor Figuren	vor Figur
Größe	Halbnah bis Nah	Nah	Halbtotale
Perspektive	Normalsicht	Normalsicht	leichte Aufsicht
Point of View	eher objektiv von außen	leicht subjektive Perspektive	subjektive Perspektive (und Kamera)
Wirkung	eher distanziertes Beobachten durch Zuschauer	Interesse des Zuschauers wird geweckt	hohe emotionale Beteiligung, Furcht

S. 134/2
alle Bilder relativ realistisch, aber Bild 2 lässt Fiktionalität erkennen; eher unwahrscheinlich, dass man so nah an wilden Tiger herankommt

S. 134/3
Freie Schülerarbeit. Möglichkeiten: Überblenden für Zeitsprünge, Montagetechniken für Übergänge

S. 134/4
Tiger = gefährliches Raubtier, kräftig und stark, unberechenbar, aber auch Symbol für Macht, Stärke, Kraft im Überlebenskampf

Lösungen für die Abschlussseiten

S. 135/5
Fiktionspakt: Pi hält Richard Parker (Tiger) für denkendes und
fühlendes Wesen = unrealistisch; Pi vermittelt Leser das Gefühl,
dass Richard Parker realistisch auf Boot war; der Leser hält
Geschichte trotz der Unwahrscheinlichkeit für wahr; Deutung:
mit Rettung verschwindet Tierwesen, Menschsein wird wieder
möglich, Bewusstwerden dieser Tatsache erschüttert Pi, evtl.
Schuldeinsicht in sein Verhalten

S. 135/6
Freie Schülerarbeit

S. 135/7
Freie Schülerarbeit

Wege und Umwege · Gedichte untersuchen und deuten; S. 146, 147

S. 146/1
Anhaltspunkte: weniger strenger Aufbau (unregelmäßige Vers-
zahl je Strophe, kein festes Reimschema); erzählend (lyrisches
Ich äußert Wünsche und setzt sich mit anderen Auffassungen
auseinander); **gehäufte Verwendung sprachlicher Mittel, die
Klang einzelner Worte beeinflussen:** *Alliterationen:* V. 1; *Asso-
nanzen:* V. 17 f.; *Enjambements:* V. 1–3, V. 4; **weitere sprachliche/
bildliche Mittel:** *Vergleich:* „Wie Windwatt warten auf Wind" (V.
1-5) → lyrisches Ich nicht länger passiv, will nicht warten, bis
jemand zu ihm kommt; *Metapher:* „jeder auf seinem Weg/und
dazwischen wächst Gras" (V. 8 f.) → Distanz zwischen lyrischem
Ich und der angesprochenen Person; *Wiederholungen:* Weg (V.
8, 15, 23); Verwendung von *Schlüsselbegriffen* mit starker bild-
licher Wirkung (z. B. Windwatt, Spurplattenweg) → Assoziationen zu Strandspaziergang

S. 146/2 und S. 147/3
Freie Schülerarbeit

S. 147/4
Glückliche Fahrt: lyrisches Ich befindet sich auf Boot und
durchquert Gewässer, Nebel lösen sich auf, ein leiser Wind
weht, Schiffer müht sich, Land in Sicht; Auf Wolkenbürgschaft:
lyrisches Ich hat seine Heimat verlassen, irrt herum und
kommt nirgendwo an, sehnt sich aber nach einem unbestimmten Land, wo es als Fremder aufgenommen werden muss,
ohne einen Pass zu haben

S. 147/5

	Glückliche Fahrt	Auf Wolkenbürgschaft
Wege-motiv	grundlegend, zielführend	Weg unbestimmt, Irrweg
Stim-mung	zuversichtlich, hoffnungs-voll	niedergeschlagen, betrübt
bildliche Mittel	Symbol „Boot" → Auf-bruch, Reise, Ankunft; Metapher: „Land" (V. 10) → Geborgenheit	Symbol „Boot" → Aufbruch, unklare Route, ziellos; Metapher „auf Wolkenbürg-schaft" (Überschrift, V. 26) → Sehnsuchtsort
klang-liche, sprach-liche Mittel	regelmäßiges Metrum → bewegtes Geschehen	kein festes Metrum → lyri-sches Ich irrt ziellos umher
	unregelmäßiger Reim	reimlos → innere Getrieben-heit
	Alliteration: „Der Himmel ist helle" (V.2) → Natur wirkt freundlich	Alliteration: „Bäume und Blu-men" (V. 3) → (unerreichbare) Idylle
	kurze parataktische Sätze → Zielgerichtetheit	lange Sätze (1. Strophe = ein Satz) → Orientierungslosigkeit
	Glückliche Fahrt	Auf Wolkenbürgschaft
	helle Vokale, weibliche Kadenzen → positive Aspekte der Bootsfahrt; Ausrufe (V. 7) → ziel-gerichtete Aktivität	Enjambements, unterschied-liche Verslänge → Ungewiss-heit, Verben wie „fahren" (V. 12) → Aktivität ohne wirkli-ches Ankommen

Fazit: in beiden Gedichten Wegemotiv und Symbol des Bootes;
Natur unterstützt in „Glückliche Fahrt" die Reise; lyrisches Ich
kommt in Goethes Gedicht glücklich an, findet bei Domin hingegen kein Zuhause

Vorurteil und Toleranz · Dramatische Texte untersuchen und deuten; S. 172, 173

S. 173/1
Judenbild: anders als alle anderen (Z. 16), denken nur ans Geld
und sind fürs Verkaufen geeignet (Z. 27 f.; 30 f.), haben kein
Gemüt (Z. 40), haben etwas Gehetztes (Z. 44 f.); **bei Andri:** von
jedem eingeredet, bis er sich selbst so sieht. Ist durch die vielen
Zuschreibungen so verunsichert, dass er kein eigenes Bild von
seiner Persönlichkeit hat.

S. 173/2
Der Pater hat wie die anderen ein klares Judenbild, auch wenn
dieses positiver ist (Klugheit, Wachheit, Bewunderung der
Juden). Er will, dass Andri seine angeblich jüdischen Eigenschaften schätzen lernt. Damit sieht er aber in Andri auch nicht
die Person, sondern nur den (angeblichen) Juden. Sprachlich
zeigt sich dies im Wechsel zum Plural (Z. 95 „euch"), da hier nur
die Juden im Allgemeinen gemeint sein können. Er ist letztlich
nicht besser als die anderen Andorraner.

S. 173/3
Thema: Versagen des Paters, der das Bild eines Juden mitträgt;
Handlungs- und Gesprächsverlauf: Andri will Hilfe gegen die
Macht der Vorurteile, die ihn in ein Bild pressen; der Pater hört
weder zu noch geht er auf Andri ein; „predigt" über den Kopf
Andris hinweg, sich zu lieben, wie man ist; Andri hat nur im
Mittelteil des Gesprächs längere Redebeiträge; sonst spricht
vor allem der Pater; Pater geht nicht auf Andris Äußerungen ein
Figuren: Andri verunsichert, weil ihm alle ein Bild davon prä-
sentieren, wie er angeblich ist. Er hat ein eigenes Bild von sich.
Pater spricht floskelhaft und gespielt locker, teilt die gleichen
Klischees und Vorurteile gegenüber Juden wie alle anderen; durch
seinen Versuch, Andri dazu zu bewegen, sich selbst und damit die
Vorurteile als eigene Charaktereigenschaften anzunehmen, ver-
sagt er als Instanz, von der sich Andri Hilfe verspricht.
Figurenkonstellation: Andri steht allein da. Seine Familie hält
zwar zu ihm, aber da alle ihn für ein Adoptivkind halten, ist diese
Unterstützung nicht so wertvoll für sein Selbstbild. Die Andorraner stehen ihm insgesamt feindlich gegenüber. Der Pater ist ihm
gegenüber zwar positiver eingestellt, steht aber letztlich mit seinen Vorurteilen auf der Seite der anderen Andorraner. **Gesprächs-
analyse:** kein Gespräch auf Augenhöhe, Pater tritt dominant und
belehrend auf und verfolgt seine Strategie, Andri zur Annahme
seiner selbst zu ermuntern, ohne ernsthaft auf dessen Situation
einzugehen; Andri bleibt mit seiner Verzweiflung allein

S. 173/4
Aphorismen: *Nr. 1 ff:* Menschen bleiben lieber bei dem, was
ihnen schon immer gesagt wurde, statt die eigenen Augen zu
öffnen und sich selbst ein Bild zu machen; **Spiegel der Aufklärung:** kritische Prüfung der bisher angenommenen Wahrheiten
mit der eigenen Vernunft; Schwierigkeit der Verbreitung der
Wahrheit, weil Nutzung des Verstandes vielen Menschen zu
mühselig ist

Meinungsmache? · Medien untersuchen; S. 194, 195

S. 194/1
Genscher: Medien sind in einer Demokratie wichtig; sie können durch ihre Informationen mehr zum Gelingen einer Gesellschaft beitragen als die Politik
Stern: positiv: Medien machen schwierige Themen verständlich; negativ: Medien geben nur einen Teil der Informationen weiter; Erfolg ist manchen Medien wichtiger als die Qualität der Information

S. 194/2
Freie Schülerarbeit. Hinweis: Für eine gelungene Lösung müssen verschiedene Aspekte der im Kapitel behandelten Themen eingebracht werden.

S. 195/3
Die Zur-Schau-Stellung einfacher Menschen in den Medien wird am Beispiel der Fernsehsendung „TV total" kritisiert. Der Moderator der Sendung macht sich über normale Menschen lustig, indem ihre Handlungen oder Bilder aus dem Zusammenhang gerissen werden. Im Text wird davon gesprochen, dass das Publikum so zu „einem Volk von Voyeuren" (Z. 43) wird. Diese Kritik bezieht sich vor allem auf Menschen, die unfreiwillig zum Opfer dieser Tendenz werden, aber auch auf diejenigen, die sich freiwillig filmen lassen, um ein wenig Bekanntheit zu erlangen. Sie werden als „Heer von Exhibitionisten" (Z. 45 f.) bezeichnet. Der Text verdeutlicht auch die traumatischen Folgen, die die öffentliche Bloßstellung für diese Opfer hat. Diese Folgen halten oft noch lange an, wenn die Bekanntheit schon wieder vorbei ist.

S. 195/4
Freie Schülerarbeit. Lösungshilfe: Lerninsel „Argumentierend schreiben"

S. 195/5
Freie Schülerarbeit. Lösungshilfe: Lerninsel „Argumentierend schreiben". Eine gelungene Erörterung sollte auch darauf eingehen, ob die Freiwilligkeit der Teilnahme ein entscheidender Aspekt ist.

Europa. Sprachliche Vielfalt in der Einheit · Sprache betrachten; S. 208, 209

S. 208/1
Alle Menschen hatten die gleiche Sprache und gebrauchten die gleichen Worte. Als sie in den Morgen/nach Osten zogen, fanden sie im Lande Sinear flaches Land und siedelten sich dort an. Sie sagten zueinander: Wohlauf, lasst uns Lehmziegel streichen/formen und brennen. [So diente ihnen zum Hausbau] gebrannter Ziegel als Stein und Ton als Kalk [/Mörtel]. Dann sagten sie: Wohlauf, lasst uns eine Stadt und einen Turm bauen, dessen Spitze bis zum Himmel reicht, damit wir uns einen Namen machen, denn sonst könnten wir über alle Länder [die ganze Erde] verteilt werden. Da stieg der Herr [vom Himmel] herab, um sich die Stadt und den Turm anzusehen, welchen die Menschen[-kinder] bauten. Und der Herr sprach: Sieh, es ist einerlei Volk und einerlei Sprache [sie sind nur ein Volk und sprechen dieselbe Sprache]. Sie haben damit angefangen und werden hier nicht aufhören. Wohlauf, lasst uns hinabsteigen und ihre Sprache selbst verwirren, damit keiner den anderen mehr versteht. Also verstreute sie der Herr [von dannen] in die ganze Welt. Deshalb mussten sie mit dem Stadtbau aufhören.

S. 208/2
Jahr, V̲ater, Sc̲hiff, S̲onne, b̲eißen, g̲rün, b̲rechen, tief, M̲eer, M̲ontag; Jacob Grimm

S. 208/3
Die Mutter holte die Kinder aus dem Bett. Sie bekamen für unterwegs kleine Brote. Unterwegs zerbrach Hänsel sein Brot

in kleine Stücke und ließ die Krümel hinter sich auf die Straße fallen. „Hänsel, warum drehst du dich ständig um?", sagte der Vater. „Du sollst weitergehen!" „Ich schau nur nach meiner Taube, die auf dem Dach sitzt und gurrt", erwiderte Hänsel klug. „Du dummer Junge", sagte die Mutter, „das ist nicht deine Taube, das ist die Sonne."
Weiter in freier Schülerarbeit.

S. 208/4
Freie Schülerarbeit

Verbrechen mit „Stil" · Zusammenhänge zwischen Grammatik und Stil erkennen; S. 220, 221

S. 220/1
Schmuck = Teilthema des Textes; Wortfeld: Schmuck (Z. 8, 10), Goldschmied (Z. 7); **Alternatives Covermotiv** durch Wortfeld Verbrechen: Mordserie (Z. 2), Morde (Z. 3), Täter (Z. 4), Opfer (Z. 5), beraubt und ermordet (Z. 10), Verbrechen (Z. 14), Ermittlerin (Z. 15), Kriminalgeschichten (Z. 18)

S. 220/2
Freie Schülerarbeit

S. 220/3
Sie – Subjekt, Vorfeld → Textverknüpfung zu Kriminalgeschichte; vermag zu faszinieren – Prädikat, Satzklammer; den Leser – Akkusativobjekt, Mittelfeld; bis zum heutigen Tag – Temporalbestimmung, Nachfeld → besondere Hervorhebung

S. 221/4
spannend, furchteinflößend, interessant, …; hervorgerufen durch Satzreihen und Satzgefüge, Ausrufe, Figurenrede; **letzter Abschnitt:** komplexer Satzbau, durch Imperativ „Führt" (V. 73) eingeleiteter Aufforderungssatz; Besetzung des Vorfeldes: „Erschrocken" (V. 74), „So wie sie die Türe kaum geöffnet" (V. 69) → besondere Hervorhebung

S. 221/5
Freie Schülerarbeit

Aushängeschilder · Regeln und Verfahren der Rechtschreibung anwenden; S. 230, 231

S. 230/1
Stätten: Plural von die Stätte, ursprünglich die Statt, deswegen das verdoppelte t nach dem Umlaut
Schiefer Turm von Pisa: Gilt als Eigenname, deswegen die Großschreibung des Adjektivs schief; Pisa mit lang gesprochenem i, das aber als einfaches i geschrieben wird
arrangieren: Fremdwort/Verb mit typischer Fremdwortendung -ieren, von französisch arranger
Delegierten: Substantiv zu delegieren, Fremdwort mit lang gesprochenem i, endet auf -ieren mit ie geschrieben
blufften: abgeleitet vom Substantiv Bluff, stammt ursprünglich aus dem Englischen, deswegen wird das u wie ö gesprochen

S. 230/2
Traktat: Arbeit, Beitrag
prophylaktisch: Zeile 12, vorsichtshalber
Weiter in freier Schülerarbeit.

S. 231/3–4
Freie Schülerarbeit

S. 231/5
Diese Wörter werden selten und meist nur mündlich verwendet. Will man sie dennoch schreiben, hilft die **Eingabe in ein Online-Wörterbuch** (bietet auch bei orthografisch falscher Schreibweise die korrekte an) oder **Nachschauen im Nachschlagewerk.**

Sachverzeichnis

Autorenverzeichnis

Textsortenverzeichnis

Textquellen

S. 8: Jan Hambura, 10.03.10, http://www.fuberlin.de campusleben/campus/2010/100311_malediven_vortrag/index.html, eingesehen 01.10.2014; **S. 9:** Markus Becker, 20.11.13 http://www.spiegel.de/wissenschaft/natur/klimakonferenz-in-warschau-streit-um-loss-and-damage-a-934652.html, eingesehen 01.10.2014; **S. 10 f.:** Doreen Fiedler (dpa): Aus: Nürnberger Nachrichten v. 14.04.2014, S. 3. [leicht geändert]; **S. 11 f.:** Vorbereitet sein: Aus: Yann Arthus-Bertrand, Brian Skerry: Der Mensch und die Weltmeere. Aus dem Franz. von Antoinette Gittinger und Ursula Held. München: Knesebeck 2013, S. 97; Ausbau von Häfen: http://www.zeit.de/2011/48/U-Klimawandel-Nordwest/seite-2, Dirk Asendorpf, 29.11.11; Klimaschutz Jetzt! Die Klima-Allianz; Positionspapier vom 24.4.2007, http://www.ekd.de/download/III_2_lesebuch.pdf (S. 35); **S. 18 f.:** Von PROF. WERNER WEBER (TU Dortmund), http://www.bild.de/politik/inland/globale-erwaermung/die-co2-luege-klima-katastrophe-ist-panik-mache-der-politik-22467268.bild.html; **S. 23:** https://www.greenpeace.de/themen/klimawandel/verursacht-der-mensch-die-erderwarmung, 22.2.2014; **S. 24 f.:** Windenergie: http://www.welt.de/wirtschaft/energie/specials/wind/article8795070/Das-sind-die-Nachteile-und-Vorteile-von-Windenergie.html (2014); Sündenfall im Meer: Von Bethge, Philip (3.2.14), http://www.spiegel.de/spiegel/print/d-124838699.html; **S. 27:** Aus: Paul Watzlawick: Anleitung zum Unglücklichsein. München 2000. S. 37 f.; **S. 30 ff.:** Aus: Sven Regener: Herr Lehmann. Ein Roman. Frankfurt 2003. S. 53/54, S. 169–171; **S. 36 f.:** Aus: Steve Tesich: Ein letzter Sommer. Roman. Berlin: List Verlag 2007. S. 81–83 (Originalausgabe Zürich: Kein und Aber, 2005); **S. 38:** http://www.zitate.de/kategorie Jugend?page=2, http://www.zitate-online.de/literaturzitate/allgemein/17016/die-jugend-von-heute-liebt-den-luxus-hat.html; **S. 39:** http://www.spiegel.de/schulspiegel/leben/studie-jugend-leben-jugendliche-legen-wert-auf-gute-noten-a-927207.html eingesehen 01.10.2014; **S. 40:** DIE ZEIT Nr. 33/200313. August 2003; **S. 41:** 24.09.2014, 16:24 Uhr, Simone Blaß, t-online.de; **S. 46:** Julia Mohr: „Hotel Mama" wird beliebter. Unter: http://www.zeit.de/online/2009/19/nesthocker, (Aktualisiert 6. Mai 2009, eingesehen 01.10.2014); http://www.familie-und-tipps.de/Kinder/Pubertaet/Zuhause-ausziehen.html (Stand 17.03.2015, http://www.sueddeutsche.de/karriere/unterhalt-von-eltern-und-staat-mit-raus-aus-dem-haus-1.557722 (Stand 17.03.2015; **S. 48:** http://www.heinrich-heine-schule.de/index.php?id=280 Serive Learning, © Heinrich-Heine-Schule 2008-2013, [erstellt von Daniel Plehn]; **S. 49:** http://www.vielfalt-lernen.de/2012/04/17/service-learning-wenn-engagement-zum-schulerfolg-fuhrt-ein-integratives-konzept-mit-erstaunlichem-potential/, 17. April 2012 Von Katharina Korves; Ehrenamt: http://www.bundes-freiwilligendienst.de/news/freiwilliges-soziales-jahr-fsj/ehrenamt-bei-jugendlichen-weniger-beliebt/, eingesehen am

22.10.2014; **S. 50 f.:** http://sueddeutsche.de/leben/ehrenamt-und-zivilcourage-jugendliche-sind-sehr-aktiv-1.453317, Von Sibylle Haas, eingesehen am 22.10.2014; **S. 51:** http://www.tagesspiegel.de/weltspiegel/werbinich/jugend-und-politik-die-leisen-mitmischer/3792032.html, von Hadija Haruna, eingesehen a, 22.10.2014; **S. 54:** Chantal Enners: One Week. No Media. Jugendliche lernen Medienkompetenz. Unter: http://www.erf.de/online/themen/webwelt/one-week-no-media/3411-542-4074 (eingesehen am 22.10.2014); **S. 55:** Thomas Haberkorn: High-score House – Gamification für Familien und ihre Haushalts-aufgaben. Unter: http://gamification.de/2013/02/20/highscore-house-gamification-fur-familien-und-ihre-haushaltsaufgaben/; **S. 57:** https://www.be-lufthansa.com/fileadmin/fm -lufthansabe/PDFs/B4_Praktikum/LH_D_Schuelerpraktikum_Technik.pdf; **S. 66:** nach: Püttjer, Christian; Schnierda, Uwe: Bewerben um ein Praktikum, Frankfurt/Main / New York: Campus Verlag GmbH, 2., erweiterte Aufl. 2011, S. 76; **S. 67:** Anton Müller, nach: Hesse, Jürgen; Schrader, Christian: Die perfekte Bewerbungsmappe für Ausbildungsplatzsuchende. Die 50 besten Beispiele erfolgreicher Kandidaten. Mit CD-Rom. Frankfurt/Main: Eichborn AG 2010, S. 6; **S. 68:** Aus: Dies.: Liebe und andere Reisen. Gedichte. Tübingen: Klöpfer und Meyer 2007. S. 24; **S. 69 ff.:** Aus: Shakespeare, William: Romeo und Julia. Übersetzt von Erich Fried. Berlin: Suhrkamp Verlag 2011, S.8, 9, 29–34; **S. 71:** Aus: Wilpert, Gero von: Sachwörterbuch der Literatur. Stuttgart: Alfred Kröner Verlag, 2001. S. 251; **S. 74 ff.:** Aus: Shakespeare, William: Romeo und Julia. Übersetzt von Erich Fried. Berlin: Suhrkamp Verlag 2011, S. 37–43, 106–116; **S. 84:** Aus: Shakespeare. Variationen. Hrsg. von Uwe B. Carstensen. Frankfurt/M.: Fischer Verlag 2012. S. 453 f.; **S. 85 ff.:** Aus: Shakespeare. Variationen. Hrsg. von Uwe B. Carstensen. Frankfurt/M.: Fischer Verlag 2012. S. 499, S. 492; **S. 89 ff.:** Aus: Huraki Murakami: Wie ich eines schönen Morgens im April das 100%ige Mädchen sah. München: btb Verlag 2006. S. 9–13; **S. 94:** Aus: Ulla Hahn: Herz über Kopf. Gedichte. Stuttgart: Deutsche Verlagsanstalt 1981. S. 48; **S. 95:** Aus: Ernst Jandl: Gesammelte Werke. Gedichte, Stücke, Prosa. Hg. von Klaus Siblewski. München: Luchterhand Literaturverlag 1985. S. 626; **S. 96:** Aus: Hilde Domin: Der Baum blüht trotzdem. Gedichte. Frankfurt am Main: S.Fischer Verlag 1999. S.14; **S. 98 f.:** Aus: Shakespeare, William: Romeo und Julia. Übersetzt von Erich Fried. Berlin: Suhrkamp Verlag 2011, S. 78–86; Aus: Vollmann, Rolf: Who's who bei Shakespeare? München: dtv 1995. S. 230; **S. 100 f.:** Aus: Tatiana de Rosnay: Sarahs Schlüssel; Originalausgabe auf Französisch 2007, Aus dem Englischen von Angelika Kaps, Bloomsbury Berlin, Berlin 2007, S. 11–12; **S. 102:** Carlo Ross: Im Vorhof der Hölle: ein Buch gegen das Vergessen, dtv München 1994, Lizenzausgabe Bitter-Verlag, Recklinghausen; Zitat von Franz Kafka: http://www.aphorismen.de/zitat/5340 (abgerufen am 07.03. 2015); **S. 103:** Daniel Pennac: Wie ein Roman. Von der Lust zu lesen. Aus dem Französischen von Uli Aumüller, Deutscher Taschenbuch Verlag, München 2003, (C) Kiepenheuer & Witsch, Köln 1994, Seite 9, leicht verändert; **S. 104 ff.:** Aus: Tatiana de Rosnay: Sarahs Schlüssel; Originalausgabe auf Französisch 2007, Aus dem Englischen von Angelika Kaps, Bloomsbury Berlin, Berlin 2007, S. 20–21, 71, 105–106, 223–224, 120–121, S. 123, S. 224–225, S. 177, S.101, 101, S. 388; **S. 111:** Lutz Bunk: Politisches Tabuthema als Thriller. Unter: http://www.deutschlandradiokultur.de/politisches-tabuthema-als-thriller.950.de.html?dram:article_id=134961; **S. 112 f.:** Aus: Wolfgang Borchert: Das Gesamtwerk. Rowohlt, Reinbek bei Hamburg 1949, S.191–194; **S. 114 f.:** Aus: Kurt Tucholsky: Gesammelte Werke in 10 Bänden, hrsg. von Mary Gerold-Tucholsky, Fritz J. Raddatz, Rowohlt, Reinbek bei Hamburg 1960, Band 3 1921–1924, S. 35 f.; **S. 116:** Aus: Max Frisch: Tagebuch 1946–1949, Suhrkamp Verlag, Frankfurt/Main, 1950, S. 63; Aus: Wolfdietrich Schnurre: Gelernt ist gelernt. Gesellenstücke. Ullstein, Frankfurt/Main, Berlin, Wien, 1984, S. 130; **S. 117:** Aus: István Örkény: Minutennovellen. Ausgewählt und aus dem Ungarischen übersetzt von Terézia Mora, mit einem Nachwort von György Konrád. Suhrkamp Verlag, Frankfurt/Main 2002, S. 46; **S. 118:** Aus: Yann Martel: Schiffbruch mit Tiger, aus dem Englischen von Manfred Allié und Gabriele Kempf-Allié, Frankfurt am Main: Fischer Taschenbuch Verlag 2003, S. 202–204; **S. 122:** Jean Renoire, zitiert nach: Alain Bergala: Kino als Kunst, Filmvermittlung an der Schule und anderswo, herausgegeben von Bettina Henzler und Winfried Pauleit, aus dem Französischen von Barbara Heber-Schärer, Marburg: Schüren-Verlag 2006, S. 91; **S. 124 ff.:** Aus: Yann Martel: Schiffbruch mit Tiger, aus dem Englischen von Manfred Allié und Gabriele Kempf-Allié, Frankfurt am Main: Fischer Taschenbuch Verlag 2003, S. 7 ff.; **S. 131:** Aus: Umberto Eco: Im Wald der Fiktionen, Sechs Streifzüge durch die Literatur, Harvard-Vorlesungen, aus dem Italienischen von Burkhart Kroeber, München: Carl Hanser Verlag 1994, S. 103, 105, 112; **S. 135:** Von Ilka: http://www.deutschlandradiokultur.de/politisches-tabuthema-als-thriller.950.de.html?dram:article_id=134961; http://www.spiegel.de/kultur/kino/ang-lee-im-interview-ueber-seine-bestseller-verfilmung-life-of-pi-a-874348.html, Das Interview führte Jenni Zylka, eingesehen am 17.03.2015; **S. 136:** Aus: Wolfgang Bächler: Gesammelte Gedichte. Herausgegeben von Katja Bächler und Jürgen Hosemann, Frankfurt am Main: S. Fischer 2012, S. 290; Aus: Bertolt Brecht: Werke. Bd. 12. Gedichte. Bd. 2. Berlin und Weimar: Aufbau-Verlag / Frankfurt am Main: Suhrkamp 1988. S. 310; **S. 137:** Aus: Albert Ostermaier: fremdkörper hautnah. Gedichte. Frankfurt/Main: Suhrkamp 1997, S. 15; In: Reiner Kunze, Sensible Wege. 48 Gedichte und ein Zyklus, Reinbek bei Hamburg 1969, S. 51; **S. 138:** Aus: Bas Böttcher: Neonomade. Dresden und Leipzig, Voland & Quist 2009. S. 15; **S. 139:** Aus: Anders, Petra: Poetry Slam. Unterricht, Workshops, Texte und Medien (= Deutschdidaktik aktuell, Bd. 34), Schneider Verlag Hohengehren GmbH, 2. Aufl. 2013, S. 169 f.; **S. 142:** Aus: Bertolt Brecht: Gesammelte Werke. Band 9: Gedichte 2. Hg. in Zusammenarbeit mit Elisabeth Hauptmann. Frankfurt a. M.: Suhrkamp Verlag 1967, S. 719 f.; **S. 143:** Aus: Heinrich Heine: Werke und Briefe in zehn Bänden. Band 1, Berlin und Weimar: Aufbau Verlag 1972, S. 339 f.; Aus: Mascha Kaléko: Mein Lied geht weiter. Hundert Gedichte. Ausgewählt und herausgegeben von Gisela Zoch-Westphal. München: Deutscher

Taschenbuchverlag 2007, S. 67; **S. 145:** Macha Kaléko: Aus: Verse für Zeitgenossen, Erschienen im Rowohlt Verlag, Reinbek bei Hamburg, © 1975 Gisela Zoch-Westphal; Aus: Franco Biondi, Yuyuf Naoum, Rafik Schami, Suleman Taufiq (Hg.): Im neuen Land. Südwind gastarbeiterdeutsch con 1980, S.76; **S. 146:** Aus: Clara Nielsen: Windschattengewächs. Berlin: Periplaneta 2012. S. 52; **S. 147:** Aus: Johann Wolfgang Goethe: Sämtliche Gedichte. Frankfurt am Main: Insel Verlag 2007, S. 41; Aus: Hilde Domin: Nur eine Rose als Stütze. Gedichte. Frankfurt/Main: S. Fischer Verlag 2009. S. 67; **S. 148:** http://www.sr-online.de/sronline/sr1/programm/service/themen/sr1_schule_gegen_rassismus100~print.html; 15.11.2013, http://www.focus.de/politik/deutschland/blutiger-anschlag-in-leipzig-islam-gegner-spiessen-schweine-koepfe-in-moschee-neubau-auf_aid_1159766.html; http://www.ksta.de/ehrenfeld/-brandanschlag-feuer-am-eingang-der-moschee,15187506,26073498.html (Stand 24.03.2015); **S. 149:** Aus: Gotthold Ephraim Lessing: Nathan der Weise, Dritter Aufzug, 5./6. Auftritt Stuttgart: Philipp Reclam 1964, S. 76–77; **S. 150 ff.:** Aus: Eliam Kraiem: Sechszehn Verletzte, deutsch von Bernd Samland, Köln: Theaterverlag Jussenhoven-Fischer, Verlag & Produktion, Theater & Medien, S. 1, S. 5–7, S. 7–8, , 14–15, , S. 30–32, S. 62–65, 67–69; **S. 157:** http://www.treibhaus-doebeln.de/index.php?id=318 (zuletzt geöffnet 04.07.2014); **S. 159:** Aus: Gotthold Ephraim Lessing: Nathan der Weise, Figurenverzeichnis Stuttgart: Philipp Reclam 1964, S. 7; **S. 160 ff.:** Aus: Gotthold Ephraim Lessing: Nathan der Weise, Stuttgart: Philipp Reclam 1964, S. 13–19, S. 51–55, , S. 100–102, S. 78–83; **S. 169:** Aus: C. M. Wieland, Sämmtliche Werke, Bd. 24 Vermischte Aufsätze, Leipzig 1796. Hamburger Reprint Ausgabe 1984, S. 50/51; In: Berlinische Monatsschrift, 1784, H. 12, S. 481-494; **S. 169 f.:** David Schmidt: Internetartikel zur Epoche der Aufklärung. Unter: http://blog.zeit.de/schueler/2012/04/27/thema-literatur-der-aufklarung/; **S. 170 f.:** Westfälische Rundschau, 11. Oktober 2004; **S. 172 f.:** Aus: Max Frisch: Andorra, Frankfurt am Main: Suhrkamp Verlag 1961, S. 56–60; **S. 173:** Aus: Georg Christoph Lichtenberg: Aphorismen, Essays, Briefe. Herausgegeben von Kurt Batt, Dieterich'-sche Verlagsbuchhandlung, Leipzig 41985, S. 73 f.; **S. 174:** http://www.spiegel.de/panorama/justiz/love-parade-duisburg-2010-betroffene-klagen-auf-schadenersatz-a-979777.html , gekürzt (Stand 23.03.2015); **S. 175:** http://www.wdr5.de/sendungen/echodestages/loveparade966.html (gekürzt); **S. 176 f.:** http://www.faz.net/aktuell/gesellschaft/menschen/erste-love-parade-vor-25-jahren-in-berlin-ein-fotograf-erzaehlt-13019032.html - gekürzt (Stand 23.03.2015); **S. 181:** http://www.radio-z.net/de/z-zeitung/zzeitung/86.html (Stand 23.03.2015); **S. 184:** http://www.spiegel.de/fotostrecke/manipulierte-bilder-fotostrecke-107186.html (leicht verändert); **S. 187:** http://de.wikipedia.org/wiki/Noam_Chomsky, abgerufen am 17.02.2015; **S. 189:** http://www.spiegel.de/netzwelt/web/ice-bucket-challenge-barack-obama-macht-nicht-mit-merkel-schweigt-a-987431.html (Stand 23.03.2015); **S. 190:** http://futurezone.at/meinung/warum-die-ice-bucket-challenge-nervt/82.057.819, gekürzt (Stand 23.03.2015); **S. 191:** Eco, Umberto: Der Verlust der Privatsphäre. In: Im Krebsgang voran. Heiße Kriege und medialer Populismus. Hanser, Münschen 2007, S. 82–84; **S. 192:** Paul Good (Hg.): Der digital entmündigte Mensch. AGON Press, Bad Ragaz 2011, S. 7–24; **S. 193:** http://www.sueddeutsche.de/medien/corinna-schumacher-gegen-boulevardmagazine-notwendig-privat-1.2049277 gekürzt (Stand 23.03.2015); **S. 194 f.:** http://www.journalismus-handbuch.de/verkurzung-und-vereinfachung-polemik-und-emotion-zitatedes-journalismus-2-4258.html, abgerufen 22.10.2014; http://www.zitate.de/kategorie/Zeitung; http://www.zeit.de/2005/24/Medienopfer, gekürzt (Stand 23.03.2015); **S. 197:** Aus: Eva Neuland: Jugendsprache, UTB 2397, Tübingen 2008, S. 42 f.; **S. 200:** Aus: Althochdeutsches Lesebuch, zusammengestellt und mit Wörterbuch versehen von Wilhelm Braune, fortgeführt von Karl Helm, 17. Aufl., bearbeitet von Ernst A. Ebbinghaus, Max Niemeyer Verlag, Tübingen 1994, S. 56; **S. 201:** Aus: Peter Ernst: Deutsche Sprachgeschichte, Eine Einführung in die diachrone Sprachwissenschaft des Deutschen, UTB Basics, © Facultas Verlags- und Buchhandels AG, WUV, Wien 2005, S. 101, S. 163; **S. 202:** http://www.luther2017.de/22617/wem-hat-luther-aufs-maul-geschaut"-luthers-einfluss-auf-die-sprache?contid=719, gekürzt (Stand 09.03.2015); **S. 204:** Aus: 365 Briefe eines Jahrhunderts, ausgewählt und eingeleitet von Barbara und Peter Gugisch, Eine Sendereihe des Mitteldeutschen Rundfunks MDR Kultur, Rhino Verlag, Weimar 1999, S. 196 f.; **S. 207:** Werbeslogan für Payback: http://www.wuv.de/agenturen/neue_payback_kampagne_von_grabarz_partner (Stand 01.04.2015); Werbeslogan für Reno: http://www.slogans.de/slogans.php?GInput (Stand 01.04.2015); Werbeslogan für Samsung: http://www.samsung.com/de/home/ (Stand 01.04.2015); Werbeslogan für real: http://www.real.de/ (Stand 01.04.2015); Werbeslogan für Sky: http://www.dwdl.de/nachrichten/30452/ich_seh_was_besseres_neue_skywerbekampagne/ (Stand 01.04.2015); Werbeslogan für Zalando: https://www.zalando.de/schrei-vor-glueck (Stand 01.04.2015); Werbeslogan 2 für real: http://www.real.de/ (Stand 01.04.2015); Werbeslogan für Škoda: http://www.skoda-auto.de/news/frisch-modern-simply-clever-skoda-handlernetz-in-neuem-glanz (Stand 01.04.2015); **S. 208:** Martin Luther: Biblia. Die gantze Heilige Schrifft: Deudsch, Buch 1 Mose, 11; **S. 209:** Sofia Kleftaki: Denglisch-Anglizismen in der deutschen Sprache (25.03.2013). Unter https://dafdiesunddas.wordpress.com/2013/03/25/denglisch-anglizismen-in-der-deutschen-sprache/ © Sofia Kleftaki; **S. 210:** http://www.stuttgarter-zeitung.de/inhalt.ard-fernsehserie-warum-wir-uns-auf-sherlock-freuen.34914924-a3dd-4d85-be5b-7d74367790f8.html (27. 02. 2014); **S. 214:** http://www.daserste.de/unterhaltung/film/sherlock/sendung/der-blinde-banker-110.html, abgerufen am 26.2.1015, (Text leicht verändert für Grammatik-Übung);

S. 215 ff.: Aus: Mary Hottinger: Noch mehr Morde : Neue Kriminalgeschichten aus England und Amerika von Dorothy Sayers bis Peter Cheyney. Übers. v. Günter Eichel. Zürich: Diogenes 1963; **S. 220 f.:** Aus: E.T.A. Hoffmann: Die Serapions-Brüder. München: Winkler-Verlag. 1963, S. 649 f.; **S. 222:** http://www.spiegel.de/reise/europa/hofnarr-gesucht-ungewoehnliche-stellenanzeige-eines-hotels-a-906080.html, das Interview führte Julia Stanek; **S. 230 f.:** http://www.faz.net/aktuell/rhein-main/frankfurt-schreibt/frankfurt-schreibt-rechtschreib-champions-aus-frankfurt-und-darmstadt-12152941.html , 17.04.2013, von Julia Kern; **S. 245:** Aus: Ponal, eine Textsammlung, hrsg. von Martin Hielscher, Edition 406, Hamburg 1993, S. 340 f.; **S. 248:** Aus: Marie Luise Kaschnitz: Gedichte, ausgewählt von Peter Huchel, Frankfurt/Main: Suhrkamp Verlag 1975, S. 44; **S. 251:** Aus: Max Frisch: Andorra, 3. Bild, Frankfurt am Main: Suhrkamp Verlag 1961, S. 31 f.; **S. 254:** http://www.faktorn.de/mobilitat-im-wandel-umweltschonend-in-die-zukunft/, (eingesehen am 19.03.2014); **S. 261:** (29.06.2012) http://www.abendblatt.de/region/niedersachsen/article 232 3542/Schulfach-Glueck-wird-in-Stundenplan-aufgenommen.html; **S. 270:** Aus: Theodor Storm: Der Schimmelreiter, Frankfurt am Main: Insel Verlag 1978, S. 297; **S. 271:** Aus: Wolfgang Borchert: Das Gesamtwerk. Rowohlt, Reinbek bei Hamburg 1949, S. 204–206; **S. 272:** Aus: Ludwig Fels: Kanakenfauna, Fünfzehn Berichte, Darmstadt, Neuwied: Hermann Luchterhand Verlag 1982, S. 59; **S. 273:** Aus: Wolfgang Borchert: Das Gesamt-werk. Rowohlt, Reinbek bei Hamburg 1949, S. 204; **S. 274:** Aus: Bertolt Brecht: Gedichte. Band VII 1948-1956. Buckower Elegien. Berlin, Weimar: Aufbau Verlag 1969, S. 15; **S. 275:** Aus: Rose Ausländer: Gedichte. Herausgegeben von Helmut Braun. Frankfurt/Main: Fischer Taschenbuch Verlag 2001, S. 255; **S. 276:** Aus: Stimmen im Kanon. Deutsche Gedichte. Auswahl und Nachwort von Ulla Hahn. Stuttgart: Philipp Reclam jun. 2003, S. 225 f.; **S. 277:** Aus: Nichts ist versprochen. Liebesgedichte der Gegenwart. Herausgegeben von Hiltrud Gnüg. Stuttgart: Philipp Reclam jun. 1989, S. 232; **S. 279 ff.:** Aus: Max Frisch: Andorra; Frankfurt am Main: Suhrkamp Verlag 1961, S. 11 f.; **S. 291:** http://www.triathlon-szene.de/forum/showthread.php?t=18897; **S. 294:** Aus: Heinrich Böll: Erzählungen. Herausgegeben von Jochen Schubert. Köln: Kiepenheuer & Witsch. 2006, S. 447

Bildquellen

Cover.U1 links Filmszene aus: Romeo & Julia, USA 1996, Regie: Baz Luhrman © Interfoto (NG Collection), München; **U1 rechts** akg-images, Berlin; **U4 links** Picture-Alliance (abaca), Frankfurt; **U4 rechts** shutterstock.com (anev), New York, NY; **2.1** laif (XINHUA/GAMMA), Köln; **2.3** Thinkstock (Juanmonino), München; **3.1** Klett-Archiv (Hörner, Leipzig), Stuttgart; **3.2** Burgtheater (Georg Soulek), Wien; **4.2** Life of Pi - Schiffbruch mit Tiger, R: Ang Lee, USA 2012 © Interfoto (MNG Collection), München; **4.3** Stürtz, Fabian, Köln; **5.1** Haymann, Sabine, Stuttgart; **5.2** Picture-Alliance (AP/ITSUO INOUYE), Frankfurt; **6.1** akg-images, Berlin; **6.2** Good Vibrations Theater GmbH/Jan Ditgen, Köln; **7.1** F.A.Z.-Foto/Wolfgang Eilmes; **8.oben** laif (XINHUA/GAMMA), Köln; **8.unten** Germanwatch e.V., Bonn; **9** Picture-Alliance (epa/Stephen Morrison), Frankfurt; **12** Getty Images (Moment Open/Mohamed Shareef), München; **13** Getty Images (Moment Open/Mohamed Shareef), München; **15** Germanwatch e.V., Bonn; **17** Quelle: Deutsche Energie-Agentur GmbH (dena) www.zukunft-haus.info; **24** Picture-Alliance (dpa-infografik/Frithjof Goetz), Frankfurt; **26.oben; 26.unten** Fieseler, Ralf, Leimen/Baden; **26.unten** Thinkstock (Jupiterimages), München; **27** Russendisko, R: Oliver Ziegenbalg, BRD 2012 © Interfoto (NG Collection), München; **30** Imago, Berlin; **32** Schulzenhof - Mario Lars, Gneven; **34** Herr Lehmann, R: Leander Haußmann, BRD 2003 © Interfoto (MNG Collection),

München; **36** Kein & Aber AG, Zürich; **37** toonpool.com, Berlin; **38.o.l.**; **38.unten** shutterstock.com (Syda Productions), New York, NY; **38.o.r.** shutterstock.com (262276), New York, NY; **40** Thinkstock (Juanmonino), München; **41** Thinkstock (tetmc), München; **42.oben** iStockphoto (RF/Andrzej Tokarski), Calgary, Alberta; **42.u.r.** shutterstock.com (ottoflick), New York, NY; **43** Landschulz, Dorthe, Guissény; **46** Thinkstock (Nagy-Bagoly Ilona), München; **48** epd-bild (Thomas Rohnke), Frankfurt; **50** Thinkstock (Fuse), München; **54** eva Evangelische Gesellschaft Stuttgart e.V., Stuttgart; **56** shutterstock.com (anev), New York, NY; **57.o.l.** Deutsche Lufthansa AG, Berlin; **57.u.r.** Norddeutscher Rundfunk, Hamburg; **62** Klett-Archiv (Hörner, Leipzig), Stuttgart; **63.1** Imageshop (Imageshop), Düsseldorf; **63.2** Bananastock, Watlington/Oxon; **63.3** Fotolia. com (Stuart Corlett), New York; **63.4** shutterstock.com (Aigars Reinholds), New York, NY; **65.links** Mauritius Images (imageBROKER/uwe umstätter), Mittenwald; **65.Mitte** Corbis (Masterfile/Uwe Umstätter/), Berlin; **65.rechts** plainpicture GmbH & Co. KG (Rui Camilo), Hamburg; **66** IN AUDITO Media, Recruiting & Service GmbH, Leipzig; **67** shutterstock.com (Sabphoto), New York, NY; **68.links** Dirty Dancing, R: Emile Ardolino, USA 1987 © ddp images GmbH, Hamburg; **68.rechts** West Side Story, USA 1961, Regie: Jerome Robbins, Robert Wise © Picture-Alliance (United Archive), Frankfurt; **69** Romeo + Juliet, R: Baz Luhrman, USA 1996 © Laif (Polaris/Piero Oliosi), Köln; **71** Filmszene aus: Romeo & Julia, USA 1996, Regie: Baz Luhrman © Interfoto (NG Collection), München; **74.links** Burgtheater (Georg Soulek), Wien; **74.rechts** Picture-Alliance (Eventpress Hoensch), Frankfurt; **84** Picture-Alliance (Becker &Bredel), Frankfurt; **87** Bettina Stöß, Berlin; **89** Verlagsgruppe Random House GmbH, München; **96** laif (SZ Photo/Friedrich, Brigitte), Köln; **98** Romeo und Julia, Inszenierung: Jörg Kaehler, Siegburger Freilichtspiele, 2008. Produktion: Theater Haus Birkenried. Hans Peter Deppe als Graf Capulet © Theater Haus Birkenried (Bernd Christmann), Neunkirchen-Seelscheid; **100** Tatiana de Rosnay, Sarahs Schlüssel © Verlag bloomoon 2008; **102** Ullstein Bild GmbH, Berlin; **103** Quint Buchholz, BuchBilderBuch © 1997 Sanssouci im Carl Hanser Verlag München; **118** Life of Pi - Schiffbruch mit Tiger, R: Ang Lee, USA 2012 © Interfoto (MNG Collection), München; **119.o.l.** Cover Illustration © 2010 Crush Design & Art Direction. From LIFE OF PI by Yann Martell, cover design by Crush Design & Art Direction. Reproduced by permission of Walker Books Ltd, London SE11 5HJ. Published in Germany by Ueberreuter Verlag www.walker.co.uk; **119.o.r.** Life of Pi, R: Ang Lee, USA 2012 © images.de digital photo GmbH (RHYTHM AND HUES/Kobal Collection), Berlin; **119.u.l.** Getty Images (AFP PHOTO/Mandy CHENG), München; **119.u.r.** Fischer Taschenbuch Verlag, Frankfurt am Main; **120.o.l.**; **120.u.l.** Life of Pi - Schiffbruch mit Tiger, R: Ang Lee, USA 2012 © Interfoto (MNG Collection), München; **120.o.r.**; **120.u.r.** Life of Pi - Schiffbruch mit Tiger, R: Ang Lee, USA 2012 © Picture-Alliance (ANN/Courtesy of 20th Century Fox), Frankfurt; **122.onen**; **122.unten** Life of Pi - Schiffbruch mit Tiger, R: Ang Lee, USA 2012 © Interfoto (MNG Collection), München; **128.o.l.** Life of Pi - Schiffbruch mit Tiger, R: Ang Lee, USA 2012 © Interfoto (MNG Collection), München; **128.o.r.** Life of Pi - Schiffbruch mit Tiger, R: Ang Lee, USA 2012 © Picture-Alliance (ANN/Courtesy of 20th Century Fox), Frankfurt; **128.u.l.**; **128.u.r.** Life of Pi - Schiffbruch mit Tiger, R: Ang Lee, USA 2012 © Interfoto (MNG Collection), München; **131** Life of Pi - Schiffbruch mit Tiger, R: Ang Lee, USA 2012 © Picture-Alliance (AP/2012 TWENTIETH CENTURY FOX FILM CORPORATION), Frankfurt; **134.1**; **134.2**; **134.3** Life of Pi - Schiffbruch mit Tiger, R: Ang Lee, USA 2012 © Interfoto (MNG Collection), München; **139** Lehmann, Uwe, Kiel; **139.**

oben Stickling, Sven, Bielefeld; **139.unten** Marc Mandel; **141** Manger, Manfred, Mainberg; **142** akg-images, Berlin; **143.links** Interfoto (Sammlung Rauch), München; **143. rechts** Ullstein Bild GmbH, Berlin; **146** Stürtz, Fabian, Köln; **148** 2. CD des Anti-Rassismus-Projekts FARBEN-BLIND, Komposition Frank Nimsgern: "FARBENBLIND - Das Album". Copyright FARBENBLIND, Landeszentrale für politische Bildung des Saarlandes, Design: Mark Freier, München; **149.links** Emter, Michael, Mainhardt; **149.rechts** Frahm, Jürgen, Obersulm; **150.links** Picture-Alliance (dpa/Uwe Anspach), Frankfurt; **151.rechts** Picture-Alliance (dpa/Uwe Anspach), Frankfurt; **154** Haymann, Sabine, Stuttgart; **162.links** Picture-Alliance (dpa/ Uwe Zucchi), Frankfurt; **162.rechts** Schulz, Friedhelm, Bonn; **165** Foto: Juliane Zitzlsperger, Regensburg/Theater Regensburg; **171** Beushausen, Volker, Castrop-Rauxel; **175** f1 online digitale Bildagentur (Imagebroker RM), Frankfurt; **176.links** Ullstein Bild GmbH (contrast/Boris Streu- bel), Berlin; **176.Mitte** ddp images GmbH (Volker Hartmann), Hamburg; **176.rechts** Ullstein Bild GmbH (Christian Bach), Berlin; **177**; **178**; **180.Mitte** ARD aktuell, Hamburg; **180.o.l.** Picture-Alliance (Markus C. Hur), Frankfurt; **180.o.r.** Ströer Media SE, Köln; **180.unten** **183** © BITKOM; **184.oben** Picture-Alliance (AP Photo/Mohamed El- Dakhakhny), Frankfurt; **184.unten** Ringier AG, Zürich; **185.oben** Picture-Alliance (dpa/epa/ anadolu Agency/Sinan Gul), Frankfurt; **185.oben** Kronen Zeitung vom 28.7.2012 [Bildmon-tage: dpa/ epa/anadolu Agency/Sinan Gul (Personen) und Reuters (Hintergrund)]; **185.unten** Picture-Alliance (AP/ITSUO INOUYE), Frankfurt; **186.o.l.**; **186.o.r.** Picture-Alliance (AP Photo/Burhan Ozbilici), Frankfurt; **186.u.l.** © Ringier Infographics; **186.u.r.** laif (Polaris/rederic Lafargue), Köln; **188.M.l.** Getty Images (Getty Images Entertainment), München; **188.M.r.** Picture-Alliance (dpa/Jens Kalaene), Frankfurt; **188.oben** Picture-Alliance (AP Photo/Vanessa A. Alvarez), Frankfurt; **188.u.l.** Picture-Alliance (Globe-ZUMA), Frankfurt; **188.u.r.** Picture-Alliance (dieKLEINERT. de), Frankfurt; **189** Picture-Alliance (AP/Susan Walsch), Frankfurt; **191** Corbis (Beth A. Keiser), Berlin; **192** Good, Paul, Bad Ragaz; **198**; **201** akg-images, Berlin; **204** Picture-Alliance (Keystone), Frankfurt; **208.oben** akg-images, Berlin; **208. unten** Picture-Alliance (IMAGNO/Schost), Frankfurt; **210** ARD-Serie «Sherlock» © Picture-Alliance (dpa/ARD Degeto/BBC/ Hartswood Films/Colin Hutton), Frankfurt; **211** Thinkstock (iStockphoto), München; **212** Good Vibrations Theater GmbH/ Jan Ditgen, Köln; **220** DTV GmbH & Co. KG, München; **222** Mauritius Images (Kim Hart), Mittenwald; **224** shutterstock.com (StockLite), New York, NY; **225** aus: PONS Die deutsche Rechtschreibung, Ausgabe 2009, S. 60; **225** aus: PONS Die deutsche Rechtschreibung, Ausgabe 2009, S. 1002, 978-3-12-517085-8; **228.links** iStockphoto (RF/Jaimie D. Travis), Calgary, Alberta; **228.rechts** Ingram Publishing, Tattenhall Chester; **229.oben** iStockphoto (RussellCreative), Calgary, Alberta; **229.unten** Ingram Publishing, Tattenhall Chester; **230. oben** F.A.Z.-Foto/Wolfgang Eilmes; **231.unten** F.A.Z.-Foto/ Wolfgang Eilmes; **231.unten** © BESS, Besslich, Winfried, Reutlingen; **239** Picture-Alliance (dpa-infografik), Frankfurt; **241** Labusch, Thomas, Münster; **243** Labusch, Thomas, Münster; **249** Corbis, Berlin; **255** Picture-Alliance (abaca), Frankfurt; **275** Avenue Images GmbH (Corbis RF), Hamburg; **284.links** Life of Pi - Schiffbruch mit Tiger, R: Ang Lee, USA 2012 © Picture-Alliance (ANN/Courtesy of 20th Century Fox), Frankfurt; **284.rechts** Fotolia.com (VRD), New York; **286** Picture-Alliance (AP Photo/20th Century Fox, Peter Sorel), Frankfurt

1. Auflage

1 5 4 3 2 1 | 19 18 17 16 15

Alle Drucke dieser Auflage sind unverändert und können im Unterricht nebeneinander verwendet werden. Die letzte Zahl bezeichnet das Jahr des Druckes.

Herausgeber: Andreas Zdrallek, Leverkusen
Unter Beratung von: Michael Höhme, Döbeln
Autoren: Christoph Birken, Würselen; Maja Bitterer, Osnabrück; Martina Blatt, Frankfurt a. M.; Susanne Büttner, Bonn; Joachim Dreessen, Hamburg; Heike Henniger, Jahnsdorf; Susanne Jugl-Sperhake, Lippersdorf; Janina Kiehl, Hannover; Thomas Labusch, Münster; Rosemarie Lange, Ruttersdorf; Konrad Notzon, Bramsche; Christina Rutsch, Hürth; Angelika Schmitt-Kaufhold, Gerlingen; Anja Seiffert, Leipzig; Andreas Zdrallek, Leverkusen
Autoren Online-Material: Tommy Greim, Döbeln; Felicitas Hampel, Döbeln; Christina Lange, Aue; Birgit Lascho, Marburg; Claudia Lübeck, Isny; Juliane Schüler, Magdeburg; Nicole Vollmer, Loffenau; Anja Weisbrich, Hilmersdorf; Petra Zeth, Meiningen

Redaktion: Susanne Altmann-Liebold; Sabine Utheß, Blankenfeld; Karin Pohle, Leipzig; Stephanie Ehrich
Redaktionsassistenz: Heike Etzold
Herstellung: Sylvia Kusch, Carolin Orlamünder

Umschlag und Layoutkonzeption: Petra Michel, Gestaltung & Typografie, Essen
Illustrationen: Maja Bohn, Berlin; Axel Nikolai, Brauweiler; Joachim Zwick, Gießen
Satz: tiff.any, Berlin; Holm Klix, Endless Creative, Leipzig; Petra Michel, Gestaltung & Typografie, Essen
Reproduktion: Meyle+Müller GmbH + Co. KG, Pforzheim
Druck: DBM Druckhaus Berlin-Mitte GmbH, Berlin
Produktion Hörfiles: Buchfunk Verlag, Leipzig

Printed in Germany
ISBN 978-3-12-316035-6

9 783123 160356

Inhalt des Online-Bereichs